北京师范大学史学文库

章实斋与邵二云

罗炳良 著

商务印书馆
创于1897 The Commercial Press

2013年·北京

图书在版编目(CIP)数据

章实斋与邵二云 / 罗炳良著. —北京:商务印书馆,2013
(北京师范大学史学文库)
ISBN 978-7-100-09581-5

Ⅰ.①章… Ⅱ.①罗… Ⅲ.①章学诚(1738～1801)—史学思想—研究②邵二云—史学思想—研究 Ⅳ.①B249.75 ②B249.905

中国版本图书馆CIP数据核字(2012)第246035号

章实斋与邵二云
罗炳良 著

商 务 印 书 馆 出 版
(北京王府井大街36号 邮政编码100710)
商 务 印 书 馆 发 行
北京市松源印刷有限公司印刷
ISBN 978-7-100-09581-5

2013年11月第1版 开本880×1230 1/32
2013年11月北京第1次印刷 印张12

定价:28.00元

《北京师范大学史学文库》总序

北京师范大学历史学系是中国高校最早形成的系科之一，由1902年创办的京师大学堂“第二类”分科演变而来。1912年称北京高等师范学校史地部，1928年单独设系。1952年院系调整，北京师范大学历史学系与辅仁大学历史学系合并。北京师范大学历史学系的师资力量与综合实力，由此得到了前所未有的加强，为日后的发展奠定了良好的基础。

在百年的演进历程中，一批享誉海内外的著名学者，如李大钊、钱玄同、邓之诚、朱希祖、王桐龄、张星烺、楚图南、陈垣、侯外庐、白寿彝、柴德赓、赵光贤等，先后在北京师范大学历史学系辛勤耕耘。经几代人的努力开拓，北师大历史学系学术积累丰厚，学风严谨，久已形成了自身的优势与特色。

如今的北京师范大学历史学系是我国历史教学与研究的重镇，学科门类大体齐备，师资力量较为雄厚，既有国内外知名的老教授何兹全、龚书铎、刘家和等，又有一批崭露才华并在国内外史学界颇具影响的中青年学者，综合实力居全国高校历史学科前列。在教学方面，我系的课程改革、教材编纂、教书育人，都取得了显著的成绩，曾荣获国家教学改革重大成果一等奖。在科学研究方面，同样取得了令人瞩目的成就，如由白寿彝教授任总主编、我系众多教师参与编写的多卷本《中国通史》，被学术界誉为“20世纪中国史学的压轴之作”。其他教师的学术论著也多次荣膺国内外各类学术奖项，得到学界好评。

北京师范大学历史学系业已铸就自己的辉煌，但学术的发展无止境。今天，中国社会政通人和，学术研究也日新月异，我们又面临着新的挑战与机遇。为了更好地传承先辈学者的治学精神，光大其传统，进一步推动学科与学术的发展，本系决定编辑《北京师范大学史学文库》，陆续出版我系学者的学术论著，以集中展示北京师范大学历史学系的整体学术水准。同时，相信这也将有助于推动我国历史学的发展。

商务印书馆向以奖掖学术、传播文化著称，此次《北京师范大学史学文库》的编辑出版，也承蒙其大力支持。在此，谨致由衷谢忱！

《北京师范大学史学文库》编辑委员会

目　　录

绪 论

清代乾嘉时期的史学领域，主要呈现两大史学发展趋势，一派是以钱大昕和王鸣盛为代表的考证与清理相结合的史学考证趋势，另一派是以章学诚和邵晋涵为代表的批评与总结相结合的史学理论趋势。有趣的是，章学诚与邵晋涵虽然同属于浙东学派史学巨擘，但在治学宗旨与理论追求的大同中却有着治学方向和学术风格的明显差异。正是因为这种差异，导致两人生前与身后的命运递相沉浮，出现了戏剧性的转换。邵晋涵生前长期在朝廷史馆任职，是学界公认的史学领袖，地位显赫一时；而章学诚则奔走各地，通过替清代地方官吏撰修方志和编校史籍为生，其史学思想不为主流学术所认同，备受冷落。两人去世一百年之后，随着学术思想和治学风气的转变，章学诚的史学地位逐步提高，逐渐受到世人的重视；而邵晋涵的史学影响逐渐式微，学术地位开始下降。时至今日，国内外学者研究章学诚的热情方兴未艾，成果不断涌现；而关注邵晋涵的人却寥若晨星，发表的论著也屈指可数。造成这种局面的原因，固然是由于当时和后世的评价者受到不同时代的意识形态观念和不同的价值评判标准影响，更主要的还是取决于章学诚和邵晋涵两人不同的学术追求和治学风格。这种有趣的现象，给后世从事史学研究工作的学者提出了深刻的反思与启示：研究历史不可能脱离特定时代，偏离主流思潮的史学不会受到当时社会的重视，因缺乏社会影响而默默无闻；完全追随一时主流思潮而没有别识心裁的意识，到后代由于时风众势的变迁而变得没有价值，因内容与时代脱节而无人问津。通过对比章学诚与邵晋涵生前身后的不同际遇，可以让后世学者深入思考史学服务现实与传世行远之间的关系，治史注重史实考证与理论阐发之间的关系，以及如何看待生前之荣与身后之誉的关系。楬橥前辈史家的经验教训，为后人恰当处理这些方面的关系提供参照坐标，不仅具有学术研究的价值，而且具有现实借鉴的意义。

一

章学诚（1738—1801）字实斋，浙江会稽（今绍兴）人。其生活与从事学术活动的年代，正值清代乾隆中叶至嘉庆初年考据学风靡全国的时期。他生活在这样一个举世崇尚考据的时代，自知与世龃龉，中进士而不敢为官，不愿随流俗从事考证，而是针砭学术，探究校雠源流和史学义例，注定了其学问不被主流社会接受，一生穷困潦倒，默默无闻，却又性情孤傲，命运坎坷。但是，仕途的顿挫和治学的寂寞也造就了他不甘屈服世俗，而勇于另辟学术蹊径的顽强性格，生命不止，著述不辍，不仅为清代乾嘉时期的中国史学开辟出一方新天地，而且对中国古代文史理论和治学方法论作出了特殊的贡献。章学诚的主要著作有《文史通义》和《校雠通义》，后人搜罗其遗著，编辑为《章氏遗书》，在中国古代学术史上占有举足轻重的地位。

邵晋涵（1743—1796）字与桐，号二云①、南江，浙江余姚人，是

① 关于邵晋涵的字号问题，历代学者围绕"二云"是字还是号，各执己见，莫衷一是。我以前发表的一些论文里，也曾经署其"一字二云"。后经仓修良先生指点迷津，学生张宇查阅资料，最终确定"二云"为号而非字。具体考证参阅张宇、罗炳良《邵晋涵字号考辨》，《廊坊师范学院学报》2009 年第 2 期。

清代乾嘉时期著名的经史学家。乾隆三十六年(1771 年),邵晋涵中进士,赐第罢归。乾隆三十八年(1773 年)由大学士刘统勋举荐,特旨改授翰林院庶吉士,充"四库"纂修官。此后,邵晋涵历任翰林院编修官,《万寿盛典》、《八旗通志》、三通馆和国史馆纂修官等职,在史馆任职前后十余年。其著作有《尔雅正义》、《旧五代史考异》、《史记辑评》、《南江诗钞》、《南江文钞》、《南江札记》,存留至今;《南都事略》、《宋元事鉴考异》、《孟子述义》、《谷梁正义》、《韩诗内传考》、《大臣谥迹录》、《方舆金石编目》、《輶轩日录》等,后来散佚不传。在他一生的学术生涯中,大部分时间从事史书的编纂与文献的整理,对中国史学作出了重要贡献。

章学诚与邵晋涵的学术交往,始于乾隆三十六年同客安徽学政朱筠太平使院。清代乾嘉时期,国力强盛,经济繁荣,封疆大吏幕府大多注意网罗人才,学人游幕成为研究学术的重要平台。这年邵晋涵中进士,赐第罢归,来游朱筠幕府,与章学诚相识。章学诚说:"当辛卯之冬,余与同客于朱先生安徽使院。时余方学古文辞于朱先生,苦无藉手。君辄据前朝遗事,俾先生与余各试为传记,以质文心。其有涉史事者,若表志、记注、世系、年月、地理、职官之属,凡非文义所关,覆检皆无爽失。由是与余论史,契合隐微。"[①]两人曾经讨论邵廷采《思复堂文集》宗旨。据师从邵晋涵的章学诚之子章贻选说:"家君于辛卯冬与先师同客太平使院。家君言次,盛推先师从祖念鲁先生所著《思复堂文集》,谓五百年来罕见。先师甚谦挹,疑家君为先师故,不免过誉之也。家君正色曰:'班、马、韩、欧,程、朱、陆、王,其学其文,如五金贡自九牧,各有地

---

① 章学诚:《章氏遗书》卷 18《邵与桐别传》。

产,不相合也。洪垆鼓铸,自成一家,更无金品州界之分,谈何容易!文以集名,而按其旨趣义理,乃在子史之间,五百年来,谁能辨此!'先师虽诺,未深然也。"[①]后来邵晋涵也追忆此事说:"会稽章君学诚,笃好先生之文。遇晋涵于京师,辄问先生后嗣,形诸叹息。时抱先生之文,号于众曰:'百余年无此作矣,世有治古文而成学者乎,不能舍先生而他有所求矣。'嗟乎!先生去今六十年,乡里几不知其姓氏。晋涵愧不能绍其家学,而得章君为之推重,不遗余力,潜德幽光,将赖以显著。詹事嘉定钱先生称章君为先生后世桓谭,信矣。壬辰春,晋涵来太平使院。大兴朱学士旧因章君知先生,语及《思复堂文集》,且曰吾当为之表。"[②]这次相识,两人结下了终生友谊。章学诚说邵晋涵"惟于予爱若弟兄,前后二十余年,南北离合,历历可溯,得志未尝不相慰悦,至风尘潦倒,疾病患难,亦强半以君为依附焉"[③]。在章学诚一生为数不多的朋友中,邵晋涵可算得上患难生死之交。

乾隆三十八年正月,章学诚至余姚访邵晋涵,商议校刻邵廷采《思复堂文集》事宜。章贻选说:"癸巳春正初旬,家君访先师于姚江里第,盘桓数日。先师谓家君曰:'近忆子言,熟复先念鲁文,信哉如子所言,乃知前人之书,竟不易读,子乃早辨及此,至今未经第二人道过,即道及,亦无人信也。先念鲁得此身后桓谭,无憾于九原矣。'因属家君校定其书,将重刻以行世,以原刻未尽善也。"章学诚认为邵廷采的史学成就在全祖望之上,不同意全祖望对邵廷采的排诋。章贻选接着说:"先师深契此论,故屡促家君校正其书。

① 章学诚:《章氏遗书》卷18《邵与桐别传》章贻选按语。
② 邵晋涵:《南江文钞》卷10《族祖念鲁先生行状》。
③ 章学诚:《章氏遗书》卷18《邵与桐别传》。

家君亦以有所慎重,因循久之。比先师下世,家君急欲践诺,而求索其书不得。盖原板藏先师家,前此屡有印送,皆为他人攫去,恃藏板宜印也。乃近年屡索其书,竟不见报。今家君目废不能校书,则此事已矣。”[①]邵晋涵屡促章学诚校雠,但最终没能实现。他本人也曾经准备校刻,同样未能完成。邵晋涵说:“先生四子相继卒,诸孙贫甚,或取文集刻板付质库。……先益,先生之仲孙也,丁亥从福建归,改葬先生于余姚九垒山,赎文集刻板藏于家,乃欷歔语晋涵曰:‘家世自鲁公,公传阳明之学,迨王父而获有成书,遗编仅存,世无知者。夫先祖有美而不彰,与于不仁之甚也。某自患不能保其家声,以表扬其先人,而特有厚望于子。子能乞当世之立言者阐扬遗书,俾不终泯于世,死不恨矣。’晋涵敬谢,将为之校雠卷帙,会有徐州之行,不暇为。”[②]尽管由于各种主客观原因,两人都没有完成重新校刻《思复堂文集》的工作,但他们汲汲于表彰浙东学派前辈文献的精神,永远值得后人尊敬和继承发扬。

乾隆四十八年(1783年),章学诚在京卧病,邵晋涵载至其家医治。章学诚说:“乾隆四十八年春,学诚侨寓京师,卧病邵编修晋涵邸舍。”[③]两人论学,常至深夜。曾经一起探讨《宋史》优劣,商议重新改撰。邵晋涵谈及改修《宋史》的设想,得到章学诚认可。章学诚说:“乾隆癸卯之春,余卧病京旅。君载予其家,延医治之。余沉困中,辄喜与君论学,每至夜分。君恐余惫,余气益壮也。因与君论修《宋史》,谓俟君书成后,余更以意为之,略如后汉、晋史之各自为家,听抉择于后人。君因询予方略,余谓当取名数事实,先作

① 章学诚:《章氏遗书》卷18《邵与桐别传》章贻选按语。

② 邵晋涵:《南江文钞》卷10《族祖念鲁先生行状》。

③ 章学诚:《章氏遗书》卷16《改订史苍言所撰会稽陈君墓碣并铭》。

比类长编，卷帙盈千可也，至撰集为书，不过五十万言，视始之百倍其书者，大义当更显也。君曰：'如子所约，则吾不能，然亦不过参倍于君，不至骛博而失专家之体也。'"[①]邵晋涵主张仍按纪传体裁改撰《宋史》，章学诚则主张仿照纪事本末体裁改撰《宋史》，并行而不悖，共同加强对宋代历史的研究。此后章学诚多次与邵晋涵讨论改撰义例，可惜未见邵晋涵回复，其态度不得而知。两人虽做了许多研究和编撰工作，但最终都没有完成对元修《宋史》的改撰大业，引起后世史家不断扼腕叹息。章学诚病体痊愈之后，继续赴直隶永平书院讲席，并将所撰《言公》、《诗教》篇，先后呈寄邵晋涵。他说："近日生徒散去，荒斋阒然，补苴《文史通义》内篇，撰《言公》上中下三篇，《诗教》上下二篇。其言实有开凿鸿蒙之功，立言家于是必将有取。然文繁字多，至万余言，不能遽录，先以《言公》三篇致邵二云，《诗教》二篇，俟续寄去。"[②]章学诚撰写的篇章，多寄邵晋涵过目，而邵晋涵也往往仔细阅读。以致章学诚感慨地说："余著《文史通义》，不无别识独裁，不知者或相讥议。君每见余书，辄谓如探其胸中之所欲言。间有乍闻错愕，俄转为惊喜者，亦不一而足。以余所知解，视君之学，不啻如稊米之在太仓，而君乃深契如是，古人所称昌歜之嗜，殆有天性，不可解耶！"[③]此后邵晋涵在章学诚《书教》、《原道》、《与陈观民工部论史学》诸篇之末，均附有按语，可证章学诚此言并非自诩，亦可见两人论学具有共同思想。

乾隆五十二年（1787年），章学诚在河南巡抚毕沅幕府，负责编订《史籍考》，曾经致书邵晋涵商榷义例。他在给孙星衍的信中

---

① 章学诚：《章氏遗书》卷18《邵与桐别传》。

② 章学诚：《章氏遗书》卷9《再答周筤谷论课蒙书》。

③ 章学诚：《章氏遗书》卷18《邵与桐别传》。

谈到:“承询《史籍考》事,取多用宏,包经而兼采子集,不特如所问地理之类已也。前有条例与邵二云,求其相助。如足下从事校雠,其于古今载籍,耳目所及,幸有以指示之也。至义例所定有应采者,邵君处已有大凡,可就询之。”[①]同时又致书邵晋涵,垂询意见。章学诚说:“自到河南,三度致书,想俱邀鉴矣。……所商《史籍考》事,亦有所以教正之耶?望不吝也。”[②]邵晋涵则利用在京馆阁藏书丰富的优势,命其弟子章宗源给章学诚搜罗逸史。章学诚说:“逢之寄来逸史,甚得所用。至云摭逸之多,有百余纸不止者,难以附入《史考》,但须载其考证,此说亦有理。然弟意以为搜罗逸史,为功亦自不小,其书既成,当与余仲林《经解钩沉》可以对峙,理宜别为一书,另刻以附《史考》之后。……今兹所拟,不识高明以为何如?至宋元以来,史部著述浩繁,自诸家目录之外,名人文集有序文题跋,杂书说部有评论叙述,均须摘抉搜罗。其文集之叙跋,不无仰资馆阁,说部则当搜其外间所无者,此事不知张供事能胜任否?吾兄幸熟计之。若得此二事具,则于采择之功,庶几十得其八九矣。”[③]两人为毕沅编订《史籍考》,付出了大量精力和辛劳,特别是章学诚制定了十五条详细的编纂凡例[④],可谓赅备无遗。令人遗憾的是,由于搜辑工程浩大,以及各种人事变迁,《史籍考》的编纂最终没能成功,这是清代史学的一个重大损失。

乾隆五十七年(1792 年),毕沅组织学者修成《续资治通鉴》。先是毕沅因不满意王宗沐、薛应旂二家《宋元资治通鉴》和徐乾学

① 章学诚:《章氏遗书》卷 9《报孙渊如书》。
② 章学诚:《章氏遗书》卷 9《与邵二云书》。
③ 章学诚:《章氏遗书》卷 13《与邵二云书》。
④ 章学诚:《章氏遗书》卷 13《论修史籍考要略》。

《资治通鉴后编》，嘱幕僚文人重新编纂《续资治通鉴》。初稿仅就徐乾学之书略加删削而成，存在着北宋和南宋内容比例悬殊的缺陷。毕沅于是延聘邵晋涵、孙星衍、洪亮吉等学者为之订补，邵晋涵出力最多。他在"四库"馆任职期间，从《永乐大典》中辑出大量前人未见的宋元史书，而且他在宋史研究方面久负盛名，是理想的修订人选。毕沅于是"招君载书来，著作于官司。编年仿司马，当废薛应旂"[①]。经过邵晋涵的校补，至是年编撰成书。《续资治通鉴》书中北宋部分九十七卷，南宋部分八十五卷，比例大体相当，编排也更为合理。章学诚高度评价了邵晋涵的工作："总督湖广、尚书镇洋毕公沅，尝以二十年功属某客续《宋元通鉴》，大率就徐氏本稍为损益，无大殊异。公未惬心，属君更正，君出绪余为之覆审，其书即大改观。"[②]毕沅甚至把邵晋涵比喻为协助司马光修《资治通鉴》的刘恕、刘攽，以此赞誉他为此书作出的贡献。在确定书名与体例时，出现了不同意见。章学诚说："邵与桐校订颇勤，然商定书名，则请姑标《宋元事鉴》，言《说文》史训记事，又《孟子》赵注，亦以天子之事，为天子之史，见古人即事即史之义。……章实斋因推孟子其事其文之义，且欲广吕伯恭氏撰辑，别为《宋元文鉴》，将与《事鉴》并立，以为此后一成之例。"[③]在这个问题上，章学诚和邵晋涵的意见比较一致。邵晋涵在对该书考校订补过程中，著有《宋元事鉴考异》一书，现已失传，只能在《续资治通鉴》考异中窥见一鳞半爪，远非全貌。

嘉庆元年(1796年)，邵晋涵去世，章学诚非常悲痛，为浙东史

---

① 孙星衍：《澄清堂诗稿》卷上《中州送邵太史晋涵入都》。

② 章学诚：《章氏遗书》卷18《邵与桐别传》。

③ 章学诚：《章氏遗书》卷9《为毕制军与钱辛楣宫詹论续鉴书》。

学失去一位大师而惋惜不止。他说:“以数百年闻丛见集,若将有待以大其成者,一旦失散不可复聚,不特君之不幸,亦斯文之厄也。”①在与友人书中,章学诚同样表达了这一情结。他说:“昨闻邵二云学士逝世,哀悼累日,非尽为友谊也。浙东史学,自宋元数百年来,历有渊源。自斯人不禄,而浙东文献尽矣。”②后五年,章学诚去世。在晚年的岁月里,他不但经常回忆“往在京师,数与邵编修晋涵论学”③的美好时光,而且还在双目失明、疾病缠身的情况下,口授言辞,由其子章贻选笔录,撰写成《邵与桐别传》,以示怀念。两人可谓生死之交,始终不渝。

二

章学诚与邵晋涵虽然相交甚深,在学术上同属于浙东学派史家,治学显示出注重义理和富于思辨的特征,但因个人的禀赋差异,在治学领域、研究方法和学术风格上又表现出不同的面貌。前者重视对史学义例和校雠心法的研究,理论色彩比较突出;后者注重对文献整理和史实考辨的研究,实证色彩更加明显。这个反差,他们自己看得也很清楚,无论是见面谈话,还是书信往来,都敦促对方尽力弥补各自的不足,尽可能全面发展,为学术作出贡献。

章学诚研究的学术领域在校雠心法和史学义例,其治学方法是通过思辨分析和理论总结,揭示中国传统史学的利弊得失。乾隆二十七年(1762 年),章学诚入京师国子监读书,因不谙世故,屡

---

① 章学诚:《章氏遗书》卷 18《邵与桐别传》。
② 章学诚:《章氏遗书》卷 13《与胡雒君论校胡稚威集二简》。
③ 章学诚:《章氏遗书》卷 17《例授朝议大夫督察院经历加三级何君家传》。

屡受挫。他回忆说:“始余入监舍,年方二十有五,意气落落,不可一世,不知人世艰也。然试其艺于学官,辄置下等。每大比,决科集试至三四百人,所斥落者不过五七人而已,余每在五七人中。祭酒以下,不余人齿;同舍诸生,视余若无物。”①当时只有沈业富、朱筠和朱棻元等极少数人了解章学诚,赏识其见解。在京十余年中,章学诚虽然屡试不第,蹭蹬科场,饱受世人讥讽,被人“视为怪物,诧为异类”②,但却始终坚持自己的信念,从未动摇治史的决心,在学业上逐步趋于专精和成熟,为其文史撰述打下了基础。乾隆四十三年(1778 年),章学诚经过七次科举考试,终于考中进士。然而他自知性格与社会格格不入,不敢走仕途之路,“屡困棘闱,晚登甲第。……自以迂疏,不敢入仕,文墨干人,前后奔走,几三十年”③。特别是章学诚从朱筠问学,不仅得到朱筠言传身教,而且得交邵晋涵、周永年、洪亮吉等知名学者,学业大有长进。邵晋涵曾经致书规劝其勤奋著述说:“窃有规于足下者,以足下好无益之戏,而不专力于论撰也。……望及时孟进,勒为一书,质前俟后,传不传亦有命焉,默待已耳。”④章学诚在与他们的学术交往中,更加明确了坚持史学义例和校雠心法研究的重要性。他自称“鄙于读书无他长,子史诸集,颇能一览而得其指归”⑤,注重把握各家的著述宗旨;又特别声明“吾读古人文字,高明有余,沉潜不足,故于训诂考质,多所忽略,而神解精识,乃能窥及前人所未到

① 章学诚:《章氏遗书》卷 19《庚辛之间亡友列传》。
② 章学诚:《章氏遗书》卷 22《与族孙汝楠论学书》。
③ 章学诚:《章氏遗书》卷 17《柯先生传》。
④ 邵晋涵:《南江文钞》卷 8《与章实斋书》。
⑤ 章学诚:《章氏遗书》卷 13《与胡雒君论校胡稚威集二简》。

处。……遂能别出意见，不为训诂牢笼，虽时有卤莽之弊，而古人大体，乃实有所窥”①。章学诚对此有自觉的认识，治学“纵览群书，于经训未见领会；而史部之书，乍接于目，便似夙所功习然者。其中利病得失，随口能举，举而辄当”②。正因为他具备这种学术素养，自知“区区之长，颇优于史”③，所以治学非常突出“鄙人所业，文史校雠，文史之争义例，校雠之辨源流”④的特色，撰写出《文史通义》和《校雠通义》两部成一家之言的史学批评理论著作。章学诚在这两部名著里表明了“从事于文史校雠，盖将有所发明”⑤的学术旨趣，形成了史学贵著述成家的思想。他明确指出：“拙撰《文史通义》，中间议论开辟，实有不得已而发挥，为千古史学辟其蓁芜。”⑥在这部书里，最显著的特点是阐明史学家法和为史之意，辨析各种史书体裁义例，为当时和后世的史学研究提出发展方向。章学诚说：“吾于史学，盖有天授，自信发凡起例，多为后世开山。”⑦因此，他不断探索史学理论问题，取得了长足的进步。章学诚说：“吾于史学，贵其著述成家，不取方圆求备，有同类纂。”⑧这一治史特征在他撰修方志的实践中，体现得最为明显。章学诚曾致书周震荣说：“近日撰《亳州志》，颇有新得，视和州、永清之志，一半为土苴矣。……此志拟之于史，当与陈、范抗行，义例之精，则又

---

① 章学诚：《章氏遗书》卷9《家书三》。
② 章学诚：《章氏遗书》卷9《家书六》。
③ 章学诚：《章氏遗书》卷9《与胡雒君》。
④ 章学诚：《章学诚遗书》佚篇《与孙渊如观察论学十规》。
⑤ 章学诚：《章氏遗书》卷29《上辛楣宫詹书》。
⑥ 章学诚：《章氏遗书》卷9《与汪龙庄书》。
⑦ 章学诚：《章氏遗书》卷9《家书二》。
⑧ 章学诚：《章氏遗书》卷9《家书三》。

《文史通义》中之最上乘也。……如有良史才出，读《亳志》而心知其意，不特方志奉为开山之祖，即史家得其一二精义，亦当尊为不祧之宗。此中自信颇真，言大实非夸也。”[①]他不但对方志编纂义例颇多创新，而且把方志编纂纳入史学范畴，在中国古代方志发展史上具有里程碑式的意义。

然而坎坷多难的生活，寄人篱下的滋味，使章学诚于“坎轲潦倒之中，几无生人之趣”[②]。他所从事的研究也不被时人所理解，饱受精神上的压抑和苦闷。章学诚说：“至论学问文章，与一时通人全不相合。盖时人以补苴襞绩见长，考订名物为务，小学音画为名。吾于数者皆非所长，而甚知爱重，咨于善者而取法之，不强其所不能，必欲自为著述，以趋时尚，此吾善自度也。”[③]他撰写的文章除邵晋涵等人重视以外，其他人很少关注，甚至不能确定属于哪类学问。翁方纲曾经向刘台拱询问章学诚治学究竟是什么门路，刘台拱回答不知道。章学诚说：“吾之所为，则举世所不为者也，如古文辞，近虽为之者鲜，前人尚有为者；至于史学义例、校雠心法，则皆前人从未言及，亦未有可以标著之名。爱我如刘端临，见翁学士询吾学业究何门路，刘则答以不知。盖端临深知此中甘苦，难为他人言也。故吾最为一时通人所弃置而弗道，而吾于心未尝有憾。……但反而自顾，知己落落，不过数人，又不与吾同道。”[④]同样的问题，阮元也问过洪亮吉。章学诚说：“阮学使与洪稚存在河南抚署日，作书与洪稚存，曰‘会稽有章实斋，所学与吾辈绝异，而自有一种不可

---

① 章学诚：《章氏遗书》卷9《又与永清论文》。

② 章学诚：《章氏遗书》卷29《与史余村论学书》。

③ 章学诚：《章氏遗书》卷9《家书二》。

④ 同上。

埋殁气象，不知是何路数，足下能定之否？愚意此亦一时之奇士也'云云。观此则诸君至今不知鄙为何许人矣。"[①]他之所以甘于寂寞，不求人知，并非无奈之举，而是具有明确的自觉意识。章学诚认识到，学术发展的规律是循环衰盛，质文递变。他说："历观古今学术，循环衰盛，互为其端。以一时风尚言之，有所近者必有所偏，亦其势也。学者祈向囿于时之所趋，莫不殚精竭智，攻索不遗余力，自以所得远过前人，圣人复生，不可易矣。及其风衰习变，后人又以时之所尚追议前人，未尝不如前人之视古昔。"[②]只有懂得补偏救弊之人，才能具有自得之学，促进学术发展；而追随流俗博取一时之名，只能加重学术的偏颇。章学诚指出："一时风尚，必有所偏。学者不求其性之所自近，而充其量之所能极，徒局局焉趋于一偏之风尚。当其势重气盛，趋向所归，莫不人人自谓跻泰山之巅，穷黄河之源，何其壮哉！逮至气衰习变，后人追数从前，则自磊落数子而外，凡所谓依风附景，趋骛声名之众，未有过而问焉。是以汉儒治经，唐世崇尚诗赋，则服、郑数君不为习蔽，而余子概无闻焉。唐人业诗，宋儒崇尚策论，则李、杜诸家不为习蔽，而余人无所述焉。夫学至于千百年后，世变风移，一时趋向所不在是，而声施卓然，不可磨灭，则精神周而当日所谓发于意之诚然者，有至理也。"[③]因此，治学当如经商，以世所寡有者为贵。章学诚认为："学问经世，文章垂训，如医师之药石偏枯，亦视世之寡有者而已矣。"[④]任何时代的学术都不可能完美无缺，学者必须懂得补偏救

① 章学诚：《章学诚遗书》佚篇《与朱少白书》。

② 章学诚：《章氏遗书》卷9《与朱沧湄中翰论学书》。

③ 章学诚：《章学诚遗书》佚篇《与钱献之书》。

④ 章学诚撰、叶瑛校注：《文史通义校注》卷4《说林》。

弊，才能有利于社会。他说："君子之学，贵辟风气，而不贵趋风气也。盖既曰风气，无论所主是非，皆以演成流习，而谐众以为低昂，不复有性情之自得矣。……天下事凡风气所趋，虽善必有其弊。君子经世之学，但当相弊而救其偏，转不重初起之是非，谓既入风气，而初起之是非已失实也。"①只有针对现实社会需要研究学术，这种学术才能对社会起到促进作用。章学诚说："学业将以经世，当视世所忽者而施挽救焉，亦轻重相权之义也。"②因为现实社会需要，人们才从历史中去汲取智慧，寻求对策；若博古而不能实用，学术著作将会成为后人的累赘。他认为："文章经世之业，立言亦期有补于世。否则古人著述已厌其多，岂容更益简编，撑床叠架为哉！"③章学诚坚信在整个社会千军万马从事考证补苴古籍的情况下，自己从事校雠心法和史学义例研究有助于扭转学术风气的偏颇，弥补史学理论研究的不足，促进学术的均衡发展。因此，他提出学者治学应当"持风气"而不能"徇风气"的主张，把中国古代传统史学经世致用的思想发展到成熟阶段，为后人治学提供了深刻借鉴和启示。

邵晋涵治学兴趣在于整理文献，考订史实，致力于传浙东文献之学。他幼承家学，勤奋读书，广泛涉猎，打下了坚实的文献基础。邵晋涵为汪启淑的藏书楼"爱吾庐"作铭文，曾经表示"余好书而无力，将就庐假未见书，偿所愿焉"④。乾隆三十八年开《四库全书》馆，邵晋涵与戴震、周永年、余集、杨昌霖同入馆编校，是其中最年

---

① 章学诚：《章氏遗书》卷7《淮南子洪保辨》。
② 章学诚：《章氏遗书》卷9《答沈枫墀论学》。
③ 章学诚：《章学诚遗书》佚篇《与史余村》。
④ 邵晋涵：《南江文钞》卷8《爱吾庐铭》。

轻的学者，时人称为五征君。他在“四库”馆负责校史部书籍，所以“史学诸书，多由先生订其略，其提要亦多出先生之手”[1]。他为《四库全书》馆所作的史书提要，一部分保存在所撰《南江文钞》中。乾隆四十年(1775 年)，邵晋涵从《永乐大典》中辑出散乱已久的薛居正《旧五代史》。薛史自元明以来传本渐稀，清代学者已罕见其书。明修《永乐大典》中虽收录此书，但把原书拆散分隶于各韵部，不但失去原书旧貌，而且缺佚较多。邵晋涵在编辑订补过程中，参阅了大量宋元史书，制定了十五条《编定旧五代史凡例》，力争恢复原书的本来面目。他严格按照原著梁、唐、晋、汉、周断代为书的体例，虽知其不善，亦不予改动，让后人去辨明得失，充分显示出尊重前人学术和对后人负责的严谨态度。邵晋涵在对五代史事进行严格考订补缀的基础上，撰写出了《旧五代史考异》一书。经过他的辛勤劳动，《旧五代史》大体上恢复了原貌。清人对他的辑佚工作给予了很高评价，认为“《永乐大典》散篇辑成之书，以此为最，以其注明《大典》卷数及采补书名、卷数，具知存缺章句，不没其实也”[2]。邵晋涵又利用宋人碑版、文集考证《宋史》舛误，收获较大。今存《南江札记》中的四十余条考辨材料，补偏纠谬，颇见功力。邵晋涵在给章学诚的信中指出：“仆自少读书，中无条贯，不能为原始要终之学。性好古训，惟思捃拾佚文，求经师相传之训。别后闭门授徒，讨论旧业。每慨去圣久远，古义渐沦，秦火而后，建安以前，师法失传。古书之所由散亡者，盖有三焉。其一为刘歆之移书太常，而博士置不肯对也。前此者则为武帝之立博士，后此者为班固之《艺文志》。”[3]

① 阮元：《揅经室集·揅经室二集》卷 7《南江邵氏遗书序》。
② 彭元瑞：《知圣道斋读书跋》卷 1《钞本旧五代史》。
③ 邵晋涵：《南江文钞》卷 8《与章实斋书》。

所以他把主要精力用于注疏经书，校勘古籍，对整理和总结中国古代传统文献贡献较大。而章学诚则劝其注重立言宗旨，著书立论，自成一家之言。他致书邵晋涵说："足下既疏《尔雅》，则于古今言语能通达矣。以足下之学，岂特解释人言，竟无自得于言者乎！……足下于文漫不留意，立言宗旨未见有所发明，此非足下有疏于学，恐于闻道之日犹有待也。足下博综十倍于仆，用力之勤亦十倍于仆，而闻见之择执，博综之要领，尚未见其一言蔽而万绪赅也。足下于斯，岂得无意乎？"进而督促邵晋涵放弃烦琐应酬，专心著述，因为"岁月不居，节序川逝。足下京师困于应酬，仆亦江湖疲于奔走，然仆能撰著于车尘马足之间，足下岂不可伏箧于经摺传单之际"[①]。邵晋涵去世以后，章学诚仍然不无惋惜地说："其人天性本敏，家藏宋元遗书最多，而世有通人口耳相传，多非挟策之士所闻见者。鄙尝劝其授高弟学子，彼云未得其人；劝其著书，又云未暇，而今长已矣，哀哉！"[②]由此可以看出，邵晋涵研究领域主要围绕经史校雠，治学方法则表现出鲜明的实证特征。

由于邵晋涵长期在翰林院担任史职，在史学方面成绩卓著，特别是其治学特点符合乾嘉时期历史考证学的规范，所以得到主流学术的认可。一时前辈中人如戴震、钱大昕、朱筠等皆与之交游，相与推重。当时学界"言经学则推戴吉士震，言史学则推君"[③]，使邵晋涵成为雅负重望的学者，在清代乾隆年间享有崇高的学术地位。他对自己的考证功力颇为自得，在各种场合津津乐道。章学

① 章学诚：《章氏遗书》卷9《与邵二云论学》。

② 章学诚：《章氏遗书》卷13《与胡雒君论校胡稚威集二简》。

③ 钱大昕：《嘉定钱大昕全集·潜研堂文集》卷43《日讲起居注官翰林院侍讲学士邵君墓志铭》。

诚说邵晋涵“尝据宋事与史策流传大违异者凡若干条，燕闲屡为学者言之”[①]。同时广收门徒，传授校雠技艺。阮元说：“昔元二十岁外，入京尝谒邵二云先生。先生门徒甚多，各授以业。有会稽章孝廉逢源（当为宗源，字逢之——引者注）者，元见先生教以辑古书，开目令辑，至今犹记其目中有《三辅决录》、《万毕术》等书。章孝廉力其业，不数年成书盈尺。惜孝廉病卒，书不知零落何处。”[②]频繁的官场应酬和超负荷的校勘授业，严重影响了邵晋涵专心从事学术研究，以至于很多计划未能实现，赍志而殁。章学诚毫不隐讳地指出：邵晋涵“竟坐才高嗜博，官程私课，分功固多；晚年日月益促，又体羸善病，人事蹉跎其间，遂至美志不就，淹忽下世”[③]，给后世留下了无法弥补的损失，也给后人留下了无尽的思考。

三

在近代以来的中国学术史研究中，章学诚的史学逐渐成为最令人感兴趣的问题之一。自清代道光年间开始，章学诚的著作开始渐次完整地刊行于世，到20世纪在国内外产生了广泛影响。相反，邵晋涵的史学则由乾嘉时期备受推崇，至近代而极度式微，已经淡出研究者的视野，至今尚未得到普遍重视和系统研究。其遗著没有整理出版，发表的研究文章屈指可数。这种反差现象在中国学术界具有一定的代表性，如果给予高度重视和深入研究，必将有助于深刻认识中国史学史的得失利弊，促进对未来新史学的认识和研究。

---

① 章学诚：《章氏遗书》卷18《邵与桐别传》。

② 茆泮林辑：《十种古逸书》卷首阮元《序》。

③ 章学诚：《章氏遗书》卷18《邵与桐别传》。

关于章学诚著作的刊刻与整理，早在其生前就曾经刊印《文史通义》，但因该书撰写时间前后历时三十年之久，某些计划撰写的篇章直到去世也没能写出，所以只能选刊一部分，而无法刊刻全部完本。由于他生前未及编定篇目，临终前委托浙江萧山学者王宗炎校订，编订为《文史通义》内篇六卷、外篇三卷，其中外篇内容为议论、序跋和尺牍。王宗炎去世后，章学诚次子章华绂认为“谷塍先生订定目录一卷，查阅所遗尚多，亦有与先人原编篇次互异者，自应更正，以复旧观”①，于道光十二年(1832年)编定《文史通义》内篇五卷、外篇三卷，并附《校雠通义》三卷，刊刻于河南开封，是为大梁本。章华绂刻本内篇已与王宗炎校订篇目稍有出入，外篇内容则完全不同，收录章学诚所撰写的各种方志序例。民国时期，浙江省立图书馆于1920年根据会稽徐氏抄本刊印《章氏遗书》，但未能包括章学诚的全部著作。1922年，吴兴嘉业堂主人刘承干根据王宗炎所定篇目，又广为搜集，刊刻《章氏遗书》五十卷。其内容包括《文史通义》内篇六卷、外篇三卷，《校雠通义》内篇三卷、外篇一卷，《方志略例》二卷，《文集》八卷，《湖北通志检存稿》四卷，《外集》二卷，《湖北通志未成稿》一卷，《信摭》、《乙卯札记》、《丙辰札记》、《知非日札》、《阅书随札》各一卷，《永清县志》十卷，《和州志》三卷，《历代纪年经纬考》、《历代纪元韵览》各一卷，书后另有《补遗》、《附录》和《校记》，比较全面地包括了章学诚的著作。从此，《文史通义》除大梁本之外又有另一个版本，即《章氏遗书》本。1935年，叶长青的《文史通义注》作为无锡国学专修学校丛书之一印行，1970年又由台湾广文书局出版。1956年依据《章氏遗书》本整理的《文史通义》，由当时设在北京的古籍出版社出版。1948年，叶瑛依据

① 章学诚撰、叶瑛校注：《文史通义校注》章华绂序。

大梁本《文史通义》整理著成《文史通义校注》，于 1985 年由北京的中华书局出版。该书整理吸收了叶长青注本的长处，同时利用《章氏遗书》本对大梁本加以校订、注释，旁征博引，资料翔实，对于世人理解《文史通义》很有裨益。1985 年，北京的文物出版社影印嘉业堂刻本《章氏遗书》，另据其他各种抄本增补十余篇佚文，题名《章学诚遗书》，是迄今收录章学诚著作最为丰富的整理本。仓修良的《文史通义新编》，1993 年由上海古籍出版社出版。后经进一步修订，改名《文史通义新编新注》，2005 年由浙江古籍出版社出版。该书钩沉索隐，试图按照章学诚原意恢复《文史通义》本来面目，不仅包括了通行的两个版本中 218 篇文章，而且选录《章氏遗书》和部分逸佚的 85 篇重要文章，重新加以编排整理，内篇以《章氏遗书》本为主，增加大梁本多出之篇；外篇编为六卷，前三卷收录驳议、序跋、书说，后三卷收录方志序例、方志论文；其增补各篇则按类编入各卷之中，成为《文史通义》一个新的版本。另外，对于《校雠通义》的整理，有王重民编定的《校雠通义通解》，于 1987 年由上海古籍出版社出版。上述整理版本不仅方便了读者的阅读和使用，而且有助于准确地理解章学诚思想广博而深刻的内涵，为进一步研究提供了条件。

关于章学诚史学的研究，在 20 世纪的一百年中取得了显著成绩。首先是国内外史学界对章学诚及其《文史通义》以介绍和宣传为重点，发表了许多资料考述成果。1922 年，胡适在日本学者内藤虎次郎《章实斋年谱》的基础上撰成《章实斋先生年谱》，不仅篇幅超过内藤几十倍，而且摘录章学诚论著阐明其思想，考证其事迹和学术交游，集史料解析、史实考证与思想评论于一体。1931 年，姚名达对胡适的著作加以修订补充，出版了内容更为丰富的《章实斋先生年谱》订补本[①]。胡适著、姚名达订补的《年谱》出版后，引起了国内学者的研究兴趣，质疑和补正著作纷纷出现，其中最重要的当属孙次舟撰写、吴孝琳署名发表的《〈章实斋年谱〉补正》[②]，通过逐年逐条考察，既有纠谬，也有补遗，考订精详，补辑得当。张述祖的《文史通义版本考》[③]对大梁本《文史通义》问世后的各种续刻本做了全面考述，指出尚有咸丰年间谭廷献的杭州刻本、伍崇耀的广州《粤雅堂丛书》本、光绪年间章季真的贵阳刻本、江标《灵鹣阁丛书》中的《补编》本等十几种，这些刻本与大梁本相比不仅有的篇目不同，而且编排次序也有不一致的地方。孙次舟的《章实斋先生著述流传谱》[④]按照年代顺序谱列章学诚著作流传后世的情况，年经书纬，一目了然，为研究章学诚著作提供了翔实的资料。吕思勉著《史学四种》[⑤]一书，其中的《文史通义评》重点解释和评论《文史通义》内篇某些重要篇章的宗旨和意蕴，对文中较难理解的哲理性问题作出疏通阐释，颇有价值。张舜徽著《史学三书平议》[⑥]一书的《文史通义平议》，对其重要篇章加以解析，既有注释和考辨，又有批评和论断，征引广博，见解独到。其次是国内外学术界对章学诚及其著作的研究取得了长足的进步，其研究范围和研究深度都是前所未有。国内学者的著作主要有以下几部：仓修良著《章学诚和〈文史通义〉》[⑦]，系统地研究了章学诚生活的时代及其生平事迹、《文史通义》编著与刊刻、《文

---

① 商务印书馆 1933 年出版。

② 《说文月刊》第 2 卷第 9—12 期，1940 年 12 月—1941 年 3 月。

③ 《史学年报》第 3 卷第 1 期，1939 年 12 月。

④ 《说文月刊》第 3 卷第 1—2 期，1941 年 9 月。

⑤ 上海人民出版社 1981 年出版。

⑥ 中华书局 1983 年出版。

⑦ 中华书局 1984 年出版。

史通义》所反映的章学诚思想及其学术地位等问题，是大陆学者第一部研究章学诚史学思想的专著。仓修良与叶建华合著《章学诚评传》①，在《章学诚和〈文史通义〉》一书研究内容的基础上，更加细致地揭示与论述了章学诚的社会政治思想、哲学思想、教育思想、史学理论、方志学理论、校雠学理论、谱牒学理论、文学理论各方面内容，对其生平事迹和学术成就作出全方位的研究，成为研究章学诚的集大成之作。仓修良、仓晓梅著《章学诚评传——独树一帜的史学评论家》②，着重从史学家的角度评价了章学诚在史学评论方面的贡献。廖晓晴著《史林巨匠——章学诚与史著》③，虽分章不免琐碎，但却全面反映出章学诚的史学成就与史著面貌。罗炳良著《传统史学理论的终结与嬗变——章学诚史学的理论价值》④，对章学诚史学的理论成就给予了较大分量的论述，其中包括历史哲学理论、"六经皆史"理论、"史德—心术"理论、"撰述"与"记注"理论以及史学功用、史书编纂、史学批评方法论，并且把章学诚的理论建树置于整个乾嘉史学的理论总相中加以考察和评价。鲍永军著《史学大师——章学诚传》⑤，在过去已有研究成果的基础上，提出了一些新的见解。中国港台地区以及国外学者的著作主要有以下几部：香港学者吴天任著《章实斋的史学》⑥，是较早研究章学诚史学成就的专著。台湾学者张凤兰著《章学诚的史学理论与方法》⑦，系统研究了章学诚在史学理论与史学方法上的

---

① 南京大学出版社 1996 年出版。

② 广西教育出版社 1996 年出版。

③ 辽海出版社 1997 年出版。

④ 泰山出版社 2005 年出版。

⑤ 浙江人民出版社 2007 年出版。

⑥ 香港东南书局 1958 年出版。

⑦ 台湾里仁书局 1982 年出版。

贡献，是一部理论性较强的著作。朱敬武著《章学诚的历史文化哲学》[①]，系统研究了章学诚的历史文化哲学，研究方法和学术观点都比较新颖。林时民著《史学三书新诠》[②]与《中国传统史学的批评主义——刘知幾与章学诚》[③]，把章学诚的《文史通义》和刘知幾《史通》、郑樵《通志》加以比较，认为章学诚的学术见解来源于刘知幾和郑樵，同时又进一步改造与扬弃，显示出史学发展的继承和创新关系。美国学者倪德卫著《章学诚的生平与思想》[④]，提出章学诚的史学理论试图用新理念冲击传统，已经具备了现代色彩。美籍华裔学者余英时著《论戴震与章学诚》[⑤]，不仅分析、探讨了章学诚史学观点形成的社会背景、“六经皆史”说与“朱、陆异同”论之比较、章学诚“文史校雠”的内涵，而且论述、考辨和比较了章学诚与戴震、童钰、柯灵乌(一译柯林伍德)之间的关系，给读者诸多启示。日本学者山口久和著《章学诚的知识论——以考证学批判为中心》[⑥]，把章学诚置于清代考据学盛行的背景下，揭示出他对考据学的认识和批判，观点极为鲜明。此外，国内外学者撰写的各类中国史学史著作中，大都设有专章论章学诚，推进了对章学诚研究的深入开展，有重要参考价值。限于篇幅，不再胪举。

相比之下，邵晋涵身后的学术影响，远远不能望章学诚之项背。他的各种撰著，生前仅刊刻《尔雅正义》。死后由后人刊刻的有《南江文钞》、《南江诗钞》、《南江札记》、《史记辑评》、《旧五代史

---

① 台湾文津出版社 1996 年出版。
② 台湾学生书局 1997 年出版。
③ 台湾学生书局 2003 年出版。
④ 斯坦福大学出版社 1966 年出版。
⑤ 香港龙门书店 1976 年出版。
⑥ 日本创文社 1998 年出版。

考异》、《南江书录》，其中《南江文钞》和《南江诗钞》均收录不全，散佚较多。其他尚有《韩诗内传考》、《孟子述义》、《仪礼笺》、《宋元事鉴考异》、《南都事略》、《大臣谥迹录》、《方舆金石编目》、《辎轩日录》等。乾隆三十七年（1772 年），他给友人的信中说："《尔雅正义》已具草稿，……《孟子述义》、《仪礼笺》当次第成之。"[①]至乾隆五十年（1785 年），《孟子述义》完稿。他致书黄璋说："晋涵近刻《尔雅正义》，略仿唐人体裁，而学术不逮古人远甚，刻成覆核，自愧疏漏。今呈寄一部，伏祈大加诲削，俾不至终身不闻大道，幸甚幸甚！《孟子正义》粗具稿本，尚须删改，道远末由就正，时用怅然耳。"[②]他还准备"俟《尔雅正义》成书之后，取《大戴记·曾子》十篇，《小戴记·子思子》四篇，别为之注，以配《论语》、《孟子》。孔、曾、思、孟，实谓四子"[③]。另据王绍曾《〈清史稿·艺文志〉拾遗》著录，邵晋涵撰有《周易邵注》、《邵氏易传》二书，对《周易》也有注疏。可惜上述撰述或者尚未完成，或者未刊行世，绝大多数后来失传。至于对邵晋涵的研究，清代嘉庆年间的洪亮吉，已经把邵晋涵号"二云"误作"一字二云"[④]，长期以来为后世学者所沿用。晚清学者朱兰鉴于其父朱文治亲接邵晋涵，出于对前辈景仰而撰《邵二云先生年谱》，可惜未能传诸后世。民国年间支伟成撰《清代朴学大师列传》，把邵晋涵仅仅视为汉学家，对其学术宗旨与学派归属无法正确定位。20 世纪 30 年代，黄云眉再撰《邵二云先生年谱》，成为近世研究邵晋涵的开山之作。近三十年来，虽有专门研究邵

---

① 邵晋涵：《南江文钞》卷 8《与吴衣园书》。

② 黄璋：《大俞山房诗稿》附录邵晋涵信札。

③ 邵晋涵：《南江文钞》卷 8《与朱笥河学士书》。

④ 洪亮吉：《洪亮吉集·卷施阁文甲集》卷 9《邵学士家传》。

晋涵的论文和专著问世，但总量微乎其微。中国大陆地区比较重要的文章有：仓修良《邵晋涵史学概述》[①]，首次全面钩稽和论述了邵晋涵的史学成就。杨绪敏《邵晋涵与历史文献的整理及研究》[②]，从历史文献学的角度阐述了邵晋涵的学术成就。张涛《邵晋涵与〈南江札记〉》[③]，专门考察了《南江札记》的文献价值。朱依群《秉公笔、存直道、史以纪实——浅论邵晋涵的史学思想》[④]，揭示出邵晋涵史学思想的内涵及其特征。罗炳良《邵晋涵在历史编纂学理论上的贡献》[⑤]，专门对邵晋涵的历史编纂学理论做了探讨。张秀平、罗炳良《邵晋涵与宋史研究》[⑥]，考察了邵晋涵改撰与考证《宋史》的成就。李嘉翼《论邵晋涵〈尔雅正义〉因声求义的训诂成就》[⑦]，从音韵训诂学的角度研究和探讨了邵晋涵《尔雅正义》的经学造诣。中国港台地区的主要研究成果有：杜维运《邵晋涵之史学》[⑧]，是继研究乾嘉史家全祖望、章学诚、赵翼史学之后，又一篇研究乾嘉史家的力作。林良如《邵晋涵之文献学探究》[⑨]，是目前国内外唯一一部研究邵晋涵的专著，对其注疏学、辑佚学、目录学、金石学、方志学、编纂学，设置专章加以探讨，并从乾嘉学术与浙东学术对邵晋涵之影响方面，总结了邵晋涵在文献学上的贡献。可以看出，目前对邵晋涵的研究虽然取得了一定的成绩，但这些研

---

① 《史学史研究》1982 年第 3 期。

② 《徐州师院学报》1986 年第 2 期。

③ 《浙江学刊》1995 年第 3 期。

④ 《宁波大学学报》1996 年第 4 期。

⑤ 《史学史研究》1997 年第 2 期。

⑥ 《文史哲》1999 年第 2 期。

⑦ 《江西社会科学》2008 年第 4 期。

⑧ 台湾《国立政治大学历史学报》1994 年第 11 期，又见《清史研究》1994 年第 2 期。

⑨ 台湾花木兰文化出版社 2008 年出版。

究成果与邵晋涵生前的学术地位极不相称，与其实际学术成果也相差甚远，亟待加强研究力量，拓宽研究范围，使研究水平达到新的高度。

四

本书关于章学诚与邵晋涵的研究，并非全面探讨两人在各个学术领域取得的成就，只是围绕其史学贡献展开论述。因此，对于章学诚的哲学、文学、方志学、谱牒学、校雠学，邵晋涵的经学、小学、文献学等领域，鉴于作者知识结构的局限，只能付之阙如，不敢妄论。即使针对两位浙东史学巨擘的史学成就，也不可能面面俱到，全部论述，而是遴选他们共同点较多的史学理论与撰史实践问题，作出比较研究。第一章内容考察章学诚与邵晋涵的治史宗旨和学术特征，从核心高度揭示章学诚以史明道和邵晋涵汉宋兼容的本质，力求从新的视角对他们的学术作出精确定位。第二章内容考察章学诚与邵晋涵关于史学本体的理论，亦即他们对于史学性质的认识，这是任何一位史家都无法回避的问题，而不同时代史家对史学性质的不同解释，将会形成各个时代史家治史的学术理念，影响到该时代史学的面貌，形成不同的史学流派和史学思潮。研究表明，浙东学派史家关于史学本体的论述，在考据求真方面与同时代主流史学历史考证学具有共通性，而在史学重义与史学经世方面则比历史考证学更加鲜明，独具特色，显示出清代浙东史学的风采。第三章内容考察章学诚与邵晋涵关于史学批评的理论及其方法，不仅可以看出两人史学批评成就高低及其利弊得失，而且归纳出某些带有方法论性质的史学批评法则，可以深入了解处于传统史学总结与嬗变的清代乾嘉时期史学批评理论与方法论所达到的高度。第四章内容考察章学诚与邵晋涵的历史编纂学理论，主要论述章学诚对传统历史编纂学的创新和邵晋涵在历史编纂学理论上的见解，反映出清代乾嘉时期历史编纂学理论承上启下的特点，尤其是在通史编纂理论上起到沟通古代通史编纂与近现代通史编纂桥梁的作用。第五章内容考察章学诚与邵晋涵关于改撰元代史家所修《宋史》的设想和实践，能够清晰地反映出史家将史学理论与修史实践相互结合的轨迹，以及这种结合能否成功的经验教训，给后人提供参照和借鉴。以上几方面是章学诚和邵晋涵共同具备的主要史学成就，构成本书的主体框架。然而，章学诚比邵晋涵突出之处，就在于他的史学成就除史学理论外，还包括历史理论和史学史理论，这两方面是邵晋涵所不具备的成就。因此，本书将章学诚在历史理论和史学史理论上的建树放在附录中论述，以期全面反映清代浙东学派史学在理论上所展现的光辉。另外，鉴于邵晋涵的生平事迹与学术成就流传不广，而谱录学者生平与思想有益于知人论世之学，故为黄云眉《邵二云先生年谱》作补正，置于附录。

第一章　章学诚与邵晋涵的治学宗旨

章学诚和邵晋涵是清代乾嘉时期的著名学者，在中国古代学术史上占有重要地位。尽管他们同属于浙东学派的传人，但治学宗旨和学术思想上却有所不同。章学诚治史目的在于“以史明道”，针对唐宋古文学家宣扬的“因文见道”、宋明理学家宣扬的“义理明道”和清代朴学家宣扬的“训诂明道”观念，抨击三家互争畛域，割裂“道”体内涵与全貌的弊端，进而提倡“六经皆史”与“以史明道”的思想。邵晋涵治学既注重征实，又强调立言宗旨，形成“汉宋兼采”思想，在治学特点和学术风貌等方面都表现出独树一帜的特征。

一　章学诚的“以史明道”思想

在中国学术史上，历代学者对“道”作了各种探索，不断赋予它新的含义，使之具备了非常丰富的内涵。且不说先秦诸子“各道其所道”的阐发，仅以汉代以后最主要的思潮而论，就有唐宋古文学家提出的“因文见道”，宋明理学家提出的“义理明道”和清代朴学家提出的“训诂明道”等不同命题。六经为“道”之载体，所以求“道”必于经学入手，这大概是汉代以后历代儒家的共识。到清代乾嘉时期，浙东学派史家章学诚主张“六经皆史”，明确提出“以史明道”的思想。对于章学诚的“以史明道”观念，前贤亦有研究，但大多认为仅仅是针对清儒“训诂明道”观念而发。钱穆指出：“经学家最大理论，莫若谓道在六经，通经所以明道，此自亭林唱‘经学即理学’之说以来，迄东原无变，实斋始对此持异议。”[①]余英时也认为：“我们试以实斋之‘道’与当时考证家由分疏六经中之名物、制度、字义等所得之‘道’作一比较，即可见两者不但迥异，抑且适处于相反的地位。……综观实斋‘六经皆史’之说，实为针对东原‘道在六经’的基本假定而发，同时也是对顾亭林以来所谓‘经学即理学’的中心理论作一种最有系统的反挑战。”[②]这种看法当然不错，但是如果我们全面考察章学诚“以史明道”观念，就会发现他不仅不完全赞同清代经学家标榜“训诂明道”的观念，而且也反对唐宋古文学家片面强调“因文见道”、“文以载道”的观念，更反对宋明理学家枵腹空谈“义理明道”的观念，其“以史明道”的内涵表现为根绝辞章、义理和考证三者纷争，避免三家各执一端而矜炫得“道”的弊端，具有独特的明“道”方法与观念。

(一)章学诚认为，宋明理学家主张“义理明道”具有很大的局限性，最终架空了经学致用的功能。

按照传统儒家的看法，尧、舜、禹、汤、文、武、周、孔以来所传的道统，至孔子删述六经而见诸文字，是以后人求“道”必于六经，汉唐诸儒无不如此。至唐宋以后，理学兴起，学者开始离开具体的历史事实而纷纷深究六经的义理和孔子的微言大义，试图找到超越

---

① 钱穆：《中国近三百年学术史》，商务印书馆 1997 年版，第 421 页。

② 余英时：《论戴震与章学诚》，生活·读书·新知三联书店 2000 年版，第 56—59 页。

特定时代和具体事物而永恒存在的“道”。其实，孔子未尝离事而言理，更没有为后世空悬六经之道。章学诚指出：“夫子曰：‘我观夏道，杞不足征，吾得夏时焉。我观殷道，宋不足征，吾得乾坤焉。’夫夏时，《夏正》书也；乾坤，《易》类也。夫子憾夏商之文献无所征矣，而乾坤乃与《夏正》之书同为观于夏、商之所得，则其所以厚民生与利民用者，盖与治历明时，同为一代之法宪；而非圣人一己之心思，离事物而特著一书，以谓明道也。”[①]既然孔子没有以六经存“道”的意识，那么后人盲目推崇六经，以为“道”尽在此，就成为导致空言说经论道的空疏学风形成的根源。章学诚指出：“道不离器，犹影不离形。后世服夫子之教者自六经，以谓六经载道之书也，而不知六经皆器也。……而儒家者流，守其六籍，以为是特载道之书耳。夫天下岂有离器言道，离形存影者哉？彼舍天下事物、人伦日用，而守六籍以言道，则固不可与言夫道矣。”[②]倘若轻视学问文章、经济事功与人伦日用，汲汲于探求儒家义理，以为只此可以明“道”，乃是舍本逐末之举。宋明理学求“道”的局限，恰恰是以为上古圣人之“道”超然于人类社会之外而独立存在，最终陷入理障。章学诚认为：“世儒言道，不知即事物而求所以然，故诵法圣人之言，以谓圣人别有一道，在我辈日用事为之外耳。故宋人讥韩昌黎氏，以谓因文见道，不知韩子未至于孔、孟者，义方敬直之功，存心养性之学，不能无间然耳。若以因文见道为韩子之弊，是离学问文章以言道，恐韩子所不屑也。”[③]在章学诚看来，唐代韩愈所提倡的“因文见道”、“文以载道”之说在学理上有没有错误是一个问题，

---

① 章学诚著、叶瑛校注：《文史通义校注》卷1《易教上》。

② 章学诚著、叶瑛校注：《文史通义校注》卷2《原道中》。

③ 章学诚：《章氏遗书》卷9《与邵二云论学》。

而韩愈能不能够达到明“道”的境界是另一个问题。因为“文，虚器也；道，实指也。文欲其工，犹弓矢欲其良也。弓矢可以御寇，亦可以为寇，非关弓矢之良与不良也。文可以明道，亦可以叛道，非关文之工与不工也。……然则徒善文辞，而无当于道，譬彼舟车之良，洵便于乘者矣，适燕与粤，未可知也”[①]。由此可见，韩愈以文为载体而明“道”在学理上本不错，但是文章既可以使“道”显明，也可以使“道”隐晦，关键在于作者如何运用。宋代理学家不探讨“文可以明道，亦可以叛道”之度的问题，而从学理上笼统反对“因文见道”、“文以载道”的观念，不但不能证明韩愈错误，反而暴露出自身思想与方法的贫乏和空疏。

章学诚反对宋明理学家标榜的只有通过探究天人性命之理才能明“道”的排他理论，阐明“道”无所不在，而天人性命之理不过是“道”体之一端，远不是“道”的全部内涵。他说：“学问之事，非以为名，经经史纬，出入百家，途辙不同，同期于明道也。道非必袭天人性命、诚正治平，如宋人之别以道学为名，始为之道。……学术无有大小，皆期于道，若区学术于道外，而别以道学为名，始谓之道，则是有道而无器矣。”[②]宋明理学“义理明道”的观念割裂了“道”“器”合一的关系，离开具体的事物而言“道”，只能是抽象空洞的“道”，而对学术与社会价值不大。章学诚认为：“宋儒之学，自是三代以后讲求诚、正、治、平正路，第其流弊，则于学问文章、经济事功之外，别见有所谓道耳。以道名学，而外轻经济事功，内轻学问文章，则守陋自是，枵腹空谈性天，无怪通儒耻言宋学矣。”[③]理学空

① 章学诚著、叶瑛校注：《文史通义校注》卷2《言公中》。

② 章学诚：《章氏遗书》卷9《与朱沧湄中翰论学书》。

③ 章学诚：《章氏遗书》卷9《家书五》。

言义理以明"道"的方法,造成了元明以来学术的空疏,逐渐受到世人鄙弃,也就不足为怪了。章学诚一针见血地指出:"义理不可空言也,博学以实之,文章以达之,三者合于一,庶几哉周、孔之道虽远,不啻累译而通矣。"①所以,他提出"论理之文常欲使与叙事之文相间为之,则遗言不易,而虚理、实事得以互相证发,是又道不虚行之明验也"②。这表明空谈义理的学问没有实用价值,不能达到对"道"的正确认识。

(二)章学诚认为,清代朴学家主张"训诂明道"具有很大的封闭性,最终淡化了经学致用的功能。

自晚明以来,学者鉴于宋明理学空疏不实学风给学术界带来的弊病,开始力矫其弊,治学逐渐转向征实的发展方向。明末清初学者顾炎武提出"经学即理学",开始把空疏玄虚的理学返归到通经服古的经学之路,形成了治学注重征实的实学思潮。到清代的乾隆年间,邵晋涵、周永年"二君者方以宿望被荐,与休宁戴震等特征修四库书,授官翰林,一时学者称荣遇。而戴以训诂治经,绍明绝学,世士疑信者半。二君者皆以博洽贯通,为时推许。于是四方才略之士,挟策来京师者,莫不斐然有天禄、石渠勾《坟》抉《索》之思;而投卷于公卿间者,多易其诗赋举子艺业,而为名物考订,与夫声音文字之标,盖骎骎乎移风俗矣"③。人们彻底厌弃宋明学者恃胸臆解经的风气,提倡弄通音韵训诂解释儒家经典,形成与宋明理学路数截然相反的"训诂明道"观念。以音韵训诂通经释"道",不失为理解儒家经典的一种有效的途径,然而一些人却不恰当地夸大这种方

① 章学诚著、叶瑛校注:《文史通义校注》卷2《原道下》。

② 章学诚:《章氏遗书》卷29《跋香泉读书记》。

③ 章学诚:《章氏遗书》卷18《周书昌别传》。

法，大言标榜明“道”只能精通音韵训诂，舍此别无他途，陷入了很深的门户之见，并在很大程度上误导一些学者只顾埋头考据而不谈学术致用，把经学研究引上了自我封闭而最终走向死亡之路。

章学诚指出，清代朴学家矫正宋明理学离事而言理的明“道”理路，主张通过训诂历代名物度数和典章制度明“道”，是一种正本清源的举措。他说：“先王道法，非有二也，卿士、大夫能论其道，而府、史仅守其法。人之知识，有可使能与不可使能尔。非府、史所守之外，别有先王之道也。……故道不可以空铨，文不可以空著。三代以前未尝以道名教，而道无不存者，无空理也。三代以前未尝以文为著作，而文为后世不可及者，无空言也。”[①]既然三代时期是守掌故以法存先王之“道”，那么通过训诂三代名物度数，考订三代典章制度而明“道”，当然就是非常恰当的途径。章学诚评价戴震的学术，迥然超出同时代人的见解之上，并非仅仅简单地把他视作考据学者，也不认为其所著《原善》、《孟子字义疏证》诸篇空说义理，而是充分肯定其志存明“道”的功绩，同时也指出了这种主张的偏颇之处。他说：“凡戴君所学，深通训诂，究于名物制度，而得其所以然，将以明道也。……其自尊所业，以谓学者不究于此，无由闻道。不知训诂名物，亦一端耳。古人学于文辞，求于义理，不由其说。如韩、欧、程、张诸儒，竟不许以闻道，则亦过矣。”[②]章学诚指出清儒出于门户之见而宣称不通训诂则无以明“道”，又从正确走向了错误，在学理上解释不通，因为学者研究音韵训诂只不过是学术的一个分支，而不是全部学术内涵。既然如此，就不能排除音

---

① 章学诚著、叶瑛校注：《文史通义校注》卷3《史释》。

② 章学诚：《章氏遗书》卷2《书朱陆篇后》。

韵训诂之外还有其他明“道”途径。他说:“近日言学问者,戴东原氏实为之最,以其实有见于古人大体,非徒矜考订而求博雅也。然戴氏之言又有过者。……马、班之史,韩、柳之文,其与于道,犹马、郑之训诂,贾、孔之疏义也,戴氏则谓彼皆艺而非道,此犹资舟楫以入都,而谓陆程非京路也。”[①]章学诚批评某些人认为训诂考订可以穷尽天下道理,是犯了以偏概全的错误。他指出:“今之学者,以谓天下之道,在乎较量名数之异同,辨别音训之当否,如斯而已矣。是何异观坐井之天,测坳堂之水,而遂欲穷六合之运度,量四海之波涛,以谓可尽哉!”[②]这种错误尽管在形式上和宋明理学空言义理明“道”有所不同,但在性质上却没有本质区别,都达不到对各种事物、学术乃至社会的正确认识。章学诚说:“道之不明久矣。六经皆史也,形而上者谓之道,形而下者谓之器。孔子之作《春秋》也,盖曰:‘我欲托之空言,不如见诸行事之深切著明。’然则典章事实,作者之所不敢忽,盖将即器而明道耳。其书足以明道矣,笾豆之事,则有司存,君子不以是为琐琐也。道不明而争于器,实不足而竞于文,其弊与空言制胜,华辩伤理者,相去不能以寸焉。而世之溺者不察也。”[③]章学诚由此批评说:“近日学者多以考订为功,考订诚学问之要务,然于义理不甚求精,文辞置而不讲,天质有优有劣,所成不能无偏可也。纷趋风气,相与贬义理而薄文辞,是知徇一时之名,而不知三者皆分于道。”[④]章学诚特别反对学者治学存在门户相争,指出这种态度无法求“道”。他说:“学者之于术业,

① 章学诚:《章氏遗书》卷29《又与正甫论文》。
② 章学诚著、叶瑛校注:《文史通义校注》卷5《答客问下》。
③ 章学诚著、叶瑛校注:《文史通义校注》卷5《答客问上》。
④ 章学诚:《章氏遗书》卷29《与朱少白论文》。

不难于辨异，而难于辨同中之异。……惟同此术业，而同中有其殊异，为己身所未历，于此而能深信异之不害于同，斯可以见道矣。盖登太山绝顶，则知千万途径之所通也。登者止择一径，而以他径谓非登山之道，人皆知其不可。而学术之封己，往往似之。”①乾嘉朴学末流学者对主流学者的主张知其然而不知其所以然，既不能有所创建来丰富学术发展，又互争门户而加重了学术积弊，不但达不到对“道”的正确认识，而且治学故步自封，逐渐陷入僵化衰落的境地。

（三）在整个中国学术发展史上，不论是“因文见道”，还是“义理明道”，抑或是“训诂明道”，开始倡导这种学术观念的人都是针对学术中存在的积弊有为而发，对丰富“道”的内涵作出了积极的贡献。但是，社会上追随风气而骛于功名的末流学者不明就里，一味盲从，加重了各种学术思潮的偏颇，最后走向了反面，与开创学术思潮的初衷背道而驰，结果阻断了探索“道”的正确路径，反而造成“道”晦暗不明。章学诚指出：“学博者长于考索，岂非道中之实积！而骛于博者，终身敝精劳神以徇之，不思博之何所取也？才雄者健于属文，岂非道体之发挥！而擅于文者，终身苦心焦思以构之，不思文之何所用也？言义理者似能思矣，而不知义理虚悬而无薄，则义理亦无当于道矣。此皆知其然，而不知其所以然也。”②由此可见，章学诚并非仅仅针对清代朴学“训诂明道”的局限和褊狭提出批评，而是全面考察中国学术发展的历史，抨击历代学者各自尊崇辞章、考订、义理明“道”而分畛域，相互轩轾攻击的错误做法，

---

① 章学诚：《章氏遗书》卷22《与周次列举人论刻先集》。

② 章学诚著、叶瑛校注：《文史通义校注》卷2《原学下》。

在此基础上提出了自己的明“道”主张。他说:“所谓学者,果何物哉?学于道也。道混沌而难分,故须义理以析之;道恍惚而难凭,故须名数以质之;道隐晦而难宣,故须文辞以达之,三者不可有偏废也。义理必须探索,名数必须考订,文辞必须闲习,皆学也,皆求道之资,而非可执一端谓尽道也。君子学以致其道,亦从事于三者,皆无所忽而已矣。”①这就说明,学者如果具有明确的意识和正确的方法,训诂名物制度可以充实“道”的内涵,著文阐发道理可以丰富“道”的形式,探究事物义理可以提高“道”的层次,三者交相为功,就会大大促进人们对“道”的探索进程,达到对事物真理和社会规律的正确认识。

章学诚对“道”的阐述,最突出的特点就是结合社会历史的发展,具有历史的性质。他反对学者仅仅局限于通过六经明“道”的偏见,力倡“以史明道”的观念,对“道”的认识达到了古代史家最全面的程度,极大地丰富了传统史学功用的理论。

首先,章学诚超越了历代儒家仅仅从六经中求“道”的局限,考察六经以前“道”的存在方式。他说:“道之大原出于天,天固谆谆然命之乎?曰:天地之前,则吾不得而知也。天地生人,斯有道矣,而未形也。三人居室,而道形矣,犹未著也。人有什伍而至百千,一室所不能容,部别班分,而道著矣。仁义忠孝之名,刑政礼乐之制,皆其不得已而后起者也。”②所谓“道之大原出于天”,是说“道”是随着事物的产生、发展而自然形成,即如人类社会中仁义忠孝、礼乐刑政之“道”,也是随着人类的形成、繁衍以及社会分工的出现

---

① 章学诚:《章氏遗书》卷29《与朱少白论文》。

② 章学诚著、叶瑛校注:《文史通义校注》卷2《原道上》。

而逐步形成，表现为由低级到高级、由简单到复杂的过程。随后，章学诚又探讨了“道”的含义：“《易》曰：‘一阴一阳之谓道。’是未有人而道已具也。‘继之者善，成之者性。’是天著于人，而理附于气。故可形其形而名其名者，皆道之故，而非道也。道者，万事万物之所以然，而非万事万物之当然也。人可得而见者，则其当然而已矣。”[①]他在这里彻底揭开了历代儒家编织的所谓圣人之“道”的神秘面纱，把“道”看成是宇宙万事万物自身存在的东西，对其内涵作了唯物的解释。他认为“道”是“万事万物之所以然，而非万事万物之当然”，承认“道”是物质背后起作用的内在规律或法则，世间的万事万物是“道”相互作用的结果，这种解释已经非常接近对真理的科学认识了。既然“道”不能“形其形而名其名”，所以三代以前之人皆于一阴一阳之迹而见“道”，也就是在事物自然发展过程中求“道”。章学诚说：“圣人求道，道无可见，即众人之不知其然而然，圣人所藉以见道者也。故不知其然而然，一阴一阳之迹也。学于圣人，斯为贤人；学于贤人，斯为君子；学于众人，斯为圣人。非众可学也，求道必于一阴一阳之迹也。”[②]由此可知，上古社会之“道”皆合于人伦日用，以明治教之极。“道”亦无定名，更不属于某家私器。所以从历史发展的角度看，本不存在后世儒家所谓尧、舜、禹、汤、文、武、周、孔一以贯之之“道”，更没有圣人以六经为后世垂法的事情。

其次，章学诚认为依据六经只能考察三代社会之“道”。春秋战国之际，学在官府地位被突破，开始出现私家治学局面。诸子百

---

① 章学诚著、叶瑛校注：《文史通义校注》卷2《原道上》。

② 同上。

家为阐扬自己的学说，纷纷揭明治学宗旨，“道”始因人而定名。儒家为宣扬自己的学说，与诸子百家相抗衡，标榜自己继承了尧、舜以来的道统，而以六经作为载“道”之书。章学诚指出：“大道之隐也，不隐于庸愚，而隐于贤智之伦者纷纷有见也。盖官师治教合，而天下聪明范于一，故即器存道，而人心无越思；官师治教分，而聪明才智，不入于范围，则一阴一阳，入于受性之偏，而各以所见为固然，亦势也。……夫道因器而显，不因人而名也。自人有谓道者，而道始因人而异其名矣。仁见谓仁，智见谓智是也。人自率道而行，道非人之所能据而有也。自人各谓其道，而各行其所谓，而道始得为人所有矣。”[①]三代时期“道”寓于“器”，所以“道”不虚悬，而皆有实指。“道”乃天下之公器，而没有私为某家之“道”。后世“道”因人而名，人各私据，则“道”无定体，虚悬不实。章学诚说：“道亦公共之名，即人以名其道，亦始《春秋》。如曰夫子之道，忠恕而已矣；悦周公、仲尼之道。盖因有他道，而始别其名也。如曰许子之道，墨者以薄为其道。诚如韩子所谓道其所道是也。”[②]因此，学者聚讼纷纭，为标榜自己知“道”，各逞其能，结果推求过深，反而把原本简单的问题搞得支离破碎，莫衷一是。章学诚认为：“君子学以致其道。道者，自然而已。见为卑者扩而高之，见为浅者凿而深之，见为小者恢而大之，皆不可为道也。”[③]后世距离上古三代日远，要探究其社会发展进程及其法则，只能从历史事实中考究，而不能主观穿凿附会求“道”。他说：“学术当然，皆下学之器也，中有所以然者，皆上达之道也。器拘于迹，而不能相通，惟道无所不通。

① 章学诚著、叶瑛校注：《文史通义校注》卷2《原道中》。

② 章学诚：《章氏遗书》卷6《杂说》。

③ 章学诚：《章氏遗书》卷1《礼教》。

是故君子即器以明道，将以立乎其大也。”[1]学者正确的途径是即“器”以明“道”，而六经又是记载三代社会历史事实的史书，乃是载“道”之“器”，故明三代之“道”必由六经。章学诚指出：“夫六艺为文字之权舆，《论语》为圣言之荟粹，创新述故，未尝有所庸心，盖取足以明道而立教，而圣作明述，未尝分居立言之功也。”[2]既然孔子没有分居立言之功，那么仅仅通过阐发孔子微言大义以求“道”和通过训诂孔子言论以求“道”，都达不到对“道”的正确认识。

再次，章学诚突出强调根据后世社会历史发展探究历史演变之“道”。他认识到仅仅提倡以六经明“道”具有无法克服的缺陷，因为六经既可为明“道”之资，亦可为晦“道”之具，这取决于学者对“道”的体认。章学诚说：“天下无全功，圣人无全用。……知体道者，诸家皆可存。六经、三史，学术之渊源也，吾见不善治者之瘴厉矣。”[3]所谓不善治六经、三史者，是指宋明理学末流“舍器而言道”与清代朴学末流“即器而忘道”两种情况。更主要的是，既然六经所包只是三代社会历史之“道”，那么欲知秦汉以后历史发展之“道”自然不能局限于六经。然而宋明理学家认为六经所载全是天理，三代以下文字有得失，社会有盛衰，可是天理却永恒不变。这种见解显然不符合历史发展的实际，故而缺乏说服力。清代朴学家则只对上古三代历史感兴趣，而不关心后世社会历史发展法则。可见主张以六经明“道”具有较大的局限性，不能解释秦汉以下中国历史的进程。章学诚对这个问题具有明确认识：“夫道备于六经，义蕴之匿于前者，章句训诂足以发明之；事变之出于后者，六经

① 章学诚：《章氏遗书》卷9《与朱沧湄中翰论学书》。

② 章学诚著、叶瑛校注：《文史通义校注》卷2《言公上》。

③ 章学诚著、叶瑛校注：《文史通义校注》卷4《说林》。

不能言，固贵约六经之旨，而随时撰述，以究大道也。”[①]这就清楚地说明，后世历史的发展以及所出现的新生事物，是六经无法包括的内容，显然不能从六经里去探讨，而只能根据社会历史的发展变化来说明。他明确指出：“史家书志之原，本于《官礼》。……夫一朝制度，经纬天人，莫不具于载籍，守于官司。故建官制典，决非私意可以创造，历代必有沿革，厥初必有渊源，溯而上之，可见先王不得已而制作之心，初非勉强，所谓道之大源出于天也。”[②]章学诚提出“以史明道”的主张，从根本上弥补了前人的缺陷，具有重大的理论价值。他说：“经史者，古人所以求道之资，而非所以明其学也。经师传授，史学世家，亦必因其资之所习近，而勉其力之所能为，殚毕生之精力而成书，于道必有当矣。”[③]由历代典章制度可以明“道”，而六经又是记录先王典章制度的史书，所以由史可以明“道”。章学诚自称：“小子不避狂简，妄谓史学不明，经师即伏、孔、贾、郑，只是得半之道。”[④]因为经学如果没有史学作基础，很容易流入空洞虚无，陷入空言天人性命之理的误区；或者流为支离解经，陷入烦琐考据的误区。章学诚说：“向病诸子言道，率多破碎；儒者又尊道太过，不免推而远之。……无怪前人诋文史之儒不足与议于道矣。余仅能议文史耳，非知道者也；然议文史而自拒文史于道外，则文史亦不成其为文史矣。”[⑤]所以，他明确指出：“史家之书，非徒纪事，亦以明道也。”[⑥]可见章学诚提倡“以史明道”，只是

---

① 章学诚著、叶瑛校注：《文史通义校注》卷 2《原道下》。

② 章学诚：《章氏遗书》卷 1《礼教》。

③ 章学诚：《章氏遗书》卷 9《与朱沧湄中翰论学书》。

④ 章学诚：《章氏遗书》卷 28《上朱中堂世叔》。

⑤ 章学诚：《章氏遗书》卷 29《姑孰夏课甲编小引》。

⑥ 章学诚：《章氏遗书》外编卷 12《永清县志前志列传序例》。

对前人轻视史学的矫正，而不是效法心存门户之见的学者，试图以史学取代经学，认为舍史无以明“道”，走上前人排斥异己的循环怪圈。他明确指出：“古人之于经史，何尝有彼疆此界，妄分孰轻孰重哉？……《通义》所争，但求古人大体，初不知有经史门户之见也。”[①]强调了史学与经学一样，都具有明“道”以经世致用的性质。这样史学就进一步摆脱了依附于经学的地位，达到了自觉的程度，可以与经学并驾齐驱，真正实现了自司马迁以来历代史家追求史学“成一家之言”的目标，在中国史学发展史上具有重大意义。

综上所述，可见章学诚关于“以史明道”的思想乃是要全面扭转“因文见道”、“义理明道”和“训诂明道”各标独得、互争门户的不良学术风气，主张全面揭示社会历史演变之“道”和学术文化发展之“道”。章学诚极力反对治学存在门户之见，认为“学者不可无宗主，而必不可有门户”[②]。他在《文史通义》中撰《原道》三篇，时人不明宗旨，皆不以为然。邵晋涵描绘当时的情况说：“是篇初出，传稿京师，同人素爱章氏文者，皆不满意，谓蹈宋人语录习气，不免陈腐取憎，与其平日为文不类，至有移书相规诫者。”[③]章学诚自己解释说：“鄙著《原道》之作，盖为三家之分畛域设也。篇名为前人叠见之余，其所发明，实从古未凿之窦。诸君似见题袭前人，遂觉文如常习耳。”[④]他在这篇文章中指出：“经师互诋，文人相轻；而性理诸儒，又有朱、陆之同异，从朱、从陆者之交攻；而言学问与文章者，又逐风气而不悟。庄生所谓百家往而不反，必不合矣。”[⑤]另外又

---

① 章学诚：《章氏遗书》卷 28《上朱中堂世叔》。

② 章学诚著、叶瑛校注：《文史通义校注》卷 5《浙东学术》。

③ 章学诚著、叶瑛校注：《文史通义校注》卷 2《原道下》。

④ 章学诚：《章氏遗书》卷 9《与陈鉴亭论学》。

⑤ 章学诚著、叶瑛校注：《文史通义校注》卷 2《原道下》。

撰《原学》篇，专门批评因门户之见而造成“道”体支离难全。这篇文章的宗旨，正如章学诚所说：“《原学》之篇，即申《原道》未尽之意。”[①]同样表明反对治学各分畛域而相互攻击的风气。至此，可以得出如下结论：章学诚“以史明道”的要旨，一是主张在社会历史与学术文化发展演变过程之中考察“道”的内涵；二是主张在全面总结辞章、义理和训诂明“道”成就的基础上对“道”作出整体把握，全面考察其内涵，标志着中国古代学者明“道”观念已经达到了最深层次，取得了最高成就。

二 邵晋涵的“汉宋兼采”思想

邵晋涵一生主要学术活动都是在史馆任职期间，大部分时间从事经学注疏、史书修撰和文献整理，对清代的史学和经学研究作出了巨大贡献。清代学者江藩在《国朝汉学师承记》中把他列入清代汉学家，近代学者支伟成在《清代朴学大师列传》里把他归入朴学家行列，都不能准确地概括邵晋涵的学术面貌和特点。今天，仍然有必要钩稽现存史料，重新梳理邵晋涵的学术宗旨、特点和价值。

(一)清高宗乾隆三十八年(1773 年)，因著名学者朱筠建议，清廷于是年开《四库全书》馆，整理古代文献。朝廷遴选戴震、邵晋涵等人入馆编校，充任“四库”纂修官。邵晋涵任职期间，曾为《四库全书》馆作史部书籍提要，辑补薛居正《旧五代史》等佚书，著有《尔雅正义》、《旧五代史考异》、《宋元事鉴考异》、《南江诗钞》、《南江文钞》、《南江札记》等著作，考证《韩诗》、《孟子》、《宋史》等。清代

① 章学诚：《章氏遗书》卷 9《与陈鉴亭论学》。

的《四库全书》馆历来被视为乾嘉汉学家的大本营，而邵晋涵又主要从事考证、辑佚、注疏等工作，所以当时人们都把他看成汉学家，这种看法甚至一直影响到今天。其实，这完全是一种误解。邵晋涵并不是章学诚《文史通义》中所奚落的那种“征实太多，发挥太少，有如桑蚕食叶而不能抽丝”①的汉学家，而是清代浙东史学代表人物，为当时学者所推重。清代的浙东史学，继承宋明学术而来，既保留了擅长议论、富于思辨的宋学特征，又具有“浙东之学，言性命者必究于史”②的经世致用特征，避免了空疏学风。邵晋涵继承浙东史学优良传统，在多年史学实践的基础上，既有清代朴学家的治学功力，又有宋学家的理论特长，形成兼容汉、宋学术的独特学术风格。

从学术渊源上看，邵晋涵幼承家学，从小受到良好的家庭教育，尤其受其从祖邵廷采学术影响最深。邵廷采是清初著名学者，亲炙于黄宗羲，传其学术，是浙东学派的嫡传。邵晋涵之祖父邵向荣曾向从兄邵廷采学古文法，著述颇丰，晚年补镇海县教谕，在镇海学署亲课邵晋涵读书。嘉庆元年(1796年)邵晋涵去世，其子邵秉华于腊月初七日缮录《南江诗钞》初毕，即作跋语说：“先大夫幼侍曾大父东葵先生于蛟川学舍，即受诗法。……尝手批杜集、韩集一过，可以见先大夫性情之所近矣。顾不自收拾，随手散去。今荟萃箧中所存草稿，自少年以及中岁所作，合计古今体诗得若干首，仅分年排次，厘为十一卷。……录而存之，庶后之来者见传经大儒，亦复事事娴习，非如高谈性命而中无所得，与沉潜诂训而不娴声律者异矣。”③

---

① 章学诚：《章氏遗书》卷9《与汪龙庄书》。

② 章学诚撰、叶瑛校注：《文史通义校注》卷5《浙东学术》。

③ 邵秉华：《南江诗钞》跋尾。

邵晋涵之父邵佳铳从叔父邵坡游，又在镇海学署就学，为文不好随俗，期于自得，中年以后研治《易》学，博览众说，积学博闻，颇为当地士子推服。邵氏"家藏宋元遗书最多，而世有通人口耳相传，多非挟策之士所闻见者"①。邵晋涵在家学的熏陶下，培养了良好的学术素质，音韵、诗赋、经史俱有所长，成为浙东史学的后起之秀，在学术研究中形成了自己的治学特色。

另外，邵晋涵还受常州学派影响。邵晋涵中进士，考官之一就是常州学派的创始人庄存与。清代的常州学派，治经不重注疏，而在于阐发儒家经典的微言大义，成为清代后期今文经学复兴的发源地。庄存与"于六经皆能阐抉奥旨，不专为汉宋笺注之学，而独得先圣微言大义于语言文字之外。……所学与当时讲论或枘凿不相入，故秘不示人。通其学者，门人邵学士晋涵，孔检讨广森及子孙数人而已"②。这种治学方法无疑会影响到邵晋涵，对他的学术起到潜移默化的作用。邵晋涵回忆与庄存与的关系说："忆初受教，警愦启聋。瞻瞩虽近，钻仰曷从！益壤纳流，叩端善诱。璞剖其璺，幕发其覆。授食夕阴，篝灯宵雨。义府闳深，审材资取。群疑填膈，榛芜积霾。豁然解驳，千门洞开。"他认识到常州学派与乾嘉历史考证学的不同之处："徐窥所学，《诗》《礼》居要。麟义《公羊》，折衷王道。三代礼乐，指掌了如。《周官》经世，言大非诬。四德充周，六爻变易。系辞用昭，廓如自辟。"揭示出庄存与治学遵从《公羊春秋》家法，重在阐明儒家义理之学。庄存与去世之后，邵晋涵悲痛地说："前年秋暮，拜送国门。谒庐请益，远愿攸存。曾不再

① 章学诚：《章氏遗书》卷13《与胡雒君论校胡稚威集二简》。

② 阮元：《庄方耕宗伯经说序》，载《味经斋遗书》卷首。

稘，遽闻哀赴。悲哭寝门，行云莫溯。……奉公教言，犹苦瞀眩。读公遗书，讵能扬阐！”[①]由此可证邵晋涵与常州学派有密切关系，受到常州学派治学追求义法的影响。

邵晋涵继承了浙东学派和常州学派的学风，在治学路数上表现出与乾嘉汉学不同的面貌。他明确指出：“汉学、宋儒，本末兼该，指归则一，而不容以歧视也。史以征实，闻见异辞，堪资互证，是非所在，因事考言，而无取乎幽险之泛引，溪刻之寻求也。子家则分委疏端，皆可发明道术。集部则兼收并储，惟在言之有物，而切戒其兢于党护，以及僻固浅陋者之大言术以自文也。持以和平，折衷至当，所谓论定千秋而不为一时计者乎！”[②]邵晋涵既具备清代汉学家的治学功力，又有宋学家的思辨特长，取得了引人瞩目的学术成就。与邵晋涵相知甚深的章学诚总结出其学术的三大特点，与当时舆论迥然不同。他认为世人以为邵晋涵“以博洽见称，而不知其难在能守约；以经训行世，不知其长乃在史裁；以汉诂推尊，不知宗主乃在宋学”[③]。这样概括是相当精辟的总结，全面展现出邵晋涵学术的全貌。邵晋涵与章学诚论学，同样注重商榷今古，辨章学术，不只关注考订琐闻。他曾经致书章学诚说：“足下以伉爽之识，沉鸷之思，采《七略》之遗意，娓娓于辨章旧闻，考撰同异，校雠之得其理，是诚足下之责也。……寒夜独坐，相念甚切，信笔覙缕，何异徽州使院中对饮小楼，商榷今古乎！然终恨足下之不能面论也。”[④]近人张舜徽评价此文说：“《与章实斋书》勉之以存刘

---

① 邵晋涵：《南江文钞》卷10《庄养恬先生祭文》。

② 邵晋涵：《南江文钞》卷7《纪晓岚先生七十寿序》。

③ 章学诚：《章氏遗书》卷18《邵与桐别传》。

④ 邵晋涵：《南江文钞》卷8《与章实斋书》。

氏《七略》之遗，匡《汉志》之谬，莫不元元本本，语得其平，辞旨温厚，文采斐然。余尝谓乾嘉诸儒能为考证之学，多不能为考证之文，能兼之者，殆不数人，晋涵实其中之佼佼者矣。”[①]正是因为邵晋涵治学不偏主一家，而是兼收并蓄各派之长，才形成了兼容汉宋的独特学术风格。

（二）邵晋涵不仅在学术宗旨上形成“汉宋兼容”的主张，而且在研治经史的实践中也表现出同样的治学风格，与同时代的汉学家治学风格明显不同，显示出义理和事实并重的双重特征。

邵晋涵治史，表现出汉宋兼收并蓄的特点。他对元人所修《宋》、《辽》、《金》三史，特别是《宋史》极为不满，立志重修。邵晋涵认识到，修史必须有明确的撰述宗旨，如果只在史料方面和体例方面作些修补，就不会取得好的效果。他曾对章学诚谈到自己的设想：“宋人门户之习，语录庸陋之风，诚可鄙也。然其立身制行，出于伦常日用，何可废耶？士大夫博学工文，雄出当世，而于辞受取与、出处进退之间，不能无箪豆万钟之择。本心既失，其他又何议焉。”[②]宋代士大夫具有深刻的忧患意识和高尚的品行，关心国家命运和民族前途，注重气节，形成中国传统的美德。邵晋涵并不像毛奇龄、惠栋、戴震等汉学家那样痛诋宋学，而是要通过重新编撰《宋史》，褒扬宋代士大夫气节，惩戒空谈心性之风，从而起到经世致用的作用。邵晋涵治史具有善于综合，条分缕析的功力，迥出汉学家之上。他为唐代张守节《史记正义》作提要，指出：“守节自言涉学三十余年，六籍、九流、地理、苍雅，锐心观采。

---

① 张舜徽：《清人文集别录》卷9《南江文钞》。

② 章学诚：《章氏遗书》卷18《邵与桐别传》。

盖积一生精力为之,故能通裴骃之训辞,折司马贞之同异。题曰《正义》,殆欲与《五经正义》并传矣。"通过深入探赜,揭示出张守节的著述宗旨。邵晋涵"取监本与王氏本对勘,则监本之脱误殆不可枚举。撮其大指,约有三端",概括出监本存在三大类错误。第一,"《正义》所长者,地理也。以《括地志》为主,证以诸家舆地之说,以今证古,源委了然。故自序曰郡国城邑,委曲详明。而监本忽略之";第二,"《正义》序曰,古典幽微,窃探其美。是其征明故实,颇为该博。而监本任意去取,不顾文义";第三,"《正义》长于六书音韵之学,其论字例云,楷文改变,非复一端。黼黻之字法从黹,今之史本则有从耑。《秦本纪》云,天子赐秦孝公黼黻。邹诞生音甫弗,而邹氏之前,史本已从耑矣。论音例云,乡同言异,字同音异,或失在浮清,或带于重浊。今之取舍,冀除兹弊。其详审如此。而监本缺略殊甚"[①]。他不仅校勘史书讹误,更进一步概括史书宗旨和义例,与同时代的汉学家表现出不同的治学风貌。

邵晋涵治经也不像乾嘉吴派那样认为凡汉皆好,凡汉必真,而是坚持求真求实的学术态度,以事实为根据。对于乾嘉时期经学家尊崇汉学的偏颇,邵晋涵批评说:"近时好古之士,网罗放失,表章荀爽、虞翻之学,演为成书,以补注疏传义所未备,汉学几乎复振矣。然余以为《易》道广大,汉宋未尝不出于同源也。河图之数,本《乾凿度·九宫》之法;论太极者,发端于郑康成;演卦变者,滥觞于虞翻。后先相望,理本一揆。自宋以后,诸儒私为绝学,矜为创得,转启后人之疑议。夫言《易》只求不悖于《易》而已,岂必判汉宋若鸿沟哉!"[②]研究

---

① 邵晋涵:《南江文钞》卷12《史记正义提要》。

② 邵晋涵:《南江文钞》卷6《周易辨画序》。

经学应当符合经学的宗旨和思想，而不能偏主汉宋一方之辞，这样极易陷入门户之见，造成互分畛域的弊端。乾隆五十年（1785年），邵晋涵撰著《尔雅正义》成书。儒家十三经中，真正由汉代人作注者只有《毛诗》、《周礼》、《仪礼》、《礼记》、《公羊传》、《孟子》六部经书，其余皆由魏晋至宋代学者为之注疏。清儒重汉学，对魏晋玄学、南朝义学和宋代理学均有所不喜，决心重新注疏。邵晋涵是最早作新疏的人，实开清儒重新注疏儒家经典之先河。他在研究经学中认识到"汉人治经有师法，长言短言，开唇合唇，音相转而不为一定，要不离乎声始，故义相贯通。至孙叔然制反语，则音有所拘，驯至义有所窒。薛综注张平子赋，已有反语，则知叔然之说，在当时已属盛行，不复推求古训。沿至六朝，遂分四声之韵，迭相祖述，韵书日益日歧而古音微矣"[①]。邵晋涵认为《尔雅》为治经的锁钥，然而流传中经文出现讹舛，晋人郭璞的注文亦多脱落，而宋人邢昺之疏则荒略孤陋，难为典据。他说："邢疏为官修之书，剿袭孔氏《正义》，割裂缺漏，视明人修《大全》，不甚相远。如李巡《九州》注，备载于《公羊传》庄十年疏。邢氏只就《禹贡正义》录其八州，而不及营州。盖并《公羊疏》尚未寓目也。今先正六书，次述古义，多引唐以前诸儒之说。宋人好为新异，或乖本训，取证差少。"[②]邵晋涵由是殚思十年，反复讲求，据唐刻石经和宋椠本以及前人征引之文审正经文，以郭注为主，旁采诸家之说，三四易稿乃定。他作《尔雅正义》，不仅不对汉人曲笔回护，揭露了他们篡改经文的做法，而且注疏时兼取汉唐历代学者所长，不囿于

① 邵晋涵：《南江文钞》卷5《汉魏音序》。

② 邵晋涵：《南江文钞》卷8《与程鱼门书》。

汉学。邵晋涵说："窃以释经之体，事必择善而从，义非一端可尽。……今以郭氏为主，无妨兼采诸家。"[①]他引汉代舍人、刘歆、樊光、李巡，三国孙炎，梁沈旋，陈顾野王，唐裴瑜诸家治《尔雅》注说，与郭璞之注相互参证，择善而从，同者得其会通，异者博其旨趣，取得了重大学术成就。邵晋涵新疏的主要功绩在于正音和释物二方面，其方法是"取声近之字，旁推交通，申明其说。因是以阐扬古训，辨识古文，远可依类以推，近可举隅而反，所以存古音也。草木、虫鱼、鸟兽之名，古今异称，后人辑为专书，语多皮傅。今就灼知副实者，详其形状之殊，辨其沿袭之误；其未得实验者，择从旧说，以近古为征，不敢为亿必之说"[②]。下面试举二例，分别予以证明。

先看正音方法。《尔雅·释地》篇中有梁山，郭注不明所指。邵晋涵《尔雅正义》卷十曰："职方荆州，其山镇曰衡山，其利丹银齿革。《尔雅》作梁山者。《淮南·主术训》：'桥直植立而不动。'高诱注：'桥，桔槔上衡也。'《太平御览》引《符子》云：'令衡官桥而量之，折十桥。'衡谓之桥，桥亦谓之梁，是衡与梁义相通也。衡与横通，强梁语转作强横，是衡与梁声相近也。郑康成《周礼注》云：'衡山在湘南。'高诱《淮南注》云：'梁山在会稽长沙湘南。'会稽二字承上文而衍。云在长沙湘南，是梁山即衡山之明证矣。"他引《淮南子》和《太平御览》等书，训出汉代谓衡为桥，而桥亦谓之梁，则衡与梁义相通。衡又与横通，强梁转作强横，则衡与梁声相近。他用这种"旁推交通"的办法，考证出梁山就是衡山。洪亮吉认为此书能够传之久远："足下于经甚深，所为《尔雅正义》，必传无疑。"[③]尤

① 邵晋涵：《南江文钞》卷5《尔雅正义序》。

② 同上。

③ 洪亮吉：《洪亮吉集·卷施阁文甲集》卷7《释大别山一篇寄邵编修晋涵》。

其赞叹“足下能别梁山之为衡山”[①]为绝识旷论，给予高度评价。

再看释物方法。《尔雅·释山》一篇记载霍山为南岳。司马迁《史记·封禅书》说汉武帝以衡山辽远，于是在霍山祭南岳之神，是霍山为南岳之起因。郭注认为，如司马迁之说，那么《尔雅》成书岂不是在汉武帝以后吗？南岳之称“本自以两山得名，非从近也”。意谓霍山和衡山一样，早就有南岳之称，并不是因为汉武帝就近祭祀的缘故。邵晋涵《尔雅正义》引《史记》、《汉书》、《尚书大传》、《广雅》、《水经》诸书，批驳了汉晋时人种种牵强附会的解释，指出汉初以泰山、衡山、华山、恒山、嵩山为五岳，儒者附于《尔雅·释地》篇末，有《史记·封禅书》为证。汉武帝定泰山、霍山、华山、恒山、嵩山为五岳。汉儒为附会时制，便篡改《尔雅》之文，以霍山代替衡山为南岳。郭璞之误，在于不明原委，据《尔雅》篡改本而怀疑古训。邵晋涵除误认为郭璞以衡、霍为一山有失，没有必要详考衡、霍二山不同外，其“定霍山为南岳，为汉儒所窜易，援引博而断制明。知先生治经，在实事求是，不胶执，不盲从，故能会通古义古音，撷取诸说菁华，而自抒新解”[②]，从根本上作了正本清源的考证，可为定论。

邵晋涵利用这种方法注释《尔雅》，解决了很多前人没有解决的问题，成绩斐然。钱大昕、王鸣盛、卢文弨等经学大师对邵晋涵在经学上的成就，都给予充分肯定。洪亮吉赠邵晋涵诗说：“君疏《尔雅》篇，订正五大儒。使我心上疑，一日顿扫除。君师钱少詹（大昕），精识世所无。吴门及钱唐，复有王（鸣盛）与卢（文弨）。皆言此书传，远胜唐义疏。”[③]正因为邵晋涵邃于经学，在乾嘉时期

---

① 洪亮吉：《洪亮吉集·卷施阁文甲集》卷7《又与邵编修辩尔雅斥山书》。

② 黄云眉：《邵二云先生年谱》。

③ 洪亮吉：《洪亮吉集·卷施阁诗》卷8《邵校理晋涵》。

的经学领域造诣深湛，与戴震、钱大昕齐名，所以在当时学术界享有极高的声望。

（三）邵晋涵的学术地位及其学术成果，不仅当时的学者给予高度评价，而且今天看来仍然相当重要。但是也应该看到，清代乾嘉时期的学者局限于当时的价值观念，对邵晋涵学术成果的某些重要方面未能充分肯定，这就需要站在今天的历史高度重新评价。总起来看，邵晋涵的学术贡献表现在以下三个方面。

第一，传浙东文献之学。清代的浙东学派以经世致用之学和保存历史文献著称于世，是乾嘉考据学以外的一个重要学派。这个学派源远流长，代有传人，积累了丰厚的学术成果，为中国学术宝库增添了宝贵财富。清初学者邵廷采上承黄宗羲、万斯同之绪，致力于明代文献征存。邵廷采去世以后，邵向荣曾经慨叹说："绍兴自文成创学，代有传人，规言矩行，闾里知所矜式。自先生没，而经师亡。四明故多遗献，若张岱、吕章成撰著流传，为四方所资取。至先生而集其成，先生没而史学亦绝。"[①]然而邵向荣九泉之下可以感到欣慰的是，章学诚和邵晋涵都继承了邵廷采的学术事业，并且取得了更大的成就。钱大昕称章学诚是邵廷采身后之桓谭，最了解其学术。邵晋涵说："会稽章君学诚笃好先生之文，遇晋涵于京师，辄问先生后嗣，形诸叹息。时抱先生之文，号于众曰，百余年无此作矣，世有治古文而成学者乎，不能舍先生而他有所求矣。嗟乎！先生去今六十年，乡里几不知其姓氏。晋涵愧不能绍其家学，而得章君为之推重，不遗余力，潜德幽光，将赖以显著。詹事嘉定钱先生称章君为先生后世桓谭，信矣。"[②]但真正

① 邵晋涵：《南江文钞》卷10《族祖念鲁先生行状》。
② 同上。

继承邵廷采文献之传者却是邵晋涵本人。阮元说："先生本得甬上姚江史学之正传，博闻强记，于宋明以来史事最详。"①钱大昕也指出："君生长浙东，习闻蕺山、南雷诸先生绪论，于明季朋党奄寺乱政，及唐鲁二王起兵本末，口讲手画，往往出于正史之外。自君谢世，而江南文献无可征矣。"②邵晋涵的去世，是浙东学派的重大损失，章学诚对此看得最清楚。他说："昨闻邵二云学士逝世，哀悼累日，非尽为友谊也。浙东史学，自宋元数百年来，历有渊源。自斯人不禄，而浙东文献尽矣。"③这些评价都足以说明邵晋涵对浙东学派发展所起的作用。

第二，倡导实事求是的学术风气。邵晋涵是乾嘉时期的学术巨擘，"于学无所不窥，而尤能推求本原，实事求是"④。他痛感宋明以来士大夫追求科场功名利禄、束书不观所造成的讲学空疏、互争门户的风气，为倡导求实学风，扭转学术积弊作出了贡献。他反对学者不顾事实而任意褒贬的学术风气，主张据事直书，对历史事实作出客观公正的评价，起到惩恶扬善的劝勉作用。邵晋涵"尝即班《志》阮《录》与夫郑、马之著录考之，而叹学术之分骛所由来有渐矣。说经者苦其碎义逃难，不免于淆析钩釽，继且凿空凭臆，转为曼衍支离，变而加厉。史才代降，杂以糲语卮言，好异翻新，遂多苛论。诗文则互争宗尚，辛甘丹素，各据一偏，龂龂焉而不能自释。是其纷呶参差，迭起迭伏而未有已者，何哉？始则蔽于己私，究则角立门户而已"⑤。可见这种学风不但在经学和子学中影

---

① 阮元：《揅经室集·揅经室二集》卷7《南江邵氏遗书序》。

② 钱大昕：《嘉定钱大昕全集·潜研堂文集》卷43《日讲起居注官翰林院侍讲学士邵君墓志铭》。

③ 章学诚：《章氏遗书》卷13《与胡雒君论校胡稚威集二简》。

④ 洪亮吉：《洪亮吉集·卷施阁文甲集》卷9《邵学士家传》。

⑤ 邵晋涵：《南江文钞》卷7《纪晓岚先生七十寿序》。

响极大，而且在史学和文学中同样造成危害，不给予彻底清算，就会给中国古代学术造成灭顶之灾，必须加以纠正和扭转。针对唐代以来被定为“秽史”的魏收《魏书》，邵晋涵本着实事求是的态度，最早为其翻案，予以客观评价。他通过分析具体史实，指出时人对魏收的诬蔑大多出于私心私利，不是出自公论。邵晋涵说：“议者又云卢同位至仪同，功业显著，不为立传；崔绰位止功曹，本无事迹，乃为首传。夫卢同希元义之旨，多所诛戮，后以义党罢官，不得云功业显著。绰以卑秩见重于高允，称其道德，固当为传独行者所不遗。观卢斐诉辞，徒以父位仪同，绰仅功曹，较量官秩之崇卑，争专传附传之荣辱，是乌足与之论史法哉！”[①]邵晋涵上述认识，已经不限于就事论事，而是上升到理性认识高度，具有普遍学术价值，对当时的学者产生了很大影响，带动了学术风气的转变。对于前人经学研究的得失，邵晋涵也给予实事求是的评价。他“居常绷理旧业，窃见前哲传记，一篇之中，立义称名，辞皆有定体。惟《坊记》、《表记》、《缁衣》三篇，以‘子云’、‘子曰’、‘子言’之间代成文，暂划不一。间为之覃静研核，排辑伦理，乃知《坊记》以下四篇，确为子思子所作。其称‘子曰’者，夫子之言也。其称‘子云’、‘子言’之者，皆子思子之言也。前后四篇，或后引圣言以证成其义，或先述祖训而敷畅厥旨，节次相仍，皆有精意。其得家庭之彝训者，既具著于篇矣，而于《论语》之撰，自及门者亦取征焉。此《子思子》之体也。先儒误以‘子云’为夫子之言，遂以述《论语》为疑。因有疑为后时掇拾，不尽纯者。昧于信经，勇于疑古，殆未之思乎！四篇之出于子思，不独沈休文一人言也。司马贞《史记索隐》多

① 邵晋涵：《南江文钞》卷12《魏书提要》。

引《礼记》诸篇，惟《缁衣》独称《子思子》。则知《子思子》至唐犹存，而唐人鲜为之表彰者。全书既缺，惟此四篇幸得附存于小戴之《记》，俾洙泗渊源犹有可考。儒者宜奉服之，赞述之不暇，而宋人反多所疑。论道之不明也，岂特青苍黑之相淆乱哉！郑康成网罗大典，囊括群言，惟四篇之注，条理未整。如叶公当作祭公，显属传写之讹，尚未及是正。……孔、曾、思、孟，实谓四子。《大学》存于《戴记》，固与《幼仪》、《内则》为本末，有始有卒者，圣人之道固不可偏举其一也”[①]。邵晋涵不为先儒讳误，通过细致考证，敢于表达自己的见解，要求全面认识圣人之道，这对于扭转前人的偏执态度，树立实事求是的学风，具有重要的学术价值和理论意义。

第三，注重开展学术批评。学术批评是学者对自身学术活动的自觉反思，是学术意识增强的表现。从中国学术发展史上看，任何一种学术，没有批评就失去了活力，也就没有发展。所以说，学术批评在很大程度上推动着学术事业的发展与创新。邵晋涵的学术批评主要表现在经学、文学和史学几个方面，取得了突出成就。他撰《尔雅正义》，批评前人穿凿附会之说，提出兼收并蓄的采撷标准：“陆农师好穿凿之辞，罗存斋多亿必之说。慎而取之，不敢碎义逃难，强至皮傅也。舍人、樊光、李巡、孙炎之注，散见诸书，悉为征引，用扶危学，广异闻。郭氏撰著之书，今多废缺，若《三苍解诂》、《毛诗拾遗》、《子虚》、《上林赋》注，遗文散见，义有相通，悉为附入。”[②]他对诗辞文学的批评，具有知人

① 邵晋涵：《南江文钞》卷8《与朱笥河学士书》。

② 邵晋涵：《南江文钞》卷8《上钱竹汀先生书》。

论世的方法论色彩："夫知其人论其事，讼诗者所由不失之固也。以意逆志，说诗者所以不害词也。古人行世之集夥矣，久而或传或不传，得其零章断句，读之如见古人之性情焉。古人所遭不同，立言之旨亦异。因事原心，推寻所由来，申绎其不尽之致，斯其为古人之诗欤，斯其为古人之性情欤！如或遇之，如亲接之，如先我而言之，意志之感通，于是乎在。故必能论世知人，而后能以意逆志，而后有得于兴观群怨之旨。"[①]在史学方面，邵晋涵在明代史家邓以赞《史记辑评》本的基础上，加以"丹黄涂抹，解释洮汰"[②]，撰成《史记辑评》一书，虽然大多仅为只言片语，从一两字至数十字不等，但其"评论中有对字词的解释，有对文字表述、历史人物、事件的评价，有对史法义例的探讨，有对史书得失的指陈"[③]，包含着极为丰富的史学批评思想，有助于发掘和总结邵晋涵的史学理论价值，并且对中国古代史学理论和方法论的发展具有重要意义。他为《四库全书》馆撰写的史书提要，多着眼于评论史书的性质、史家撰述宗旨、著作的优劣得失，重在阐明学术源流及其演变，具有重要的史学批评价值。现存《南江文钞》中的部分史书提要，大都具有这种特点，是研究邵晋涵学术思想的珍贵材料。但是，乾嘉时期的汉学家却认为议论与批评不是实学，纪昀总纂《四库全书总目》时，对邵晋涵诸史提要中批评史学发展源流、史书编纂优劣的内容全部予以删除，只保存了介绍史书篇目次第、版本流传、史料辨证等方面内容，因此无法看出史学思想的发展。从这里可以看出，乾嘉考据学派的学者与邵晋涵在学术上的

---

① 邵晋涵：《南江文钞》卷 6《全浙诗话序》。

② 俞岩：《史记辑评·叙》。

③ 汤城：《邵晋涵与〈史记辑评〉》，《东岳论丛》2007 年第 3 期。

旨趣具有多么大的差异。在今天看来,乾嘉时期被漠视的东西,只要有学术价值,就应该给予充分肯定。邵晋涵的学术批评思想不仅不能埋没,反而应该高度重视,深入发掘其学术价值,用古代的学术营养滋润当代学术的发展。

第二章　章学诚与邵晋涵的史学本体理论

清代乾嘉时期，中国史学中出现了历史考证和理论总结两大发展趋势。在后一种发展趋势里，浙东学派史家章学诚与邵晋涵鉴于宋明以来理学家贬抑史学地位的弊端，站在时代的高度深刻反思史学性质问题，在史学本体论方面取得了突出的理论成就。章学诚认为，史学与辞章学、子学分别属于不同的学术领域，史学出于《春秋》，辞章学出于《诗经》，子学出于《周礼》，在本体上存在不同。邵晋涵根据《说文》史训记事，强调即事即史之义，阐述史学和子家、集部的区别，突出史以纪实的性质。他们关于史学本体问题的探讨，不仅在中国古代史家中对史学性质的认识达到最高水平，而且为后世史学理论的发展提供了宝贵的借鉴。

一　章学诚对于史学两大"宗门"的阐述

历史研究大体上包含两个步骤，第一步必须收集和整理各种历史资料展开研究，第二步则是把研究成果用历史著作形式表现出来。只有分清两者性质，明了各自特征，才能在研究历史的实践中正确运用和表述，体现出史学的本质属性。中国古代最早从理论上认识这个问题的是唐代刘知幾，他说："夫为史之道，其流有二。何者？书事记言，出自当时之简；勒成删定，归于后来之笔。然则当时草创者，资乎博闻实录，若董狐、南史是也；后来经始者，贵乎俊识通才，若班固、陈寿是也。必论其事业，前后不同，然相须而成，其归一揆。”[①]他初步看到两者的区别与联系，着重从史书体裁分类和“史法”角度做了论述。宋代史家郑樵提出应该区分“史”与“书”的概念：“有史有书，学者不辨史、书。史者，官籍也；书者，儒生之所作也。自司马以来，凡作史者，皆是书，不是史。”[②]他主要从官修史籍和私人撰史的角度做了分类，大体上划分了两者的界限。他们的观点对于后人认识史料和史著的区别与联系以及各自的功能起了很大作用，但对两者的内涵则语焉不详，给后人留下了继续探讨的余地。章学诚在前人的基础上，继续研究这个问题，明确提出用“撰述”和“记注”两个概念区分历史著作和史料记载，并对这两类历史文献的性质和特征做了系统的理论阐述。

第一，章学诚把古今历史文献区分为两类，主张“以圆神、方智定史学之两大宗门，而撰述之书，不可律以记注一成之法”[③]。所谓“撰述”，是指史家运用别识心裁，寓含自己思想观点的学术著作；而所谓“记注”，只是按照一定的纪事规范记录和汇总的原始文献资料。他明确指出了两者之间的区别，认为“古人一事必具数家之学，著述与比类两家，其大要也。班氏撰《汉书》，为一家著述矣；刘歆、贾护之《汉记》，其比类也。司马撰《通鉴》，为一家著述矣；二刘、范氏之《长编》，其比类也”[④]。这里说的“著述”与“比类”，和上

---

① 刘知幾：《史通·史官建置》。
② 郑樵：《夹漈遗稿》卷2《寄方礼部书》。
③ 章学诚：《章氏遗书》卷9《与邵二云论修宋史书》。
④ 章学诚：《章氏遗书》卷9《报黄大俞先生》。

文的“撰述”与“记注”是相同的概念。这种区分重在强调两种历史文献性质上的区别和各自的特征。章学诚的新贡献在于并非仅仅停留在从概念上加以区分，而且详细阐述了“记注”和“撰述”的内容。他认为“记注”包括三方面内容：“比次之道，大约有三。有及时撰集，以待后人之论定者，若刘歆、扬雄之《史记》，班固、陈宗之《汉记》是也。有有志著述，先猎群书以为薪槱者，若王氏《玉海》、司马《长编》之类是也。有陶冶专家，勒成鸿业者，若迁录仓公《技术》，固裁刘向《五行》之类是也。”[①]这些文献有的是史家记录的各种档案材料或史书草稿，如刘歆、扬雄等所撰《史记》，班固、陈宗等所撰《汉记》；有的是史家著书之前搜集各种材料纂辑的资料汇编，如王应麟所撰《玉海》，刘恕、范祖禹所撰《资治通鉴长编》；有的是前代单篇著作，如仓公的《医书》、刘向的《五行传》。它们的共同之处在于记载翔实，整理有序，考核精审，以待后人修史时取材。“撰述”的内容是把“记注”材料按照某种价值体系撰著成学术著作：“夫名家撰述，意之所在，必有别裁，或详人之所略，或弃人之所取，初无一成之法。要读之者美爱传久，而恍然见义于事、文间，斯乃有关于名教也。”[②]如上述“记注”资料后来为司马迁《史记·仓公列传》、班固《汉书·五行志》、司马光《资治通鉴》所取材，成为“撰述”之有机组成部分。两者之间的区别非常明显，因为“记注”主要凭借史家的记诵，而“撰述”则须凭借史家的才识。章学诚指出：“神以知来，学者之才识是也；知以藏往，学者之记诵是也。才识类火日之外景，记诵类金水之内景。故才识可以资益于人，而记诵能

---

① 章学诚撰、叶瑛校注：《文史通义校注》卷5《答客问下》。

② 章学诚：《章氏遗书》卷15《亳州志掌故例议下》。

受于人,不能授之于人也。然记诵可以生才识,而才识不能生记诵。”[①]两家之书各为一系,不能混淆。章学诚不但指出了两者之间的区别,还考察了它们之间的相互联系。史家治史不能仅仅满足于排纂史料,类比事实,而应当在此基础上,形成一家著作,这才是史学应有的性质。他说:“若夫比次之书,则掌故令史之孔目,簿书记注之成格,其原虽本柱下之所藏,其用止于备稽检而供采择,初无他奇也。然而独断之学,非是不为取裁;考索之功,非是不为按据。如旨酒之不离乎糟魄,嘉禾之不离乎粪土。是以职官故事、案牍图牒之书,不可轻议也。然独断之学、考索之功欲其智,而比次之书欲其愚,亦犹酒可实尊彝而糟魄不可实尊彝,禾可登簠簋而粪土不可登簠簋,理至明也。”[②]这就是说,“记注”之书作为原始材料,尽管没有什么神奇之处,但却是历史研究的基础,只有凭借它们才可能产生出历史著作;“撰述”之书虽然有思想内涵与学术价值,但不能凭空产生,必须取材于“记注”,否则就会流于空泛不实。要言之,“记注”是“撰述”的基础,“撰述”是“记注”的精华。正因为这样,所以章学诚认为两家之书应该相辅相成,不能相互排斥。他说:“两家本自相因,而不相妨害。拙刻《书教》篇中,所谓圆神、方智,亦此意也。但为比类之业者,必知著述之意,而所次比之材,可使著述者出,所得凭藉,有以恣其纵横变化。又必知己之比类与著述者各有渊源,而不可以比类之密,而笑著述之或有所疏;比类之整齐,而笑著述之有所畸轻畸重,则善矣。盖著述譬之韩信用兵,而比类譬之萧何转饷,二者固缺一而不可。而其人之才,固易地而

① 章学诚:《章氏遗书》卷6《杂说》。

② 章学诚撰、叶瑛校注:《文史通义校注》卷5《答客问中》。

不可为良者也。”[①]这种认识主要是针对乾嘉时期史家注重“记注”而忽视“撰述”，提倡史考和史纂之风有感而发，强调史家应该有明确的史学意识，两者不可偏废。章学诚在强调史学征实的同时，尖锐地批评了某些史家不重视“撰述”，陷入考据而不能自拔的弊端。他说：“近日学者风气，征实太多，发挥太少，有如桑蚕食叶而不能抽丝。”[②]这是批评某些汉学家只知考据搜集史料，而不能自抒心得，把这些史料归纳结撰为一家学术著作。治学方法如此，所以就产生了“但知聚铜，不解铸釜，其下焉者，则沙砾粪土，亦曰聚之而已”[③]的不良学风，背离了史学的根本性质。可见阐明“记注”与“撰述”之间的相互关系，对史学健康发展至关重要。

第二，章学诚重点考察了“撰述”与“记注”两类史籍的性质和特征。他明确指出：“守先待后之故事，与笔削独断之专家，其功用足以相资，而流别不能相混，则断如也。溯而上之，百国宝书之于《春秋》，《世本》、《国策》之于《史记》，其义犹是耳。唐后史学绝而著作无专家，后人不知《春秋》之家学，而猥以集众官修之故事，乃与马、班、陈、范诸书并列正史焉。于是史文等于科举之程式，胥吏之文移，而不可稍有变通矣。”[④]这是强调“记注”与“撰述”尽管不能截然分开，但却具有不同的性质。例如孔子西观周室，曾见百国宝书，返鲁后据其记载而修《春秋》。前者是“记注”，而后者乃“撰述”。同样，司马迁据《世本》和《战国策》等书撰《史记》，前者是“记注”，而后者是“撰述”。在历代正史中，他认为前四史是“撰述”，而

① 章学诚：《章氏遗书》卷9《报黄大俞先生》。

② 章学诚：《章氏遗书》卷9《与汪龙庄书》。

③ 章学诚：《章氏遗书》卷9《与邵二书云》。

④ 章学诚撰、叶瑛校注：《文史通义校注》卷5《答客问上》。

后来的官修史书乃是“记注”。章学诚这种认识的理论基础来源于其《易》学思想，其表述方法是借用《易经》中的“圆神”和“方智”两个概念，说明“撰述”与“记注”的性质和特征。他指出：“《易》曰：‘蓍之德圆而神，卦之德方以智。’间尝窃取其义，以概古今之载籍，撰述欲其圆而神，记注欲其方以智也。夫智以藏往，神以知来。记注欲往事之不忘，撰述欲来者之兴起。故记注藏往似智，而撰述知来拟神也。藏往欲其赅备无遗，故体有一定，而其德为方；知来欲其抉择去取，故例不拘常，其德为圆。”[①]这就是说，“记注”的性质是要“藏往”，即能够保存历史的遗迹及其经验教训；其特征是“方智”，即史书体例整齐完备，具有包容大量知识的功能。“撰述”的性质是要“知来”，即能够从中看到人类社会历史进程及其发展方向；其特征是“圆神”，即史书体例灵活多样，具有抉择去取的功能。章学诚根据这种认识，把学问区分为两类：“夫名物制度，繁文缛节，考订精详，记诵博洽，此藏往之学也；好学敏求，心知其意，神明变化，开发前蕴，此知来之学也。”[②]按照这种分类，“记注”当属于“藏往之学”，其史学特点是“及时撰集以待论定，则详略去取，精于条理而已；先猎群书以为薪槱，则辨同考异，慎于覈核而已；陶冶专家勒成鸿业，则钩玄提要，达于大体而已”[③]。而“撰述”则属于“知来之学”，其史学特点是“史家点窜古今文字，必具天地为垆，万物为铜，阴阳为炭，造化为工之意，而后可与言作述之妙”[④]。这说明两者的性质和特征并不相同，它们所承担的使命也有差别。史家

① 章学诚撰、叶瑛校注：《文史通义校注》卷1《书教下》。
② 章学诚：《章氏遗书》卷1《礼教》。
③ 章学诚撰、叶瑛校注：《文史通义校注》卷5《答客问下》。
④ 章学诚：《章氏遗书》卷14《与陈观民工部论史学》。

只有清醒地意识到这种区别，才能在修史时自觉认识各自特点，充分体现出史学述往而知来的性质。章学诚根据上述认识，提出了史学必具两家之书的设想。他说："故为史学计，其长策纪、表、志、传率由旧章，再推《周典》遗意，就其官司簿籍，删取名物器数，略有条贯，以存一时掌故，与史相辅而不相侵，虽为百世不易之规可也。"[①]章学诚看到了史学中"撰述"与"记注"分途的趋势，对史学性质的认识更加深刻。首先，"记注"之书必须单独行世，不能一概包容于"撰述"之中。这是因为"史之为道也，文士雅言与胥吏簿牍，皆不可用；然舍是二者，则无所以为史矣。孟子曰：'其事、其文、其义，《春秋》之所取也。'即簿牍之事，而润以尔雅之文，而断之以义，国史、方志，皆《春秋》之流别也。……马迁八《书》，皆综核典章，发明大旨者也。其《礼书》例曰：'笾豆之事，则有司存。'此史部书、志之通例也。马迁所指为有司者，如孙叔朝仪、韩信军法、萧何律令，各有官守而存其掌故，史文不能一概而收耳"[②]。如果史家修史不能区别其性质，把一切史料都收入史书，必然导致历史著作叠床架屋，猥滥不堪，不但影响史书质量，而且还会造成史学的衰微。其次，"撰述"之书不妨沿用"记注"材料，但必须是对"记注"锤炼升华而成。章学诚说："亦有史笔不具专家之长，而以因袭之文为重者。如班氏资《洪范》于刘更生，沈约袭《垂象》于何承天，岂班、沈之学胜于刘、何？然不自为功，而因长见取，亦史家之成例。拟于武事，则诸家如骁将之善于用兵，史裁不自用兵，如大将之善用骁将也。夫文士剿袭之弊，与史家运用之功相似，而实相天渊。

① 章学诚：《章氏遗书》卷15《亳州志掌故例议中》。

② 章学诚：《章氏遗书》卷14《方志立三书议》。

剿袭者惟恐人知其所本，运用者惟恐人不知其所本。不知所本，无以显其造化垆锤之妙用也。”[①]各种史料记载只是对历史事实的记录，缺乏系统的史学思想和价值体系，因而尚不是历史著作，只有把它们按照特定的价值观念组织为一部完整、系统而有丰富思想内容的著作，从中可以反映出作者乃至时代的风貌，这样的史书才能有益于史学的发展。章学诚指出，史学如果没有“记注”之书，必然形成向壁虚构的空疏学风；如果没有“撰述”之书，则会导致史学因缺乏思想和理论而衰微。因此，正确的做法就是两者共存，并行而不悖。他说：“史学亡于唐，而史法亦莫具于唐。欧阳《唐志》未出，而唐人已有窥于典章制度不可求全于史志也。刘氏有《政典》，杜氏有《通典》，并仿《周官》六典，包罗典章，巨细兼收，书盈百帙。……至于宋初，王氏有《唐会要》、《五代会要》。其后徐氏更为《两汉会要》，则补苴前古，括代为书。虽与刘、杜之《典》同源异流，要皆综核典章，别于史志，义例昭然，不可易矣。夫唐宋所为《典》、《要》既已如彼，后人修《唐》、《宋》书，即以其法纪纲唐宋制度，使与纪传之史相辅而行，则《春秋》、《周礼》并接源流，奕世遵行，不亦善乎！何欧阳述《唐》，元人纂《宋》，反取前史未收之器数而猥加罗列，则亦不善度乎时矣。”[②]章学诚所谓“史学亡于唐”，提法过于绝对。从中国古代史学发展来看，唐宋以后仍有大量的优秀历史著作问世，并在史学的各个方面都取得了新的成就。但是，他的可贵之处在于主张纪传体正史应具有史学思想，能够代表某一时代的史学潮流；而这些典章制度史书的作用在于保存丰富的史料，以备征稽考

---

① 章学诚：《章氏遗书》卷 14《与陈观民工部论史学》。

② 章学诚：《章氏遗书》卷 15《亳州志掌故例议中》。

核之用。两者相辅相成,共同促进史学的发展。

总而言之,章学诚把古今史籍区分为“记注”与“撰述”,阐明了“藏往之学”和“知来之学”的区别与联系,论述了两者的性质和特征,对中国古代史籍发展演变做了全面的历史考察,初步摸索到中国史学发展进程的某些法则,是中国古代史学本体理论上的创新。

二　章学诚关于史学“纪实、求意、经世”的理论

清代乾嘉时期的中国史学不仅在历史考证方面取得了辉煌的成就,而且在史学理论方面也取得了总结性成果。在乾嘉时期的史家中,章学诚继承前人的史学思想,对中国古代史学性质的认识更加深入,为中国古代史学本体理论的发展作出了新贡献。楬橥章学诚关于史学性质的理论,不仅有利于认识乾嘉史学的全貌,而且可以为当代史学理论发展提供经验借鉴,具有重要的学术价值和现实意义。

(一)古今中外任何史家的史学意识中,都包含着两个层次的“历史”:一个是不依赖于人们的主观意识而独立存在的客观历史,另一个是史家融入特定价值观念而记载的历史。因此,怎样使两个层次的“历史”达到重合,就成为史学理论研究中永恒的主题。中国史学历来具有据事直书的传统,把“直书”和“实录”作为历史撰述追求的目标。然而在中国史学的早期发展阶段,史家对客观发展的历史和主观记载的历史区别不甚明确,“直书”的含义是史家不畏权势,按照某种价值观念撰写史书。这从春秋时期孔子评

论“董狐，古之良史也，书法不隐”[①]，到唐代史家刘知幾推崇“南、董之仗气直书，不避强御；韦、崔之肆情奋笔，无所阿容”[②]，无不如此。他们的史学意识中尽管也包含“求真”观念，主张对客观历史真实记载，但主要还是以儒家的伦理道德为价值标准，对历史作出合乎其义的评价，从而起到惩恶劝善的作用。清代乾嘉时期史家章学诚继承前代史家据事直书的传统，在对历史作出道德评价的同时，以更加理性的精神，对史学的本体做了新的阐述，进一步阐明了史学的“求真”性质。

第一，史学的本质在于揭示真实的历史事实，历史记载必须有利于弄清历史的真相。

首先，章学诚对中国古代文化辨章学术，考镜源流，阐发了史学特有的“求真”内涵。他谈到史学和文学的区别时说：“文士撰文，惟恐不自己出；史家之文，惟恐出之于己，其大本先不同矣。史体述而不造，史文而出于己，是为言之无征，无征且不信于后也。”[③]历史著作必须尊重事实，不能任意发挥，更不能凭空杜撰。他论及史学和诸子学的区别时说：“诸子不难其文，而难于宗旨之卓然有其不可灭；诸史不难其事，而难其有以成一家之言。故诸子仅工文辞，即后世文集之滥觞；史学惟求事实，即后世类书之缘起。”[④]既揭示出两者均应具有学术宗旨，又特别强调了两家分别重文与重事的本质区别。章学诚认为史学至唐代与文集合而为一，但两者性质不同。他说：“唐人文集，间有纪事，盖史学至唐而

---

① 《左传·宣公二年》。

② 刘知幾：《史通·直书》。

③ 章学诚：《章氏遗书》卷14《与陈观民工部论史学》。

④ 章学诚：《章氏遗书》卷6《杂说》。

尽失也。及宋元以来，文人之集，传记渐多，史学文才，混而为一，于是古人专门之业，不可问矣。然人之聪明智力，必有所近，耳闻目见，备急应求，则有传记志状之撰，书事记述之文，其所取用，反较古人文集，征实为多。此乃史裁本体，因无专门家学，失陷文集之中。”[①]接着他进一步论证墓志与传记的区别，“至于墓铭，不可与史传例也。铭金勒石，古人多用韵言，取便诵识，义亦近于咏叹，本辞章之流也。韩、柳、欧阳恶其芜秽，而以史传叙事之法志于前，简括其辞，以为韵语缀于后，本属变体。……至于本体，实自辞章，不容混也”，因为墓志铭的“志为序，而铭乃其正文，非若史传以传为主，而赞则其余文也”[②]。章学诚辨析史学和地理学的区别说：“郡县志乘，即封建时列国史官之遗，而近代修志诸家，误仿唐宋州郡图经而失之者也。《周官》外史掌四方之志，注谓若晋之《乘》、楚之《梼杌》、鲁之《春秋》。是一国之史无所不载，乃可为一朝之史之所取裁。夫子作《春秋》，而必征百国宝书，是其义矣。若夫图经之用，乃是地理专门。按《天官》司会所掌书契版图，注版谓户籍，图谓土地形象、田地广狭，即后世图经所由仿也。是方志之与图经，其体截然不同。”[③]指明方志属于史学，重在记事，而与州郡图经之类的地理书重在考求地理沿革性质不同。

其次，章学诚主张史家纪事据事直书，反对不顾历史事实，强立名目，主观褒贬。他说：“夫据事直书，善恶自见，《春秋》之意也。必标目以示褒贬，何怪沈约、魏收诸书，直以标题为戏哉！”[④]孔子

---

① 章学诚：《章氏遗书》卷13《论修史籍考要略》。

② 章学诚：《章氏遗书》卷8《墓铭辨例》。

③ 章学诚：《章氏遗书》卷14《为张吉甫司马撰大名县志序》。

④ 章学诚撰、叶瑛校注：《文史通义校注》卷4《繁称》。

修《春秋》，因事实而寓褒贬；后代史家离开事实而空谈褒贬，显然背离了史学的宗旨。因为"据事直书，史、志一例。不得以私意为褒贬，亦史、志一例"[①]。方志与国史性质相同，均应据事直书，不能空作褒贬。章学诚认为："仆谓讥贬原不可为，志体据事直书善否，自见直宽隐彰之意。固不可专事浮文，以虚誉为事也。"[②]如果议论褒贬不切合实际，那么一切议论褒贬都没有价值。他特别指出："据事直书，善恶自见。史文评论，苟无卓见特识，发前人所未发，开后学所未闻，而漫为颂尧非桀，老生常谈，或有意骋奇，转入迂僻。前人谓如释氏说法，语尽而继之以偈；文士撰碑，事具而韵之以铭，斯为赘也。"[③]如果离开历史事实而任意褒贬，其危害更大。章学诚认为议论褒贬必须非常慎重："仆则以为是非褒贬，第欲其平。论赞不妨附入，但不可作意轩轾，亦不得故恣吊诡。"[④]纂修方志如此，为人撰写碑铭传状同样需要记载事实，反映一人之史的真实状况。然而子孙或者门生故吏撰写的底稿，难免有溢美之辞，讳恶矜善，不符合事实。为此，他提出审核八法："夫志状之文，多为其子孙所请，其生平行实，或得之口授，或据其条疏，非若太常谥议，史官列传，确然有故事可稽，案牍可核也。采择之法，不过观行而信其言，即类以求其实，参之时代以论其世，核之风土而得其情，因其交际而察其游，审其细行而观其忽，闻见互参而穷虚实之致，瑕瑜不掩而尽扬抑之能。八术明，而《春秋》经世之意晓然矣。"[⑤]史家如果凭主观好恶褒贬历史事件和历史人物，就会混淆历史事实，损害史学的客观

① 章学诚：《章氏遗书》卷27《湖北通志检存稿·湖北通志辨例》。

② 章学诚：《章氏遗书》卷15《答甄秀才论修志第一书》。

③ 章学诚：《章氏遗书》卷9《为毕制军与钱辛楣宫詹论续鉴书》。

④ 章学诚：《章氏遗书》卷15《答甄秀才论修志第二书》。

⑤ 章学诚：《章氏遗书》卷21《金君行状书后》。

性，最终歪曲史学的性质。只有在确凿真实的事实基础之上，才能对历史作出正确评价，有益于史学发展。

再次，章学诚反对把历史事实削足适履，屈从“史法”。他指出：“史以纪事者也，纪传纪年，区分类别，皆期于事有当而已矣。”[①]秦汉时期史家把编年体史书的编年纪事发展到纪传体史书的纪、表、志、传分书，目的就是要更全面地反映出历史的全貌。但是，唐宋以后的史家循流忘源，只注重“史法”，反而造成史学性质不明。章学诚说：“史迁创例，非不知纪传分篇，事多散著，特其书自成家，详略互见，读者循熟其文，未尝不可因此而识彼也。降而晋隋，降而宋元，史家几忘书为纪事而作，纪、表、志、传将以经纬一朝之事，而直视为科举程式，胥吏案牍，所谓不得不然之律令而已矣。”[②]他认为这是造成史学衰微的根本原因：“迁书所创纪传之法，本自圆神。后世袭用纪传成法，不知变通，而史才、史识、史学转为史例拘牵，愈袭愈舛，以致圆不可神，方不可智。”[③]只有彻底改变这种局面，才能促进史学进一步发展。章学诚指出：“夫史为记事之书，事万变而不齐，史文屈曲而适如其事，则必因事命篇，不为常例所拘，而后能起讫自如，无一言之或遗而或溢也。”[④]历史著作只有以真实的历史为根据，把历史记载和历史事实相互吻合起来，才能更加明确史学的性质。

第二，史家记载历史事实不应受主观因素的干扰，尽可能最大限度地反映真实的历史。

---

① 章学诚：《章氏遗书》卷7《史篇别录例议》。

② 同上。

③ 章学诚：《章氏遗书》卷9《与邵二云论修宋史书》。

④ 章学诚撰、叶瑛校注：《文史通义校注》卷1《书教下》。

章学诚肯定并继承了自刘知幾以来重视史家素养的传统，反复强调“才、学、识三者，得一不易，而兼三尤难。千古多文人而少良史，职是故也。昔者刘氏子玄，盖以是说谓足尽其理矣。虽然，史所贵者义也，而所具者事也，所凭者文也。……非识无以断其义，非才无以善其文，非学无以练其事，三者固各有所近也”①。他把史家素养中的“才”、“学”、“识”与历史著作内容的“事”、“文”、“义”联系起来，更加自觉地探讨史学活动中主体与客体的关系问题。章学诚进一步指出，刘知幾关于史家三长的理论仍然有一定局限性，需要补充其内涵。他说：“记诵以为学也，辞采以为才也，击断以为识也，非良史之才、学、识也。虽刘氏之所谓才、学、识，犹未足以尽其理也。夫刘氏以谓有学无识，如愚估操金，不解贸化。推此说以证刘氏之指，不过欲于记诵之间，知所抉择，以成文理耳。故曰：古人史取成家，退处士而进奸雄，排死节而饰主缺，亦曰一家之道然也。此犹文士之识，非史识也。”②章学诚在这里虽然把刘知幾“有学而无才”的原意误引成“有学无识”，但事出有因。刘知幾本人对“史识”并未作出明确的理论性概括，而且确曾把撰著成家作为判断“良史”是非的标准。他说：“古者刊定一史，纂成一家，体统各殊，指归咸别。夫《尚书》之教也，以疏通知远为主。《春秋》之义也，以惩恶劝善为先。《史记》则退处士而进奸雄，《汉书》则抑忠臣而饰主缺。斯并曩时得失之例，良史是非之准。”③而这正是章学诚所谓的“文理”标准：“夫立言之要，在于有物。古人著为文章，皆本于中之所见，初非好为炳炳烺烺，如锦工绣女之矜夸彩色已也。富贵公子，虽醉梦中不能

---

① 章学诚撰、叶瑛校注：《文史通义校注》卷3《史德》。

② 同上。

③ 刘知幾：《史通·忤时》。

作寒酸求乞语;疾痛患难之人,虽置之丝竹华宴之场,不能易其呻吟而作欢笑。此声之所以肖其心,而文之所以不能彼此相易,各自成家者也。”[①]因此,他把刘知幾所谓的“识”称为文士之识而非史家之识,并对这个问题继续做深入细致的探讨。

章学诚在总结前人史学成就与自己潜心研究的基础上,提出了“史德”概念。他认为:“能具史识者,必知史德。德者何?谓著书者之心术也。”[②]这就是说,史家只有具备“史德”,才能有对历史的卓绝认识,而不把那些似是而非的“记诵”、“辞采”、“击断”当作史家的“才”、“学”、“识”和史书的“事”、“文”、“义”,这样就能做到真实客观地记载或评论历史事实。然而,史家如何才能具备“史德”呢?章学诚进一步提出以“心术”求“史德”的方法。他说:“盖欲为良史者,当慎辨于天人之际,尽其天而不益以人也。尽其天而不益以人,虽未能至,苟允知之,亦足以称著书者之心术矣。而文史之儒,竞言才、学、识,而不知辨心术以议史德,乌乎可哉?”[③]在中国史学发展史上,历代史家中一贯存在着以辨“心术”陶冶道德修养、保证真实记载历史的传统。章学诚对中国古代史学理论的新贡献在于不仅强调史家应具有“公心”,而且超越前人,探究史家具有“公心”以后是否就能保证历史记载的真实无误。他说:“夫秽史者所以自秽,谤书者所以自谤,素行为人所羞,文辞何足取重!魏收之矫诬,沈约之阴恶,读其书者先不信其人,其患未至于甚也。所患夫心术者,谓其有君子之心,而所养未底于粹也。”[④]这是因为

---

① 章学诚撰、叶瑛校注:《文史通义校注》卷3《文理》。

② 章学诚撰、叶瑛校注:《文史通义校注》卷3《史德》。

③④ 同上。

是非善恶之心人皆有之，更何况以褒善贬恶为天职的史家呢！但是史家仅仅具备正直品格与“直书”的心态，还不能完全达到使历史记载成为“实录”的程度。因为“善善而恶恶，褒正而嫉邪，凡欲托文辞以不朽者，莫不有是心也。然而心术不可不虑者，则以天与人参，其端甚微，非是区区之明所可恃也”①。这就是说，仅仅依靠褒善贬恶的态度还远远不够。章学诚指出：“史之义出于天，而史之文不能不藉人力以成之。人有阴阳之患，而史文即忤于大道之公，其所感召者微也。……阴阳伏沴之患，乘于血气而入于心知，其中默运潜移，似公而实逞于私，似天而实蔽于人，发为文辞，至于害义而违道，其人犹不自知也。故曰：心术不可不慎也。”②在章学诚看来，史家的天职就在于“求真”。然而，历史记载中融入了人的主观意识，而主观意识一旦超越了历史的客观性，历史记载也就失去了真实。为此，他提出“辨心术”的主张防止史家主观褒贬凌驾于客观历史之上，从而保证历史记载的真实可信。这说明章学诚已经触及到历史研究的本质问题。历史著作的撰修是史家主体与历史客体相互结合的过程，历史研究的本质就在于通过史家主观努力去探讨历史发展过程及其运动变化的规律。章学诚以“人”代表史家主观意识，以“天”代表史家客观记载历史的天职。他解释说：“道，公也；学，私也。君子学以致其道，将尽人以达于天也。人者何？聪明才力，分于形气之私者也；天者何？中正平直，本于自然之公者也。”③章学诚认识到历史著作是由史家通过各种技艺恢复的历史，是“天与人参”的结果，当然不再是已经逝去的真实历史。既然历史记载中既有“天”又有

---

① 章学诚撰、叶瑛校注：《文史通义校注》卷3《史德》。
② 同上。
③ 章学诚撰、叶瑛校注：《文史通义校注》卷4《说林》。

“人”，那么史家的任务就是要探讨这两者的最佳结合点，而史学的性质也就在于历史记载必须符合历史事实，求得历史的真相。

章学诚强调“史德”，主张史家应客观地理解和记载真实的历史，不把史家的主观好恶强加于客观历史事实之上，追求“尽其天而不益以人”的境界。这是一种追求真理的实事求是态度。他主张据事直书，反对主观随意褒贬，目的就是要史家的历史记载和历史评论达到主客观统一。诚如近代学者孙德谦所说：“先生推崇史德，以为著书者之心术，不可不慎。如此则褒贬予夺，悉秉至公，而人祸天刑，可无顾虑。岂非较子玄之说，进而益上，尤得《春秋》微婉之义哉！”[①]章学诚关于史学本体的认识，和乾嘉考史学派史家钱大昕、王鸣盛等人慎言褒贬、据事直书的主张[②]，可谓殊途同归。由此可见，乾嘉史家虽然史学流派不同，治学路数各异，但在注重历史记载的征实和强调史学“求真”方面则具有共识。当然，章学诚清醒地认识到史家的记载永远不可能完全再现历史的真实，但仍然把它作为严肃的史家追求的目标。为此，他提出“慎心术”和“养心术”的两种方法。所谓“慎心术”，就是要做到“气贵于平”和“情贵于正”，防止史家心存偏见或主观好恶影响到正确反映客观的历史。所谓“养心术”，就是加强史家自身修养，“通六义比兴之旨”，提高理论认识水平。尽管由于历史的局限，章学诚对史家“心术”没能作出科学的理论概括，但他由“心术”论“史德”，提出了史学活动中正确处理史家主观认识与历史客观存在之间的相互关系问题，是中国古代史家中关于史学本体问题最深刻的认识，把古代史

---

① 孙德谦：《章氏遗书·序》。

② 参阅罗炳良《关于乾嘉考史学者褒贬意识的思考》，《传统文化与现代化》1999年第3期。

学理论发展到一个新阶段。

（二）“史法”和“史意”这两个范畴，是由章学诚抽象概括和明确揭示出来的概念。他在谈到自己和刘知幾治史的不同旨趣时说：“吾于史学，盖有天授，自信发凡起例，多为后世开山，而人乃拟吾于刘知幾。不知刘言史法，吾言史意；刘议馆局纂修，吾议一家著述；截然两途，不相入也。”[①]所谓“史法”，是指历史记载和历史编纂方法，其内容包括史书的外在形式和内部结构，主要表现为史书的体裁和义例。所谓“史意”，是指历史撰述中寓含的思想和宗旨，其内容包括史家对历史的理解和对史学的认识，主要表现为史家的历史理论和史学理论。从历史编纂学的角度来看，这一对概念反映出历史编纂中内在的史学意识和外在的表现形式之间的相互关系；而从史学思想的角度来看，则反映出史学的本质属性及其特征。如果说中国古代史家的“史法”理论主要是从史书的组织结构认识史学的话，那么清代史家章学诚提出“史意”概念，则是从理论上阐释了撰修历史著作的思想，形成了较为系统的史家素养理论，对阐明史学的本体至关重要。

章学诚受其父亲家学熏陶，治学不依傍前人训诂，形成注重把握学术宗旨的自觉意识。他说：“吾于史学，贵其著述成家，不取方圆求备，有同类纂。”又说：“吾读古人文字，高明有余，沉潜不足，故于训诂考质，多所忽略，而神解精识，乃能窥及前人所未到处。……遂能别出意见，不为训诂牢笼，虽时有卤莽之弊，而古人大体，乃实有所窥。”[②]所以，在清代乾嘉时期举国从事考证的学术氛围中，章学诚却强调史家修史应当具有别识心裁，明确撰述旨趣。他说：“至论学问文章，

---

① 章学诚：《章氏遗书》卷9《家书二》。

② 章学诚：《章氏遗书》卷9《家书三》。

与一时通人全不相合。盖时人以补苴襞绩见长，考订名物为务，小学音画为名。……吾之所为，则举世所不为者也。如古文辞，近虽为之者鲜，前人尚有为者；至于史学义例、校雠心法，则皆前人从未言及，亦未有可以标著之名。”[①]因为方圆求备，比类纂辑，乃是治史的功力；而独具心裁，著述成家，才是治史的学问。章学诚指出：“功力之与学问，实相似而不同。记诵名数，搜剔遗逸，排纂门类，考订异同，途辙多端，实皆学者求知所用之功力尔。即于数者之中，能得其所以然，因而上阐古人精微，下启后人津逮，其中隐微可独喻，而难为他人言者，乃学问也。今人误执古人功力以为学问，毋怪学问之纷纷矣。文章必本学问，不待言矣；而学问中之功力，万变不同，《尔雅》注虫鱼，固可求学问；读书观大意，亦未始不可求学问，但要中有自得之实耳。中有自得之实，则从入之途或疏或密，皆可入门。圣门如颜、曾、赐、商，未能一辙。而今之误执功力为学问者，但趋风气，本无心得，直谓舍彼区区掇拾，即无所谓学，亦夏虫之见矣。”[②]在他看来，治学必须具备功力，没有功力，当然达不到获得学问的境界。但是，功力只不过是求得学问的一种手段，而不是学问本身。只有通过功力治学，而达到对学术具有自己独立的见解，抒发心得，这才是学问。章学诚评价前人的史学成就，主要就是根据这个标准。他以宋人之书为例指出：“宋制试士多重策论，故宋人所备策括诸书，多有可观，其最佳者，几如著述。若章氏《考索》、马氏《通考》之类，皆有补于后学。然终不免为策括者，以其无心得，而但知比类以求备也。故藏往之学欲其博，知来

---

① 章学诚：《章氏遗书》卷9《家书二》。

② 章学诚：《章氏遗书》卷29《又与正甫论文》。

之学欲其精。真能知来者,所操甚约,而所及者甚广,书不尽言,言不尽意,神而明之,存于其人,可意会而不可言传,人皆戛戛,我独有余,不可强也。”[①]同样,章学诚也按照这个标准评价当代史家的史学素养。针对乾嘉时期学者务求征实而不重自得之学的治学风气,他曾经与邵晋涵探讨其得失,相互劝勉,引以为戒,并试图在治史的实践中改变这种局面。章学诚说:“方四库征书,遗籍秘册,荟萃都下。学士侈于闻见之富,别为风气。讲求史学,非马端临氏之所为整齐类比,即王伯厚氏之所为考逸搜遗。是其研索之苦,襞绩之勤,为功良不可少,然观止矣。至若前人所谓决断去取,各自成家,无取方圆求备,惟冀有当于《春秋》经世,庶几先王之志焉者,则河汉矣。余尝语君:史学不求家法,则贪奇嗜琐,但知日务增华,不过千年,将恐大地不足容架阁矣。”[②]乾嘉时期的某些史家仅仅注重治史的功力,而不关注治史是否体现出史学思想,在很大程度上影响了中国古代史学的理论进展。正因为如此,章学诚才特别强调区分专家著述与考证之书的必要性。他指出:“著作之体,援引古义,袭用成文,不标所出,非为掠美,体势有所不暇及也。亦必视其志识之足以自立,而无所藉重于所引之言,且所引者并悬天壤,而吾不病其重见焉,乃可语于著作之事也。考证之体,一字片言,必标所出,所出之书或不一二而足,则必标最初者,最初之书既亡,则必标所引者,乃是慎言其余之定法也。书有并见而不数其初,陋矣;引用逸书而不标所出,罔矣;以考证之体而妄援著作之义,以自文其剽窃之私焉,谬矣。”[③]史家要具备著述素养,就必须超越史纂、

① 章学诚:《章氏遗书》卷1《礼教》。

② 章学诚:《章氏遗书》卷18《邵与桐别传》。

③ 章学诚撰、叶瑛校注:《文史通义校注》卷4《说林》。

史考而达到史学的境界，明确史学的本体。要做到史学著述成家，史家必须具备“才”、“学”、“识”各种素养，运用史料出神入化，撰写出寓含深刻鲜明史意的著作。章学诚说：“言文章者宗《左》、《史》，《左》、《史》之于文，犹六经之删述也。《左》因百国宝书，《史》因《尚书》、《国语》及《世本》、《国策》、《楚汉春秋》诸记载，己所为者十之一，删述所存十之九也，君子不以为非也。彼著书之旨，本以删述为能事，所以继《春秋》而成一家之言者，于是竞竞焉，事辞其次焉者也。古人不以文辞相矜私，史文又不可以凭虚而别构，且其所本者并悬于天壤，观其入于删述之文辞，犹然各有其至焉，斯亦陶镕同于造化矣。”[①]这就要求史家正确处理继承前人成果与独断创新之间的关系。史学著述不能凭空而造，必然要借助已有的历史记载。所以，记载与考求典章制度的专门之书必不可少，否则史学就会成为玄学，陷入空谈哲理的境地。章学诚说：“杜佑《通典》，礼制悉存仪节，而取前人论著，折衷己意，别为《礼议》二十余卷。此则专门之书，自成鸿制可也。若以史部通裁，则纂类之故事与独断之家学，离则双美，而合则两伤者，其义固难仿也。然而独断之才不世出，而及时撰集见闻，以备后人之资考，则仪文节度，固亦不厌其详也。是以隋唐而后，著述鲜闻，而编次之书乃接踵矣。”[②]然而史学如果仅仅停留在记载与考求名物度数而不知追求史意的层面上，就不能促进史学发展。史学著作要想避免雷同和因袭，只有在史料的运用上别出心裁，寓含自己治史心得，成一家之言。章学诚并非危言耸听地指出：“世士以博稽言史，则史考也；以文笔言史，则史选也；以故实言史，

① 章学诚撰、叶瑛校注：《文史通义校注》卷4《黠陋》。
② 章学诚：《章氏遗书》外编卷9《永清县志礼书序例》。

则史纂也；以议论言史，则史评也；以体裁言史，则史例也。唐宋至今，积学之士不过史纂、史考、史例，能文之士不过史选、史评，古人所为史学，则未之闻矣。”①史家著述要想上升到史学的程度，就必须隐括前人的材料，融入自己的思想，显示出独特的风格。这样的著作才是史学著作，而不是史纂、史考之类的史料汇集。

章学诚进一步指出史学的本体在于追求“义意所归”，试图对人类认识历史和表述历史的能力作出阐释。他认为从事史学工作需要很高的素养，不是轻而易举的事情，并以前人为例说：“子建厌薄辞赋，欲采史官实录；昌黎鄙弃科举，欲作唐之一经。盖诸子风衰，苟有志于著述，未有不究心于史学者也。……然子建之所愿者，未遂于前；昌黎之欲作者，又虚于后，亦见成一史者不易易也。”②更何况史家著书不能只考订史实，注重文采，而应该追求较高的理论层次和思想境界。章学诚着重指出：“载笔之士，有志《春秋》之业，固将惟义之求，其事与文，所以藉为存义之资也。世之讥史迁者，责其裁裂《尚书》、《左氏》、《国语》、《国策》之文，以谓割裂而无当。世之讥班固者，责其孝武以前之袭迁书，以谓盗袭而无耻。此则全不通乎文理之论也。”③这是因为“迁史断始五帝，沿及三代、周、秦，使舍《尚书》、《左》、《国》，岂将为凭虚亡是之作赋乎！必谓《左》、《国》而下为迁所自撰，则陆贾之《楚汉春秋》，高祖、孝文之《传》，皆迁之所采摭；其书后世不传，而徒以所见之《尚书》、《左》、《国》怪其割裂焉，可谓知一十而不知二五者矣。固书断自西京一代，使孝武以前不用迁史，岂将为经生决科之同题而异文乎！

① 章学诚：《章氏遗书》补遗《上朱大司马论文》。

② 章学诚：《章氏遗书》卷6《杂说》。

③ 章学诚撰、叶瑛校注：《文史通义校注》卷2《言公上》。

必谓孝武以后为固之自撰，则冯商、扬雄之《纪》，刘歆、贾护之《书》，皆固之所原本；其书后人不见，而徒以所见之迁史，怪其盗袭焉，可谓知白出而不知黑入者矣”[①]。因此，章学诚特别强调说：“作史贵知其意，非同于掌故，仅求事文之末也。夫子曰：‘我欲托之空言，不如见诸行事之深切著明也。’此则史氏之宗旨也。”[②]在“事”、“文”、“义”史学三要素中，作为历史记载的“事”和作为表述形式的“文”只不过是一种载体，而作为史学原则和本质的“义”才是史家所要追求的目标。史“义”之所以重要，就在于它能够规范史书的记事原则，规定史学的性质。例如中国古代西周、春秋时期史家记事所遵循的“春秋笔法”，就是按照特定的史学观念记载史实。章学诚认为史“义”在史学中起着举足轻重的作用：“古者史官各有成法，辞文旨远，存乎其人。孟子所谓其文则史，孔子以谓义则窃取。明乎史官法度不可易，而义意为圣人所独裁，然则良史善书，亦必有道矣。”[③]章学诚总结了中国古代史家重“义”的传统，强调了史“义”的重要性。他对中国古代史学理论的新贡献，是把前人注重史“义”的内涵发展到追求“义意”，亦即从重视历史记载原则发展到突出历史著作的史学思想和理论内涵。章学诚解释这种变化时说：“孔子作《春秋》，盖曰其事则齐桓、晋文，其文则史，其义则孔子自谓有取乎尔。夫事，即后世考据家之所尚也；文，即后世词章家之所重也。然夫子所取不在彼而在此，则史家著述之道，岂可不求义意所归乎！”[④]撰修史书应当体现出一定的史“义”，而这

---

① 章学诚撰、叶瑛校注：《文史通义校注》卷2《言公上》。

② 同上。

③ 章学诚：《章氏遗书》外编卷18《和州志前志列传序例》。

④ 章学诚撰、叶瑛校注：《文史通义校注》卷5《申郑》。

又取决于史家是否具有“史意”。他说：“史之大原，本乎《春秋》；《春秋》之义，昭乎笔削。笔削之义，不仅事具始末，文成规矩已也，以夫子义则窃取之旨观之，固将纲纪天人，推明大道。所以通古今之变，而成一家之言者，必有详人之所略，异人之所同，重人之所轻，而忽人之所谨；绳墨之所不可得而拘，类例之所不可得而泥，而后微茫杪忽之际，有以独断于一心；及其书之成也，自然可以参天地而质鬼神，契前修而俟后圣，此家学之所以可贵也。”[①]史家只有明确了为史之意，才能把某种特定的价值观念融入史书之中，体现出修史宗旨。史家著述之道的核心就是重家学，贵独创，既要尊重传统，又要具有创新精神，最终实现史学著述追求撰史宗旨的目的。章学诚认为，自司马迁、班固专门家学失传以后，“魏、晋、六朝，时得时失，至唐而史学绝矣。其后如刘知幾、曾巩、郑樵皆良史才，生史学废绝之后，能推古人大体，非六朝、唐、宋诸儒所能测识，余子则有似于史而非史，有似于学而非学尔。然郑樵有史识而未有史学，曾巩具史学而不具史法，刘知幾得史法而不得史意，此予《文史通义》所为作也”[②]。由此可见，章学诚是把“史意”作为史学著述的核心来看待，并且把它视为史学性质最重要的体现，从而把中国古代史学本体理论提高到了传统史学理论的最高层次。

在今天看来，从传统史学中的史“义”发展到章学诚的“史意”，并非只是名称的变化，而且也是史学理论上的发展。传统的史“义”突出史学的惩恶劝善之义，要求史家必须遵从道德评价和礼法原则，重在起到教化作用；章学诚的“史意”继承司马迁、郑樵等

---

① 章学诚撰、叶瑛校注：《文史通义校注》卷5《答客问上》。

② 章学诚：《章氏遗书》外编卷16《和州志志隅自叙》。

人而来，阐述了史家成一家之言的宗旨和贵在创新精神，突出了史学的内在属性，要求史家修史应当具有明确的撰述宗旨，体现特定的价值观念，鲜明地反映出各个历史时代人类社会的特征和风貌。章学诚的“史意”理论表明，治史绝不能仅仅满足于具体历史问题的研究，而忽视对史学理论的探讨。中国史学只有不断地自觉总结自身的理论，才能向更加成熟的形式过渡，促进史学向更高层次发展。

（三）在中国古代史家中，从理论上对史学经世致用性质阐述得最透彻者当属浙东学派史家章学诚。清代的江、浙地区，自宋元以来就成为文化相当发达的地区。明末清初，大约以钱塘江为界，形成浙东和浙西两个学术中心。浙东一派以黄宗羲为代表，继承宋代陆九渊、明代王守仁学术而来，治学注重家法心传；浙西一派以顾炎武为代表，继承宋代朱熹学术而来，治学注重格物考证，所以形成了“浙东贵专家，浙西尚博雅”[①]的不同学术特征。乾嘉时期以章学诚为代表的浙东学派史家，继承明末清初黄宗羲学术而来，既保留着富于思辨、擅长议论的宋学学风，又具有史学经世致用的传统，在学术风格上表现出与乾嘉汉学不同的特点，在史学理论水平上达到前所未有的高度。

第一，章学诚针对宋学空谈义理之弊，力倡学术贵在征实的学风。他指出：“学者但诵先圣遗言，而不达时王之制度，是以文为鞶帨絺绣之玩，而学为斗奇射覆之资，不复计其实用也。……君子苟有志于学，则必求当代典章，以切于人伦日用，必求官司掌故，而通于经术精微，则学为实事，而文非空言，所谓有体必有用也。不知当代而言好古，不通掌故而言经术，则鞶帨之文，射覆之学，虽极精

① 章学诚撰、叶瑛校注：《文史通义校注》卷5《浙东学术》。

能，其无当于实用也审矣。”[①]这段话把学者治史与致用的关系阐述得非常清楚，揭示出史学经世致用思想的重要价值。章学诚认为尊崇古代圣贤的目的不是要一味崇拜其名望，而是要学习他们关注现实的精神，为当代社会服务。他说：“夫子，生民未有，孺妇所知。但学者推求，正须切于实事，否则玄之又玄，圣人不过一神天之通号，何益于人世乎！”[②]章学诚批评谈玄而不适于用的学问是错解了前人：“孔子不得位而行道，述六经以垂教于万世，孔子之不得已也。后儒非处衰周不可为之世，辄谓师法孔子必当著述以垂后，岂有不得已者乎？何其蔑视同时之人，而惓惓于后世耶！”[③]既然这种学问不关注现实，当然也就对社会无用。他说：“学资博览，须兼阅历；文贵发明，亦期用世，斯可与进于道矣。夫博览而不兼阅历，是发策决科之学也；有所发明而于世无用，是雕龙谈天之文也。”[④]正因为如此，章学诚特别强调史学的经世致用性质，认为“史学所以经世，固非空言著述也。且如六经，同出于孔子，先儒以为其功莫大于《春秋》，正以切合当时人事耳。后之言著述者，舍今而求古，舍人事而言性天，则吾不得而知之矣。学者不知斯义，不足言史学也”[⑤]。史学的学术价值在于经世致用，这是浙东史学的特点。章学诚认为撰修地方志，就是史学经世的表现。他说：“丈夫生不为史臣，亦当从名公巨卿，执笔充书记，而因得论列当世，以文章见用于时。如纂修志乘，亦其中之一事也。”[⑥]正是

---

① 章学诚撰、叶瑛校注：《文史通义校注》卷3《史释》。

② 章学诚：《章氏遗书》卷7《淮南子洪保辨》。

③ 章学诚：《章氏遗书》卷9《与陈鉴亭论学》。

④ 章学诚：《章氏遗书》卷9《答沈枫墀论学》。

⑤ 章学诚撰、叶瑛校注：《文史通义校注》卷5《浙东学术》。

⑥ 章学诚：《章氏遗书》卷15《答甄秀才论修志第一书》。

在修撰地方志的史学实践中，章学诚形成了关于史学性质的理论认识。

第二，章学诚针对汉学专事考据之弊，强调学术贵在实用的学风。清代中叶以后，汉学独盛，学者大多从事于考证古代典籍，逐渐形成考史风气。乾嘉学者注重考证，肇始时期只是作为阐明经义的手段，而不是目的。然而流风所及，弊端亦生，后来学者不知其然而然，把手段变成了目的，以为只有考证才是真正的学问，出现了为考证而考证的流弊。有些人为炫耀自己博学，竟然标榜一物不知，以为己耻；而欲求博古多闻，专嗜前代坠简残编，以补苴前人罅漏为能事。他们言必称考据，对史学经世的问题不够关心。章学诚针对这种不良学术风气，力矫其弊，大力倡导经世致用学风。他说："学问经世，文章垂训，如医师之药石偏枯，亦视世之寡有者而已矣。"[①]任何时代的学术都不可能完美无缺，学者必须懂得补偏救弊，才能有利于社会。所以章学诚说："天下事凡风气所趋，虽善必有其弊。君子经世之学，但当相弊而救其偏。"[②]只有针对现实社会需要研究学术，这种学术才能对社会起到促进作用，因为"学业将以经世，当视世所忽者而施挽救焉，亦轻重相权之义也"[③]。正因为现实社会需要，人们才从历史中去汲取智慧，寻求对策；若博古而不能实用，学术著作将会成为后人的累赘。章学诚认为："文章经世之业，立言亦期有补于世。否则古人著述已厌其多，岂容更益简编，撑床叠架为哉！"[④]他详尽地论证了史家博古应

① 章学诚撰、叶瑛校注：《文史通义校注》卷4《说林》。

② 章学诚：《章氏遗书》卷7《淮南子洪保辨》。

③ 章学诚：《章氏遗书》卷9《答沈枫墀论学》。

④ 章学诚：《章学诚遗书》佚篇《与史余村》。

以通今实用为目标，如果仅仅矜炫自己博古，那么无补于现实社会。因为“后世之去唐虞三代，则更远矣。要其一朝典制，可以垂奕世而致一时之治平者，未有不于古先圣王之道得其仿佛者也。故当代典章，官司掌故，未有不可通于《诗》、《书》六艺之所垂。而学者昧于知时，动矜博古，譬如考西陵之蚕桑，讲神农之树艺，以谓可御饥寒而不须衣食也”①。这说明章学诚对史学与社会的关系认识非常明确。他从这种认识出发，对汉学流弊提出了强烈批评，指责这类学者治学误入歧途。清代的考据学与汉代考据学貌同心异，名存实亡，“古人之考索，将以有所为也。旁通曲证，比事引义，所以求折中也。今则无所为，而竞言考索”②。后人学习古人治学，应该懂得损益随时的道理，根据当代社会需要借鉴历史经验。章学诚强调说：“学问所以经世，而文章期于明道，非为人士树名地也。汉廷治河，必使治《尚书》者，《尚书》岂为治河设哉？学术固期于经世也。文史之儒，以为《尚书》所载经纬天地，今只用以治河，则是道大而我小之也。此则后世之士务求赅遍，而不切实用之通病也。得一言而致用，愈于通万言而无用者矣！”③这就阐明了史学的价值在于把古人的历史经验应用到现实社会之中，解决当前面临的各种社会问题。宋明理学空谈义理类似雕龙谈天，虚玄不实；清代汉学征实多而发挥少，博古无用。这两种学风都没有正确处理好史学和社会的关系，从而导致学术弊端。有趣的是，章学诚对两者都提出了尖锐批评，但在比较两种学风自身的优劣时，仍然以是否有利于社会为标准。他说：“文易翻空，学须摭实。今之学

---

① 章学诚撰、叶瑛校注：《文史通义校注》卷3《史释》。

② 章学诚：《章氏遗书》卷6《博杂》。

③ 章学诚：《章氏遗书》卷4《说林》。

者虽趋风气，竞尚考订，多非心得；然知求实而不蹈于虚，犹愈于掉虚文而不复知实学也。”[1]章学诚始终坚持历史研究必须结合社会实际问题，反对脱离现实去做无益于社会的空疏学问，不仅在理论上达到了很高的认识，而且在实践中身体力行。他以亲身经历现身说法：“夫古书亡而再出，诚属佳会。然古书亦有有用、无用之别，无用之书，不过摩挲古泽，略同彝鼎，间备旁证而已。鄙人不甚好古，往往随人浮慕而旋置之，以谓古犹今耳。至于古而有用，则几于身命徇之矣。”[2]说明弄通古代典章制度和学术源流，可以更清楚地认识当代政治和学术。章学诚对古今典制、学术思想继承与发展相互关系的认识，是他关于史学与社会普遍联系理论和史学经世致用思想形成的基础。

（四）在章学诚关于史学本体的理论中，史学的“纪实”、“求意”和“经世”三方面内容有机地联系起来，从而构成一个比较完整的史学理论体系。求得历史的真相是历史学存在的基础，否则就没有史学。这表明他对历史客观性的认识比前人更加明确，承认人类历史发展过程是客观存在而不能由史家主观随意构建。这种观念的产生，是中国古代史家理性意识增强的结果，为科学的历史学产生奠定了基础。但是，史学仅仅做到纪事真实还远远不够。章学诚指出：“史家又有著作之史，与纂辑之史，途径不一。著作之史，宋人以还绝不多见；而纂辑之史，则以博雅为事，以一字必有按据为归，错综排比，整炼而有剪裁，斯为美也。”[3]历代考据史书确实求得了历史的真实，然而“整辑排比，谓之史纂；参互搜讨，谓之

---

① 章学诚：《章氏遗书》卷9《答沈枫墀论学》。

② 章学诚：《章氏遗书》卷29《与阮学使论求遗书》。

③ 章学诚：《章氏遗书》卷14《报广济黄大尹论修志书》。

史考;皆非史学”[①]。历史著作还必须具有追求史意的自觉意识,阐明学术宗旨,才能明确自身的性质。史学具备“纪实”和“求意”的性质之后,还应该具备“经世”的性质。如果仅仅做到考证确凿,义理精明,而没有经世致用的意识,仍然有悖史学的宗旨。章学诚说:“子长、孟坚氏不作,而专门之史学衰。陈、范而下,或得或失,粗足名家。至唐人开局设监,整齐晋隋故事,亦名其书为一史。而学者误承流别,不复辨正其体。于是古人著书之旨,晦而不明。至于辞章家舒其文采,记诵家精其考核,其于史学似乎小有所补,而循流忘源,不知大体,用功愈勤,而识解所至,亦去古愈远,而愈无所当。”[②]这样的史书即使具有“鞶帨絺绣”的文采,达到雕龙谈天的技巧,充其量不过等同于历代彝鼎古玩,仅备摩挲鉴赏,不能实用,最终导致史学的衰微。这就充分说明,只有“纪实”、“求意”和“经世”三者兼备,才能表现出史学的本体特征。从今天的史学意识来看,历史学“纪实”的目的在于认识历史,“经世”的目的在于服务现实,而“求意”的目的是要把历史与现实联系起来。史家为探求古代历史的盛衰兴亡之故,才竭力寻求历史之真;史家欲把对历史发展规律及其经验教训的认识正确表述出来,使今人有所思,后人有所鉴,就必须注重史学思想;史家为促进人类社会不断发展与完善,才自觉地用历史知识为现实社会服务。

章学诚对史学本体的探讨,给人们提供了深刻的借鉴和有益的启示。中国史学发展应当避免两种偏颇:一是强调“纪实”而忽视理论。在历史研究中,史家或侧重具体事实的考证,或侧重理论

---

① 章学诚撰、叶瑛校注:《文史通义校注》卷5《浙东学术》。
② 章学诚撰、叶瑛校注:《文史通义校注》卷5《申郑》。

思维的阐发，两者共同促进史学水平的提高。但是，也有某些史家片面地把两者对立起来，认为考证功力才是学问，而研究史学理论乃是空谈，甚至宣称史学的性质在于以求得历史的真相为终极目的。其实这种认识早在清代乾嘉时期就受到章学诚的批评。他说："溯源流也，明类例也，综名数也，考同异也，搜遗逸也。此皆学者应有之事，不可废也。然以此为极则，而不求古人之大体，以自广其心，此宋人所讥为玩物丧志，不得谓宋人之苛也。"①史学"纪实"只不过是历史研究的手段，而不是最终目的。且不说后人永远不可能穷尽历史的真相，即使考证清楚历史的真相，客观地记载下来，而没有融入史家的思想，构建独立的理论体系，充其量只能是考证史实和汇纂史料，而不是历史著作。这种考据史书体现出的是史家的功力，而不是学问。章学诚批评混淆二者性质的错误说："学与功力，实相似而不同。学不可以骤几，人当致攻乎功力则可耳。指功力以谓学，是犹指秫黍以谓酒也。"②令人遗憾的是，这种认识直到今天仍然存在。人们往往习惯于以是否具备考证功力评价古今史家和史著，而不关注它们是否具备思想和理论。我们应该重视章学诚辨析两者区别的见解："功力之与学问，实相似而不同。记诵名数，搜剔遗逸，排纂门类，考订异同，途辙多端，实皆学者求知所用之功力尔。即于数者之中能得其所以然，因而上阐古人精微，下启后人津逮，其中隐微可独喻而难为他人言者，乃学问也。"③这就是说，史家只有在具备功力，考证清楚真实的历史事实之后，进一步得出对历史发展规律和社会结构的深刻见解，发前人所未发，对后人有启迪，能够促进学术和社会进步，这才是历史研究的目的和

① 章学诚：《章氏遗书》卷1《礼教》。

② 章学诚撰、叶瑛校注：《文史通义校注》卷2《博约中》。

③ 章学诚：《章氏遗书》卷29《又与正甫论文》。

史家追求的终极目标，是史学的性质。换句话说，史家只“纪实”而不“求意”，只是对史学性质部分的认识，而不是全部；倘若把“纪实”悬为治史鹄的，就会把功力当成学问，在历史研究中“得道之道”。只有“纪实”和“求意”并举，才能使中国历史学真正成为科学。二是注重“纪实”而脱离社会。20世纪以来，在各个不同的历史时期都有一些史家，出于种种意图，强调史学的独立性，声称应该不受任何意识形态的影响。这种提法当然有其合理成分，但事实上是做不到的空想。史家在选取历史事实和记载历史事实的时候，不可避免地要掺入特定时代的价值观念，无法做到纯粹客观，况且不同历史时期的史学特征也是由于不同时代面临的社会问题所决定，不可能脱离社会而凭空产生。而史学思潮一经形成，也必然要对社会产生影响，起到“经世”的作用。章学诚认识到中国古代学术思潮尽管内涵不同，但却具有一致的经世致用的精神。他说：“周公承文武之后，而身为冢宰，故制作礼乐，为一代成宪。孔子生于衰世，有德无位，故述而不作，以明先王之大道。孟子当处士横议之时，故力距杨墨，以尊孔子之传述。韩子当佛老炽盛之时，故推明圣道，以正天下之学术。程朱当末学忘本之会，故辨明性理，以挽流俗之人心。其事与功皆不相袭，而皆以言乎经世也。”[①]上述各种学术思想的产生，扭转了学术上的积弊，解决了社会中所面临的问题，收到了经世致用的效果。可见史学和社会的关系密切相连，不可分割。今天我们要建立有中国特色的历史学，应该充分借鉴前辈史家的理论认识，明确史学本体命题，正确处理好史学与社会的关系，促进中国史学健康发展，建立起更加科学和

① 章学诚撰、叶瑛校注：《文史通义校注》卷3《天喻》。

完善的历史学理论体系。

三　邵晋涵关于史学"申义、求真、致用"的理论

清代乾嘉史家邵晋涵，在浙东学派发展史上占有重要地位。近代学者刘承干在《章氏遗书序》里指出："当时浙东与亭林并世，则黄梨洲氏，独衍蕺山之传，下开二万兄弟，再传而得全谢山，三传而得邵二云，而实斋先生实集其成焉。"然而时至今日，国内外专门研究邵晋涵的著作仍然寥若晨星。虽有学者撰文揭櫫他的史学成就，主要也是着眼于具体史学撰述和史实考证方面的贡献，对其史学成就的理论内涵则缺乏深入阐述，还需要进一步探讨。

（一）考察史学源流，申明史学义例。邵晋涵继承浙东史学的传统，治史重视考察学术源流，进而把握前贤各派史学的宗旨。阮元评价说："先生本得甬上姚江史学之正传，博闻强记，于宋明以来史事最详。"[①]姚江史学最显著的特征就是强调治史须明各派宗旨，而史家宗旨必须从各派学术的渊源流变中去把握，这一治史特点在邵晋涵身上得到很好地体现。

邵晋涵注重从家学传承关系中把握史家和史著的精髓，考察史学风气演变的轨迹。他评价范晔《后汉书·儒林传》的成就说："《儒林》考传经源流，能补前书所未备。范氏承其祖宁之绪论，深有慨于汉学之兴衰，关于教化，推言终始，三致意焉。岂独贾逵、郑康成诸传为能阐其微意哉！"[②]两汉时期经学发展达到繁荣阶段，而

① 阮元：《揅经室集·揅经室二集》卷7《南江邵氏遗书序》。

② 邵晋涵：《南江文钞》卷12《后汉书提要》。

东汉尤为显著，家学林立，大师辈出，成为时代发展的显著特征。史家撰修史书，应该反映出这一学术风貌。邵晋涵通过研究两《汉书》，发现班固《汉书》中没有重点阐述西汉经学的发展状况，而范晔的《后汉书》秉承其先祖东汉经学大师范宁的家学渊源，专门编纂《儒林传》记载汉代经学的兴衰变迁，原始要终，与《贾逵传》、《郑玄传》相互彰显，不仅揭示出汉代经学发展盛况，而且弥补了班固《汉书》的不足。邵晋涵考察中国古代史学的演变，强调汉晋时期的专门家学优越于唐宋以后的集众修书。他评价姚思廉的《梁书》说："思廉本推其父意以成书，每卷之后题陈吏部尚书姚察者二十五篇，题史官陈吏部尚书姚察者一篇，盖仿《汉书》卷后题班彪之例。其专称史官者，殆思廉所续纂欤！论修史者，以专门绍述为盛业。思廉传其世学，见闻较近，旁参互核，历久而成书，当时嘉其苦志。……要其排整故事，叙次明晰；议论亦多平允；分卷次第，犹具汉晋以来相传之史法，异乎取成众手，编次失伦者矣。"[①]姚思廉尽管出现纪事失误，但却继承其父姚察的史学撰述，运用别识心裁，能够成为一家之言，在书法义例各方面都有可取之处，成就远远高于唐宋以后史馆集众人之手撰修的史书。邵晋涵从史学思想的发展演变中考察史家与史著的成就，比单纯从史法角度评论其利弊得失，认识更加深刻，不仅得出的结论见解独到，而且具有更高的理论价值。

邵晋涵不仅善于把握史学大势发展脉络，而且对于史学中的各种类例也注重循流溯源，揭示其演变特征。他论述范晔《后汉书》纪传与司马彪《续汉书》志的合并过程，认为"郦道元《水经注》尝引司马彪《州郡志》，疑彪之诸《志》在六朝已有单行之本，故昭独为之注。

---

① 邵晋涵：《南江文钞》卷12《梁书提要》。

杜佑《通典》述科举之制，以《后汉书》、《续汉志》连类而举，则知以司马《志》附见范《书》，实始于唐人。陈振孙《书录解题》谓宋乾兴初判国子监孙奭始建议校勘合为一书者，考之不审也”[①]。当然，邵晋涵在这个问题上的具体结论，未必正确[②]，然而值得肯定的是邵晋涵考察史学发展演变的意识非常明确。他指出：“司马彪《志》详述制度，较《史》、《汉》诸志，为稍变其体。后来《晋》、《隋》诸志，实仿其例。”[③]这对于后人研究不同时代史书纪事内涵的变化，具有极其重要的参考价值。关于汉唐以来《史》、《汉》注疏的发展变化，邵晋涵肯定了司马贞、张守节注释方法的优越。他说：“贞、守节复推广《集解》所未备，而申以辨论。如谓《夏本纪》失载有穷后羿之事，《卫世家》宜考武公受命之年，陈佗五父一人而分为二，阚止、宰我二事而合为一，互引众说，以折衷其是非。视颜师古之注《汉书》专宗班氏者，为一变焉。”[④]与此相反，唐初史馆集众撰修的《隋书》，却失于考证，著录书目混乱。邵晋涵指出：“至《经籍志》编次无法，述经学源流，每多舛误，在十志中为最下。盖唐人重词章而轻经术，其端已见于此，固不能绍刘向、班固之绝业耳。”[⑤]通过循流溯源揭示各种史学类例的发展变迁，不仅可以看清其演变转化的轨迹，而且可以正确认识和评价其利弊得失，这正是邵晋涵对史学的认识高于同时期历史考证学派史家的根源所在，在史学本体论方面取得了突出的成就。

---

① 邵晋涵：《南江文钞》卷12《后汉书提要》。

② 参阅罗炳良《范晔〈后汉书〉纪传与司马彪〈续汉书〉志分合考辨》，《华中科技大学学报》2005年第4期。

③ 邵晋涵：《南江文钞》卷12《后汉书提要》。

④ 邵晋涵：《南江文钞》卷12《史记提要》。

⑤ 邵晋涵：《南江文钞》卷12《隋书提要》。

邵晋涵在考察史学发展流变的同时，还善于从中探究史家撰述宗旨和史学义例，揭示出各家学术本质。他指出司马迁撰《史记》，“其义则取诸《公羊春秋》，辨文家、质家之同异，论定人物多寓文与而实不与之意，皆公羊氏之法也。迁尝问《春秋》于董仲舒，仲舒故善公羊之学者；迁能申明其义例，虽未必尽得圣经之传，要可见汉人经学各有师承矣”①。从史学义例着手考察司马迁的撰述旨趣，有助于解决历代学者对《史记》研究的歧义，从而判定司马迁思想属于儒家而不是道家。邵晋涵评价历代史家的撰述成就，能够辩证灵活地看问题，既强调史书体裁的规范性，更强调史书如何最大限度地反映客观历史事实的义例之长。例如沈约所撰《宋书》，诸列传于晋宋鼎革之际错综复杂的历史事实处理得较为妥当，各志上继班固《汉书》传统，通叙古今制度。宋人晁公武《郡斋读书志》讥其失于断限，不明修史义例。邵晋涵则评价说：“《徐爰传》述当时修史之议，为桓玄等立传。约则谓桓玄、卢循等身为晋贼，非关后代；吴隐、谢混等义止前朝，不宜滥入；刘毅、何无忌等志在兴复，情非造宋，并为刊除，归之晋籍。其严于断代为史，申明义例如此！至其诸志之追述前代，亦犹班固《汉书》增载《地理》，上叙九州；创设《五行》，演明《鸿范》，用以补《史记》之缺，史家之义应尔也。”②他认为史家叙历史人物宜以朝代为断限，而典章制度则以通叙其原委为善，编纂史书既要考虑到史书体裁自身应当具备的标准，更要考虑到历代典章制度发展演变往往不限于一朝一代的实际状况，通叙有利于反映出历史的真实情况。这种认识具有很高的理论价值。又如唐初史家所修

① 邵晋涵：《南江文钞》卷12《史记提要》。

② 邵晋涵：《南江文钞》卷12《宋书提要》。

《晋书》存在许多问题，宋代王应麟主要批评嵇康仕魏而载入《晋书》，韦忠、王育、刘敏元仕于五胡而跻入《忠义传》，失于伦类，不合书法规范。邵晋涵则从史学义例层面上指出《晋书》的缺陷：晋武帝信任冯统，疏远张华，关乎晋朝治乱得失，二传不载原委，失借鉴之义；郭琦不附赵王司马伦叛乱，高风亮节，不为纪载，失教化之义。这些内容本来在臧荣绪《晋书》、王隐《晋书》和干宝《晋纪》中有详细记载，唐修《晋书》削而不录，乃是“修《晋书》者多浮华之士，好引杂事以资谈柄，而不明于史家义例”[1]。指出《晋书》滥引小说卮言而遗漏重要事实，主要原因就在于唐初史家修史不明义例。再如唐代史家令狐德棻撰《周书》，刘知幾等人批评此书文辞模仿《尚书》，华而不实。邵晋涵则从史家义例角度做了评价：“夫文质因时，纪载从实。良以周代尚文，仿古制言，文章尔雅，载笔者势不能易彼妍辞，改从俚语。至于敌国诋谤，里巷谚谣，削而不书，史体之正，岂得用是为讥议哉？德棻旁征简牍，意在摭实，故《元伟传》后于元氏戚属之事迹湮没者，犹考其名位，连缀附书，深有合于史家阙疑传信之义。《庾信传》论仿《宋书·谢灵运传》之体，推论六义源流，于信独致微辞。盖见当世竞宗徐、庾，有意于矫时之弊者，亦可见其不专尚虚辞矣。书虽残缺，而义例之善，有非《北史》所能掩者，岂徒取其文体之工哉！”[2]他指出《周书》尚文并非史家有意文饰其辞，而是由于北周立国后以继承三代之西周自况，朝廷各类文书故意模仿《尚书》文体。史家修史如实记载其文，正是尊重历史的表现，并非缺点。尤其重要的是，令狐德棻等人于书法义例推求斟酌，纪事得法，并未专骛虚词雕饰，这才是本书的主要价

---

① 邵晋涵：《南江文钞》卷 12《晋书提要》。

② 邵晋涵：《南江文钞》卷 12《周书提要》。

值。邵晋涵由此联系唐初史学成就之高，表彰“唐人重史事，温大雅、令狐德棻、姚思廉、吴兢、徐坚，并善于其职。刘知幾复为申明义例。至韦述等排纂成书，当时称其事简记详，为谯周、陈寿之流。其讨论之功，固已勤矣”，以至于五代刘昫等人撰修《旧唐书》时，“《旧书》善于相因，唐中叶以前，本于旧史者居多。本纪则惟书大事于年月，如《史通》所讥‘杂载臣下，兼言它事，巨细必书，洪纤备录’者，无有也。列传叙次简质，曲尽事势，如《史通》所讥‘轻事尘点，曲加粉饰，虚引古事，妄足庸言’者，无有也。寻其条例，庶几能承六朝以来之史法，而讲去其流弊者。……长庆以后，史失其官，叙次无法，而昫等习其旧文，莫能刊正。帝纪则诗话、书序、婚状、狱词，委悉具书，语多支蔓。列传则多叙官资，曾无事实，或但载宠遇，不具首尾。较韦述等所修旧史，截然高下，不可并论矣”①。相比之下，李延寿所撰《南北史》“以姓为类，分卷无法”，不明史家义例。邵晋涵认为他之所以“故家子姓，牵连得书，其意似仿《史记》之有《世家》。然史之有《世家》也，世守封土，事尽一朝，故先后相承，词无枝叶。若六朝大族，兴替随人，而朝市变迁，事非一姓，封爵既异，情事迥殊，不得以《史记·世家》为比”。《北史》列传中叙次世家大族“但纪云仍，不顾时代。盖见唐人方重谱学，故溯前沿后，荟萃卷中，取便检阅。观延寿叙例，凡累代相承者，皆谓之家传。岂知家传之体，不当施于正史哉”，由此造成的后果就是“至故家大族，则自紊其体，义例之不安，较《南史》为尤甚”②。通过以上事例可以看出，邵晋涵非常注重史家修史义例，因而揭明义例的方法就成为他探究史书撰述成就的锁钥，可谓抓

① 邵晋涵：《南江文钞》卷12《旧唐书提要》。
② 邵晋涵：《南江文钞》卷12《北史提要》。

住了史学的本质问题，在乾嘉时期的史家中对史学本体的探讨取得了突出成就。

（二）注重史家纪事，强调史学求真。邵晋涵治史和乾嘉时期的许多史家一样，非常注重考察史家撰史品德、史学求真性质、史书修撰原则和史学批评标准诸多方面内容，形成了"实事求是"理论。他鉴于"《说文》史训记事，又《孟子》赵注，亦以天子之事，为天子之史，见古人即事即史之义"[①]，认为史学的核心内涵就是保存和记载历史事实，表现出对史学本体求真性质的明确认识和理性追求。

第一，史贵求真，以存信史。中国史学上的"直书"与"曲笔"，是批评史家著述态度和考察史家撰史品德的一对范畴。邵晋涵继承前辈史家的传统，仍然恪守直书原则，反对曲笔修史，充分肯定史家纪事书法不隐的精神，更加强调史家记载历史必须具备尊重历史事实的品德，做到历史记载无遗无滥，保证历史撰述具有真实性，极大地丰富了中国传统史学性质理论的内容。

邵晋涵对于班固《汉书》删削纬书非常不满，认为和秦始皇焚书灾祸相等。他指出："纬书之兴，始于周末，盛于元、成。太史公首述其言，京房、李寻递推其说，断无向、歆父子不见纬书之理，亦断无见其书而不载其书之理。今《汉志》无之，是亦班固所削也。夫纬书诚多鄙别字，不经之言，然亦有圣人遗训，贯彻三才之理，择而辨之可也，削而去之不可也。夫建武、永平之时，去古未远，纬书盛行，孰为周末所流传，孰为哀平所增损，当有端绪可寻。尽去其籍，则其书出之早晚，后人何由考证？焚于隋，缺于唐，尽亡于宋，陋儒之弊等于焚书，不得为校书者辞其咎也。"[②]历史记载如果不能做到有是事而

① 章学诚：《章氏遗书》卷9《为毕制军与钱辛楣宫詹论续鉴书》。
② 邵晋涵：《南江文钞》卷8《与章实斋书》。

如是书，必然造成史书纪事的错误和遗漏，极大地影响后世对历史的认识和借鉴，看不到历史的真相。邵晋涵认为萧子显在《南齐书》中过多宣扬佛道虚玄之理，“齐高好用图谶，梁武崇尚释氏，故子显于《高帝纪》卷一引《太乙九宫占》，《祥瑞志》傅会纬书，《高逸传》论推阐禅理。盖牵于时尚，未能厘正”，固然存在缺陷，但记载历史真相“直书无隐，尚不失是非之公”①。他能够从大处着眼，肯定了萧书纪事真实的史学价值。李百药撰《北齐书》，卷帙不富，而且与魏收的《魏书》和令狐德棻的《周书》多有重复，然而邵晋涵还是肯定了该书保存历史的功绩。他说：“北齐立国本浅，文宣以后，纲纪废弛，兵事俶扰，既不及后魏之整饬疆圉，复不及后周之修明法制，其倚任为国者，鲜始终亮节之士。观百药《儒林》、《文苑》传叙，去其已见《魏书》及见《周书》者，传次数人，盖聊以取盈卷帙，固知其不足发挥事业矣。然自神武肇基，承光失国，兴废之迹具焉。考一代之事，宜有专书。”②如果没有李百药之书，后世就不可能完整地认识北齐一代的历史，这是本书最大的价值。在唐初所修诸史里，邵晋涵认为《隋书》“能以婉辞存直道，尤见秉笔之公”③，赞誉唐代史家记载隋唐鼎革之际的历史能够委婉地透露历史的真实信息，秉笔直书，心存公道，值得赞誉。对于欧阳修的《新五代史》，前人多有批评。邵晋涵进一步指出：“以今考之，则前人所指摘，尚有未尽者。夫史家以网罗放失为事，故曰其轶时时见于他说，又曰整齐旧闻。李延寿《南北史》，于旧史外时有增益，斯其为可贵也。”他和前人对欧阳修评价的不同之处，就在于重点着眼于史家纪事见识

① 邵晋涵：《南江文钞》卷12《南齐书提要》。

② 邵晋涵：《南江文钞》卷12《北齐书提要》。

③ 邵晋涵：《南江文钞》卷12《隋书提要》。

和史书纪事含量，指出《新五代史》的三大缺陷。其一是取材苟简，删削过当："修则不然，取旧史任意芟除，不顾其发言次第；而于旧史之外所取资者，王禹偁之《缺文》、陶岳之《史补》、陆振之《九国志》三书而已，所恨于修者，取材之不富也。"其二是遗漏事实，信息含量狭窄："修与尹洙同学古文，法《春秋》之严谨。洙撰《五代春秋》，虽行文过隘，而大事不遗。修所撰帝纪，较《五代春秋》已为详悉矣；然于外蕃之朝贡必书，而于十国之事俱不书于帝纪。岂十国之或奉朝贡、或通使命者，而反不得同域外之观乎！所恨于修者，书法之不审也。"其三是考证不足，掌故缺失："法度之损益，累代相承。五代虽干戈相继，而制度典章上沿唐而下开宋者，要不可没。修极讥五代文章之陋，只述《司天》、《职方》二考，而于礼乐、职官、食货之沿革，削而不书，考古者茫然于五代之成迹。即《职方考》于十国之建置，亦多疏漏。所恨于修者，掌故之不备也。"[①]上述三方面的缺陷，的确是欧阳修无法辩解的失误。元代史家撰修《辽史》，问题比《新五代史》更严重。邵晋涵认为："辽之遗事，非竟无可考也。……使当日能博采遗闻，则朝章国故必有可补《实录》所未备者，何至重复琐碎以取盈卷帙哉！"他同样指出《辽史》的三大缺陷：一是"《东都事略》载辽太宗建国号大辽；圣宗即位，改大辽为大契丹国；道宗咸雍二年，复改国号大辽。而此书不载，是其于国号之更改尚未详也"；二是"《文献通考》称辽道宗改元寿昌，洪遵《泉志》引李季兴《东北诸蕃枢要》云契丹主天祐年号寿昌，又引《北辽通书》云天祚即位，寿昌七年改为乾统。而此书作寿隆，殊不思圣宗讳隆绪，道宗为圣宗之孙，必不至纪元而直犯祖讳者。又《老学庵

---

① 邵晋涵：《南江文钞》卷12《五代史记提要》。

笔记》载圣宗改号重熙，后避天祚嫌名，追称重熙曰重和。而此书不载，是其于改元之典章多舛漏也”；三是“南面官有散官，有宪官，有试秩，有勋，有爵，有赐，有食邑，而《百官志》不载；商税麴务，分设官以莅之，而《食货志》不载，是其于官爵、征榷之制，有遗缺焉。韩德让之专政，刘四端之乐队，纪传俱不详其文，是其于政务多所掩没也”[①]。上述问题的存在，使得《辽史》成为三史之中撰修最差的史书，给后人研究辽史造成诸多不便。

第二，反对书法褒贬，力戒驰骋议论。宋明以来的一些史家受理学思想的影响，欲借儒家义理观念褒贬世道风俗，不顾具体的历史环境而主观抽象地评价历史，或故为高论，苛责前人；或主观臆度，褒贬不经，逐渐形成一种抛开历史事实而肆意褒贬的治史学风。这种论史风气尽管不是宋明史学发展的主流，但对史学的危害却相当严重，不但给历史评论带来极大混乱，而且掩盖了历史事实。乾嘉史家主张历史评价必须建立在客观历史事实之上，反对脱离历史事实而主观议论褒贬，务必考证清楚一人、一书、一事而求得历史的真相，然后在此基础上对历史加以评论。邵晋涵特别强调弄清历史事实的真相，维护历史的客观性，反对人为设置类例记载历史，认为据事直书能够起到褒善贬恶的作用，而以脱离事实的评论褒贬历史违背史学实事求是的原则。

邵晋涵认识到汉、唐、宋、明以来的治学风气存在两大问题，或支离破碎，寻章摘句；或凭恃胸臆，凿空立论，给学术发展带来极大灾难。他指出：“缀学之徒，不见古今大全，而务钩釽章句，碎义逃难，审副实事，率凿空而无依据；其黠者又一切苟且，徒文具无根源。”[②]这两种学

① 邵晋涵：《南江文钞》卷12《辽史提要》。

② 邵晋涵：《南江文钞》卷9《征士汪先生家传》。

风的影响无处不在，渗透到经学、史学、子学方方面面。特别是宋明理学兴起以后，空疏之风更加甚嚣尘上。邵晋涵指出："自宋以来，说《四书》者较多于它经。故秀水朱氏《经义考》辑为专门。读其说汗漫幽渺，大致于实事多疏。间有矜其博辨，与前人相诘难者，时或凭臆翻新，出以嚣张之气，识者病之。"①空言说经的危害，造成经学虚玄渺茫，混乱不堪。经学如此，明清以来的子学同样深受空洞议论的困扰。邵晋涵指出："近时嗜古者，表彰子书，悉心校勘，其意诚善。然或过有偏主，务申其说，几几乎欲引诸子与六经相诘难，斯非好奇之过欤！夫子书有蔽短，正更不必为之掩讳，舍短取长，掇其精要，乃可以羽翼夫六经。"②他抨击骋奇炫言的学风，倡导实事求是的治学宗旨，称赞曹"寅谷以和粹之识，潜心探索，或汇群说以定折衷，或抒心得以阐奥义，平心言之，不为亿必之说，洵有合于汉人所谓'实事求是'者"③；汪沆治学"覃思博综，究遗经以达诸史"④，对经史之学的发展作出了贡献。

邵晋涵看到宋明一派史家运用书法予夺剪裁史实和脱离事实空洞议论给史学带来的危害，和乾嘉时期著名史家钱大昕、王鸣盛等人一起自觉倡导实事求是治史学风。他评价司马迁的《史记》说："余读太史公书，其传公孙成子诸人，多引空言，而不叙实事。然太史公传循吏，详其事于世家，而略于传，所谓言各有当也。"⑤这表明司马迁没有空洞议论，而是运用不同的历史编纂学技艺，更

① 邵晋涵：《南江文钞》卷6《曹寅谷四书摭说序》。
② 邵晋涵：《南江文钞》卷5《周耕厓意林注序》。
③ 邵晋涵：《南江文钞》卷6《曹寅谷四书摭说序》。
④ 邵晋涵：《南江文钞》卷9《征士汪先生家传》。
⑤ 邵晋涵：《南江文钞》卷9《浙江布政使孙公家传》。

加形象生动地表述历史，与驰骋议论风马牛不相及。邵晋涵评论《后汉书》，指责范晔创立《独行》、《党锢》、《逸民》三传，实为后世史家多分门类的滥觞。他说："夫史以纪实，综其人之颠末，是非得失，灼然自见，多立名目奚为乎！名目既分，则士有经纬万端，不名一节者，断难以二字之品题，举其全体；而其人之有隐慝与丛恶者，二字之贬，转不足以蔽其辜。宋人论史者，不量其事之虚实，而轻言褒贬；又不顾其传文之美刺，而争此一二字之名目为升降，辗转相遁，出入无凭，执简互争，腐毫莫断，胥范氏阶之厉也。"[①]认为设置书法类例，不如直书其事更有价值。他还批评《新唐书》说："使[欧阳]修、[宋]祁修史时，能溯累代史官相传之法，讨论其是非，抉择其轻重，载事务实，而不轻褒贬，立言扶质，而不尚挦扯，何至为后世讥议，谓史法之败坏自《新书》始哉！"[②]史家如果把主观立类标准强加于历史事实之上，并据此对历史作出褒贬，就不可能做到完全客观公正。对于吴缜《新唐书纠谬》的是非功过，邵晋涵认为："自吴缜为《新书纠谬》，学者师其余论，吹毛索疵，莫不以《新书》为诟厉，甚至引幽怪之书、无稽之说，证《新书》为失实，是岂足以服修、祁之心哉！平情论之，《新书》删定旧史，……综其大略，删烦补缺，亦所谓后起者易为功耳。"[③]其实他对吴缜的考证成绩也给予肯定，所不赞同的是此后研究《新唐书》的人吹毛求疵，变本加厉攻击欧阳修和宋祁的做法，强调学者应该对《新唐书》作出客观公允的评价。邵晋涵不仅反对别人治史驰骋议论，尤其在自己的史学实践中强调求实。他和钱大昕、崔述等同时代的史家一样，主张考

---

① 邵晋涵：《南江文钞》卷12《后汉书提要》。

② 邵晋涵：《南江文钞》卷12《新唐书提要》。

③ 同上。

证史书必须“稽其年代”和“考其时势”，做到尊重客观历史和前人著作。例如针对南北朝时出现的所谓真本《汉书》问题，邵晋涵指出：“《南史·刘之遴传》云，鄱阳嗣王范得班固所撰《汉书》真本，献东宫皇太子，令之遴与张缵、到溉、陆襄等参校异同，之遴录其异状数十事。以今考之，则语皆谬妄。据之遴云，古本《汉书》称永平十年五月二十日己酉，郎班固上，而今本无上书年月日子。案固自永平受诏修《汉书》，至建初中乃成。又《班昭传》云，八表并《天文志》未竟而卒，和帝诏昭就东观藏书踵成之。是此书之次第续成，事隔两朝，撰非一手。之遴所见古本既有纪、表、志、传，乃云总于永平中表上，殆不考成书之年月也。”[①]通过考证班固《汉书》撰修成书的前后过程和历史时势，证明所谓古本《汉书》乃伪书。又如针对苏过《斜川集》的问题，邵晋涵说：“己丑，予客燕中，闻藏书家有《斜川集》刻本，假而观之，则取刘龙洲诗而易以叔党姓氏者。按叔党卒于靖康，晁以道墓志可证。若龙洲往来诸公，辛稼轩、陆放翁、孙烛湖，皆南渡闻人，后先年代不符，举其目即可辨其真伪。”[②]同样也是通过考证坊刻本《斜川集》记载内容与苏过生活的年代与历史时势不相符合，证明乃书贾假托苏过之名，偷梁换柱刻印刘过《龙洲集》而成。在邵晋涵的史学意识中，表现为尊重历史事实，记载历史必须据事直书，尤其反对轻易设立主观标准剪裁历史，对历史任意轩轾，强调据事直书与客观评价合而为一，寓论断于叙事，具有极其鲜明的实事求是理论特征。

从上述事例可以看出，邵晋涵赞扬修史正直客观，抨击曲饰隐

① 邵晋涵：《南江文钞》卷12《汉书提要》。

② 邵晋涵：《南江文钞》卷8《书坊本伪斜川集后》。

讳，不但是针对史家的道德臧否提出的批评，而且在继承前代史家道德评价原则的基础上，更加注重事实评价的原则，强调正直的史家对史学本体应该具有明确认识，以“直书”和“实录”为标准，自觉抵制修史曲笔隐讳行为，不断增强关于史家素养问题的理论认识。这表明他的史学意识中实事求是观念逐步增强，更加强调史学求真的重要性，承认历史是客观存在而不是由史家主观构建，对中国古代史学本体理论作出了新贡献。

（三）倡导史学经世，突出致用功能。在以前的中国史学史研究中，有人认为乾嘉时期的学者治史只是继承了清初史家顾炎武等人的考据方法，而抛弃了他们的经世致用思想，这种看法有待商榷。其实一种社会思潮的出现，只要它能够解决当时社会面临的各种问题，促进历史的进步和学术的发展，这种思潮就能发挥其社会作用，可以称之为经世之学。赵翼、钱大昕、王鸣盛、崔述等历史考证学派史家的经世致用思想表现为对传统学术文化的全面批判与继承，清理历史上遗留下来的各种文化典籍，以适应清代文化政策和社会发展需要。浙东学派史家黄宗羲、全祖望、章学诚、邵晋涵既注重家学传承，又不断锐意创新，形成鲜明的学术特色，开创了清代浙东学派不空谈义理的经世致用学风。

邵晋涵担任国史馆编修，负有撰修国史责任。清代的“国史馆在东华门内，遴翰林有才望者为史官，辰入酉出，细金匮石室书，钩稽阁部院故牍，排核年月前后著于篇”[①]。他的史学才能为当时学界普遍承认，“天下士大夫，言经学必推戴，言史学必推邵”[②]。邵

① 邵晋涵：《南江文钞》卷11《翰林院侍读学士彭先生墓志铭》。

② 陈寿祺：《左海文集》卷7《南江诗文钞序》。

晋涵不但和经学家戴震齐名，而且本人对经学也有深入研究，尤其是对研究经学的目的认识明确，强调经学致用的价值。他指出："读《易》者非徒以辨玩为也。汉儒以卦变值日，动有征验，能合于恐惧修省之旨。程《传》言人事，于言动尤加谨焉。原始要终，归于无咎。故欲寡过者，学《易》之本也。"①这一认识符合传统儒家提倡的修身、齐家、治国、平天下的宗旨，注重经学有益于个人修养和服务社会的功能。邵晋涵治学不尚空论，敦崇实学，修史之暇，辑佚古人之书，保存文化遗产，以期为后人所用。他说："余考南宋诗人，若汐社、月泉、唫社，见于人间仅数篇尔。余从《永乐大典》裒其散见者，而后高耻堂、连百正诸君子，方成专集。乃知古人文章，忠孝精神，固有历久不可湮灭者，要由其名氏纪乎记载，而后后之人始知措意，而访求其书。非然者，既乡鄙且不复晓其姓字，无论著述矣。"②经过邵晋涵的辛勤劳动，南宋高斯得的《耻堂存稿》、连文凤的《百正集》得以从《永乐大典》中裒辑排纂，经过四库馆臣校订整理，撰写提要，收入《四库全书》，最终流传世间而未随《永乐大典》一起毁灭。

邵晋涵的学问为时人所重，替人作书序之类的应酬文字很多，但从不一味颂扬吹捧，而是勉以致用之学，或揭示其经世价值。他勉励时人向学说："科场事偶有得失，不足介怀。足下天资伉爽，敬承庭训，勉为用世之学，岂必较量一时遇合哉！……前书有云：经正则庶民兴，史熟则名臣出。刍荛之言，无以逾此，愿足下勿忘此意也。"③明确指出经史之学具有致用价值，并非仅仅限于博取功

① 邵晋涵：《南江文钞》卷6《周易辨画序》。

② 邵晋涵：《南江文钞》卷6《国朝姚江诗存序》。

③ 邵晋涵：《南江文钞》卷8《与吴衣园书》。

名的晋身阶梯。他给人作书序说："余谓先生之文，即治术所见端也。自实学之衰，中无定识，致饰于外观，遂使经术与治术判而为二。至先生复合为一。是则先生之文，亟宜出而为当世之模楷。"[①]强调文章当有益于天下，促进实学的发展。邵晋涵自作或者代人作的寿序，同样阐明其人学术经世致用的价值。他说："先生少承家学，所交游多瑰儒宿望。条贯史事，辅以经义，期见诸实用。……故曰：道冲而不用，天下知无用之为用，斯贵矣。"[②]又说："儒者诵经学礼，比中而行之，非徒以美七尺之躯也。事行有益于礼者立之，知识有益于理者为之。……晋涵尝谓《周官》之法行，则天下鲜无告之穷民。执经而胶滞者不顺，戾经而更张者不当。为之不力，行之不诚，皆足以败法。其究也，以儒为诟厉。先生承贞修之家学，令通经训，试于一乡，遂为通经致用所见端。"[③]邵晋涵作为乾嘉时期学术界的领袖，其文章在社会上具有很大影响。他在各种场合积极倡导经世致用学风，认真清理和总结中国传统学术文化两千多年积累的丰厚的遗产，解决清代中叶面临的社会问题，在广大士大夫阶层中引起强烈的反响，带动整个学术界的价值观念形成治学经世的价值取向，意义极其深远。

邵晋涵对中国古代史学本体论作出的新贡献，最主要的还是表现在对史学经世致用问题的阐述中。他认为史学能够起到教育世人的目的，即如"前史标列孝义，推原风化之本，用以厚人伦，敦行谊，修德于乡闾，而名显当世。一节之奇，犹足以扶树道教，劝励末俗。载笔者胪列为表，曰事亲尽孝，曰同居敦睦，曰助官赈济。类

① 邵晋涵：《南江文钞》卷6《姜星六时文序》。
② 邵晋涵：《南江文钞》卷7《吴学山先生七十寿序》。
③ 邵晋涵：《南江文钞》卷7《刘余斋先生六十寿序》。

举姓氏，综核大端，不求其备。若兼数者而并克自致，在古人亦叹为难能。即不自表襮，而潜德卒不可掩”①。史家表彰忠孝节义，彰善瘅恶，树之风声，使后人见贤思齐，见不肖自省，从而树立良好的道德准则和社会风尚，起到经世的作用。无论是修史还是注史，纪事征实才能够实用，空疏不实不仅有害于史学发展，而且对社会无用。邵晋涵赞誉李贤注范晔《后汉书》纪传和刘昭注司马彪《续汉书》志，指出：“李贤注参用裴骃、裴松之之体，于音义则省其异同，于事实则去其骈拇，征引之广博，训释之简当，为史注之善者。……刘昭注尤谙悉于累朝掌故，荟萃群说，为之折衷。盖能承六朝诸儒群经义疏之学，而通之于史，以求其实用，亦可见其学之条贯矣。”②唐初史家撰修《五代史志》，皆出专家之手，在史馆集体撰修的史书中成就最高。邵晋涵指出：“《五行志》体例与《律历》、《天文志》异，疑不出于淳风。旧本作褚遂良撰者，不为无据。至以隋炀帝之告诫虞世南为言不从之咎，则深有见于人事合天之义，意存龟鉴，非汉儒妄谈灾异者所及，亦可见纯臣之用心矣。”③史学的最大价值，就在于让后人通过历史记载鉴往知来，借鉴历史上的成功经验，吸取前人失败的教训，避免重蹈历史的覆辙。这样的史学著作能够经世致用，对学术发展和社会进步具有很大的价值。相反，没有经世意识的史家和史著，不仅史书质量低劣，而且无法发挥历史教育的功能。邵晋涵以唐人重修《晋书》和南北朝以来诸家《晋书》、《晋纪》佚文相互比照，对两者优劣作出评价。他说：“今取诸书所征引者，与晋史参考，有删除而无舛误，可想见当时载笔之

① 邵晋涵：《南江文钞》卷11《诰封中大夫候选道金公墓志铭》。

② 邵晋涵：《南江文钞》卷12《后汉书提要》。

③ 邵晋涵：《南江文钞》卷12《隋书提要》。

慎。”具体说来，新修《晋书》存在以下缺陷。一是删削失当，造成治乱兴衰之故不明，“如《张华传》云，华毁征士冯恢，为恢弟紞所谮。《冯紞传》云，疾张华如雠，讽帝言华不可授以重任。两传俱不载冯、张致衅之故。据《御览》引干宝《晋纪》云：处士冯恢以为散骑侍郎，张华曰：‘臣请观之，若不见臣，上也；见而有傲世之容，次也；敬而为宾主者，固俗士也。’及华至，恢待之恭，时人少之。盖紞之怨华，实由于此。晋武之任冯紞而疏张华，有关于治乱之原，而《传》不明言其故，是删节之未当也”。二是不为死节之臣立传，失劝惩之义，“《文选》注引臧荣绪、王隐书，马敦立功孤城，死于非罪，后加赠祭。而《晋书》不为立传，又不附见于周处、孟观等传，岂所以劝立功之臣乎”。三是湮没忠臣事迹，有悖史学教化功能，“又《御览》引王隐《晋书》云：武帝欲以郭琦为佐著作郎，问尚书郭彰。彰憎琦不附己，答以不识。上曰：‘若如卿言，乌丸家儿能事卿，即堪郎矣。’及赵王伦篡位，又欲用琦。琦曰：‘我已为武帝吏，不能复为今世吏。’终于家。琦盖始终亮节之士也，《晋书》削而不载，又何所以扶植风教乎”。邵晋涵认为产生上述缺陷的原因，就在于修史者“不明于史家义例，岂特嵇康魏臣，不当入晋史；韦忠、王育、刘敏元北仕刘赵，不当入《忠义传》，如王应麟所讥而已哉”[①]。宋人王应麟所指出的缺陷仅仅是修史体例不当，属于史法范畴，问题不大；而邵晋涵指出的史家是否明确修史义例，则是有关史学功能的问题，关系到史学本体的范畴。

以上论述表明邵晋涵在史学“申义”、“求真”与“致用”相互关系的认识上，已经达到相当自觉的程度。在他的史学意识中，对历

① 邵晋涵：《南江文钞》卷12《晋书提要》。

史、史学与社会关系的认识具有辩证统一的思想，史家研究历史的目的在于求真，而撰修史书的宗旨是明确史义，重视史学的目的则在于致用。这不但是“史法”和“史意”关系的辩证统一，也是“求真”与“致用”关系的辩证统一，为传统史学本体论作出了贡献。

第三章　章学诚与邵晋涵的史学批评理论

中国古代史学中曾经出现过各种非历史主义的史学批评方法，唐代中期刘知幾《史通》的《鉴识》、《探赜》诸篇对此做了剖析，指出这类方法主要表现为主观臆度、穿凿附会和凭空虚拟等几种做法，涉及史学批评中主体与客体相互关系问题。稍后杜佑撰《通典》又总结出不可“将后事以酌前旨”的理论认识，对史学批评方法论做了初步探讨。清代乾嘉时期的史家章学诚和邵晋涵继承前代史家的理论成就，认识更加深刻，不仅指出了前人在具体史学批评中的失误，而且从方法论的高度揭示出正确的史学批评原则，为中国古代史学批评理论的丰富和发展作出了重大贡献。

一　章学诚的史学批评方法论

章学诚在史学批评中，反对以后世形成的史学批评标准评价前人的史学，怀疑历史事件的真实存在，或者附会伪造古史系统，提出了实事求是、多闻阙疑与知人论世的史学批评方法，形成了朴素历史主义史学批评方法论。

（一）章学诚史学批评方法论之一是批驳各种以古律今或以今度古的非历史主义批评方法的错误，突出强调了从实际出发的史学批评方法。这一认识包含着两层含义，既反对古代无其事而后人以为有，又反对古代有其事而后人以为无，这两种做法都属于以后例前的错误，是史学批评上最容易导致失误的方法。

第一，中国古代某些史家在考察史学发展源流时，出现过一些不正确的史学批评观点。汉代刘向、班固认为：上古史官“左史记言，右史记事。事为《春秋》，言为《尚书》”[①]。而成书于汉代的《礼记》说法正与之相反，认为右史记言，左史记事：“动则左史书之，言则右史书之。”[②]其实这只不过是说明商周时期中国的历史记载比较简略，主要是记言和记事两种形式。然而汉代以后的史家却把《尚书》看作记言体裁史籍，把《春秋》看作记事体裁史籍。晋人孔衍撰《汉尚书》、《魏尚书》，隋人王通、唐人陈正卿各撰《续尚书》，把前人修撰的事、言有机结合的史书拆散，专取其中记载的各类言论成书，削足适履，以致这些言论失去社会历史背景，造成读史者不明其针对性的困惑。唐代史家刘知幾根据这一标准，认为《尚书》属于记言体史书，然而其中《尧典》和《舜典》记载人事，《禹贡》记载地理，《洪范》记载灾异，《顾命》记载礼仪，与属于记言体裁的誓、诰、训、谟诸篇体例不合，存在为例不纯的缺陷。他说：“《书》之所主，本于号令，所以宣王道之正义，发话言于臣下。故其所载，皆典、谟、训、诰、誓、命之文。至如尧、舜二《典》直序人事，《禹贡》一篇惟言地理，《洪范》总述灾祥，《顾命》都陈丧礼，兹亦为例不纯者也。”[③]这是用后世史书体裁发展到完善程度的标准去衡量古代史学著作，而不顾及上古书籍根本不存在这样明确的分类标准，上古

① 班固：《汉书》卷30《艺文志》。

② 《礼记·玉藻》。

③ 刘知幾：《史通·六家》。

史家也没有形成这样自觉的史学意识。倘若把后世形成的标准强加于古人身上，在史学批评方法上显然不正确。

章学诚不赞同前人绝对割裂记言、记事的做法，对上古书籍中的记言和记事关系作了辩证的考察。他不同意把《尚书》视为记言体裁史书，因为《尚书》产生的年代非常早，当时人类刚刚走出结绳记事的时代，虽然已经发明了文字，夏、商、周王朝设置了史官，但也只能记录一些先民生活的简略事迹，编录成原始档案材料，从《尚书》中不可能产生出史书体裁。章学诚说："古人无意于文，口耳授受，竹帛著辞，皆出于不得已，其间往往有可意会而不可以言传者，未可悉裁以后世之法，道固然也。"[①]他着重分析了造成这种失误的原因，指出历代史家用后世定型的史书体裁形式反观上古书籍，陷入了割裂记言、记事的误区。古人没有空言著述，六经皆先王政典，根本不存在记言体裁史书。章学诚指出，后人误执《尚书》为固定体裁，纷纷效仿，皆属无知妄作。他说："《周官》外史掌三皇五帝之书，今存虞、夏、商、周之策而已，五帝仅有二，而三皇无闻焉。《左氏》所谓三坟五典，今不可知，未知即是其书否也？以三王之《誓》、《诰》、《贡》、《范》诸篇，推测三皇诸帝之义例，其上古简质，结绳未远，文字肇兴，书取足以达微隐、通形名而已矣。因事命篇，本无成法，不得如后史之方圆求备，拘于一定之名义者也。夫子叙而述之，取其疏通知远，足以垂教矣。世儒不达，以谓史家之初祖实在《尚书》，因取后代一成之史法，纷纷拟《书》者，皆妄也。"[②]章学诚认为前人把《尚书》看作记言体史书，误以为是中国史书体裁的开

---

① 章学诚：《章氏遗书》补遗《评沈梅村古文》。

② 章学诚撰、叶瑛校注：《文史通义校注》卷1《书教上》。

端，其实是一种误解。至于有些人完全根据这种认识撰写后代历史著作，以为《尚书》续篇，其实是与《尚书》貌同心异的错误做法。他说："《书》无定体，故附之者杂。后人妄拟《书》以定体，故守之也拘。古人无空言，安有记言之专书也哉？汉儒误信《玉藻》记文，而以《尚书》为记言之专书焉。于是后人削足以适屦，转取事文之合者，削其事而辑录其文，以为《尚书》之续焉。若孔氏《汉魏尚书》，王氏《续书》之类皆是也。无其实而但貌古人之形似，譬如画饼饵之不可以充饥；况《尚书》本不止于记言，则孔衍、王通之所拟，并古人之形似而不得矣。"[①]这些人的做法违背史学潮流，不明白"《书》学自左氏以后，并入《春秋》。孔衍、王通之徒不达其义而强为之，故其道亦卒不能行。譬犹后世济水已入于河，而泥《禹贡》者犹欲于荥泽、陶邱浚故道也"[②]，所以劳而无功。章学诚指出前人所犯的错误，这不但是一种远见卓识，而且对其史学批评方法论的形成至关重要。

章学诚认识到以后世史学规范批评前人史学的错误，阐述了正确的史学批评方法。他指出上古记言与记事没有明显的分别，历史记载言、事合一；后来学术发展，分类日趋严密，才出现记言与记事分书的体例。章学诚认为："《记》曰：'左史记言，右史记动。'其职不见于《周官》，其书不传于后世，殆礼家之愆文欤！后儒不察，而以《尚书》分属记言，《春秋》分属记事，则失之甚也。夫《春秋》不能舍传而空存其事目，则左氏所记之言，不啻千万矣。《尚书》典、谟之篇，记事而言亦具焉；训、诰之篇，记言而事亦见焉。古人事见于言，言以为事，未尝分事、言为二物也。刘知幾以二《典》、

① 章学诚撰、叶瑛校注：《文史通义校注》卷1《书教中》。

② 章学诚：《章氏遗书》卷14《方志立三书议》。

《贡》、《范》诸篇之错出，转讥《尚书》义例之不纯，毋乃因后世之空言，而疑古人之实事乎！”[①]在他看来，刘知幾这种史学批评方法，是犯了以后例前的错误。因为“古人未尝有空言，六艺皆先王之政教也。史分言事，前人既误《尚书》、《春秋》；书别源流，后学又执编年、纪传。古者文成法立，岂如后世拘牵？”[②]古人记载历史时，尚没有区分记言和记事的概念，所以《尚书》和《春秋》都是记言与记事并存。章学诚说：“《书》与《春秋》，本一家之学也。《竹书》虽不可尽信，编年盖古有之矣。《书》篇乃史文之别具，古人简质，未尝合撰纪、传耳。左氏以传翼经，则合为一矣。其中辞命，即训、诰之遗也；所征典实，即贡、范之类也。故《周书》讫平王，而《春秋》托始于平王，明乎其相继也。……后人不解，而以《尚书》、《春秋》分别记言、记事者，不知六艺之流别者也。”[③]刘知幾用后世形成的标准评论古代史籍，不但得不出正确结论，而且评价方法也失之偏颇。后世历史发展的内容不断丰富，因而历史记载也随之不断完善，产生了记言和记事两种体例。章学诚指出：“东京已还，文胜篇富，史臣不能概见于纪传，则汇次为《文苑》之篇。文人行业无多，但著官阶贯系，略如《文选》人名之注，试牓履历之书，本为丽藻篇名，转觉风华消索。则知一代文章之盛，史文不可得而尽也。萧统《文选》以还，为之者众。今之尤表表者，姚氏之《唐文粹》，吕氏之《宋文鉴》，苏氏之《元文类》，并欲包括全代，与史相辅。此则转有似乎言事分书，其实诸选乃是春华，正史其秋实尔。”[④]其实，他本人也主

---

① 章学诚撰、叶瑛校注：《文史通义校注》卷1《书教上》。

② 章学诚：《章氏遗书》卷27《湖北通志检存稿·文征乙集裒录经济策画论》。

③ 章学诚：《章氏遗书》卷14《方志立三书议》。

④ 章学诚撰、叶瑛校注：《文史通义校注》卷1《书教中》。

张历史撰述中一代之史与一代文选并存，表面看来是记言与记事相互分离，然而文选与正史的关系应该是春华与秋实的关系，而不是言、事分离的关系。同样，历代文人撰写的各家文集，似乎应当属于记言体著作，然而章学诚却认为"前人著录，不外别集、总集二条，盖以一人文字观也。其实应隶史部，追源当系《尚书》。但训、诰乃《尚书》之一端，不得如汉人之直以记言之史目《尚书》耳"①。批评了后世学者在判别学术源流时主观强分抑配的错误认识。这就说明，撰史者不应当把历史撰述中记言与记事绝对割裂开来，倘若离事而辑言，那么这些言论就会失去针对性，无法反映时代特征，终究会失去社会价值。章学诚指出："唐刘知幾尝患史体载言烦琐，欲取诏诰、章疏之属以类相从，别为一体，入于纪传之史，是未察古人各有成书相辅益章之义矣。第窥古人之书，《国语》载言，必叙事之终始，《春秋》义授左氏，《诗》有国史之叙，故事去千载，读者洞然无疑。后代选文诸家掇取文词，不复具其始末，如奏议可观，而不载报可；寄言有托，而不述时世；诗歌寓意，而不缀事由，则读者无从委决，于史事复奚裨乎！"②同样，如果离言而辑事，那么这些叙事就会成为呆板的文本，失去形象的意境和丰富的内涵，渐渐远离读者而无人问津。章学诚强调说："名臣奏章，隶于《尚书》，以拟训、诰，人所易知。撰辑章奏之人，宜知训、诰之记言，必叙其事，以备所言之本末。故《尚书》无一空言，有言必措诸事也。后之辑章奏者，但取议论晓畅，情辞慨切，以为章奏之佳也。不备其事之始末，虽有佳章，将何所用？文人尚华之习见，不可语于经史也。

---

① 章学诚撰、叶瑛校注：《文史通义校注》卷1《书教中》。

② 章学诚：《章氏遗书》外编卷13《永清文征叙例》。

班氏《董》、《贾》二传，则以《春秋》之学为《尚书》也。其叙贾、董生平行事，无意求详，前后寂寥数言，不过为政事诸疏、天人三策备始末尔。噫！观史裁者，必知此意，而始可与言《尚书》、《春秋》之学，各有其至当，不似后世类抄征事，但知方圆求备而已也。”[①]此外，章学诚还批评顾炎武用后世标准苛责孟子的做法不足取，不赞同顾炎武所谓孟子开后世空言论事先例之说。他认为：“离实事而空言仁义，乃后世儒者之大弊，其说皆托于孔孟。若谓孟子答彭更与王子垫者恐有以开之，则孔子固云‘焉用稼’，又云‘君子谋道不谋食’，亦未尝不离实事而言仁义也。盖无职之士出与井田、学校之制坏，而秀民之杰出者自力于学，而思有以经纬乎世宙，而上不之用，则不得已而与农、工、商、贾同为无秩之人，而有无职之士。其制失之在上，非孔孟之好为空言以垂教也。后儒未知当世之用我与否，而立志早以立言垂教学孔孟，则是欲学尧舜，而必欲其子为不肖也。”[②]他谆谆告诫“观史裁者”即从事史学批评之人，即使后世社会上形成的所谓记言体与记事体分离的观点尚且存在问题，更何况用这样的观点去评价上古三代的史学，难怪得出的见解窒碍不通！

第二，章学诚也不赞同前人所谓编年体裁取法《左传》，纪传体裁取法《尚书》的观点，阐发了正确见解。唐代刘知幾认为“丘明传《春秋》，子长著《史记》，载笔之体，于斯备矣”[③]，把《春秋左氏传》视为编年体裁之祖，《史记》视为纪传体裁之祖。他考察了编年体史书的源流，认为荀悦作编年体裁的《汉纪》，是“依《左传》著《汉纪》三十篇。自是每代国史，皆有斯作。……虽名各异，大抵皆依

① 章学诚撰、叶瑛校注：《文史通义校注》卷1《书教中》。
② 章学诚：《章氏遗书》外编卷2《乙卯札记》。
③ 刘知幾：《史通·二体》。

《左传》以为的准焉”[①]，亦即后世的编年体裁史书源于《左传》。宋代欧阳修、清初阎若璩则以为后世的纪传体裁史书源于《尚书》。欧阳修考察纪传体裁史书源流说：“昔孔子删书，上断《尧典》，下讫《秦誓》，著为百篇。观其尧舜之际，君臣相与吁俞和谐于朝，而天下治。三代已下，约束赏罚，而民莫敢违。考其典、诰、誓、命之文，纯深简质，丁宁委曲，为体不同。周衰史废，《春秋》所书尤紧密矣。非惟史有详略，抑由时君功德薄厚，异世而殊文哉！自司马氏上采黄帝，迄于汉武，始成《史记》之一家。由汉以来千有余岁，其君臣善恶之迹，史氏详焉。”[②]这一看法，显然有失偏颇。阎若璩也认为：“史之有本纪，为一史之纲维，犹《书》之有帝《典》，体以谨严为主。故今二《典》所载，皆用人行政大者。若他节目细事，如设官、居方，别生分类，则散见《汩作》诸篇，盖即后代志与传所从出也。近作史者，举凡志、传所不胜载之琐事冗语，悉罗而入于本纪，尚得谓谙史家体要哉？”[③]应该说他批评史家把一些琐事冗语载入本纪不合史法，这个意见很对。但是他从《尚书》各篇的记事中寻找理论根据，认为乃后世史书纪、传所取法，又从正确走向错误。章学诚不同意这些观点，认为三代史官记注制度破坏而《书》体衰亡，其流变与《春秋》合而为一。他进一步举例说：“六艺并立，《乐》亡而入于《诗》、《礼》，《书》亡而入于《春秋》，皆天时人事，不知其然而然也。《春秋》之事，则齐桓、晋文，而宰孔之命齐侯，王子虎之命晋侯，皆训、诰之文也，而《左氏》附传以翼经，夫子不与《文侯之命》同著于篇，则《书》入《春秋》之明证也。马迁绍法《春秋》，而删润典、

---

① 刘知幾：《史通·六家》。

② 欧阳修：《欧阳修全集·崇文总目叙释·正史类》。

③ 阎若璩：《尚书古文疏证》卷5。

谟以入纪、传;班固承迁有作,而《禹贡》取冠《地理》,《洪范》特志《五行》。而《书》与《春秋》,不得不合为一矣。后儒不察,又谓纪传法《尚书》,而编年法《春秋》,是与左言右事之强分流别,又何以异哉!"[①]《春秋》记载了齐桓公、晋文公称霸的历史,《左传》注释《春秋》,却记载了周襄王赐封齐、晋为霸主的长篇命词。如果按照前人的看法,这些命词都是训、诰之类的记言之体,应当编入《尚书》,而不能归入《春秋》。但是,孔子修《尚书》时并没有把它们与记言内容的《王侯之命》诸篇并列在一起。既然《左传》以编年体裁史书记载王命,可以证明《尚书》文体已经包容在编年体裁之中。这是由于"《尚书》、《春秋》,皆圣人之典也。《尚书》无定法,而《春秋》有成例,故《书》之支裔折入《春秋》,而《书》无嗣音。有成例者易循,而无定法者难继,此人之所知也"[②]。《尚书》记事形式后代废绝,也就不可能直接产生出纪传体裁。章学诚由此批评说:"汉魏而下,仿《春秋》者盖亦多矣,其间或得或失,更仆不能细数。后之论者,至以迁、固而下拟之《尚书》,诸家编年拟之《春秋》。不知迁、固本纪,本为《春秋》家学;书、志、表、传,殆犹《左》、《国》内外之与为终始发明耳。诸家《阳秋》先后杂出,或用其名而变其体,或避其名而拟其实,要皆不知迁、固之书本绍《春秋》之学,并非取法《尚书》者也。"[③]根据这一认识,章学诚不同意阎若璩以历代正史的本纪比附《尚书》的典,以志、表、列传比附贡、范、刑、诰,把后代的纪传体史书溯源于《尚书》的做法。他采用以其矛刺其盾的办法,认为"此又阎氏之错解也。以后世纪、传之密,拟《尚书》大经之要略,则

---

① 章学诚撰、叶瑛校注:《文史通义校注》卷1《书教上》。
② 章学诚撰、叶瑛校注:《文史通义校注》卷1《书教下》。
③ 章学诚撰、叶瑛校注:《文史通义校注》卷1《经解下》。

禹、汤、文、武，亦当补作《典》矣”[①]。如果按照阎若璩的说法考察古代史学流变，那么后代帝王均有本纪，而《尚书》中仅有《尧典》和《舜典》，是否也应该给尧舜以外的夏禹、商汤、周文王和周武王补作帝《典》呢？这样批评古代史学显然不正确。章学诚认为：“纪传之史，自迁、固以迄《梁》、《陈》，皆《春秋》家学。故迁、固之书，其叙称《本纪》皆曰《春秋考纪》；虽欧阳修《五代史记》，其推本《春秋》之业，亦于义例之间三致意焉。论者乃欲以纪传配《尚书》，编年配《春秋》，惑之甚矣。”[②]在他看来，所谓编年体裁取法《左传》，纪传体裁取法《尚书》的说法，和前述强分《尚书》、《春秋》为记言、记事一样，都是后人因不明学术源流而造成的失误。

（二）章学诚史学批评方法论之二是强调历史人物评价的基本原则是要求评价者的主观标准与历史人物客观活动的事实必须相互吻合，批评各种非历史主义史学批评方法给中国史学带来的严重危害，清算了各种错误思想，强调认识史学必须运用正确方法，给史学批评认识注入了理性因素，形成了知人论世的史学批评方法论。

在中国古代史学中，《孟子·万章下》提出“论古之人，颂其诗，读其书，不知其人，可乎？是以论其世也”。这是对知人论世原则最早的表述，后世史家都自觉或不自觉地有所遵循，但从理论上发展了这个原则的是章学诚。他从史学批评方法论的高度对知人论世的内涵做了系统阐述。章学诚认为史学批评的一个重要原则就是“知世”而“论人”，强调必须了解古人所处的历史时代和社会环境。

---

① 章学诚：《章氏遗书》卷7《淮南子洪保辨》。

② 章学诚：《章氏遗书》外编卷17《和州志艺文书·六艺类》。

他指出："凡为古文辞者，必敬以恕。临文必敬，非修德之谓也；论古必恕，非宽容之谓也。敬非修德之谓者，气摄而不纵，纵必不能中节也；恕非宽容之谓者，能为古人设身而处地也。……是则不知古人之世，不可妄论古人文辞也；知其世矣，不知古人之身处，亦不可以遽论其文也。身之所处，固有荣辱隐显，屈伸忧乐之不齐；而言之有所为而言者，虽有子不知夫子之所谓，况生千古以后乎？"[①]章学诚的话包含两层意思：一是强调历史认识必须考虑到被评价对象所处的历史时代，二是强调历史认识还必须考虑到被评价对象所处的具体环境和条件。在今天看来，人是社会历史发展的产物，社会是人类存在的唯一方式。历史的进程由许多"时"与"位"的链条环节组成，它们反过来又对人类社会生活起着制约作用。认识历史必须考虑到这两个方面的影响，这是历史认识中知人论世原则的基本内涵。

第一，所谓了解"古人之世"，就是要充分考虑到不同时代的人处在不同的社会环境，具有不同的思想与认识水平。章学诚指出："人不幸而为古人，不能阅后世之穷变通久，而有未见之事与理；又不能一言一动处处自作注解，以使后人之不疑；又不能留其口舌以待后生掎摭之时出而与之质辨，惟有升天入地一听后起之魏伯起尔。然百年之后，吾辈亦古人也，设身处地，又当何如？"[②]只有把被认识的对象置于该时代去做评价，才不会出现历史评论的诬枉，苛求古人。在史学批评中，如果"学者能读前人之书，不能设身处境，而论前人之得失，则其说未易得当也"[③]。例如学者读"《四书》文字，必读《春秋》、《左传》，为其知孔子之时事，而后可以得其所言

---

① 章学诚撰、叶瑛校注：《文史通义校注》卷3《文德》。

② 章学诚：《章学诚遗书》佚篇《与孙渊如观察论学十规》。

③ 章学诚：《章氏遗书》卷21《刘忠介公年谱叙》。

之依据也”[①]。这说明“知世”而“论人”方法在史学批评中的重要性。章学诚使用这个标准考察了古今学术发展的不同面貌，对古人和后人的治学特点作出批评：“古人立言处其易，后人立言处其难。何以明之哉？古人所欲通者道也，不得已而有言。譬如喜于中而不得不笑，疾被体而不能不呻，岂有计于工拙敏钝，而勉强为之效法哉？若夫道之所在，学以趋之；学之所在，类以聚之。古人有言，先得我心之同然者，即我之言也。何也？其道同也。传之其人，能得我说而变通者，即我之言也。何也？其道同也。穷毕生之学问思辨于一定之道，而上通千古同道之人以为之藉，下俟千古同道之人以为之辅，其立言也不易然哉！惟夫不师之智，务为无实之文，则不喜而强为笑貌，无病而故为呻吟，已不胜其劳困矣。而况挟恐见破之私意，窃据自擅之虚名，前无所藉，后无所援，处势孤危而不可安也，岂不难哉？”[②]章学诚在这里不免言过其实，对后人贬抑过甚，然而却能从古人与后人所处的不同社会环境作出评价，表现出明显的知人论世方法。他还进一步评价学术发展与时代的关系：“古今时异势殊，不可不辨也。古之学术简而易，问其当否而已矣；后之学术曲而难，学术虽当，犹未能用，必有用其学术之学术，而其中又有工拙焉。身世之遭遇，未责其当否，先责其工拙，学术当而趋避不工，见摈于当时；工于遇而执持不当，见讥于后世。沟壑之患逼于前，而工拙之效趋于后。呜呼，士之修明学术，欲求寡过，而能全其所自得，岂不难哉！”[③]这就是说，由于时代不同，人们行事也必然不同，史学批评必须充分考虑到这种关系，才可以做到

① 章学诚：《章氏遗书》补遗《论课蒙学文法》。
② 章学诚撰、叶瑛校注：《文史通义校注》卷2《言公中》。
③ 章学诚撰、叶瑛校注：《文史通义校注》卷3《感遇》。

知人论世。章学诚说:"故必明乎调剂盈虚之说,然后可以知人而论世也。"[①]他在具体的史学批评中,自觉坚持这一原则。例如评论司马迁撰史说:"才之长短不可掩,而时之古今不可强。司马迁述《尚书》、《左》、《国》之文,孑孑而不足;述战国、楚汉之文,恢恢而有余。非特限于才,亦抑拘于时也。"[②]从历史时代的远近和遗留史料的多寡评价了司马迁《史记》详近略远的修史义例,作出知人论世的评价。章学诚还从时代特点评价了历代史家对魏蜀正统的不同看法,阐述了自己的观点:"昔者陈寿《三国志》纪魏而传吴、蜀,习凿齿为《汉晋春秋》,正其统矣。司马《通鉴》仍陈氏之说,朱子《纲目》又起而正之。是非之心,人皆有之。不应陈氏误于先,而司马再误于其后,而习氏与朱子之识力偏居于优也。而古今之讥《国志》与《通鉴》者,殆于肆口而骂詈,则不知起古人于九原,肯吾心服否耶?陈氏生于西晋,司马生于北宋,苟黜曹魏之禅让,将置君父于何地?而习与朱子,则固江东、南渡之人也,惟恐中原之争天统也。诸贤异地则皆然,未必识逊今之学究也。"[③]这就是说,陈寿、司马光尊魏和习凿齿、朱熹尊蜀,完全是因为他们所处的时代不同,并非存在史识上的优劣。这种设身处地评价前人的做法,不仅避免了因不察时代而空论正统的不良风气,而且揭示出特定时代对史家观念的影响,阐明了历史认识的性质和特征。同样,在关于东魏和西魏孰为正统的问题上也是如此。章学诚指出:"魏澹撰《魏书》,自道武及恭帝为十三《纪》,是以西魏为正统。而收《书》乃以孝静帝武定八年高洋篡位为魏之亡,是以东魏为正统矣。盖魏

① 章学诚:《章氏遗书》补遗《答吴胥石书》。

② 章学诚:《章氏遗书》卷4《说林》。

③ 章学诚撰、叶瑛校注:《文史通义校注》卷3《文德》。

收北齐人，不能不称东魏，为高氏争国统也。澹则入周，自不容不宗西魏矣。古人著书，当为设身处地。”[①]充分考虑到各自时代政治环境对两位史家历史观念的影响，作出了知人论世的评价。章学诚对元明以来续修《资治通鉴》的评价，也体现出深刻的知人论世意识。他指出：“陈、王、薛三家纷纷续宋元事，乃于《辽》、《金》正史束而不观，仅据宋人纪事之书，略及辽、金继世年月，其为荒陋，不待言矣。徐昆山书最为晚出，一时相与同功，如万甬东、阎太原、胡德清诸君，又皆深于史事，宜若可以为定本矣。顾《永乐大典》藏于中秘，有宋东都，则丹棱李氏《长编》足本未出，南渡则井研李氏《系年要录》未出，元代则文集、说部散于《大典》中者，亦多逸而未见，于书虽称缺略，亦其时势使然，未可全咎徐氏。然《辽》、《金》正史，止阅本纪，间及一二名人列传，而诸传、志、表，全未寓目，宋嘉定后，元至顺前，荒略至于太甚，则不尽关遗编逸事之未出矣。至于偶据所见，骋其繁富，如西夏备述姻戚世系，元末琐事取资《铁崖乐府》，编年之书，忽似谱牒，忽似诗话，殊为失于裁制。然其征材较富，考核较详，已过陈、王、薛氏数倍，则后起之功易于藉手，亦其道也。”[②]不仅指出了徐乾学主持纂修的《资治通鉴后编》比较陈柽、王宗沐、薛应旂诸家《宋元资治通鉴》取得的成功与存在的失误，而且具体分析了导致其成功与失误的原因，这种评价方法是把史学著作与著书者所处的时代结合起来，从时代所能够提供的社会条件和学术条件评价其史学成就，最大限度地尊重了前人的成果，作出了实事求是的评价。章学诚评价清代朱筠的学术成就说：

---

① 章学诚：《章氏遗书》外编卷1《信摭》。

② 章学诚：《章氏遗书》卷9《为毕制军与钱辛楣宫詹论续鉴书》。

“先生文才，实过欧阳。刘贡父生于今日，不能讥先生为不读书。盖敷腴古泽，六一居士良不逮也。而先生之集，不如欧阳之壮，则时不同也。欧阳谏疏，辉光简册；先生不为言官，且亦时无失政，故无所用也。欧阳碑版，彪炳丹青；先生生逢尧、舜在上，将相公卿奔走率职，不似叔季之世，遇变而显瑰奇之行，有以峥嵘其文字也。”[①]通过比较宋代欧阳修和清代朱筠所处的不同时代，正确地评价了朱筠的学术地位。他还评价清代经学家朱彝尊的功过说：“朱竹垞氏《经义》一考，为功甚巨，既辨经籍存亡，且采群书叙录，间为案断，以折其衷。后人溯经艺者，所攸赖矣。第类例间有未尽，则创始之难；而所收止于经部，则史籍浩繁，一人之力不能兼尽，势固不能无待于后人也。”[②]章学诚没有简单指责朱彝尊修书义例未善，内容不全等缺陷，而是从时代局限揭明造成这种状况的原因，从而得出了正确的认识。

第二，所谓了解“古人之身处”，就是认识到由于客观环境的不同，个人的遭遇和旨趣也不相同，只有弄清楚被认识的对象所处的具体环境，才能做出恰如其分的评价。章学诚指出：“读古人之书，不能会通其旨，而徒执其疑似之说，以争胜于一隅，则一隅之言不可胜用也。”[③]如果不清楚古人立言宗旨，而仅就其枝节做评价，自然不能得其要领。那么，怎样才能把握古人立言宗旨呢？章学诚说：“夫人之所以谓知者，非知其姓与名也，亦非知其声容之与笑貌也。读其书，知其言，知其所以为言而已矣。”[④]读书明了古人言论中说的是什么固然重要，但更重要的是必须搞清古人为什么这样说，而

---

① 章学诚：《章学诚遗书》佚篇《又与朱少白论文》。

② 章学诚：《章氏遗书》卷13《论修史籍考要略》。

③ 章学诚撰、叶瑛校注：《文史通义校注》卷2《答客问中》。

④ 章学诚撰、叶瑛校注：《文史通义校注》卷4《知难》。

不是那样说。章学诚认为:“夫知古人之所言,而不知古人所不言,未可谓之知言也。知古人之所蹈,而不知古人所不蹈,未可谓之知行也。三百之《诗》具在也,文字无所加损也,声音无所歧异也,体物之工,言情之婉,陈义之高,未尝有所改变也。然而说《诗》之旨一有所异,则《诗》之得失霄壤判焉。是则文章之难,不在其言,而在其所以为言也。”[①]在知道古人言论是为说明什么宗旨之后,还需要了解他们是在什么情况下这样说。因为“凡有推奖于人,不难屈己;凡欲求知于人,不嫌炫己,人之情也。有所为而言之,不必遽为定论,圣人所不免也”[②]。如果不弄清古人是在什么情况下而言和针对什么而言,仅从字面上理解就轻易下结论,往往会导致评价失实。章学诚特别强调结合“古人之身处”评价其思想与认识:“学术之患,莫患乎同一君子之言,同一有为言之也,求其所以为言者,咫尺之间,而有霄壤之判焉,似之而非也。”他举孔子为例说:“万世取信者,夫子一人而已。夫子之言不一端,而贤者各得其所长,不肖者各误于所似。诲人不倦,非渎蒙也;予欲无言,非绝教也;好古敏求,非务博也;一以贯之,非遗物也。盖一言而可以无所不包,虽夫子之圣,亦不能也。得其一言,不求是而求似,贤与不肖,存乎其人,夫子之所无如何也。孟子善学孔子者也,夫子言仁知,而孟子言仁义;夫子为东周,而孟子王齐、梁;夫子信而好古,孟子乃曰尽信书则不如无书。而求孔子者,必自孟子也。故得其是者,不求似也;求得似者,必非其是者。然而天下之误于其似者,皆曰吾得其是矣。”[③]这说明评价古人的学术思想必须考察其具体背景,结合其立言的针对性,然

① 章学诚:《章氏遗书》卷6《杂说》。

② 章学诚:《章氏遗书》卷8《读史通》。

③ 章学诚撰、叶瑛校注:《文史通义校注》卷3《辨似》。

后才能得到正确认识，而不是得出似是而非的结论，歪曲古人的思想。章学诚由此批评说："丧欲速贫，死欲速朽，有子以谓非君子之言。然则有为之言，不同正义，圣人有所不能免也。今之泥文辞者，不察立言之所谓，而遽断其是非，是欲责人才过孔子也。"[①]史学批评者要想做到至当不易，关键是必须做到正确理解前人，把自己的感情移植到前人身上，才有可能设身处地认识古人，得出正确的评价。他说："人知《易》为卜筮之书矣，夫子读之，而知作者有忧患，是圣人之知圣人也。人知《离骚》为辞赋之祖矣，司马迁读之，而悲其志，是贤人之知贤人也。夫不具司马迁之志，而欲知屈原之志；不具夫子之忧，而欲知文王之忧，则几乎罔矣。然则古之人有其忧与其志，不幸不得后之人有能忧其忧、志其志，而因以湮没不彰者，盖不少矣。"[②]正因为他有这种史学意识，所以其史学批评比前人更加客观。例如针对"马、班二史于相如、扬雄诸家之著赋，俱详著于列传，自刘知幾以还，从而抵排非笑者，盖不胜其纷纷矣，要皆不为知言也。盖为后世文苑之权舆，而文苑必致文采之实迹，以视范史而下标文苑而只叙文人行略者，为远胜也"[③]。因为给文学之士立传，若不记载其代表性著作，就无法认识其成绩，评价其地位。章学诚非常注重古书叙例和叙录的价值："古著作家必有叙例，所以明撰述之微旨，标去取之由来。读其叙例，可以得其书之要领，知其学之渊源，斯为尚矣。至于已成之书，校雠之家为之叙录，所以明著书之流别，考篇第之存轶。读其叙录，可以定其书之家法，辨其传之正讹。是皆出于必不得已而始为之，非苟以文辞相涂泽也。是以史迁、扬雄

① 章学诚撰、叶瑛校注：《文史通义校注》卷4《说林》。
② 章学诚撰、叶瑛校注：《文史通义校注》卷4《知难》。
③ 章学诚撰、叶瑛校注：《文史通义校注》卷1《诗教下》。

之叙例，班固裁为列传，盖自述已详，读其书可以想见其为人也。诸葛二十四篇之叙录，陈寿自附于传末，盖推论已晰，得其说可以深知其意也。故叙例如扬、马，可笔削为列传；叙录如陈寿，可取裁为论赞，在书为叙，在人为传，本无区别，古人言行，于斯见合一焉。”[①]认为这些内容有助于对作者作出知人论世的评价。章学诚对编辑古人诗文年谱也非常重视，高度评价清代方世举所撰《韩诗编年笺注》说：“唐人诗集宜编年者，莫若杜、韩。杜之编年多矣，韩则仅见于此。是固论世知人之学，实亦可见诗文之集，固为一人之史，学者不可不知此意。为诗文者，篇题苟皆自注岁月，则后人一隅三反，藉以考证时事，当不止于小补而已。”[②]因此，他反对校雠古人文集删去年代、题跋、论赞，主张编选文集时应该说明作者撰著始末，认为这些内容是了解作者的重要材料。章学诚说：“文人之有年谱，前此所无，宋人为之，颇觉有补于知人论世之学，不仅区区考一人文集已也。盖文章乃立言之事，言当各以其时，即同一言也，而先后有异，则是非得失，霄壤相悬。郦食其请立六国之后，时势不同，楚汉之初，是亦其一端也。前人未知以文为史之义，故法度不具，必待好学深思之士探索讨论，竭尽心力，而后乃能仿佛其始末焉，然犹不能不缺所疑也。其穿凿附会，与夫卤莽而失实者，则又不可胜计也。文集记传之体，官阶姓氏，岁月时务，明可证据，犹不能无参差失实之弊。若夫诗人寄托，诸子寓言，本无典据明文，而欲千百年后，历谱年月，考求时事，与推作者之志意，岂不难哉？故凡立言之士，必著撰述岁

---

① 章学诚：《章氏遗书》外编卷12《永清县志前志列传后论》。

② 章学诚：《章氏遗书》卷13《韩诗编年笺注书后》。

月，以备后人之考证；而刊传前达文字，慎勿轻削题注，与夫题跋评论之附见者，以使后人得而考镜焉。”[1]因为读者“观所评跋，则知作者之所用心，实有裨于论世知人之学”[2]。这充分说明章学诚对知人论世认识原则的重视，在逻辑思维和归纳总结上已经达到很高的理论水平。

（三）章学诚在史学批评实践中，举出历代史学批评不考前人所处时世，不察前人立言宗旨的几个典型事例，强调知人论世方法的重要性，进一步丰富和发展了史学批评方法论。

第一，后世学者妄论荀卿：“《春秋》讥佞人，夫子尝曰恶佞口之覆邦家者。是佞为邪僻之名矣。或人以为雍也仁而不佞，或人虽甚愚，何至惜仁人以不能为邪僻！且古人自谦称不佞，岂以不能邪僻为谦哉？是则佞又聪明才辨之通称也。荀子著《性恶》，以谓圣人为之，化性而起伪，伪于六书，人为之正名也。荀卿之意，盖言天质不可恃，而学问必藉于人为，非谓虚诳欺罔之伪也。而世之罪荀卿者，以谓诬圣为欺诳，是不察古人之所谓，而遽断其是非也。”[3]指出前人批评荀子之所以出现错误，是因为对其言论望文生义，而没有结合荀子的立言宗旨和学术主张作出综合评价，不符合知人论世的原则。

第二，刘知幾对《宋书》与《宋略》妄加轩轾：“刘氏斟酌群言，扬榷史品，自宜知所别择，乃又从而实之曰：‘由是言宋史者，以裴《略》为上，沈《书》次之。’后人不见裴书，而因刘氏之言，以谓裴《略》实胜沈《书》，有定品矣。姑无论子野史笔文才未闻可驾休文而上，正

① 章学诚：《章氏遗书》卷8《韩柳二先生年谱书后》。
② 章学诚：《章氏遗书》卷29《与阮学使论求遗书》。
③ 章学诚撰、叶瑛校注：《文史通义校注》卷4《说林》。

使其书不愧荀、袁，亦与马、班诸书风马牛之不相及也。刘氏《二体》之篇，明言班、荀二家，缺一不可。未闻言汉事者以荀《纪》为上，班《书》次之；言东汉之史以袁《纪》为上，范《书》次之。何则？短长优绌，必以其类相形，体制各不相蒙，短长何自见哉？三家之《易》，四氏之《诗》，治经之门户也。施、孟当与梁邱相衡，齐、鲁必与韩、毛为比，则其理也。今云施氏之《易》胜于韩氏之《诗》，辕固之《诗》优于梁邱之《易》，岂复成评论乎？而人乃习而不察，则以沈氏有自叹不如之说，而不知一时推奖之言，不足为定论也。"[①]指出唐代刘知幾史学批评的结论之所以出现失误，而且谬种流传，是因为在评价前人史学成果时没有结合史学发展的时势，违背了同类性质的事物才可以比较高下优劣的原则，得出了似是而非的结论。

第三，宋儒妄论韩愈："韩子曰：'博爱之谓仁。'宋儒讥之，以为必如周子所言德爱曰仁而后可。数百年来，莫不奉宋儒为笃论矣。今考周子，初无德爱曰仁之说也。《通书·诚几德》篇有曰：'诚，无为，几，善恶；德，爱曰仁、宜曰义、曰礼、曰智、曰信。'皆有说焉。周子之意若曰：诚者何谓？无为是也。几者何谓？善恶是也。德者何谓？在爱曰仁，在宜曰义，礼、智与信，俱在德也。德有五者，韩子《原性》之篇已明著矣，与周子无殊旨也。博爱曰仁，即周子之爱曰仁也，合《原性》而观之，则韩子之说较周子为尤备也。以其出于韩子，则删去《原性》，而摘博爱之为偏；出于周子，则割截句读，而以德爱为至论。同一言也，不求至是，而但因人而异听，不啻公甫之母与妻焉，此论古之深患也。"[②]指出前人对韩愈和周敦颐的批评

① 章学诚：《章氏遗书》卷8《读史通》。
② 章学诚：《章氏遗书》卷4《说林》。

之所以不恰当，是因为对其言论先入为主，因人而异，欲贬其人则讳言其创始之功，欲褒其人则附会其言而求之过深，而不考察二人立论寓意的深浅，然后给予恰如其分的评价。

第四，明人陈第妄论司马迁："陈季立《尚书评》谓《史记》点窜《左》、《国》、《世本》、《楚汉》诸书，能得其意，放其辞，伸缩自在，行止由己；独当《尚书》，而目眩手拙。孟子述尧、舜、汤、武，不一而足，犹然孟轲氏之文，盖意得也。尝谓孟子之文，在太史公之上。按此说与前人论文谓《檀弓》文笔高于《左传》，取一二事同叙异文，而以简雅为胜，同一见解。又如班、马优劣，而以史简班繁为权度者，皆此种识解也。孟子述唐、虞、三代，只取以供论说；史迁乃叙事体，难易之势，奚啻倍蓰！"①陈氏扬孟子与抑司马迁的评价之所以不确切，就在于没有设身处地考察两人的情况不同：孟子以论说为主，取《尚书》之意足为己所用，是以得心应手；而司马迁叙述上古三代历史事实，《尚书》材料根本不够用，难免左右支绌。这并非司马迁文笔比孟子逊色，而是因为"代圣贤以立言，所贵设身处地，非如论说之惟我欲言也"②。两人易地则皆然，在这方面并无优劣之分。

第五，清代龚元玠妄议孔子及其史学："谓孔子晚年设教杏坛，乃为司成教学之官。以使漆雕开仕章使字断之，非有论才荐士之职，不能使人仕也。……又云夫子删述六经，必禀周天子命，以谓六艺皆掌于官，非夫子得而自擅。又云《春秋》乃鲁国史，天子必命夫子先修《春秋》，其事既毕，安知不再令修《周史》乎？"章学诚指

---

① 章学诚：《章氏遗书》外编卷1《信摭》。

② 章学诚：《章氏遗书》补遗《论课蒙学文法》。

出："此等议论，真堪绝倒。如孔子时天下政教犹必禀命天子，则《春秋》可以不作矣。其云六艺皆掌于官，则学士大夫所肄业者，又是何物？当春秋时，左史倚相之流，子产、叔向之辈，博学多闻，岂皆奉周天子命，读中秘书者哉！此等毫无把握议论，自谓独得之秘，真郇学荒俚之恶习也。大抵束书不观，全凭臆想。宋人理障，多由于此。龚氏则尤僻陋者耳。"[①]他指出龚元玠史学批评的结论之所以难以服人，是因为脱离了孔子所处的历史环境而空发议论，在方法论上出现错误。

从上述事例来看，章学诚指出前人史学批评的缺陷，非常注重考察其史学批评方法是否恰当。他所总结出的上述几种评价方法失误的情况，都与史学批评违背知人论世原则密切相关，具有极其重要的方法论价值。

综上所述，可以看到清代史家章学诚的史学批评观念中表现出极其鲜明的朴素历史主义方法论，为中国古代史学批评方法论的宝库增添了宝贵的财富。章学诚朴素历史主义史学批评方法论的内涵及其贡献在于：第一，强调史家考察前人的学术思想或史学成就，必须尊重历史事实，不能轻易凿空立论，作出缺乏事实根据的评价；同时又不能主观割裂历史的发展进程，用后世发展变化了的标准掩盖古人缺陷或者抹杀前贤的功绩，应当正确认识学术继承和发展的相互关系，确立从实际出发看待历史的思想观念。第二，主张评价历史人物不仅要指出他们的功绩或失误，而且还要注意到他们比前人的进步之处，同时也要看到他们所受的时代局限；不仅要认识历史人物的思想，还必须考察其所处的客观环境，进一步揭示其思

① 章学诚：《章氏遗书》外编卷2《乙卯札记》。

想认识产生的根源，客观地评价前人的功过，阐明了历史认识中的知人论世原则。章学诚的朴素历史主义方法论，是中国古代史学批评理论中极其宝贵的内容，为中国近代科学历史主义思想的产生奠定了理论基础。

二　邵晋涵的史学批评成就

邵晋涵治史继承宋学的学风，在学术风格上表现出与乾嘉汉学不同的路数。他对史学中的许多重大问题并未停留在叙述与考辨阶段，而是发表了见解独到的评论。但是，他与章学诚史学批评的不同之处，在于没有撰写出史学理论著作，而是把史学批评寓于具体的史书评价和史学评论之中，形成了较为鲜明的史学批评思想。

（一）邵晋涵在史学方面所做的一项重要工作，就是在“四库”馆为编纂《四库全书总目》作史部书籍提要。现存《南江文钞》中有27篇史书提要，包含着丰富的史学思想，是研究邵晋涵史学批评的珍贵资料。另外，《史记辑评》中也有对《史记》的评论，属于史学批评范畴。综观这些内容，可以概括出邵晋涵史学批评的四个特点。

第一，主张史家据事直书，反对任意褒贬。

我国史学历来强调彰善瘅恶、鉴往知来的社会功能，但如何显示这一功能，历代史家的史学实践与史学主张不尽相同，大致形成了议论褒贬和据事直书的分野。宋代义理史家欧阳修、朱熹等人论史，过分强调所谓微言大义、《春秋》书法，褒贬讥刺，损害了史学的客观性。清代实证史家钱大昕、王鸣盛等人论史，强调据事直书，无征不信，反对史家对史事褒贬批评，虽然意在惩宋人之失，不免矫枉过正，又出现另一种类型的学术偏颇。

邵晋涵是乾嘉史学的巨擘，学界领袖，起着领导学术潮流的中坚作用，为扭转宋明以来论史空泛不实的学风，大力提倡史家修史据事直书，善恶是非由后人判断，起到垂鉴作用。

邵晋涵评论《史记·封禅书》说："此书直记事，而失其自见，不用贬词，可为史法。"[①]又针对《史记·管晏列传》说："前后述管仲自言凡两见，而叙事即在其中矣，此太史公传记一法也。"[②]他认为司马迁直接引用管仲的言论表达对管仲的评价，而不再用自己的语言叙述和评价管仲的事迹，具有直书见意的意识。这种认识和清初史家顾炎武的评价非常一致。顾炎武指出："古人作史，有不待论断，而于序事之中即见其指者，惟太史公能之。《平准书》末载卜式语，《王翦传》末载客语，《荆轲传》末载鲁句践语，《晁错传》末载邓公与景帝语，《武安侯田蚡传》末载武帝语，皆史家于序事中寓论断法也。后人知此法者鲜矣，惟班孟坚间一有之。如《霍光传》载任宣与霍禹语，见光多作威福；《黄霸传》载张敞奏见祥瑞，多不以实，通传皆褒，独此寓贬，可谓得太史公之法者矣。"[③]由此可以看出乾嘉史家"实事求是"治史宗旨和清初史家一脉相承，联系密切。邵晋涵对《史记·酷吏列传》的批评，也体现了这一思想。他说："赵禹事留序《张汤传》作烟波，王温舒不尽载本传，详《杨仆传》中，皆子长不测处。"[④]指出这种做法是司马迁为据事直书而运用的史家微旨，既

---

① 邵晋涵：《史记辑评》卷2。

② 邵晋涵：《史记辑评》卷4。

③ 顾炎武撰、黄汝成集释：《日志录集释》卷26《史记于序事中寓论断》。

④ 邵晋涵：《史记辑评》卷10。

能够避免引起传主子孙的不满，又通过曲折的方式表明历史的真相，成为史家记载当代历史的良法。通过邵晋涵所作的批评，读史者更能够清楚地认识司马迁撰史品格和叙事方法的特征，有助于对《史记》作出更深刻的理解。

范晔撰《后汉书》，设置《独行》、《党锢》、《逸民》三传，按人物品行分别立传，开史书立名目褒贬人物之先河。后代史家习以成风，专以一二字立题品藻人物。邵晋涵对此不以为然，批评说："夫史以纪实，综其人之颠末，是非得失，灼然自见，多立名目奚为乎！名目既分，则士有经纬万端，不名一节者，断难以二字之品题，举其全体，而其人之有隐慝与丛恶者，二字之贬，转不足以蔽其辜。宋人论史者，不量其事之虚实，而轻言褒贬，又不顾其传文之美刺，而争此一二字之名目为升降，辗转相遁，出入无凭，执简互争，腐毫莫断，胥范氏阶之厉也。"[①]在今天看来，《独行》、《党锢》、《逸民》三传表彰士林气节，实关东汉末年风教，自然应该立传。三传全面反映了东汉末年士大夫与外戚、宦官斗争的社会风貌，这正是范晔的史识，不能与宋人肆意褒贬相提并论。然而邵晋涵提出的问题具有普遍意义，史家如果一味按照主观立类标准铨配历史事实，然后根据所立名目予以褒贬，写不出信史，其褒贬终究也会失去价值。

萧子显撰《南齐书》，杂引谶纬、释老之书，芜秽不经，但邵晋涵却赞誉"其纪建元创业诸事，载沈攸之书于《张敬儿传》，述颜灵宝语于《王敬则传》，直书无隐，尚不失是非之公"[②]，肯定了萧子显的编纂成就。

唐初诏修梁、陈、魏、齐、周、隋六代史，《隋书》成就最大。邵晋

---

① 邵晋涵：《南江文钞》卷12《后汉书提要》。

② 邵晋涵：《南江文钞》卷12《南齐书提要》。

涵指出其价值就在于“唐臣纪隋事，见闻亲切，故叙次详赡，于越王侗之逊位，尧君素之授命，能以婉辞存直道，尤见秉笔之公，固当称为六代之佳史矣”[①]。他认为只有完全尊重历史事实，不掺杂史家主观好恶，才能写出传世之作。

由此可见，邵晋涵史学批评的着眼点在于史家修史能否事得其实。他认识到史家如果不顾事实甚至歪曲历史，对史事任意褒贬，毫无根据地空发议论，不可能对历史作出公正的评价。这种史论只会损害史学的严肃性，危害无穷。只有据事直书，真实客观地反映历史，在此基础上作出符合实际的评价，才能写出优秀的史学著作，促进史学健康发展。

第二，注重史家与史书的学术宗旨。

邵晋涵批评史家或史书，能够从学术渊源流变方面把握著述宗旨，抓住史书的精髓，发掘出各家著述的不同旨趣。

司马迁著《史记》，后代史家对其主旨议论纷纭，莫衷一是。邵晋涵指出：“以今考之，其叙事多本《左氏春秋》，所谓古文也，秦汉以来故事，次第增叙焉。其义则取诸《公羊春秋》，辨文家质家之同异，论定人物多寓文与而实不与之意，皆公羊氏之法也。迁尝问《春秋》于董仲舒，仲舒故善公羊之学者，迁能申明其义例，虽未必尽得圣经之传，要可见汉人经学各有师承矣。”[②]这样批评《史记》，就把《史记》与先秦学术的渊源关系及其儒学宗旨原原本本地展现出来，揭示出问题的本质。此外，邵晋涵还指出司马迁继承其父司马谈尊崇道家的宗旨，在《白起王翦列传》中叙事寓含“道家之指”[③]，与其

① 邵晋涵：《南江文钞》卷 12《隋书提要》。

② 邵晋涵：《南江文钞》卷 12《史记提要》。

③ 邵晋涵：《史记辑评》卷 4。

儒家思想互补。对于司马迁在《范雎蔡泽列传》中记载传主“一饭之德必偿，睚眦之怨必报”的性格，邵晋涵揭明“子长每于恩怨处极力洗发”[1]，目的在于发泄内心深处的积怨和不平，借历史人物的恩怨分明浇自己心中块垒的意图。对于司马迁撰《陈涉世家》，后世史家多有讥议。邵晋涵则认为司马迁因“其所置王侯将相竟亡秦”而把陈胜列入世家，是“作《陈涉世家》主意，数语分解极透”[2]。这一认识准确地把握了司马迁的撰史宗旨，比前人更加深刻。

魏晋南北朝时期，国土分裂，民族政权林立，南朝史家骂北朝人为“索虏”，北朝史家称南朝人为“岛夷”，反映在史学上便出现所谓正统、闰位之争。隋唐统一以后，这种历史意识已经不能适应社会需要，史家李大师、李延寿父子试图用新时代史学意识对前朝历史做重新审视，编纂出南北贯通的史书。李大师计划用编年体撰修一部南北朝通史，遗憾的是他生前没能实现这一宏愿。李延寿继承父志，用纪传体编成《南史》和《北史》。后人因此指责李延寿缺乏统一意识，没有继承家学。邵晋涵独具慧眼，认为“延寿既与修《隋书》十志，又承父志为《南北史》。……《南北史》虽分记南北，实为一书。故延寿于《裴蕴传》云，祖之平，父忌，《南史》有传；《王颁传》云，父僧辩，《南史》有传，即互相贯通之旨也”[3]。他根据这种认识批评《南史》与《北史》，指出二书存在的问题，比前人更高一筹。如果不重视学术宗旨，就不可能得到这样深刻的认识。

元代史家金履祥撰《通鉴前编》，参照宋人邵雍《皇极经世书》、胡宏《皇王大纪》体例，主要依据六经、诸子资料，上起唐尧，下接司

---

① 邵晋涵：《史记辑评》卷 5。

② 邵晋涵：《史记辑评》卷 3。

③ 邵晋涵：《南江文钞》卷 12《北史提要》。

马光《资治通鉴》,意在表彰二帝三王微言懿行贻鉴后世,惩戒战国申韩之术苛法乱政,撰成一书。历代研究学者多批评其空疏不实,难以征信。邵晋涵也承认此书存在缺陷:“履祥师事王柏,柏勇于疑经,履祥亦好持新说。如释‘桑土既蚕’,引后世所谓‘桑间’为证;释‘封十有二山浚川’,谓营州当云‘其山碣石,其川辽水’;以《笃公刘》、《七月》二篇为豳公当时之诗,非周公所追述;《七月》为豳诗,《笃公刘》即为豳雅,皆不免于臆断。又用《尚书》记异,于周昭王二十二年书‘释氏生’,则其征引群集,去取有未尽当者。至系年表事之时有抵牾,更无论矣。”同时也指出金履祥的成就在于“此书援据既博,论古亦有特识。如解《国语》‘十五王而文始平’之谓自公刘数至文王,以《世本》为据,而辨《史记·周本纪》称后稷子为不窋、曾孙为公刘者殊误;《春秋》书‘尹氏卒’,即与隐公同归于鲁之郑大夫尹氏,而不主《公》、《谷》之说。其余审定群说,多与经训相发明。其用意之深,固非漫为排比也”[①]。这就揭示出金履祥撰史的用意和宗旨,而不是人云亦云,随众人一味指责其缺陷,在史学批评上达到一个更高层次和意境。

邵晋涵对当代史家与史书的批评,同样表现出这种特点。他指出清代史家撰修的《明史》是“廷玉等据王鸿绪之史稿重事排纂,综核异同,语必征实,平情论事,不参以意见之私;发凡起例,亦能酌前史而得其宜。……其余承前代之法而次第纂叙者,皆详赡有法,洵为一代之信史,而非明臣私撰者所能几及也”。其最明显的撰述旨趣,被邵晋涵归结到以下几方面:“《历志》申明郭守敬之法,而兼及徐光启所修《历书》。盖光启之书虽未行,而会通中西之历,

---

① 邵晋涵:《南江文钞》卷12《通鉴前编提要》。

所以垂法也。《艺文志》只载明人之著作，而不考古书存亡之源委，以明代秘书尽亡，无从取征也。列七卿于表，以明初分政权于六卿，而以督察院稽其实，一代之纲纪系焉，次于《宰辅表》后，重其任也。自永乐始任中官，至正统、成化、正德、天启而阉宦之祸烈矣，然非群小附之，势尚未炽；正德以后，结近侍者实繁有徒，创立《阉党传》，所以穷其丑类也。土司向背靡常，兴师命帅，旋扑旋滋，与明代相终始，创立《土司传》，见绥辑之无远略也。"[①]这样评论，既阐明了《明史》的学术宗旨和编撰思想，又提出了自己的学术见解，显示出邵晋涵史学批评注重揭示史家修史宗旨的特色，形成鲜明的史学批评原则。

第三，强调史书的书法义例。

一部优秀的史学著作，必须能够全面反映社会历史的客观现实，尽可能包容更多的历史事实。这就要求史家讲究历史编纂的书法义例，提高史书编修质量。中国古代史家如孔子、司马迁、班固、杜预、陈寿、干宝、范晔、袁宏、萧子显、魏澹、敬播、令狐德棻、刘知幾、郑樵等人，都极为重视史书发凡起例的作用，形成中国史学的优良传统。邵晋涵治史自觉地从书法义例方面批评史学著述，形成了较为明确的理论认识。

司马迁撰《史记·赵世家》，记载赵武灵王事迹，前叙赵武灵王"二十七年五月戊申，大朝于东宫，传国，立王子何以为王。……是为惠文王。惠文王，惠后吴娃子也。武灵王自号为主父"，后叙"主父初以长子章为太子，后得吴娃，爱之，为不出者数岁，生子何，乃废太子章而立何为王。吴娃死，爱弛，怜故太子，欲两王之，犹豫未

① 邵晋涵：《南江文钞》卷12《明史提要》。

决，故乱起，以至父子俱死，为天下笑，岂不痛乎”！邵晋涵评论说："前叙事已详，又括而论之，此史法也。"[①]在《伍子胥列传》里，司马迁采用倒叙手法记载历史，又感叹白公自立未成而身死，致其功名被埋没。邵晋涵从史法的角度评价说：司马迁“逆叙是史法”；白公“报怨之师虽不成，史家甚悲其志，亦《春秋》法也”[②]。对于司马迁在《屈原贾生列传》里把战国屈原和西汉贾谊同传，邵晋涵好友章学诚极力赞叹，认为是史家运用别识心裁撰史的杰作。邵晋涵则认为司马迁虽然运用别识心裁撰史，能够“以悲序夹序事，别一体格”，但终究是初创纪传之体，难免失于伦类，义例不够完善。他说："贾生汉才臣，以吊原，遂与同传，不如《汉书》自为一传也。"[③]平情而论，章学诚对司马迁的法外传心之说实多揣测之辞，而邵晋涵从史法角度评价，则比较朴实公允。

唐人所修《晋书》存在很多问题，宋人王应麟曾经指出，嵇康仕魏而载入《晋书》，失于断限不明；韦忠、王育、刘敏元在匈奴人建立的赵国做官，却被列入《忠义传》，失于义例乖谬。邵晋涵指出《晋书》最大的问题在于不明取舍历史事实的原则，导致重大历史事实失载。他说："修《晋书》者多浮华之士，好引杂事以资谈柄，而不明于史家义例。"[④]这种认识比前人更加深刻。

沈约撰《宋书》，于晋宋鼎革之际的历史叙事颇具史识，诸志上继班固《汉书》传统，古今通叙。宋人晁公武讥其失于断代史之例，批评意见具有代表性。邵晋涵则认为典章制度断限与人物断限不

① 邵晋涵：《史记辑评》卷3。
② 邵晋涵：《史记辑评》卷4。
③ 邵晋涵：《史记辑评》卷6。
④ 邵晋涵：《南江文钞》卷12《晋书提要》。

同，应该区别对待。他说："《徐爰传》述当时修史之议，为桓玄等立传。约则谓桓玄、卢循等身为晋贼，非关后代；吴隐、谢混等义止前朝，不宜滥入；刘毅、何无忌等志在兴复，情非造宋。并为刊除，归之晋籍。其严于断代为史，申明义例如此。至其诸志之追述前代，亦犹班固《汉书》增载《地理》，上叙九州；创设《五行》，演明《鸿范》，用以补《史记》之缺，史家之义应尔也。"基于这样的认识，邵晋涵对沈约充分肯定说："约自言年二十许便有撰述之志，又终身于史职，故于累朝掌故周晰条贯，所撰诸志，实能裨前史所未备。《礼志》则合郊祀、祭祀、朝会、舆服总为一门，以省支节。《乐志》则详述八音、众器及鼓吹、铙歌诸乐章，以存义训。近而为《晋志》所取资，远而为《通典》所征引，有非率尔操觚所能及者。"[①]这样批评史家修史得失，既考虑到史书体例自身应该具备的标准，也考虑到社会的典章制度传承沿革的实际情况，合情合理，在史学批评上达到了很高水平。

姚思廉继承其父姚察事业，撰成《梁书》和《陈书》。邵晋涵考察二书义例，对《梁书》极为赞赏，认为此书"排整故事，叙次明析，议论亦多平允。分卷次第，犹具汉晋以来相传之史法。异乎取成众手，编次失伦者矣"[②]。相比之下，姚思廉因在《陈书》中为其父姚察独立作传，不符合史家序传叙述家学渊源的义例，受到邵晋涵指责。他说："《察传》见此书卷二十七，传中称其知撰梁史事，又敕成《梁》、《陈》二史，殆思廉用以表明其家学。然察以陈亡入隋，为秘书丞，北绛郡开国公，与同时江总、袁宪诸人并由陈入隋，跻显秩，而仍列于《陈书》，揆以史例，未免失于限断矣。"[③]在这个问题

① 邵晋涵:《南江文钞》卷12《宋书提要》。

② 邵晋涵:《南江文钞》卷12《梁书提要》。

③ 邵晋涵:《南江文钞》卷12《陈书提要》。

上姚思廉难辞其咎。

令狐德棻撰《周书》，刘知幾批评此书妄饰虚辞，捐弃事实，晁公武则讥其务尚清言，而非实录，邵晋涵则从书法义例角度予以高度评价。他指出："夫文质因时，纪载从实，良以周代尚文，仿古制言，文章尔雅，载笔者势不能易彼妍辞，改从俚语。至于敌国诋谤，里巷谚谣，削而不书，史之正体，岂得用是为讥议哉！德棻旁征简牍，意在摭实，故《元伟传》后于元氏戚属之事迹湮没者，犹考其名位，连缀附书，深有合于史家缺疑传信之义。《庾信传》论仿《宋书·谢灵运传》之体，推论六义源流，于信独致微辞。盖见当世竞宗徐、庾，有意于矫时之弊者，亦可见其不专尚虚辞矣。书虽残缺，而义例之善，有非《北史》所能掩者，岂徒取其文体之工哉。"[①]这种批评方法，已经超出了就事论事发表议论，而是上升到理论高度，具有重要价值。

邵晋涵在肯定历代正史成就的同时，也指出不合史法义例的问题。例如萧子显撰《南齐书》，成就显著，但也存在纪事不合史法之处。邵晋涵评论说："惜其叙次无法，如《高帝纪》载王蕴之抚刀，袁粲之郊饮，连缀琐事，殊乖纪体。至列传之冗杂，更无论矣。"[②]指出史家杂载卮言，冗记琐事，不符合史书体例。

李延寿撰《南史》和《北史》，虽分两书，但实寓相互贯通宗旨。邵晋涵准确把握住作者这一撰述旨趣展开史学批评，一方面指出"《南北史》虽分纪南北，实为一书，……即互相贯通之旨也"；另一方面又"检核前后，复多自乱其例。……夫史臣纪事，于事须互见者，当云详见某传。今两传复出，事迹参差，毁誉任

① 邵晋涵：《南江文钞》卷12《周书提要》。

② 邵晋涵：《南江文钞》卷12《南齐书提要》。

情，知愚顿易，前后语绝不相蒙。殆专意《北史》，无暇追削《南史》，以致有此误乎”[①]！这样的批评能够深入肯綮，看到史书体例的内在本质，给人诸多启发。

明代史官“修《元史》者，取材之书已极其疏略，而又迫于时日，苟且塞责，其文章之丛脞，事迹之决裂，又奚足怪乎”！《元史》和前代史书最大区别，在于“唐宋官修之史，必先定其体例，而后分曹授简，荟萃成书。观于《元史》，则似随辑随编，曾无定例。……当日修史诸臣，亦难辞其咎矣”[②]。这些批评内容对于认识上述几部史书的编撰体例优劣，无疑具有重要参考价值。

第四，既敢于发表己见，又能客观评论。

史学批评必须客观公正，才有价值。而要做到评价客观，就必须以事实为依据，实事求是，否则就会陷入批评的误区。邵晋涵“于学无所不窥，而尤能推求本原，实事求是”[③]。因此，他批评史学著述既敢于发表自己的见解，又能客观评价。

邵晋涵评论《史记》，对司马迁记载和评价历史人物与历史事件做了客观公允的史学批评。他指出司马迁撰《酷吏列传》，是因为“子长嫉酷吏甚深，而讽刺武帝时任用诸人，故文特微惋”，寓含讥贬之意。尽管如此，但司马迁对酷吏并没有一概否定，而对于“酷吏中之贤者，子长不没之”[④]，能够给予正确评价，得到邵晋涵的充分肯定。他还指出司马迁在《李斯列传》中“以秦亡结《李斯传》，见秦之亡由李斯，赵高何足责哉”[⑤]！邵晋涵揭示出司马迁没

---

① 邵晋涵：《南江文钞》卷 12《北史提要》。

② 邵晋涵：《南江文钞》卷 12《元史提要》。

③ 洪亮吉：《洪亮吉集·卷施阁文甲集》卷 9《邵学士家传》。

④ 邵晋涵：《史记辑评》卷 10。

⑤ 邵晋涵：《史记辑评》卷 7。

有把秦朝灭亡的原因完全归咎于赵高，而是辩证地分析了李斯应负的历史责任，既表明司马迁的历史评价深邃，同时也表现出邵晋涵对司马迁史论所作的史学批评客观辩证，很有深度。针对司马迁在《蒙恬列传》中一方面认为蒙恬之死罪有应得，一方面又为蒙恬鸣冤的做法，邵晋涵指出："轻百姓力易见也，阿意兴功难见也。深文定案，使贤者不能以才与功自解其罪，此史家眼力高处。"他揭出"二蒙对使者陈词，呜咽可涕，文亦殊工"[①]，表明司马迁意在为蒙氏表忠，叙其被杀之冤；因为逢迎上意轻百姓之力而应该被杀，则可以起到警示后人的作用。可见邵晋涵的史学批评既尊重客观历史事实，又注重发掘司马迁的思想，体现了实事求是的态度。

邵晋涵评论《后汉书》，既指出了类传中存在的问题，又客观地肯定了类传在反映社会风貌方面的价值。他说："东汉尚气节，此书创为《独行》、《党锢》、《逸民》三传，表彰幽隐，搜罗殆尽。然史家多分门类，实滥觞于此。……然范氏所增《文苑》、《列女》诸传，诸史相沿，莫能刊削，盖时风众势日趋于文，而闺门为风教所系，当备书于简策，故有创而不废也。《儒林》考传经源流，能补前书所未备。范氏承其祖宁之绪论，深有慨于汉学之兴衰，关于教化，推言终始，三致意焉，岂独贾逵、郑康成诸传为能阐其微意哉！"[②]这样评论，阐明了史学与社会关系问题，从而揭示出《后汉书》的价值及其对后世史学的影响。

魏收修撰《魏书》，因为触犯北朝权贵的利益，被他们诬蔑为秽史。后人沿袭其说，谬种流传。即使清代赵翼这样的史学大师，仍

---

① 邵晋涵：《史记辑评》卷 7。

② 邵晋涵：《南江文钞》卷 12《后汉书提要》。

然对此习焉不察，认为“秽史”之论名副其实。邵晋涵本着实事求是的态度，不囿前人成说，予以澄清事实，重新评价。他说：“收以修史为世所诟厉，号为秽史。今以《收传》考之，则当时投诉或不尽属公论，千载而下可以情测也。议者云：收受尔朱荣子金，故减其恶。夫荣之凶悖，恶著而不可掩，收未尝不书于册。至论云，若修德义之风，则韩、彭、伊、霍，夫何足数！反言见意，史家微词，乃转以是为美誉，其亦不达于文义矣。”[①]在邵晋涵看来，《魏书》之所以能经受住时间检验，流传后世，正是由其自身价值决定，并不因为人们一时的主观好恶而掩其光辉。只要坚持秉笔直书修史，其价值终究会被社会承认。事实正是如此，今人瞿林东先生不仅从史实，更从理论高度对“秽史”之说加以辩正[②]。经过古今史家的共同努力，终于澄清了这个问题。由此看出，邵晋涵批评前人，既不因循保守，又不偏激立异，这种实事求是的客观评论方法极为可取。

欧阳修撰《新唐书》词采优美，议论横生，社会影响超过刘昫《旧唐书》。同一历史内容而修两部史书，自然会引起人们更多的关注和比较，历代均有史家对新旧书作比照批评，或认为新书较旧书具有事增文省的优点，或认为新书具有裁剪旧书太甚之不足，仁智互见。邵晋涵认为这些批评都没有抓住要点，后人修史，如果对前史不加剪裁，史书篇幅就会冗滥不堪；如果不能比前人增加史实，就没有必要重修。这些都不能作为评论史书优劣的标准。他认为上述观点“以今考之，皆不明史法者也。夫后人重修前史，使

---

① 邵晋涵：《南江文钞》卷12《魏书提要》。

② 瞿林东：《说〈魏书〉非“秽史”》，《江汉论坛》1985年第5期。

不省其文，则累幅难尽；使不增其事，又何取乎重修？故事增文省，自班固至李延寿莫不皆然，不得以此为夸诩，亦不得转以此为诋諆。新书之失，在增所不当增，省所不当省尔。夫唐大诰、唐六典为一代典章所系，今纪传既尽去制诰之辞，而诸志又不能囊括六典之制度，徒刺取卮言小说，以为新奇，于史例奚当乎！芟除字句，或至失去本事，不独文义之蹇踬也”[①]。这种批评意见，没有附和前人成说，而且持论公允，以理服人，在中国古代史学批评史中具有重要价值。

元代史家撰修的《宋》、《辽》、《金》三史，质量不高，前人多着眼于抨击和否定。邵晋涵则从客观角度肯定《宋史》“创立《周三臣传》，亦可为后来修史之法”[②]；《辽史》“以实录为凭，无所粉饰，……较可征信，此三史所由并行而不可偏废欤”[③]；《金史》“首尾完密，条例整齐，约而不疏，赡而不芜，在三史中为最善”，而且“前后书法，亦无偏护曲党。承麟受命于仓猝，而犹称为末帝，皆《宋》、《辽》二史所未逮也”[④]。他不仅承认三史存在的问题，尤其能够指出它们各自史法的优长，评价非常正确。

（二）邵晋涵的史学批评，特点鲜明，内容丰富，涉及到史学批评的标准，历史编纂学理论与方法，史家修史中的德、才、学、识素质等许多方面，这些史学思想在史学史上占有重要地位。

邵晋涵与唐代史学批评家刘知幾一样，都非常重视史学中的书法义例，但在史学批评实践中，邵晋涵比刘知幾更能够实事求

---

① 邵晋涵：《南江文钞》卷12《新唐书提要》。
② 邵晋涵：《南江文钞》卷12《宋史提要》。
③ 邵晋涵：《南江文钞》卷12《辽史提要》。
④ 邵晋涵：《南江文钞》卷12《金史提要》。

是。刘知幾由于过分强调史法，在有些地方批评机械，不考虑具体情况，强求史事符合主观批评标准，陷入以史徇例的误区。例如他指责《史记》和《汉书》说："凡所包举，务存恢博，文辞入记，繁富为多。是以贾谊、晁错、董仲舒、东方朔等传，唯止录言，罕逢载事。夫方述一事，得其纪纲，而隔以大篇，分其次序，遂令披阅之者，有所懵然。后史相承，不改其辙，交错纷扰，古今是同。按迁、固列君臣于纪、传，统遗逸于表、志，虽篇名甚广，而言无独录。愚谓凡为史者，宜于表、志之外，更立一书。若人主之制册、诰令，群臣之章表、移檄，收之纪传，悉入书部，题为《制册章表书》，以类区别。"[①]刘知幾对《史记》、《汉书》的批评，完全着眼于史书为纪事而作，而没有考虑文学家、哲学家没有多少事实可记载，而其主要功绩在于文章和思想。如果不记载他们的大量言论，就无法反映这类历史人物的面貌。至于他提出纪传体史书中应当设立《制册章表书》的主张，虽然有道理，但却容易把事言有机结合的历史分割，看不到历史的全貌。所以，后世史家没有采纳。这和他强分记言、记事为二，批评《尚书》为例不纯，如出一辙。相比之下，邵晋涵论书法义例从实际出发，强调史法更好地为历史编纂服务，主要看它能否全面客观地反映历史发展趋势和历史事实。这从他对《史记》的批评看得比较清楚。对于司马迁撰《留侯世家》，邵晋涵充分肯定了张良劝阻刘邦分封诸侯的做法对历史发展起到关键作用，指出"楚汉之分只在此数言，张良一生得力在此，太史公一篇摹构在此"[②]。关于《史记·信陵君列传》的史法，邵晋涵指出："信陵君是太史公

① 刘知幾：《史通·载言》。

② 邵晋涵：《史记辑评》卷3。

胸中得意人，故本传亦太史公得意文。”具体到司马迁记载信陵君礼贤下士和窃符救赵的事迹，邵晋涵又指出“太史公详处在信陵得士，略处在却秦军”[①]。这些评价都涉及到史家书法义例的优劣，其评价原则完全是围绕史家记载历史是否能够最大限度地写出历史的真相。再如对《辽史》的批评，也反映出邵晋涵史学批评的这一特点。元代修《宋》、《辽》、《金》三史，体例不可谓不完备，然而邵晋涵并没有局限于从史书的外部形式看问题。他指出《辽史》撰修义例最不可取：“当日史臣见闻既隘，又迫限时日，无暇旁搜，而局于三史并行之议，敷衍成文，取盈卷帙。观诸志叙例，惟取其门类相配，而不顾其事迹之有无，其张皇补苴之心亦良苦矣。今总核其书前后，每年游幸既具书于本纪矣，复为《游幸表》一卷；部族之分合既详述于《营卫志》矣，复为《部族表》一卷；属国之贡使亦具见于本纪矣，复为《属国表》一卷；义宗之奔唐，章肃之争国，既屡见于纪、志、表矣，复累书于列传；文学仅六人，而分为两卷；伶官、宦官本无可纪载也，而强缀三人为一卷。此其重复琐碎之病，在史臣非不自知之，特以事迹寂寥，惟恐卷数之隘，难以配《宋》、《金》二史，不得已而为此重见叠出，瓜分缕割也。”[②]编纂史书，史法不善固然会影响史书质量，然而不顾实际情况，拘牵于书法，忽视历史事实和著述宗旨，危害性更大。邵晋涵上述批评中包含着深刻理论认识，为中国史学作出了贡献。

邵晋涵史学批评与同时代人相比，也能显示出自身的价值。乾嘉时期学者，主要精力用于考证典章制度，整理古代文献，虽然

---

① 邵晋涵：《史记辑评》卷5。

② 邵晋涵：《南江文钞》卷12《辽史提要》。

成绩辉煌，但是理论建树不多。除章学诚等极少数人以外，绝大部分人缺少明确的史学发展意识。他们完全从治史功力角度评价史家和史著，而对其史学思想不予重视，甚至认为属于空言虚文，没有史学价值。例如对于皇甫谧《帝王世纪》、邵雍《皇极经世书》、胡宏《皇王大纪》、金履祥《通鉴前编》、南轩《通鉴纲目前编》等书，清代历史考证学派学者多指责其虚妄不实，束之高阁。《四库全书总目》全部将其列入存目，可见一斑。邵晋涵则能够从中发掘出作者一些真知灼见，表彰其史论与史评的史学价值。这一做法在过去学术研究中比较欠缺，给今后的研究提供了借鉴。邵晋涵在四库馆任职期间，与戴震等人编校审定乾嘉以前的历代经、史、子、集四大部类书籍，其中的"史学诸书，多由先生订其略，其提要亦多出先生之手"[①]。今存《南江邵氏遗书》中史书提要所反映的邵晋涵史学批评，多是评论史书性质、内容与价值，能够从中看出史家或史书的编纂思想。这样的书籍提要，才能给人以深刻启发和理论性认识，表现出自身价值，反映出邵晋涵的丰富的史学思想和理论。但是，纪昀总纂《四库全书总目》时，对邵晋涵诸史提要中批评史书编纂，考镜学术源流，阐明史学宗旨等方面的议论大都予以删削，只保留下考辨史籍方面的内容，明显看出乾嘉汉学与邵晋涵所代表的浙东史学的不同旨趣。现行《四库全书总目》中的史书提要，大多是仅仅介绍其篇目次第，版本源流，编次失当，史实舛误，很少能反映出史书及其作者的思想。这一差异，早已有人指出过。谭献说："阅邵二云先生集诸史提要，语见渊源，深识玄解。因检官本互勘，多所删改矣。"[②]下面分别引

---

① 阮元：《揅经室集·揅经室二集》卷7《南江邵氏遗书序》。

② 谭献：《复堂类集·日记》。

用邵晋涵和四库馆臣所撰《后汉书》提要为例，具体考察两者的旨趣所在。邵晋涵说："《后汉书》一百二十卷，宋范蔚宗撰，唐章怀太子贤注；其志三十卷，则取诸司马彪《续汉书》，而梁刘昭为之注者也。郦道元《水经注》尝引司马彪《州郡志》，疑彪之诸《志》在六朝已有单行之本，故昭独为之注。杜佑《通典》述科举之制，以《后汉书》、《续汉志》连类而举，则知以司马《志》附见范《书》，实始于唐人。陈振孙《书录解题》谓宋乾兴初判国子监孙奭始建议校勘合为一书者，考之不审也。东汉尚气节，此书创为《独行》、《党锢》、《逸民》三传，表彰幽隐，搜罗殆尽。然史家多分门类，实滥觞于此。夫史以纪实，综其人之颠末，是非得失，灼然自见，多立名目奚为乎！名目既分，则士有经纬万端，不名一节者，断难以二字之品题，举其全体；而其人之有隐慝与丛恶者，二字之贬，转不足以蔽其辜。宋人论史者，不量其事之虚实，而轻言褒贬；又不顾其传文之美刺，而争此一二字之名目为升降，辗转相遁，出入无凭，执简互争，腐毫莫断，胥范氏阶之厉也。然范氏所增《文苑》、《列女》诸传，诸史相沿，莫能刊削。盖时风众势日趋于文，而闺门为风教所系，当备书于简策，故有创而不废也。《儒林》考传经源流，能补前书所未备。范氏承其祖宁之绪论，深有慨于汉学之兴衰，关于教化，推言终始，三致意焉，岂独贾逵、郑康成诸传为能阐其微意哉！李贤注参用裴骃、裴松之之体，于音义则省其异同，于事实则去其骈拇，征引之广博，训释之简当，为史注之善者。刘攽《刊误》讥其末数卷援引多误，当以分曹授简，各有疏密，又急于成书，无暇覆检耳。范书为纪十，列传八十，共九十卷。《旧唐书·经籍志》作一百卷，以贤注分卷上下而言也。《旧唐书·经籍志》又有范氏《后汉书论赞》五卷，殆以范氏文体高于六朝诸人，而爱其文辞者遂摘取其论赞别为一书欤！司马彪《志》详述制度，较《史》、《汉》诸志，为稍变其体。后来《晋》、《隋》诸志，实仿其例。刘昭注尤谙悉于累朝掌故，荟萃群说，为之折衷。盖能承六朝诸儒群经义疏之学，而通之于史，以求其实用，亦可见其学之条贯矣。"[①]"四库"馆臣则说："《后汉书》本纪十卷，列传八十卷，宋范蔚宗撰，唐章怀太子贤注。蔚宗事迹具《宋书》本传，贤事迹具《唐书》本传。考《隋志》载范书九十七卷，新、旧《唐书》则作九十二卷，互有不同。惟《宋志》作九十卷，与今本合。然此书历代相传，无所亡佚。考《旧唐志》又载，章怀太子注《后汉书》一百卷。今本九十卷中，分子卷者凡十，是章怀作注之时，始并为九十卷，以就成数。《唐志》析其子卷数之，故云一百；《宋志》合其子卷数之，故仍九十。其实一也。又《隋》、《唐志》均别有蔚宗《后汉书论赞》五卷，《宋志》始不著录。疑唐以前《论赞》与本书别行，亦宋人散入书内。然《史通·论赞》篇曰：马迁《自序传》后，历写诸篇，各叙其意。既而班固变为诗体，号之曰述。蔚宗改彼述名，呼之以赞。固之总述，合在一篇，使其条贯有序。蔚宗《后书》，乃各附本事，书于卷末，篇目相离，断绝失序。夫每卷立论，其烦已多；而嗣论以赞，为黩弥甚。亦犹文士制碑，序终而续以铭曰；释氏演法，义尽而宣以偈言云云。则唐代范书论赞已缀卷末矣。史志别出一目，所未详也。范撰是书，以《志》属谢瞻。范败后，瞻悉腊以覆车，遂无传本。今本八《志》凡三十卷，别题梁剡令刘昭注。据陈振孙《书录解题》，乃宋乾兴初判国子监孙奭建议校勘，以昭所注司马彪《续汉书·志》与范书合为一编。案《隋志》载司马彪《续汉书》八十三卷，《唐书》亦同。《宋志》惟载刘昭《补注后汉志》三十

---

① 邵晋涵：《南江文钞》卷12《后汉书提要》。

卷，而彪书不著录，是至宋仅存其《志》，故移以补《后汉书》之缺。其不曰《续汉志》而曰《后汉志》，是已并入范书之称矣。或谓郦道元《水经注》尝引司马彪《州郡志》，疑其先已别行。又谓杜佑《通典》述科举之制，以《后汉书》、《续汉志》连类而举，疑唐以前已并八《志》入范《书》，似未确也。自八《志》合并之后，诸书征引但题《后汉书》某《志》，儒者或不知为司马彪书，故何焯《义门读书记》曰：八《志》，司马绍统之作（案绍统，彪之字也），本汉末诸儒所传，而述于晋初。刘昭《注补》别有《总叙》，缘诸本或失载刘叙，故孙北海《藤阴札记》亦误出蔚宗志律历之文云云。考洪迈《容斋随笔》已误以八《志》为范书，则其误不自孙承泽始。今于此三十卷并题司马彪名，庶以祛流俗之讹焉。”[①]今以两家相互比较，可以发现以下问题。一是考证此书分合，两家各有一误。邵晋涵认为范晔《后汉书》纪传和司马彪《续汉书》志合在一起，始于唐人，结论并不正确。他引杜佑之书证成已说，经查杜佑《通典》有关范晔《后汉书》、司马彪《续汉书》与科举关系的相关文字，有如下一段记载：“其史书，《史记》为一史，《汉书》为一史，《后汉书》并刘昭所注志为一史，《三国志》为一史，《晋书》为一史，李延寿《南史》为一史，《北史》为一史。习《南史》者，兼通《宋》、《齐》志；习《北史》者，通《后魏》、《隋书》志。自宋以后，史书烦碎冗长，请但问政理成败所因，及其人物损益关于当代者，其余一切不问。国朝自高祖以下及《睿宗实录》，并《贞观政要》，共为一史。”[②]杜佑记载唐代科举考试把范晔《后汉书》和刘昭所注的司马彪《续汉书》志二者并列，既说明它们之间有密切关系，又恰恰表

---

① 永瑢：《四库全书总目》卷45《后汉书提要》。

② 杜佑：《通典》卷17《选举典五》。

明当时两书各自独立，仅仅利用范晔《后汉书》纪传知识不够，所以要把刘昭所注《续汉书》志与范书配合使用；如果说唐代两家已经合为一书，就完全没有必要两书并举了。邵氏之说并不能证实司马彪《续汉书》志附入范晔《后汉书》"始于唐人"，反而验证了陈振孙所谓北宋以前两家"自别为一书"的结论正确。所以，"四库"馆臣为《四库全书总目》的《后汉书》提要定稿时，认为邵晋涵的看法仅仅是推论之辞，"似未确也"，不予采用。但是，"四库"馆臣可谓知一十而不知二五，在《后汉书》与《后汉书论赞》分合问题上，同样出现错误。他们认为二者是各自独立的两部书，所以对刘知幾《史通·论赞》篇论述范晔《后汉书》附有论赞而《隋书·经籍志》、《旧唐书·经籍志》和《新唐书·艺文志》又有六卷专书《论赞》感到"所未详也"。在这个问题上，"四库"馆臣的看法远不如邵晋涵"殆以范氏文体高于六朝诸人，而爱其文辞者遂摘取其论赞别为一书"的结论可信。二是两家撰写提要的宗旨，具有明显的差异。邵晋涵侧重议论，对范晔区分品目立传提出抨击，同时也对《后汉书》注重儒学演变的思想提出表彰，史学批评意识很明确；"四库"馆臣则完全局限在考订《后汉书》卷帙多寡和纪传、志、论赞的分合。邵晋涵注重揭示《后汉书》纪传和《续汉书》志以及刘昭、李贤注疏的史学价值，而"四库"馆臣则主要考证前人误以《续汉书》八志为范晔所撰的源流，强调刊刻《后汉书》分别署范晔和司马彪之名的必要。在今天看来，《四库全书总目》中的《后汉书》提要对于认识《后汉书》的优劣得失固然有价值，可以清楚地看到其编纂的史料价值和后世流传情况，不能忽略；但邵晋涵对范晔、司马彪、刘昭、李贤的成就所作的批评更有价值，有助于认识一代史学的臧否和史学上的宏观问题，这正是史学批评之价值所在。任何一门科学，如果没有理论作指导，都只能停留在较低层次，因而也就不成熟。史学也不例外，离开史学批评，也就无从探讨中国古代史学理论。史学批评对史学实践具有理论指导作用，是中国古代史学理论的主要表现形式。因为没有批评就没有发展，史学就会失去活力，更谈不上进行理论反思。所以史学批评是史家对史学自身实践活动的自觉反思，属于史学中较高层次的认知范畴。从这个意义上来看待邵晋涵史学批评的意义和价值，更能够把他和同时代的史家相互比较，从而正确评价其史学批评成就对丰富清代乾嘉史学乃至整个中国古代史学理论内涵作出的贡献。

第四章　章学诚与邵晋涵的历史编纂学理论

中国古代史家对史书体裁的认识,具有悠久的历史传统,其文化积淀成为历史编纂学理论的重要组成部分。清代乾嘉时期的史家章学诚与邵晋涵关于史书体裁的认识中,蕴涵着深刻的辩证思想和理论内涵,是值得深入探讨的问题。深入揭示他们的历史编纂学理论,不但可以全面评价两人对中国古代史学理论所作的贡献,而且可以通过发掘中国传统历史编纂学成就,为当代历史编纂学进一步发展提供滋养,促进中国史学不断丰富和完善。

一　章学诚论史书体裁的辩证发展

章学诚关于史书体裁辩证发展的思想,内涵极为丰富。首先,章学诚在学术上不存在门户之见,坚持史意和史法并重的治史原则。他认为学者不应该存门户之见,虽然自知征实考据功力不如汉学家,但并不因此而排斥考据,而是尊重别人的成果,并能择善而从。所以,治史既探究史学思想优劣臧否,也探究史法编纂利弊得失。其次,章学诚治史具有会通思想。会通与断代,是史家考察史学的两种视角,而在对史书体裁认识上表现更加鲜明。强调断代为史的学者,只把眼光放在某个朝代,一部史书,论定其优劣，限制了前后联系，看不出发展变化。章学诚主张发扬通史家风，重因仍会通之道，强调史家撰著通史的重要性。章学诚从会通的角度考察史学发展的长河，对史学的继承与通变观察得比较清楚，从而形成了关于史书体裁的辩证思想。再次，章学诚具备丰富的校雠学经验和编修方志经验。他继承刘歆、班固、郑樵等人的事业，撰著《校雠通义》，清楚古今学术源流，比其他人具有优势，能够形成辩证认识。理论与实践相结合，使他逐渐明确了撰史体裁义例思想，形成了关于史书体裁与义例辩证发展的理论。

（一）关于史书体裁起源的考察。中国史书体裁的源头在哪里，是历代史家共同关注和积极探究的问题。汉代学者刘歆、班固认为“古之王者，世有史官。君举必书，所以慎言行，昭法式也。左史记言，右史记事，事为《春秋》，言为《尚书》”[①]，把古代典籍区分为记言体与记事体，对后世影响深远。唐代史家刘知幾认为“丘明传《春秋》，子长著《史记》，载笔之体，于斯备矣”[②]，所以后代史家又有《左传》为编年体之祖，《史记》为纪传体之祖的说法。清代乾嘉时期的史家继承了前贤的传统，认识到要正确理解史书体裁的起源，必须首先弄清中国历史上所独有的经史关系问题。基于这种认识，章学诚认为应当从六经的发展变化中考察史书体裁的起源。

第一，章学诚不同意把《尚书》视为记言体史书，认为《尚书》产生的时代非常遥远，虽然当时文字已经发明，王朝设置了史官，但也只能记录下一些先民生活的简略事迹，编录成原始档案材料保存。所以，《尚书》不可能产生出史书体裁。后代史家用后

---

① 班固:《汉书》卷 30《艺文志》。

② 刘知幾:《史通·二体》。

世定型的史书体裁去规范上古书籍，导致了记言、记事分体的误区。他指出："后儒不察，而以《尚书》分属记言，《春秋》分属记事，则失之甚也。夫《春秋》不能舍传而空存其事目，则左氏所记之言，不啻千万矣。《尚书》典、谟之篇，记事而言亦具焉；训、诰之篇，记言而事亦见焉。古人事见于言，言以为事，未尝分事言为二物也。"[①]古人没有空言著述，六经皆先王政典，根本不存在记言体史书。然而后人误执《尚书》为固定体裁，纷纷效仿，晋孔衍作《汉尚书》、《魏尚书》，隋王通作《续尚书》，削足适履，把原来事言有机结合的史书拆散，专录其言辞成书。对此，章学诚抨击说：《尚书》"因事命篇，本无成法，不得如后史之方圆求备，拘于一定之名义者也。夫子叙而述之，取其疏通知远，足以垂教矣。世儒不达，以谓史家之初祖实在《尚书》，因取后代一成之史法，纷纷拟《书》者，皆妄也"[②]。章学诚指出前人的错误，不但是一种远见卓识，而且对进一步探索史书体裁的起源至关重要。

章学诚长期从事校雠学研究，对"古今学术源流，诸家体裁义例，多所发明"[③]。他推阐先秦儒家孟子的思想，发明新意。章学诚说："《孟子》曰：'王者之迹息而《诗》亡，《诗》亡然后《春秋》作。'盖言王化之不行也，推原春秋之用也。不知周官之法废而《书》亡，《书》亡而后《春秋》作。则言王章之不立也，可识春秋之体也。"[④]孟子主要是从史学的社会功能方面讨论《诗》与《春秋》的嬗变，强调"孔子成《春秋》，而乱臣贼子惧"[⑤]的经世作用，而章学

① 章学诚撰、叶瑛校注：《文史通义校注》卷1《书教上》。

② 同上。

③ 章学诚：《章氏遗书》卷14《与陈观民工部论史学》。

④ 章学诚撰、叶瑛校注：《文史通义校注》卷1《书教上》。

⑤ 《孟子·滕文公下》。

诚则从这一时代嬗变中，揭示出中国古代史书体裁的起源。夏、商、周三代史官执掌记录王命与军国大事，记言记事都有固定格式。由于记注制度健全，记录方式固定，只需把这些不同形式的文章汇录成编即可实用，不须按什么体例勒裁。《尚书》中的典、谟、训、诰、贡、范、官、刑各篇，就是这些原始记注文字的汇编。西周末期以后，诸侯坐大，王室式微，特别是春秋、战国时期，社会动乱，礼崩乐坏，史官失其职守，王室记注制度被破坏，各种固定文体的记注资料不复存在，导致了上古汇编成文之法的衰亡。各诸侯国的史官由于没有格式固定的记注材料可资利用，便不能不形成一定的修史义例，即所谓"春秋书法"。章学诚说："《诗》与《春秋》之有升降，三代后世之所以分也。盖太师陈诗观风之职废，而贤者多抱隐忧，乃以《诗》为忠愤之所寄托，不得不微其辞矣。太史执简奉讳之职废，而圣人乃有惧志，遂以《春秋》为予夺之所寓，不得不严其辨矣。"①各国修史都按照一定书法格式，按编年顺序记载历史事件，讲究属辞比事，辨别义例，"《尚书》无定法，而《春秋》有成例"②，从而产生出年经事纬的编年体史书体裁。《春秋》严义例之辨和编年纪事形式的形成，在章学诚看来是中国史学的起源。他说："史之大原，本乎《春秋》，《春秋》之义，昭乎笔削。笔削之义，不仅事具始末，文成规矩已也，以夫子义则窃取之旨观之，固将纲纪天人，推明大道。"③可以看出，《春秋》已经具备了史学思想和史书体裁两方面特征，这就是章学诚所说的"王者迹息而《诗》亡，见《春秋》之用；周官法废而《书》亡，见《春秋》之体"④的内涵。

---

① 章学诚：《章氏遗书》卷 8《为谢司马撰楚辞章句序》。

② 章学诚撰、叶瑛校注：《文史通义校注》卷 1《书教下》。

③ 章学诚撰、叶瑛校注：《文史通义校注》卷 5《答客问上》。

④ 章学诚撰、叶瑛校注：《文史通义校注》卷 1《书教上》。

第二,中国古代史家在论述史书体裁起源时,又有编年体取法《春秋》,纪传体取法《尚书》的观点。三代史官记注制度破坏而《书》体衰亡,其流变与《春秋》合而为一。章学诚说:"《书》与《春秋》,本一家之学也。《竹书》虽不可尽信,编年盖古有之矣。《书》篇乃史文之别具,古人简质,未尝合撰纪、传耳。左氏以传翼经,则合为一矣。其中辞命,即训、诰之遗也;所征典实,即贡、范之类也。故《周书》讫平王,而《春秋》托始于平王,明乎其相继也。"[①]《春秋》记载齐桓公、晋文公称霸的历史,《左传》释经,分别记载了周襄王派宰孔和王子虎赐齐、晋的命辞。按照传统看法,这些都属于训、诰一类记言之体,应当归入《尚书》。然而孔子修书时并没有把它们收入《尚书》中,与内容相同的《王侯之命》篇并列。《左传》以编年体记载王命,可以证明《尚书》文体已经包容在编年体史书中,所以章学诚说"《书》之支裔折入《春秋》,而《书》无嗣音"[②]。那么,所谓编年体取法《春秋》、纪传体取法《尚书》的说法,就和认为《春秋》为记事体、《尚书》为记言体的说法一样,都是后人强分学术流别而造成的误解。

章学诚考察古代史学源流,提出"编年、纪传,同出《春秋》"[③]的看法。编年体出于《春秋》,当然没有问题,因为这种体裁本来就是《春秋》所创立。章学诚认为纪传体同样继承《春秋》而来,所以说"纪传正史,《春秋》之流别也"[④]。纪传体史书取法《春秋》经、传义例,纪按时间编纂史事,应用《春秋》的属辞比事之法,实际

---

① 章学诚:《章氏遗书》卷14《方志立三书议》。

② 章学诚撰、叶瑛校注:《文史通义校注》卷1《书教下》。

③ 章学诚:《章氏遗书》卷7《史篇别录例议》。

④ 章学诚:《章氏遗书》卷14《方志立三书议》。

上是编年体。传记载事件、人物始末，对纪起补充作用，实际上是效法《左传》以传释经的义例。表、志又对纪、传起辅助作用。所以章学诚说："左氏合而马、班因之，遂为史家一定之科律。"[①]在今天看来，认为纪传体出于《尚书》固然不正确，认为出于《春秋》同样不够全面。司马迁《史记》乃是综合先秦各种史书编纂形式而来，并非承袭《春秋》一家。章学诚立论的可贵之处，就在于能够用辩证的观点看问题。他指出："《尚书》一变而为左氏之《春秋》，《尚书》无成法，而左氏有定例，以纬经也。左氏一变而为史迁之纪传，左氏依年月，而迁书分类例，以搜逸也。迁书一变而为班氏之断代，迁书通变化，而班氏守绳墨，以示包括也。"[②]这一认识不仅批驳了诸如言为《尚书》、事为《春秋》和纪传法《尚书》、编年法《春秋》等孤立绝对考察史书体裁起源的做法，而且用辩证联系的观点，阐述了纪传体四种义例的内在联系，进而揭示出编年体传以翼经到纪传体传以释纪的外部联系，形成了史书体裁起源的辩证思想。

（二）关于史书体裁演变的认识。唐宋以前，由《春秋》、《左传》开创的编年体和《史记》、《汉书》开创的纪传体影响最大，尤其是班固撰纪传体断代史《汉书》和荀悦撰编年体断代史《汉纪》，更成为后代史家尊奉的圭臬。南宋袁枢撰《通鉴纪事本末》，又开创了纪事本末体。章学诚对清代以前这三种主要史书体裁的发展演变过程进行了考察，揭示出其辩证发展规律。

第一，《春秋》、《左传》开创的编年体，具有严格的书法，以事

---

① 章学诚：《章氏遗书》卷14《方志立三书议》。

② 章学诚撰、叶瑛校注：《文史通义校注》卷1《书教下》。

系日，以日系月，以月系时，以时系年，把一些不相连贯的历史事件纳入时间序列之中，便于记载复杂的史事，较之《尚书》纪事不连贯，文体混杂，缺乏时间概念是一个明显的进步。所以章学诚说："《尚书》变而为《春秋》，则因事命篇，不为常例者，得从比事属辞，为稍密矣。"[①]编年体提高了史学的科学性，无疑具有自身的优点。但是，编年体按年月排比史事，又具有只能记载时间明确的事件，而无法纳入时间系统中的重要事实得不到记载，不能触类旁通的局限性。司马迁在编年体基础上创立纪传体，弥补了编年体的缺陷。纪传体的纪、表、志、传各种体例既有各自分工，又有相互联系，分开来看，每一篇都单独成篇；合起来看，各部分相互补充，又是一个有机的整体。特别是各传按类标题，可以容纳更多的事实，便于记载较为复杂的历史内容。这一体裁的优点是"纪以包举大端，传以委曲细事，表以谱列年爵，志以总括遗漏。逮于天文地理，国典朝章，显隐必该，洪纤靡失，此其所以为长也"[②]。正因为如此，章学诚认为"《左》、《国》变而为纪传，则年经事纬，不能旁通者，得从类别区分，为益密矣"[③]。《史记》因系初创，难免疏失，具有类例不纯的缺陷。《汉书》断代为史，体例更趋成熟。所以章学诚说："迁史不可为定法，固书因迁之体，而为一成之义例，遂为后世不祧之宗焉。"[④]纪传体吸收了编年体的优点，又克服了编年体之不足，遂超越编年而成为正史。他指出："纪传之初，盖分编年之事实，而区之以类者也。类则事有适从，而寻求便宜，故相沿不废，而纪传一体，遂超编年而为史氏之大宗焉。"[⑤]由编

① 章学诚撰、叶瑛校注：《文史通义校注》卷1《书教下》。

② 刘知幾：《史通·二体》。

③ 章学诚撰、叶瑛校注：《文史通义校注》卷1《书教下》。

④ 同上。

⑤ 章学诚：《章氏遗书》卷7《史篇别录例议》。

年体发展到纪传体，是古代历史编纂学的进步。

第二，汉代以后，纪传体成为史书编纂的主要形式，在史学史上占据绝对优势。纪传体成为史书体裁的主流以后，历代史家相沿不废，又渐渐产生了弊病。章学诚指出："迁书所创纪传之法，本自圆神，后世袭用纪传成法，不知变通，而史才、史识、史学转为史例拘牵，愈袭愈舛，以致圆不可神，方不可智。"[①]另外，纪传体本身也存在纪事支离破碎的问题，记载一件事或一个人"分以纪、传，散以书、表。每论家国一政，而胡越相悬；叙君臣一时，而参商是隔。此其为体之失者也"[②]。与此同时，就在纪传体方兴未艾之际，编年体仍然继续发展，并且吸收了纪传体的长处，克服了纪传体的缺陷，体例不断完善。荀悦《汉纪》和袁宏《后汉纪》采用连类列举的方法，在一事之下记载与之相互关联的人物和各项制度，克服了早期编年体因取裁单一而遗漏重要史实的不足，扩大了纪事范围。魏晋南北朝时期，各皇朝政权嬗替频繁，统治者急需总结经验，巩固统治政权。编年体比较适合记载治乱兴衰的历史，符合时代需要。这一时期编年体皇朝史与纪传体皇朝史，出现了空前繁荣。以晋史撰述为例，见于记载的共有 23 种，其中纪传体《晋书》一类 12 种，编年体《晋纪》一类 11 种，势均力敌，诚所谓"班、荀二体，角力争先，欲废其一，固亦难矣"[③]。这些著作虽然未能流传后世，但在当时却积累了丰富的编纂经验，为唐宋编年体的兴盛创造了条件。北宋司马光撰《资治通鉴》，总结和继承了《汉纪》、《后汉纪》的成就，并把历代纪传体史书中分散在纪、传各

---

① 章学诚：《章氏遗书》卷 9《与邵二云论修宋史书》。

② 刘知幾：《史通・六家》。

③ 刘知幾：《史通・二体》。

部分的同一史事集中起来叙述，同一人物的事迹或一个历史事件始末完整地系在该人该事纪年起讫时间下面，不仅扩大了编年纪事容量，而且体例更为成熟。由于《资治通鉴》“合纪传之互文，而编次总括乎荀、袁”[①]，所以成为历代编年体史书的集大成之作。司马光创立的新编年体史法，为后代史家继承，沿至清代不绝，难怪章学诚总结说：“今之编年，则又合纪传之类从，而齐之以年者也。”[②]这一史书编纂成就，是中国古代史书体裁辩证发展的结果。

第三，史家怎样认识史书的发展及其优劣，不仅涉及认识角度不同，而且关系到史识素养高低。章学诚评价史书，“贵其著述成家，不取方圆求备，有同类纂”[③]，并非仅仅局限于体裁本身，更注重各种体裁如何更好地反映史学内涵。由《春秋》发展到《史记》、《汉书》，再到《资治通鉴》，一方面表现为两大史书体裁相互取长补短，共同完善；另一方面表现为史书体裁久则生弊，不断衰败。章学诚对此有深刻的认识，强调“神奇可化臭腐，臭腐可化神奇。知此义者，可以不执一成之说矣”[④]。所谓“神奇”与“臭腐”，用章学诚自己的注解就是“有所得者即神奇，无所得者即臭腐”[⑤]。他用这种方法评价史书体裁，包含着辩证认识。

中国古代编纂的《北堂书钞》、《艺文类聚》、《册府元龟》等类书，仅仅是分类辑入时人书籍，对史学思想、史书体裁的发展一般来说没有促进作用。况且时代早的类书又不如后代类书内容详

---

① 章学诚撰、叶瑛校注：《文史通义校注》卷4《释通》。

② 章学诚：《章氏遗书》卷7《史篇别录例议》。

③ 章学诚：《章氏遗书》卷9《家书三》。

④ 章学诚撰、叶瑛校注：《文史通义校注》卷4《说林》。

⑤ 同上。

赡，体例完备，可以说更没价值，属于臭腐之列。然而类书保存了大量后世失传的书籍，后人可以借此征求佚书，反而显得极为宝贵。所以章学诚说："古之糟魄，可以为今之精华，非贵糟魄而直以为精华也。因糟魄之存，而可以想见精华之所出也。"[①]类似情况也存在于史书中，例如《史记》、《汉书》以后，纪传体包举记言记事，叙事中夹杂诏令奏疏，阅读不便，"方述一事，得其纪纲，而隔以大篇，分其次序，遂令披阅之者有所懵然"[②]。刘知幾主张把纪、传中的诏令奏疏抽出，单独列为一体，称为《制册章表书》，按类区分。宋代叶隆礼撰《契丹国志》、金代宇文懋昭撰《大金国志》，分别把石敬瑭降契丹表、金人封张邦昌和刘豫的册文以及南北往来誓书各自别录成篇，不掺入正文之中。章学诚认为，"诸家杂纂，不局于纪传成规，而因事立例，时有得于法外之意，可以补马、班义例之不及者"[③]。虽然二书史料价值不高，作者只不过把这些内容随手编录，未必有自觉的史学意识，但恰好实践了刘知幾的主张，收到了作者始料未及的神奇效果。又如北宋欧阳修撰《新唐书》，继承《史记·三代世表》和《汉书·古今人表》的体例，作《宰相世系表》表彰世族。然而欧表只列宰相，有些宰相出身轻微，无门阀可表；有些世家大族又没有宰相，势必造成遗漏，体例不够完善。特别是邓州韩氏，既无宰相，又不是世族，只因欧阳修心仪韩愈，便把他载入世系表，实为自乱其例。欧表体例杂乱，选择不精，当然够不上神奇之作。但是，后人考证唐人事迹，或者借助《世表》考证金石碑刻，就不嫌载人驳杂冗滥，反而唯恐收人物

① 章学诚撰、叶瑛校注：《文史通义校注》卷4《说林》。

② 刘知幾：《史通·载言》。

③ 章学诚：《章氏遗书》外编卷2《乙卯札记》。

不多。还有北宋陈彭年等人依据《切韵》修成《广韵》，只有姓氏门中名物象数注释精详，其余门类则非常简略。大约是修书时只有姓氏方面的书可资利用，其他材料缺乏，修书者又不广泛搜求，故详略悬殊。这种注书义例当然很不可取，以致其书缺少神奇之处。但因注中所引之书后代亡佚，后世考证前代姓氏，反而从这部分大获收益。所以章学诚说“古人著述，有于义例未善，而流传后世转得其用者”[①]。以上二书当时堪称臭腐，后世却发挥了神奇之效。再如袁枢作《通鉴纪事本末》，章学诚认为只不过是把司马光《资治通鉴》中的史事区分事目，加以完整编排，根本算不上史学著作，只能称为史钞史纂之书，在史学理论方面没有创获。但是，袁枢在史书体裁方面却有可贵的创新，开创了纪事本末体裁。这种体裁具有两个优点，一是能够弥补纪传、编年两种体裁固有的缺陷，原原本本地完整叙述重大历史事件的始末原委；二是根据具体情况确定纪事篇目，体例运用灵活。章学诚评价说：“司马《通鉴》病纪传之分，而合之以编年。袁枢《纪事本末》又病《通鉴》之合，而分之以事类。按本末之为体也，因事命篇，不为常格，非深知古今大体，天下经纶，不能网罗隐括，无遗无滥。文省于纪传，事豁于编年，决断去取，体圆用神。”[②]正因为纪事本末体具有上述优点，所以一经产生便受到史家的青睐。宋代以后的史家不仅采用纪事本末体记载当代史事，而且补撰前代史书，蔚为壮观，取得了神奇效果。

（三）关于史书体裁创新的设想。章学诚在探究史书体裁起源和流变的基础上，萌发出创新史书体裁的设想，反映出清代历史编

---

① 章学诚：《章氏遗书》外编卷3《丙辰札记》。

② 章学诚撰、叶瑛校注：《文史通义校注》卷1《书教下》。

纂理论水平进一步提高。同时,他深知“史学所以经世,固非空言著述也”[①],并未仅仅停留在理论探索阶段,在所修撰的《湖北通志》中,特创《宋陈规德安御寇传》、《开禧守襄阳传》、《嘉定蕲难传》、《复社名士传》、《明季寇难传》、《平夏逆传》等篇,与湖北人物传并列。这是中国史学理论与实际相结合的优良传统,充分体现了章学诚关于中国古代史书体裁创新的思想。

章学诚对中国史书中的纪传体研究用功最勤,洞悉积弊,认识到必须从根本上加以改革,才能奏效。于是他下决心探索新体裁,提出了完整的方案。章学诚说:“纪传流弊至于极尽,而天诱仆衷,为从此百千年后史学开蚕丛乎!今仍纪传之体,而参本末之法;增图谱之例,而删书志之名。发凡起例。别具《圆通》之篇。”[②]可惜他临终之前没有来得及结撰此篇,详情无法得知,但其主要宗旨在《文史通义·书教》篇中有所阐述,可以借此内容观其崖略。章学诚继承前代史家思想,充分肯定纪传体的优长,仍主张采用纪、传两部分内容作为新体裁的主体构架;但在内容上别出心裁,对纪、传加以改造,充分显示了注重史意的独断之学。关于本纪的改造,主要是明确纪事标准,只记载大纲而不包括细目。唐代刘知幾认为纪、传有尊卑之分,纪中只记载帝王之事,传中只胪列人臣事迹,绝不能相混,否则就是体例不纯。章学诚则说后代纪、传二体泾渭分明,只是体例的不同,根本不关乎尊卑褒贬之义。如果说纪尊帝王,那么帝王生身之父往往被尊为太上皇,列祖列宗被谥为先王,也应该为他们作纪了。因此,他主张“本纪只当式法

① 章学诚撰、叶瑛校注:《文史通义校注》卷5《浙东学术》。

② 章学诚:《章氏遗书》卷9《与邵二云论修宋史书》。

《春秋》，上备天道，下系人事而止。即帝王一己之事，不关大书特笔例者，皆不当以入纪”[①]。纪采用编年纪事形式，只记载各朝代用人行政大事，反映出历史发展大势。关于列传的改造，主要是打破过去单一的人物列传，扩大列传类型。唐代刘知幾主张传应当只记人物，被史家视为成法。章学诚则反对“以录人物者，区为之传；叙事迹者，区为之记”[②]。他根据纪以包举大纲，传以详载细事的原则，主张把分散在纪、表、志、传中的典章制度、人物生平、事件始末、言论文章，或按同类编排，或备始末首尾，统统作为传，与纪中的大事相互经纬，不但能够避免歧出互现的矛盾，而且可以不受时间上的限制。既然上述内容均可包括在传里，旧纪传体中的书、志等名目就可以删去。这样较之旧史文省事明，例简义精。除纪、传以外，章学诚主张另立表、图二种体例。他认为“人名事类，合于本末之中，难于稽检，则别编为表以经纬之。天象地形，舆服仪器，非可本末该之，且亦难以文字著者，别绘为图以表明之”[③]。这二种体例的作用是弥补纪、传的遗漏内容，形象直观地展现历史全貌，使史书记事载人更加丰满详赡。所以说“图象为无言之史，谱牒为无文之书，相辅而行，虽欲缺一而不可者也”[④]。只有这样，才能解决过去存在的问题，提高史书编纂质量。

中国史学中图的起源很早，儒家所谓河出图、洛出书的传说，表明图和书并重，都是中华文化的源头。然而后史失其统绪，图未

---

① 章学诚：《章氏遗书》外编卷3《丙辰札记》。

② 章学诚撰、叶瑛校注：《文史通义校注》卷3《传记》。

③ 章学诚撰、叶瑛校注：《文史通义校注》卷1《书教下》。

④ 章学诚：《章氏遗书》外编卷16《和州志舆地图序例》。

能形成稳固的体例，仅在地志类书籍中，尚存饩羊于一线。宋代史家郑樵十分强调图的重要性："古之学者，为学有要，置图于左，置书于右，索象于图，索理于书，故人亦易为学，学亦易为功，举而措之，如执左契。后之学者离图即书，尚辞务说，故人亦难为学，学亦难为功，虽平日胸中有千章万卷，及置之行事之间，则茫茫然不知所向。"[①]他在所纂《通志》中专门作《图谱略》，阐明图在史学上的价值。章学诚在纂修地方志的实践中，对图的重要性认识得比前人更深刻。他指出："史部要义，本纪为经，而诸体为纬，有文辞者曰书曰传，无文辞者曰表曰图，虚实相资，详略互见，庶几可以无遗憾矣。昔司马氏创定百三十篇，但知本周谱而作表，不知溯夏鼎而为图，遂使古人之世次年月可以推求，而前世之形势名象无能踪迹，此则学《春秋》而得其谱历之意，未知溯《易象》而得其图书之通也。夫列传之需表而整齐，犹书志之待图而明显也。先儒尝谓表缺而列传不得不繁，殊不知其图缺而书志不得不冗也。"[②]章学诚认为图在史学中的地位非常重要："古人图书并重，则具沿革考者，必兼沿革之图，古界今名，披文而得其原委，观画而洞其形势，二者缺一不可。"[③]与史表相比，图的作用更大，并不是可有可无的内容。章学诚指出："史不立表，而世次年月犹可补缀于文辞；史不立图，而形状名象必不可旁求于文字。此耳治、目治之所以不同，而图之要义所以更甚于表也。古人口耳之学，有非文字所能著者，贵其心领而神会也。至于图象之学，又非口耳之所能授者，贵其目击而道存也。以郑康成之学，而凭文字以求，则娑尊诂为凤舞，至于凿背

① 郑樵：《通志》卷72《图谱略·索象》。

② 章学诚：《章氏遗书》外编卷8《永清县志舆地图序例》。

③ 章学诚：《章氏遗书》卷24《湖北通志检存稿·通志凡例》。

之牺既出，而王肃之义长矣。以孔颖达之学，而就文义以解，江源出自岷山，至金沙之道既通，而《缅志》之流远矣。此无他，一则困于三代图亡，一则困于班固《地理》无图学也。虽有好学深思之士，读史而不见其图，未免冥行而擿埴矣。”[①]图可以发挥三项作用：其一，节省文字而形象明显，可以起到直观效果。章学诚说：“文省而事无所晦，形著而言有所归，述作之则也；……要使不履其地，不深于文者，依检其图，洞如观火，是又通方之道也。”[②]其二，不会因时代久远而传抄失实，导致鲁鱼亥豕的谬误。章学诚说：“亥豕不得淆其传，笔削无能损其质，久远之业也。”[③]其三，根据图形可以识别历代名物，不至于后世空言争议，有利于实学。章学诚说：“古今宫室异宜，学者求于文辞而不得其解，则图缺而书亦从而废置矣。……迁、固以还，史无建置之图，是则元、成而后，明堂、太庙所以纷纷多异说也。”[④]又说：“兵制入史，例当著图。营卫联络，关于形势者也；坐作进退，关于行阵者也；枪炮机弩，关于技巧者也。不以图著，而以书叙，则可言而不可行，未免近于纸上之谈矣。”[⑤]可见图为无言之史，乃是编纂史书中不可或缺的重要内容。

章学诚所说的谱，实际上就是表。《史记》、《汉书》已经创立了《世表》、《年表》和《人表》，成为纪传体裁史书的有机组成部分。《年表》在魏、晋、隋、唐时期虽然一度中废，但宋、元、明、清时期的史书中相沿不替。《人表》则汉以后历代正史多付阙如。历代史家

---

① 章学诚：《章氏遗书》外编卷8《永清县志舆地图序例》。

② 章学诚：《章氏遗书》外编卷16《和州志舆地图序例》。

③ 同上。

④ 章学诚：《章氏遗书》外编卷8《永清县志建置图序例》。

⑤ 章学诚：《章氏遗书》外编卷9《永清县志兵书序例》。

都非常重视表的作用。顾炎武说："作史无表，则立传不得不多；传愈多，文愈繁，而事迹或反遗漏而不举。"[①]从史书编纂方面强调了史表的价值，说明史表非常重要。万斯同则说："史之有表，所以通纪传之穷，有其人已入纪传而表之者，有未入纪传而牵连以表之者，表立而后纪传之文可省，故表不可废。读史而不读表，非深于史者也。"[②]从史书编纂和史学意识两方面强调了史表的价值。章学诚总结了历代史表的利弊，也认为"表之为体，纵横经纬，所以爽豁眉目，省约篇章，义至善也"[③]。但同时又认识到"顾炎武氏尝惜南北六朝诸史无表，以谓表缺而列传不得不繁。不知《宋》、《元》诸史未尝无表，而列传之繁，反过六朝数倍。盖但表王公将相，而不以类综人物姓名，史传所由芜而冗也"[④]。这说明《年表》固然重要，但不能挽救《宋史》、《元史》等史书的繁芜冗滥之弊，根除纪传体裁史书中存在的痼疾。章学诚强调恢复古代人表之学的传统。他说："班氏《古今人表》，人皆诟之，其实不可厚非。此非班氏所能自为，疑出汉世《春秋》经师相为授受，意亦刘向《世本》之属也。班氏多传刘学，故裁取以入史耳。史以记事，事皆人之所为，则人名乃史学要删也。项羽未见史迁列传，即曰书足以记姓名。由是推之，古人为《春秋》之学者，必有名字之书，人表殆其遗也。自名氏之书不得其传，而史策棼其难治，编年、纪传，交受其累者也。"[⑤]因此，章学诚认为"不立人表，

① 顾炎武撰、黄汝成集释：《日知录集释》卷 26《作史不立表志》。
② 钱大昕：《嘉定钱大昕全集・潜研堂文集》卷 38《万先生斯同传》。
③ 章学诚：《章氏遗书》卷 14《报广济黄大尹论修志书》。
④ 章学诚：《章氏遗书》卷 24《湖北通志检存稿・人物表叙例》。
⑤ 章学诚：《章氏遗书》卷 7《史篇别录例议》。

则列传不得不多，年表犹其次焉者耳。而人表方为史家怪笑，不敢复犯，宜其纷纷著传，如填户版，而难为决断去取者矣”①。正是从这个意义上看问题，他没有把清代一些考据学者编纂的《史表》、《人表》视为补苴襞绩之书，而是肯定其在历史编纂学上的成绩。章学诚评价汪辉祖《史姓韵编》说：“班氏《古今人表》，为世诟厉，史识如刘知幾，乃亦从而非之，至今史家以为疮痏。嗟夫！此正《春秋》家学流传，非班氏所能私创。史迁忽略，而班氏特取以补其疏，与《地志》、《艺文》诸篇，并为要典。后世于《艺文》、《地志》之补则为有功，而《人表》一篇，不但不知阐其绝学，且随声附和而诋毁之，宜史家之列传日出日繁，而不可简料矣。盖史以纪事，事出于人，人著于传，凡史莫不然也。溯古之传，非得人表以为总汇，则于故籍必有偏枯去取之嫌；征今之传，非得人表以为总汇，则于近人必有随类求全之弊。故人表者，春秋《谱历》之遗，而类聚名姓之品目也。人表入于史篇，则人分类例，而列传不必曲折求备；列传繁文既省，则事之端委易究，而马、班婉约成章之家学，可牵而复也。”②史家修史，如果能够在史书中设立《人表》，不但可以减少为人物立传，而且可以更加突出史事，从更深层次上表现出史表的价值。章学诚认为，史家编纂断代史，可以借助于《人表》之助益。他说：“夫断代之史，上者如班、陈之专门名家，次者如《晋》、《唐》之集众所长，下者如《宋》、《元》之强分抑配。专门名家之史，非人表不足以明其独断别裁；集众所长之史，非人表不足以杜其参差同异；强分抑配之史，非人表不足以制其芜滥猥棼。故曰断代之史，约计三门，皆不可无人表也。”③这是说明史家在断代史中为历史人物立表

① 章学诚：《章氏遗书》卷15《亳州志人物表例议中》。

② 章学诚：《章氏遗书》卷8《史姓韵编序》。

③ 章学诚：《章氏遗书》卷15《亳州志人物表例议中》。

的作用。断代史中立人物表固然重要,但在章学诚看来,通史中设立《人表》尤其不可少。他说:“断代之书,或可无需人表;通古之史,不可无人表也。……夫通古之史,所书事迹多取简编故实,非如当代记载得于耳闻目见,虚实可以互参。而既为著作,自命专家,则列传去取必有别识心裁,成其家言;而不能尽类以收,同于排纂,亦其势也。至前人行事,杂见传记,姓名隐显,不无详略异同。列传裁断所余,不以人表收其梗概,则略者致讥挂漏,详者被谤偏徇;即后人读我之书,亦觉缺然少绳检矣。”[①]由此可知,章学诚之所以特别强调《人表》的作用,目的在于通过《人表》弥补纪传体史书所固有的缺陷,使历史编纂学体系更加完善,最大限度地发挥史学的社会作用。

(四)关于史书义例发展的思想。史书的体裁和义例,既相互区别,又密不可分。研究史书体裁,必然要涉及史书义例。在章学诚关于史书体裁的理论中,包含着丰富的义例思想,不研究这方面内容,就无法全面认识其史学编纂理论。

第一,关于史篇《别录》的创例问题。章学诚认识到,无论纪传体还是编年体,都存在体例和卷帙分割过细的弊端,不容易看到历史人物和历史事件的全貌。为此,他提出应当分别使用“互注之法”和“区别之法”,以济其类例之穷。具体的做法就是在篇首编制《别录》,与目录相互发挥作用,彰显事件和人物的整体效果。

纪传体史书虽然是中国古代史书的主体,然而这种体裁本身存在着弱点。纪、表、志、传分开,势必会把一事之内容分散在四体之中,不相连贯。最主要的表现,就是记载一件事分割数篇,宾主莫辨。若不改变这种状况,必然会阻碍历史编纂学的发展。自司马迁

---

① 章学诚:《章氏遗书》卷15《亳州志人物表例议上》。

著《史记》以来，史家纪事欲求纪、传内容相互照应，只能采用相互标注形式，在正文里注明互见各篇。章学诚也赞同这种义例，并且主张把上述文字全部改为子注，将这种撰修义例推广到全书；然而他同时也认识到这种做法只能便于检核事实，而无法看到事件的全貌，认清其性质。章学诚认为应当采用"纪传之史，分而不合，当用互注之法以联其散"[①]的办法，作一篇《别录》，史家修史时，把《别录》置于篇首，与各篇目录、正文相互参照，达到各部分内容相互照应的效果。《别录》的做法是标明一朝有几件大事，以此为纲，把分散在纪、表、志、传中与此相关的内容，以其篇目按类系于各事件之下。他说："故于纪传之史，必当标举事目，大书为纲；而于纪、表、志、传与事连者，各于其类附注篇目于下，定著《别录》一编，冠于全书之首，俾览者如振衣之得领，张网之挈纲。治纪传之要义，未有加于此也。"[②]从而达到提纲挈领，眉目分明，互征详略的作用。章学诚说："纪传苦于篇分，《别录》联而合之，分者不终散矣。"[③]这是补救纪传体史书缺陷最有效的方法。

编年体史书的地位，在中国古代史学中仅次于纪传体史书。由于"著述自有体要"[④]，二者所承担的纪事功能不同，在反映历史的内容方面各有千秋。编年体存在的不足是"事以年隔，年以事析，遭其初莫绎其终，揽其终莫志其初，如山之峨，如海之茫，盖编年系日，其体然也"[⑤]。其最主要的表现，就是记载一件事隔越数

① 章学诚：《章氏遗书》卷9《为毕制军与钱辛楣宫詹论续鉴书》。

② 章学诚：《章氏遗书》卷7《史篇别录例议》。

③ 同上。

④ 马端临：《文献通考·序》。

⑤ 杨万里：《诚斋集》卷78《袁机仲通鉴本末序》。

卷，首尾难稽。章学诚鉴于上述情况，提出了“编年之史，浑灏无门，当用区别之法以清其类”[①]的主张。其方法仍然是通过编制《别录》，清其类例。当然，由于编年体和纪传体义例不同，自然不能用治纪传体的《别录》方法治编年体，即不能强求编年体不具备的类例尽同于纪传体。编年体《别录》的具体做法，是把史书内容按下列情况区别。一是分别标出每篇帝纪中后妃、皇子、公主、宗室、勋戚、将相、节镇、卿尹、台谏、侍从、郡守、县令之名，于名下标注他们的始见和终结年月。二是分别标出帝纪中的有关大制作、大典礼、大刑狱、大经营等内容，因事定名，区分品目，标注它们的始终年月。三是有关两国聘盟、交战等内容，约举年月，系事隶名。四是在一帝纪中不能包容首尾的人和事，在开始出现的时候，标注其终结于某帝；而在其结束的时候，标注始见于某帝。至于那些在一个皇朝无法包容首尾的事和人，也仿照这种做法，详注其终始于哪朝哪代，然后把《别录》置于每帝纪之首，可收按类区分的效果。章学诚说：“编年苦于年合，《别录》分而著之，合者不终混矣。”[②]这是补救编年体史书缺陷最有效的办法。

章学诚在《湖北通志》的《宋陈规德安御寇传》、《开禧守襄阳传》、《嘉定蕲难传》、《明季寇难传》、《平夏逆传》里，创造性地写出了《姓名别录》和《人名别录》；并且准备用创设《别录》的方法研治司马光的《资治通鉴》，虽然没有来得及完成，但给后人留下了宝贵的经验，其功仍不可没，对中国古代历史编纂学作出了贡献。

第二，关于史注的分例问题。史书流传后世，时代愈久，后人

---

① 章学诚：《章氏遗书》卷 9《为毕制军与钱辛楣宫詹论续鉴书》。

② 章学诚：《章氏遗书》卷 7《史篇别录例议》。

对其名物、典制、事迹等内涵愈难解喻，如果没有注疏，读史者就会茫然不知涯涘。史家注史，可分为训诂音义和补注史事二途，而后者经过历代史家的实践探索，逐渐发展为一种固定的史学义例。刘知幾总结了史注义例，把它们划分为三种类型。一是“文言美辞，列于章句；委曲叙事，存于细书”，即正文用典雅文体表述，旁列子注对所叙事实予以注释。二是“好事之子，思广异闻，而才短力微，不能自达，庶凭骥尾，千里绝群。遂乃掇众史之异辞，补前书之所缺”，这是史家为前人或同时代的名家作注。三是“躬为史臣，手自刊削，虽志存该博，而才缺伦叙，除烦则意有所吝，毕载则言有所妨，遂乃定彼榛楛，列为子注”[①]，这是史家修史时，重要事实载于正文，其余事实列于注文。章学诚认为，刘知幾所划分的第一、第三两种类型，实际上可以合为一类，称为自注。第二种类型是注家为别人的史书作注，称为别注。章学诚分析了史注义例的源流，认为《春秋》意蕴，原为经师口耳相传，后人作《公羊传》、《谷梁传》、《左传》，已开史注之先河。《史记》、《汉书》乃父子相传的专门家学，后人难窥阃奥。是以前者有徐广、裴骃诸家为注，后者有应劭、服虔诸家作解。魏晋以后，专门家学失传，作者蜂起，笔削缺乏谨严，宗旨复又浅显，故不需注解，前无师承，后无从学。唐宋以后，历代朝廷集众修史，只知比次日月，摘编案牍，史学义例不明，史事冗滥抵牾，官修正史只有体例空壳，而缺乏思想内容。章学诚分析其原因，除史家不具备良好的修史素养之外，还有史书不重视注书义例的原因。他指出：“史籍之掌，代有其人，而古学失传，史存具体，惟于文诰案牍之类次，月日记注之先后，不胜扰扰，而文亦繁芜

---

① 刘知幾:《史通·补注》。

复沓，尽失迁、固之旧也。是岂尽作者才力之不逮，抑史无注例，其势不得不日趋于繁富也。古人一书而传者数家，后代数人而共成一书。夫传者广，则简尽微显之法存；作者多，则抵牾复沓之弊出。循流而日忘其源，古学如何得复，而史策何从得简乎？是以《唐书》倍《汉》，《宋史》倍《唐》，检阅者不胜其劳，传习之业安得不亡！”[①] 章学诚通过考察史注发展演变的源流，认为史注义例在史学中起着极为重要的作用，而且特别肯定了自注的优越性。他说：“太史《自叙》之作，其自注之权舆乎！明述作之本旨，见去取之从来，已似恐后人不知其所云，而特笔以标之。所谓‘不离古文’，乃‘考信六艺’云云者，皆百三十篇之宗旨，或殿卷末，或冠篇端，未尝不反复自明也。班书《年表》十篇，与《地理》、《艺文》二志，皆自注，则又大纲细目之规矩也。其陈、范二史，尚有松之、章怀为之注；至席惠明注《秦记》，刘孝标注《世说新语》，则杂史支流，犹有子注，是六朝史学家法未亡之一验也。自后史权既散，纪传浩繁，惟徐氏《五代史》注，亦已简略，尚存饩羊于一线。而唐宋诸家，则茫乎其不知涯涘焉。宋范冲修《神宗实录》，别为《考异》五卷，以发明其义，是知后无可待之人，而自为之解，当与《通鉴举要》、《考异》之属，同为近代之良法也。”[②]他在这里把司马迁《史记》中发明撰述旨趣和揭明篇目宗旨的《太史公自序》以及各篇叙例看成史学自注义例，未免混淆了叙例与自注的区别。因为前者的目的和功能是要发明作者的著述宗旨，而后者的目的和功能则是要标明史书义例的前后联系，性质并不相同。其实《史记》中采用的记事互见义例，如事具某

---

① 章学诚撰、叶瑛校注：《文史通义校注》卷3《史注》。

② 同上。

篇、言见某传之类，已经具有自注的性质。在中国古代历史编纂学中，别注之例失传，史家修史只能借助于自注义例。司马光修《资治通鉴》，范冲修《神宗实录》，都自撰《考异》，这种修史义例成为后世修史所遵循的普遍法则。

章学诚对史书互注方法极为推崇，所以主张史学中应当广泛采用这种义例。唐代刘知幾曾经批评这种做法不足取，认为"同为一事，分在数篇，断续相离，前后屡出，于《高纪》则云语在《项传》，于《项传》则云事具《高纪》，……此其所以为短也"[①]，给读史者带来很大不便。章学诚对刘知幾的观点做了辩证分析，指出刘知幾对纪传体史书批评是必要的举措，但是认为这种互注之法繁琐，视为纪传体史书的缺陷，是因其推例未广所致，没有抓住问题的要害。章学诚认为："纪传之书，类例易求，而大势难贯。刘知幾谓一事分书，或著事详某传，或标互见某篇，不胜繁琐，以为弊也。不知马、班创例，已不能周。后史相沿，皆其显而易见者耳。倘使通核全书，悉用其例，则不至于纪、传互殊，前后矛盾，如校勘诸家所纠举者矣。刘氏不知其弊，正由推例未广，顾反以为繁琐，所议未为中其弊也。"[②]他非常重视修史互见的自注义例，认为"史书类例不精，由于互见之无法也"[③]。假如能够把整部史书全部标注，而且把纪、传正文中的"事详某传"、"互见某篇"等用语改为旁行子注，不与正文相混，就能够避免内容重复、前后难顾的弊病。历代纪传体史书中，只有表、志中使用子注的方法，而纪、传中因属辞一体，从无用子注者。史家修史时，习惯于把上述用语与正文连书，不但文字不

---

① 刘知幾：《史通·二体》。

② 章学诚：《章氏遗书》卷7《史篇别录例议》。

③ 章学诚：《章氏遗书》外编卷9《永清县志工书序例》。

相连贯，分割了史书内容，而且破坏了史书首尾完整，体例不够严谨。如果把纪、传参照表、志的做法，也改为旁行子注，既便于检核史实，又能够文字顺畅，体例精当。因此，不仅纂修表、志，即使纪、传中也可以采用这种义例，把纪传体史书分散在各部分的史实联络起来，给人一个整体概念。章学诚主张："史家自注之例，或谓始于班氏诸志，其实史迁诸表已有子注矣。表、志中有名数，不系属辞，故大书分注，其道易行。纪、传自以纯体属辞，例无自注。故历史纪、传凡事涉互详，皆以旁注之义同入正文，习久不察其非，无人敢于纠正。……史以纪事者也，纪传之史，事同而人隔其篇，犹编年之史，事同而年异其卷也。《左氏》年次正文，忽入详具某年之句，人知无是理也。马、班纪传正文，遽曰详具某人之传，何以异乎？然杜氏之治《左》也，于事之先见者，注曰为某年某事张本；于事之后出者，注曰事见某公某年。乃知子注不入正文，则属辞既无扞格，而核事又易周详，斯无憾矣。马、班未见杜氏治《左》之例，而为是不得已，后人盍亦知所变通欤！"[①]从历史编纂学的角度来看，纂修史书采用自注义例，可以避免纪事重复，收到体例简洁、叙事连贯的效果，在一定程度上解决宋元以后纪传体史书冗滥不堪的问题。除此之外，自注还有各种功能，有益于修史工作。章学诚说："夫文史之籍，日以繁滋，一编刊定，则征材所取之书，不数十年，尝失亡其十之五六。宋元修史之成规，可覆按焉。使自注之例得行，则因援引所及，而得存先世藏书之大概，因以校正《艺文》著录之得失，是亦史法之一助也。且人心日漓，风气日变，缺文之义不闻，而附会之习且愈出而愈工焉。在官修书，惟冀塞责，私门著述，苟饰浮名，或

① 章学诚：《章氏遗书》卷7《史篇别录例议》。

剽窃成书，或因陋就简，使其术稍黠，皆可愚一时之耳目，而著作之道益衰。诚得自注以标所去取，则闻见之广狭，功力之疏密，心术之诚伪，灼然可见于开卷之顷，而风气可以渐复于质古，是又为益之尤大者也。然则考之往代，家法既如彼；揆之后世，系重又如此。夫翰墨省于前，而功效多于旧，孰有加于自注也哉！"[①]这就是说，自注标明材料取舍，可以让后人看到作者所掌握的材料是否丰富，运用材料是否得当，有无剽窃他人著述的缺乏史德行为等等。自注还可以保存修史时裁剪下来的史料，不致散佚失存，使后人通过这些史料考察前世藏书情况，用以校正各史《艺文志》著录的优劣得失。章学诚揭示了史注义例在历史编纂学中的作用，为后人修史提供了丰富的经验，具有重要的史学理论价值。

第三，关于列传的增例问题。在中国史学史上，史家修史义例总是因时制宜，不可能一成不变。章学诚发现"廿一史中，纪、表、志、传四体而外，《晋书》有《载记》，《五代史》有《附录》，《辽史》有《国语解》，至本朝纂修《明史》，亦于《年表》之外又有《图式》，所用虽各不同，要皆例以义起，期于无遗无滥者也"[②]。至于历代史书中列传的类例，自《史记》创始后不断丰富与完善，而每种新例的增设，都具有深刻的社会背景。章学诚指出："夫史臣创例，各有所因。《列女》本于刘向，《孝义》本于萧广济，《忠义》本于梁元帝，《隐逸》本于皇甫谧，皆前史通裁，因时制义者也。"[③]章学诚继承家学，对纪传体史书殚精竭虑，不仅对各种义例的利弊相当熟悉，而且对其类例损益提出不少意见。其中比较重要的是主张帝王本纪之外

① 章学诚撰、叶瑛校注：《文史通义校注》卷3《史注》。

② 章学诚：《章氏遗书》卷15《修志十议》。

③ 章学诚：《章氏遗书》外编卷18《和州志前志列传序例》。

另立帝王传的设想，在历史编纂学上的价值和意义尤其值得重视。

中国古代的纪传体正史，都是把皇帝的生平事迹放在本纪里叙述，开篇述其父系母族，出生时的祥瑞，幼年时的聪明；篇尾撷取皇帝几段言行议论，寥寥数言，作为结语。这些内容完全属于传的体例，但它们又被本纪中编年记载国家大事义例所冲淡，反而不如群臣列传详细。这种记人、记事混淆在一起的做法，使得史书义例不清。章学诚指出："纪之与传，古人所以分别经纬，初非区辨崇卑。是以迁史中有无年之纪，刘子玄首以为讥。班书自叙称十二纪为《春秋考纪》，意可知矣。自班、马而后，列史相仍，皆以纪为尊称，而传乃专属臣下，则无以解于《穆天子传》与高祖、孝文诸《传》也。今即列史诸帝有纪无传之弊论之，如人君行迹不如臣下之详，篇首叙其灵征，篇终断其大略，其余年编月次，但有政事以为志、传之纲领，而文势不能更及于他，则以一经一纬，体自不可相兼故也。诚以《春秋》大旨断之，则本纪但具元年即位，以至大经大法，足为事目，于义惬矣。人君行事，当参以传体，详载生平，冠于《后妃列传》之上，是亦左氏之《传》以惠公元妃数语先经起事，即属隐公题下传文，可互证也。但纪、传崇卑，分别已久；君臣一例，事理未安，则莫若一帝纪终，即以一帝之传次其纪后，如郑氏《易》之以《象传》、《彖辞》附于本卦之后之例，且崇其名曰大传，而不混列传，则名实相符，亦似折中之一道也。"[①]他从前代史书《史记》、《唐书》以本纪体例记载吕雉、武则天执政时期的国家大事，而把她们的个人行事归入《外戚传》的载笔义例中受到启发，认为这种书法义例最为恰当。章学诚认为："迁、固之于吕后，存其临朝事于本纪，而外

---

① 章学诚：《章氏遗书》外编卷6《永清县志恩泽纪序例》。

戚之传仍著其名。盖纪、传不特区分尊卑，亦纪载各有事例。编年纪月仿《春秋》而为之，事与皇后何预？如以尊卑而论，妻尊孰与父母！推华氏尊后而可升为纪，则马、班当为太上、昭灵作本纪矣。况后配帝尊可也，外戚之书又兼妃妾，乃亦同升于纪，则帝纪亦可入诸王矣。”①他主张撰修史书不再把帝王个人生平事迹列入本纪内，而是另外增加列传类例，设立帝王传。章学诚说：“今诸史本纪，自尹、欧以还，皆已知大书特笔之例矣。而犹有可议者，如帝王生平行事转为编年隶事所拘，反较诸臣之传为略也。夫篇首述其母系，与夫产祥、幼慧之类，篇终总撷大略，与其一二言动，几于千篇一律。史臣拘于文法，方有难畅之势，而究其义例，即此篇首、篇终寥寥数语，亦属列传之体，而非所施于本纪矣。惠公元妃之文，古人不糅杂于春王正月，其例自可推也。然则帝王之事，于本纪外，必当别为列传，冠于后妃、宗室诸传之首，然后《春秋》经世之旨，可得而明也。开国帝王叙其草创缔造，往往先占篇卷，不知此亦当入传也。至于事迹详者，或借前代编年，刘子玄谓其事出于不得已，不知此亦当入于传。其追谥、追尊帝王，不妨如世家之绳贯而下，即殇君、幼主、废贬之君，事迹无多，亦不妨如列传之附于父兄传末。惟后妃、皇子，义别尊卑，自当别自为篇，不得如臣庶之传，可以因夫及妻，因父及子也。”②帝王列传和帝王本纪相辅而行，既可以对本纪起到相互照应和相互补充的作用，又能够把皇帝的个人行事较为全面地记载下来，最大限度地丰富史书的纪事含量，更好地体现史学的价值。章学诚提出的这种修史义例，虽然在当时官

---

① 章学诚:《章氏遗书》外编卷1《信摭》。

② 章学诚:《章氏遗书》外编卷3《丙辰札记》。

私修史活动中没有被接受,但在 20 世纪以来的通史编纂中却被采纳,发挥了重要作用。例如白寿彝总主编的多卷本《中国通史》,“综述”部分叙述历史发展大势,实际上就是章学诚所说的本纪内容,而“传记”部分则包括帝王传,叙述其生平事迹,具体地实践了章学诚的主张,形成一部新型的综合体裁通史著作,在国内外产生了广泛影响。

章学诚的历史编纂学理论和中国古代另一位史学理论家刘知幾的史法论相比,具有两点极其明显的特征,显示出自身的价值。首先,刘知幾论史书体裁义例,基本上是以静态的方法,横向比较各种体裁之间的异同,往往就两种史书比较优劣。章学诚则是在史书体裁的发展变化当中,用动态的方法,从横向和纵向两方面加以比较,不但看到了不同体裁义例之间各有优劣,而且认识到同一体裁发展过程中不同阶段的优劣。更为重要的是,他能够把史书的不同体裁综合起来分析,从而看到了各种体裁之间继承与创新的现象。其次,刘知幾论史书体裁义例,过多地拘泥于史法,强调纯正划一,并有用后代形成的标准去批评前人的苛刻之嫌。章学诚则不片面强调史法,而是从史法、史意两方面入手,由史法论史意,而不以史意徇史法,能够灵活地看问题。例如《尚书》,尽管他不认为是史学著作,但并不因其史法不完备而不予重视。章学诚从《尚书》所具有的因事命篇、不为体裁所拘的特点中受到启发,认识到这种义例在历史编纂学上具有重大价值,产生出改革和创新纪传体的思想。

二 章学诚的“断代”与“会通”范畴

史家撰写史书,是采用通史体例还是采用断代史体例,这是由史家的撰述旨趣和历史认识的视野所决定。自《史记》与《汉书》产生以后，历代史家和史学批评家围绕会通和断代两种修史义例衡长较短，仁智互见。刘知幾曾经区分史学流别，把唐代以前的史书分为《尚书》家、《春秋》家、《左传》家、《国语》家、《史记》家、《汉书》家，作了比较全面的总结。他把南朝梁武帝命史家吴均等人编纂的《通史》、北魏常山王元遵曾孙元晖命史家崔鸿等人编纂的《科录》和唐代史家李延寿编纂的《南史》、《北史》，都作为通史看待，归入《史记》家。章学诚在此基础之上，继承和发扬中国史学上的通史家风，对通史的义例作了进一步细致合理的划分，理论认识更加明确。

（一）章学诚指出，在纪传体史书中，存在着不同的纂修义例。历代分类目录未能厘正，导致了史学家法混杂不清。他说："旧例以二十一家之言同列正史，其实类例不清。马迁乃通史也，梁武《通史》、郑樵《通志》之类属之。班固断代专门之书也，华、谢、范、沈诸家属之。陈《志》分国之书也，《十六国春秋》、《九国志》之类属之。《南北史》断取数代之书也，欧、薛《五代》诸史属之。《晋书》、《唐书》集众官修之书也，《宋》、《辽》、《金》、《元》诸史属之。家法分明，庶几条理可贯，而究史学者，可以溯源流矣。"[①]《史记》作为通史，当然没有问题。此后断代史撰述盛行，取代了通史的地位。章学诚指出："谈、迁、彪、固，并称世史，而彪、固实与谈、迁不同。谈、迁同为通史，而班氏则彪亦通史家学，故《后传》依附百三十篇，犹昔人作《春秋后语》，不复自为《春秋》之意。至班固乃始确然以断代为书，女弟曹大家成固之业，其后华、谢因之，遂为后代不祧之祖，而通史之业微矣。辨家学者，不容不知其义也。又按彪书往往

---

① 章学诚：《章氏遗书》卷 13《论修史籍考要略》。

见于固书所述，称司徒椽及臣外祖、臣姑者，皆彪语也。然易通史为断代，宗旨已不侔矣。”[①]通史撰述经过了较长时间的沉寂，到唐宋时期又出现高潮。章学诚指出：“总古今之学术，而纪传一规乎史迁，郑樵《通志》作焉。统前史之书志，而撰述取法乎《官礼》，杜佑《通典》作焉。合纪传之互文，而编次总括乎荀、袁，司马光《资治通鉴》作焉。汇公私之述作，而铨录略仿乎孔、萧，裴潾《太和通选》作焉。此四子者，或存正史之规，或正编年之的，或以典故为纪纲，或以词章存文献，史部之通，于斯为极盛也。”[②]至此，历史编纂学上的纪传体、编年体、典制体和文征体，都出现了通史著作，形成了繁荣局面。然而章学诚看到，通史之中，义例也不能一概而论，仍需从通史编纂学上细致地考察其源流，区分其类别。他说：“《史记》为通史，《汉书》则断代为书，体固不侔。即通史之中，通数代为一书，如《南北史》、《五代史》之有所限制；及画界为书，如《古史》、《路史》之不入秦汉以下，皆与及身上追古初之书，宗旨有别也。”[③]章学诚又进一步从史学纂修义例方面对通史作出细致区分：“至于高氏《小史》，姚氏《统史》之属，则撙节繁文，自就隐括者也。罗氏《路史》，邓氏《函史》之属，则自具别裁，成其家言者也。范氏《五代通录》，熊氏《九朝通略》，标通而限以朝代者也。李氏《南北史》，薛、欧《五代史》，断代而仍行通法者也。其余纪传故事之流，补辑纂录之策，纷然杂起，虽不能一律以绳，要皆仿萧梁《通史》之义，而取便耳目。史部流别，不可不知也。”[④]唐代李延寿的《南史》、《北

① 章学诚：《章学诚遗书》佚篇《史考摘录》。

② 章学诚撰、叶瑛校注：《文史通义校注》卷4《释通》。

③ 章学诚：《章学诚遗书》佚篇《史考摘录》。

④ 章学诚撰、叶瑛校注：《文史通义校注》卷4《释通》。

史》，宋代薛居正的《旧五代史》、欧阳修的《新五代史》、苏辙的《古史》、罗泌的《路史》等书，集数代史事而成，并非贯通古今的通史，所以应该称为集史。章学诚说："集史之书，体与通史相仿，而实有淄渑之分。通史远自古初，及乎作者之世，别出心裁，成其家学，前人纵有撰述，不复取以为资，如梁武不因史迁，郑樵不因梁武是也。集史则代有所限，合数代而称为一书，以继前人述作，为一家言，事与断代之史约略相似。而断代又各自为书，体例不一，集史则就其所有诸体而画一之，使不至于参差足矣，事取因人，义求整齐，与通史之别出心裁，无所资藉，断代之各自为书者，又各不同也。"[①]集史虽然与通史外表相似，但却貌同心异，性质截然不同；其与断代史则貌异心同，然而在义例方面又有区别。其最显著的不同在于：通史义求独断，不因袭前人撰述，别出心裁；而集史则可以沿用前人撰述义例，不嫌重复。章学诚指出："刘知幾六家分史，未为笃论。《史记》一家，自是通史。……至李氏《南北史》乃是集史，并非通史。通史各出义例，变通亘古以来，合为一家纪载。后世如郑樵《通志》之类，足以当之。集史虽合数朝，并非各溯太古，自为家学者可比，欧氏《五代史记》与薛氏《旧史》是其同类，与通史判若天渊者也。盖通史各溯古初，必须判别家学，自为义例，方不嫌于并列；否则，诚不免于复沓之嫌矣。集史原有界画，李延寿行之于前，薛、欧行之于后，各为起讫，无所重复，虽一家凡例，两书可通用也。刘氏牵合为一，非其质矣。"[②]集史的内容记载数朝史事，不同史书在内容上可以先后衔接，前后两家发凡起例不妨相同，体例、宗旨问

① 章学诚：《章学诚遗书》佚篇《史考摘录》。
② 章学诚：《章氏遗书》外编卷3《丙辰札记》。

题尚不突出。至于通史，各家都要从古代写起，在叙述历史的时间、空间甚至内容上都相同，倘若义例没有区别，宗旨没有独裁，就会完全重复，没有史学价值。

章学诚考察中国古代史学中的断代与通史撰述，非常强调辨明史学家法的重要性。他说："有一代之史，有一国之史，有一家之史，有一人之史。整齐故事与专门家学之义不明，而一代之史鲜有知之者矣。"①章学诚特别指出古代史家纪事传承通史家风："叙事实出史学，其源本于《春秋》比事属辞。左、史、班、陈，家学渊源，甚于汉廷经师之授受。马曰好学深思，心知其意；班曰纬六经，缀道纲，函雅故，通古今者，《春秋》家学，递相祖述。虽沈约、魏收之徒，去之甚远，而别识心裁，时有得其仿佛。"②后世史家修史不明家法，把"撰述"与"记注"混为一谈，给史学带来极大祸患。他指出："纪传神明，多得《尚书》之遗。如马、班诸家，折衷六艺，成一家言，往往以意命篇，不为常例。后人不达微言，或反以为讥耳。必如元氏《科录》，则流而为类书之摘比，胥吏之簿籍，布密殆如算子，不得法外之微意矣。至如东观以后，集众修书，则又不可无绳准也。是则同一纪传，亦有区分，微言为著书之宗旨，类例为治书之成法，固各有其当也。"③他认为后世纪传体史书的纂修最不具史学家法，可谓抓住了关键问题。尤其是强调不能仅仅从形式上判断通史的性质，意义更为深远。章学诚指出："通史昉于史迁，自是一家著作，溯源《春秋》，其间多有法外之意，可意会而不可言传。……《史通》于《史记》家又取魏济阴王《科录》，附通史后。考《科录》乃常山王尊

① 章学诚撰、叶瑛校注：《文史通义校注》卷4《说林》。

② 章学诚：《章氏遗书》补遗《上朱大司马论文》。

③ 章学诚：《章氏遗书》卷7《史篇别录例议》。

曾孙晖所为,《魏书》本传谓撰录百家要事,以类相从,则是类比之书,并无著作深意,当与《高氏小史》之类,并入史纂,不可以入通史。凡所谓通史者,不问记载短长,学问疏密,要有卓然独见,迥出前人;灼见前代成书,已意难以因袭,故舍置前史,独溯古初,以自成家。与节钞、类比、隐括诸书,相差虽似毫厘,而相去不啻千里。”①这一认识,无疑具有方法论意义,对考察史书体裁价值很大,是章学诚最突出的一项史学成就。

(二)章学诚强调史家修史必须培养对历史发展通观全局的素质,继承和发扬中国史学上的通史家风,具有会通意识。他认为古人撰修通史自具家学素养,所以取得了重大成就。章学诚指出:“尧舜之典,统名《夏书》。《国语》、《国策》,不从《周记》。太史百三十篇,自名一子。班固《五行》、《地理》,上溯夏周。古人一家之言,文成法立,离合铨配,惟理是视,固未尝别为标题,分其部次也。”②至于秦汉以下的通史撰述,有得有失,虽然唐宋时期臻于极盛,然而玉石杂陈,源流渐失,史家不明史学宗旨,不具修史素养,造成通史撰述的式微,逐渐流入补辑纂录的类比之书。他说:“梁武帝以迁、固而下断代为书,于是上起三皇,下讫梁代,撰为《通史》一编,欲以包罗众史,史籍标通,此滥觞也。嗣是而后,源流渐别。……载笔汇而有通史,一变而流为史钞,再变而流为策士之类括,三变而流为兔园之摘比,不知者习而安焉,知者鄙而斥焉,而不知出于史部之通,而亡其大原者也。”③章学诚考察历代史家修撰通史和断代史的得失利弊,提出撰修通史的“六便”、“二长”、“三弊”,认为史家

① 章学诚:《章学诚遗书》佚篇《史考摘录》。

② 章学诚撰、叶瑛校注:《文史通义校注》卷4《释通》。

③ 同上。

修史应当发扬通史家风，自觉培养著述成家的史学意识与修史素养。他说："通史之修，其便有六：一曰免重复，二曰均类例，三曰便铨配，四曰平是非，五曰去抵牾，六曰详邻事。其长有二：一曰具剪裁，二曰立家法。其弊有三：一曰无短长，二曰仍原题，三曰忘标目。"其"六便"的内容是：一曰能够避免叙事前后重复。章学诚指出："何谓免重复？夫鼎革之际，人物、事实同出并见，胜国无征，新王兴瑞，即一事也；前朝草窃，新主前驱，即一人也。董卓、吕布，范、陈各为立传；禅位册诏，《梁》、《陈》并载全文，所谓复也。《通志》总合为书，事可互见，文无重出，不亦善乎！"二曰容易统一全书类例。章学诚指出："何谓均类例？夫马立《天官》，班创《地理》，《齐志》天文，不载推步，《唐书》艺文，不叙渊源。依古以来，参差如是。郑樵著《略》，虽变史志章程，自成家法，但六书、七音，原非沿革；昆虫、草木，何尝必欲异代相仍乎？惟通前后而勒成一家，则例由义起，自就隐括，《隋书·五代史志》终胜沈、萧、魏氏之书矣。"三曰史家便于铨配史实。章学诚指出："何谓便铨配？包罗诸史，制度相仍，惟人物挺生，各随时世。自后妃、宗室，标题著其朝代；至于臣下，则约略先后，以次相比。然子孙附于祖、父，世家会聚宗支，一门血脉相承，时世盛衰，亦可因而见矣。即楚之屈原，将汉之贾生同传；周之太史，偕韩之公子同科。古人正有深意，相附而彰，义有独断。末学肤受，岂得从而妄议耶！"四曰有利于客观评价历史。章学诚指出："何谓平是非？夫曲直之中，定于异代。然晋史终须帝魏，而周臣不立韩通。虽作者挺生，而国嫌宜慎，则亦无可如何者也。惟事隔数代，而衡鉴至公，庶几笔削平允，而折衷定矣。"五曰有助于消除纪事矛盾。章学诚指出："何谓去抵牾？断代为书，各有裁制，详略去取，亦不相妨。惟首尾交错，互有出入，则抵牾之端，从此见矣。居摄之事，班殊于范；二刘始末，范异于陈。统合为编，庶几免此。”六曰可以完整记载周边民族的历史。章学诚指出：“何谓详邻事？僭国载纪，四裔外国，势不能与一代同其终始；而正朔纪传，断代为编，则是中朝典故居全，而藩国载纪乃参半也。惟南北统史，则后梁、东魏悉其端；而五代汇编，斯吴越、荆、潭终其纪也。”其“二长”的内容是：一曰能够彰显史家笔削剪裁之功。章学诚指出：“何谓具剪裁？通合诸史，岂第括其凡例，亦当补其缺略，截其浮辞，平突填砌，乃就一家绳尺。若李氏南、北二史，文省前人，事详往牒，故称良史。盖生乎后代，耳目闻见，自当有补前人，所谓凭籍之资，易为力也。”二曰著作能够成一家之言。章学诚指出：“何谓立家法？陈编具在，何贵重事编摩！专门之业，自具体要。若郑氏《通志》，卓识名理，独见别裁，古人不能任其先声，后代不能出其规范，虽事实无殊旧录，而辨名正物，诸子之意，寓于史裁，终为不朽之业矣。”其“三弊”的内容是：一曰容易流为摘比纂类之书。章学诚指出：“何谓无短长？纂辑之书，略以次比，本无增损，但易标题，则刘知幾所谓学者宁习本书，怠窥新录者矣。”二曰习惯误沿前史旧名。章学诚指出：“何谓仍原题？诸史异同，各为品目，作者不为更定，自就新裁。《南史》有《孝义》而无《列女》，《通志》称《史记》以作时代，一隅三反，则去取失当者多矣。”三曰不易看清时代界限。章学诚指出：“何谓忘题目？帝王、后妃、宗室、世家，标题朝代，其别易见。臣下列传，自有与时事相值者，见于文词，虽无标别，但玩叙次，自见朝代。至于《独行》、《方技》、《文苑》、《列女》诸篇，其人不尽涉于世事，一例编次，若《南史》吴逵、韩灵敏诸人，几何不至于读其书，不知其世耶！”[①]章学诚对通史与断代史两相比较，认为撰修通史的优点

---

① 章学诚撰、叶瑛校注：《文史通义校注》卷4《释通》。

是主流，利大于弊。这个认识，在今天看来也并不过时。因为断代史虽然可以更加详细地记载一代历史资料，便于看清一个朝代的盛衰兴亡过程，但毕竟局限于表述历史的某一时段，不如撰修通史更能够使人认识社会历史发展演变的规律，总结历代社会治乱兴衰的原因，更有效地发挥史学的作用。

（三）章学诚提出撰修通史必须具有别识心裁，凸显撰述宗旨。中国古代史家对通史和断代史的评价仁智互见，褒贬不一。章学诚认为两者各有千秋，不能偏废。他说："刘氏《史通》于六家史体独取班、荀，是断代家也。郑樵痛诋班固，而《六书》、《七音》、《草木昆虫》诸略，不可递续为书，是通史家也。论法度，刘氏为长；辨识解，郑氏为卓。两家之说，似不相侔，然而缺一不可。"[①]对于前人的认识和结论，章学诚能够从两种不同义例的角度作出评价。他说："马、班之史，皆出家学，自序皆申明之。其阐扬先美，可谓孝矣。前人乃讥固袭父书，而迁推先德，非平允也。然迁书与谈本无异指，故文辞无所识别；固则承父之业，而自辟门户，为断代专家之祖，不比彪之后传，犹沿迁史绪余者也。……此则义例有然，其实无殊致也。盖以六家宗旨而论，彪为通史再传，固为断代之祖，不相混也。"[②]尽管如此，章学诚还是通过比较二者整体上的利弊得失，突出强调了治史会通的重要性。他说："《说文》训通为达，自此之彼之谓也。通者，所以通天下之不通也。读《易》如无《书》，读《书》如无《诗》；《尔雅》治训诂，小学明六书，通之谓也。"[③]章学诚引经据典，论证中国学人自古以来就有注重会通的传统。他指出："先王惧人有匿志，于是

① 章学诚：《章氏遗书》外编卷2《乙卯札记》。

② 章学诚：《章氏遗书》外编卷3《丙辰札记》。

③ 章学诚撰、叶瑛校注：《文史通义校注》卷4《释通》。

乎以文明出治，通明伦类，而广同人之量焉。先王惧世有棼治，于是乎以人官分职，绝不为通，而严畔援之防焉。自六卿分典，五史治书，学专其师，官守其法，是绝地天通之义也。数会于九，书要于六，杂物撰德，同文共轨，是达天下志之义也。”①章学诚由此总结出“通”字的两层含义：所谓“达天下之志”，说的是从横的方面求通；所谓“严畔援之防”，说的是从纵的方面求通。这两层含义，对中国古代史家追求“范围千古，牢笼百家”②会通之旨的形成具有根本性的影响。章学诚阐述了史家追求会通素养的正确方法，力戒孤陋寡闻和骛博泛通。他说：“凡人之性，必有所近，必有所偏，偏则不可以言通。古来人官物曲，守一而不可移者，皆是选也。薄其执一，而舍其性之所近，徒泛骛以求通，则终无所得矣。惟即性之所近，而用力之能勉者，因以推微而知著，会偏而得全，斯古人所以求通之方也。然则学者不患不知通之量，而患无以致通之原。盖欲自得资深，然后可以取资左右而无纥也。”③在历代史家的通史撰述中，所涵盖的时段相等，所记载的事实相同，要想避免雷同，就必须具有自成一家的撰述宗旨，显示出史家独具的匠心。他高度评价了郑樵编纂的《通志》，认为郑樵继承了孔子、司马迁所开创的专家之学。因为“郑樵生千载而后，慨然有见于古人著述之源，而知作者之旨，不徒以词采为文，考据为学也。于是遂欲匡正史迁，益以博雅；贬损班固，讥其因袭。而独取三千年来遗文故册，运以别识心裁，盖承通史家风，而自为经纬，成一家言者也。”④章学诚认为，郑樵

---

① 章学诚撰、叶瑛校注：《文史通义校注》卷4《释通》。
② 章学诚撰、叶瑛校注：《文史通义校注》卷5《申郑》。
③ 章学诚：《章氏遗书》卷8《通说为邱君题南乐官舍》。
④ 章学诚撰、叶瑛校注：《文史通义校注》卷5《申郑》。

在史学家法久失、古人著述之旨不明的风气中，能够阐明史学宗旨，以成一家之学，这是对史学的最大贡献。《通志》尽管在史书取材方面大多沿袭前人，然而正如章学诚所说："夫古人著书，即彼陈编，就我创制，所以成专门之业也。后人并省凡目，取便检阅，所以入记诵之陋也。夫经师但殊章句，即自名家。史书因袭相沿，无妨并见。专门之业，别具心裁，不嫌貌似也。剿袭讲义，沿袭久而本旨已非；摘比典故，原书出而舛讹莫掩。记诵之陋，漫无家法，易为剽窃也。然而专门之精，与剽窃之陋，其相判也，盖在几希之间，则别择之不可不慎者也。"[①]章学诚认为，强调这种区别非常重要。因为只有从史书的内容上判明是否具有著述宗旨，才不会被形式上的通史外貌所迷惑，因袭他人之书而寓含自己的撰述宗旨，属于能够成一家之言的创作，而没有著述宗旨却因袭他人之书，则属于剽窃成书。他说："立言之士，以意为宗，盖与辞章家流不同科也。人同此心，心同此理。宇宙辽扩，故籍纷揉，安能毕其所言，古人皆未言邪？此无伤者一也。人心又有不同，如其面焉，苟无意而偶同，则其委折轻重，必有不尽同者，人自得而辨之，此无伤者二也。著书宗旨无多，其言则万千而未已也，偶与古人相同，不过一二，所不同者足以盖其偶同，此无伤者三也。"反观时下，而"今之立言者，本无所谓宗旨，引古人言而申明之，申明之旨，则皆古人所已具也。虽然，此则才弱者之所为，人一望而知之，终归覆瓿，于事固无所伤也。乃有黠者，易古人之貌而袭其意焉，同时之人有创论者，申其意而讳所自焉，或闻人言其所得，未笔于书，而遽窃其意以为己有，他日其人自著为书，乃反出其后焉"[②]。史意在通史撰述中具有决

① 章学诚撰、叶瑛校注：《文史通义校注》卷4《释通》。

② 章学诚撰、叶瑛校注：《文史通义校注》卷3《辨似》。

定性作用，能够规范通史的性质，而事文的详略得失乃是次要问题。章学诚根据这种标准评价郑樵的修史素养，得出了与时人完全不同的见解。他指出："若夫二十《略》中《六书》、《七音》与《昆虫草木》三《略》，所谓以史翼经，本非断代为书，可以递续不穷者比，诚所谓专门绝业，汉唐诸儒不可得闻者也。创条发例，巨制鸿编，即以义类明其家学，其事不能不因一时成书粗就隐括，原未尝与小学专家特为一书者絜长较短，亦未尝欲后之人守其成说，不稍变通。夫郑氏所振在鸿纲，而末学吹求则在小节，是何异讥韩、彭名将不能邹、鲁趋跄，绳伏、孔巨儒不善作雕虫篆刻耶？"正因为长期以来学者评价史书不辨著述宗旨，才出现"自迁、固而后，史家既无别识心裁，所求者徒在其事其文，惟郑樵稍有志乎求义，而缀学之徒嚣然起而争之。然则充其所论，即一切科举之文词，胥吏之簿籍，其明白无疵，确实有据，转觉贤于迁、固远矣！……末学肤受，本无定识，从而抑扬其间，妄相拟议，遂与比类纂辑之业同年而语，而衡短论长，岑楼寸木，且有不敌之势焉，岂不诬哉"[①]的局面。史家著书在文字和内容上可以因袭相承前人著作，但在撰述宗旨上必须别具独断之学，否则就会蹈于剽窃之罪。因此，章学诚特别强调史家修史必须具备发凡起例和别识心裁的素养，而这就要求史家具有追求史意的自觉意识，明确著述成家的宗旨，然后才能编撰出有思想的理论著作。

三　邵晋涵在历史编纂学理论上的建树

邵晋涵是清代乾嘉时期著名经学家和史学家，"经学、史学并

① 章学诚撰、叶瑛校注：《文史通义校注》卷5《申郑》。

冠一时，久为海内共推”[①]。他长期在史馆任职，负责官修史书的编纂，有丰富的历史编纂学经验。时人推重其史学成就，“言经学则推戴吉士震，言史学则推君”[②]。同时，邵晋涵注重对历代史书的编纂得失深入考察，在历史编纂学理论上取得了可喜的建树。

（一）关注史书编撰宗旨问题。中国古代修史制度源远流长，史书编纂理论也随之不断完善。《史记》“成一家之言”的撰述宗旨，成为历史编纂学上的优良传统。唐宋以后，史馆集众修史的优势有所发展，而“成一家之言”的优良传统却有所淡化。后代史家刘知幾、章学诚等人提出了尖锐的批评，指出著述缺乏宗旨，徒具史法，史意不明，严重阻碍了历史编纂学发展。邵晋涵强调史家的著述宗旨，着重揭示了著述宗旨在历史编纂学上的重要性。

第一，申明史学家法的重要性，从学术传承关系阐明史书宗旨，发掘史家的编纂思想。

司马迁撰《史记》，其学术宗旨成为后人聚讼纷纭的焦点。邵晋涵独具慧眼，批评了前人一面讥谤司马迁违背儒家经训，一面赞誉《史记》为千古独创的悖论。他指出：“迁自言继《春秋》而论次其文，后之学者疑辨相属。以今考之，其叙事多本《左氏春秋》，所谓古文也。……其义则取诸《公羊春秋》，辨文家质家之同异，论定人物多寓文与而实不与之意，皆公羊氏之法也。……世尝讥史迁义法背经训，而称其文章为创古独制，岂得为通论哉！”[③]这样的认识

① 阮元：《揅经室集·揅经室二集》卷7《南江邵氏遗书序》。

② 钱大昕：《嘉定钱大昕全集·潜研堂文集》卷43《日讲起居注官翰林院侍讲学士邵君墓志铭》。

③ 邵晋涵：《南江文钞》卷12《史记提要》。

深化了《史记》研究，阐明了汉人治学注重家学的特征。邵晋涵又考察《史记》的体例说："其文章体例则参诸《吕氏春秋》，而稍为通变。《吕氏春秋》为十二纪、八览、六论，此书为十二本纪、十表、八书、三十世家、七十列传。篇帙之离合先后不必尽同，要其立纲分目，节次相成，首尾通贯，指归则一而已。"[①]在今天看来，这样表象比附未免失之简略，不一定正确，然而注重史书编纂体例的探讨则有可取之处。

邵晋涵对于《史记》三家注的认识，也能够深入发掘其史书宗旨和编纂思想。他指出："《史记集解》一百三十卷，宋裴骃撰。骃以徐广《音义》粗有发明，殊恨省略，乃采九经、诸史并《汉书音义》及众书之目，而为《集解》。其所引之书，多先儒旧说，为后世所失传者。……后人合为一书，转于《集解》妄有删节。监本尤多讹误，今唯汲古阁毛氏本，犹存《集解》原书之旧。取校监本，……寻绎大旨，当由古注简质，后人以意为增益也。"[②]邵晋涵从学术宗旨的视角考察史书版本优劣，不仅仅校勘文句讹误，而且揭示出致误的原因，认识更加深刻。他同时还指出："迁引六经之文，间易以训诂，皆本西汉诸儒之旧说。裴骃引徐广《音义》，多识古文奇字，复取经传训释以为《集解》，扶微学而阐隐义，赖以不坠。是迁能述经典之遗文，而骃能存先儒之轶说，考诸经古义者必归焉，不仅史法为后人所遵守也。"[③]这样评论史书优劣，不仅揭示出其编纂体例得失，更重要的是阐发其编纂思想，认识极其深刻。

范晔著《后汉书》，增设的体例对后世修史产生了深远的影响。

---

① 邵晋涵：《南江文钞》卷12《史记提要》。

② 邵晋涵：《南江文钞》卷12《史记集解提要》。

③ 邵晋涵：《南江文钞》卷12《史记提要》。

邵晋涵认为范晔的编纂成就与家学宗旨密切相关。他指出:"范氏所增《文苑》、《列女》诸传,诸史相沿,莫能刊削,盖时风众势日趋于文,而闺门为风教所系,当备书于简策,故有创而不废也。《儒林》考传经源流,能补前书所未备。范氏承其祖宁之绪论,深有慨于汉学之兴衰,关于教化,推言终始,三致意焉。岂独贾逵、郑康成诸传为能阐其微意哉!"①这就揭示出史家学术思想与史书编撰之间的内在联系,具有深刻的理论认识。

隋唐社会统一的现实,要求史家用新的历史观念重新审视南北朝的历史,李大师、李延寿父子自觉肩负起这一历史使命,表现出与南北朝史家不同的撰述思想。李大师计划用编年体裁撰写一部南北贯通的史书,可惜他的宏愿尚未来得及实现,便赍志以殁。李延寿继承家学,终于撰写出纪传体南北二史。有人认为李延寿没有秉承乃父的修史遗愿,分作《南史》和《北史》,没有反映出时代要求,甚至说这是不赞成统一的表现。我们看看邵晋涵怎样对待这个问题。他说:"延寿既与修《隋书》十志,又承父志为南、北史。……南、北史虽分纪南北,实为一书。故延寿于《裴蕴传》云,祖之平、父忌,《南史》有传,《王颁传》云,父僧辩,《南史》有传,即互相贯通之旨也。"②如果不是把握二书的宗旨,明了学术渊源上的师承关系,仅仅从史书的形式上看问题,根本得不到这样深刻的认识。

第二,强调私人修史别识心裁,宗旨明确,而集众修史不利于表现史家思想,影响史学发展。邵晋涵对史书体裁具有明确的认

① 邵晋涵:《南江文钞》卷12《后汉书提要》。

② 邵晋涵:《南江文钞》卷12《北史提要》。

识，细致地分析了各家史著的义例。他说："史家体例，刘知幾分《史记》、《汉书》为二家，《史记》为通史，《汉书》断代为书。法《汉书》者，《后汉书》、《三国志》以下诸史是也。司马迁受《春秋》之学于董仲舒，易编年之体为纪、表、书、世家、传，罔罗放失，成一家言。后李延寿《南北史》、欧阳修《五代史》，合数代为一书，体近通史，然较之《史记》，名似而实殊。……司马光《通鉴》，易纪传为编年，补遗辨误，条理秩然，勒成考鉴资治之书，较《史记》体殊而义合。……郑樵有志于通史，用《史记》体，撰二十《略》以广八《书》，纪、传、世家取诸旧史，而省其重复。将以囊括古今，经纬终始，去偏党之私，成条贯之学。"[①]这表明私家撰述都具有明确的学术宗旨，运用别识心裁，撰写出能够成一家之言的史学著作。这一认识成为邵晋涵衡量前人历史编纂学成就的一个重要标尺。

针对《南史·刘之遴传》关于鄱阳嗣王刘范得到班固《汉书》真本，命刘之遴等人参校出与今本《汉书》数十事互异的记载，邵晋涵从班固历史编纂学义例精微的角度做了评价，指出其破绽之一是所谓古本《汉书》不符合班固原意，体例混乱。他说："之遴又云，古文《叙传》号为《中篇》，今本为《叙传》。又今本《叙传》载班彪事行，而古本云彪自有传。夫古书叙皆载于卷末，固自叙作书之意，故谓之叙；追溯得姓以来祖、父之事迹，故谓之传。叙传二字，确不可易，后代史家皆沿其例。改作《中篇》，此何说也？至云彪自有传，则语尤荒诞。彪在光武之世举茂才，为徐令，以病去官，后数应三公之召，断宜入东汉传。惟见于《叙传》，故可于况、伯、斿、稚之后，详其生平，述其言论。若自为一传，则无卷可附。若以类相及，必

① 邵晋涵：《南江文钞》卷8《庚子科广西乡试策问》。

《汉书》有《光武纪》及云台诸功臣传，而后可也。奚不考《叙传》所云起元高祖，终于孝平王莽之诛乎！”其破绽之二是所谓古本《汉书》与班固修史义例相互矛盾，不合史家法度。邵晋涵指出：“之遴又云，今本《外戚》在《西域》后，古本次帝纪下。又今本《高五子》、《文三王》、《景十三王》、《孝武六子》、《宣元六王》杂在诸传中，古本诸王悉次《外戚》下，在《陈》、《项》传上。夫纪、表、志、传之次序，固自言之。如之遴所述，则传次于纪、而表、志反在传后。诸王既以代相承，宜总题曰《诸王传》，何以《叙传》作《高五王传》第八，《文三王传》第十七，《景十三王传》第二十三，《武五子传》第三十三，《宣元六王传》第五十耶？且《汉书》始改《史记》之《项羽本纪》、《陈胜世家》为列传，自应居列传之首，岂得移在诸王之后！其述《外戚传》第六十七，《元后传》第六十八，《王莽传》第六十九，明以王莽之势成于元后，史家微意寓焉。若移《外戚传》次于本纪，是恶知史法哉！”[①]只有精通历史编纂学的宗旨和义例，才能够对班固《汉书》的真伪作出上述精微的考辨，得出正确的结论。对于今传本《宋书》，邵晋涵发现也存在问题。他说：“约表上其书，谓本纪、列传缮写已毕，合志、表七十卷，所撰诸志须成续上。今此书有纪、志、传而无表，岂后来缺失欤？……岂约拟撰表续上而未及成欤？抑其表早佚，为唐初诸臣所未见，而卷帙出于后人编次，较约自言者不同欤？观约前后叙例，其史体多拟班固，不应舍表不作，其为后来所佚明矣。”不仅如此，而且“今本总目题卷十一志第一志序，卷十二志第二历上，卷十三志第三历下，而每卷细目作志第一律志序，志第二历上，志第三历下。以《志序》考之，凡损益前史诸志为八门，曰律历，曰礼，曰乐，曰

---

① 邵晋涵：《南江文钞》卷12《汉书提要》。

天文，曰五行，曰符瑞，曰州郡，曰百官，是律、历未尝分两门也。今总目以《志序》自为一卷，而细目标题又专似《律志》之序。按其文义，则律、历本出同源，当云律历上、律历中、律历下，而后人编目者强为分割，其非约之原定目次，此又其明证矣”①。这是强调必须弄清史家修史的宗旨，自觉从书法义例方面考察史书成就高下，评价史书编纂的利弊得失，成为其历史编纂学理论的重要内容。

中国古代史学发展到唐代，开史馆集众修史之例。唐初撰成八史，成绩很大，但同时也开始暴露出修史职责不明，众人共成一书，水平参差不齐，前后矛盾等问题。在八史之中，《梁书》和《陈书》实际上是姚思廉独自撰成，尽管存在不少缺点，然而优点比较突出。邵晋涵评论《梁书》说：“如《简文纪》载大宝二年四月丙子，侯景袭郢州，执刺史萧方诸；而《元帝纪》作闰四月丙子，则两卷之内，日月参差。《侯景传》上云张彪起义，下云彪寇钱塘，则数行之间，书法乖舛。其余事迹之复互者，前后错见，不待旁征《南史》而始知其条理未密也。要其排整故事，叙次明晰，议论亦多平允，分卷次第，犹具汉晋以来相传之史法，异乎取成众手，编次失伦者矣。”②他评论《陈书》说：“《察传》见此书卷二十七，传中称其知撰梁史事，又敕成梁、陈二史，殆思廉用以表明其家学。然察以陈亡入隋，为秘书丞，北绛郡开国公，与同时江总、袁宪诸人，并由陈入隋，跻显秩。而仍列于《陈书》，揆以史例，未免失于限断矣。”同时又强调“其书首尾完善，叙次如出一手，信思廉之善承家学也。虽其纪传年月间有抵牾，要不得微疵而掩其全体耳”③。这说明专门

---

① 邵晋涵：《南江文钞》卷12《宋书提要》。
② 邵晋涵：《南江文钞》卷12《梁书提要》。
③ 邵晋涵：《南江文钞》卷12《陈书提要》。

家学在修史时可以发挥自得之学的优势，从而显示出别识心裁对史书编纂的重要作用。相比之下，史馆集体修史却不能充分发挥史家的特长，即使备受后世推重的《五代史志》，也不例外。邵晋涵指出："十志最为宋人所推重，然成非一手，要当分别观之。《礼仪志》、《音乐志》始于齐梁，以续前志。至《律历志》首载备数、和声、审度、嘉量、权衡五篇，《天文志》所载地中晷景、漏刻星经、中宫二十八舍、十辉诸篇，皆上溯魏晋，与《晋书》之志复见，殊非史家前后相承之体。"[①]史馆修史只能服从监修者的意图，遵照固定的体例纂修。这样修成的史书缺乏史意，史学价值大为减色。刘昫等编修的《旧唐书》，虽然去唐不远，容易撰成实录，"然旧书不成于一手，……舛互缺漏之病，好其书者不能为之讳也。……较韦述等所修旧史，截然高下，不可并论矣"[②]。元人所修《宋》、《辽》、《金》三史，尤其是《宋史》，素来受到世人讥议，但人们多从内容芜杂、重复抵牾等方面批评其编纂得失。邵晋涵虽然也指出"其前后之复沓抵牾不一而足"，但更主要的是批评元代史家只知照抄旧史，不明修史宗旨。他说："当时修《宋史》，大率以宋人所修国史为稿本，匆遽成编，无暇参考。宋人好述东都之事，故史文较详，建炎以后稍略，理、度两朝，宋人罕所纪载，史传亦不具首尾。遂至《文苑传》止详北宋，而南宋仅载周邦彦等寥寥数人；《循吏传》则南宋无一人。岂竟无可考哉？抑亦姑仍东都书之旧而不为续纂也。"[③]后人修前代史，无论在史实还是见识方面，都应当超越前人，所修史书才有价值。然而元人修史因循苟且，南宋部分的内容严重匮乏，几乎不成其为史书，史实尚不完

---

① 邵晋涵：《南江文钞》卷12《隋书提要》。
② 邵晋涵：《南江文钞》卷12《旧唐书提要》。
③ 邵晋涵：《南江文钞》卷12《宋史提要》。

备，怎么能表现出撰述宗旨，更遑论其书的思想价值。

（二）关注史书编撰直书见意问题。撰修史书，必须具备事实、褒贬与词采三项基本要求，而最重要的则是史实，离开史实就不成其为历史著作。中国史学历来有据事直书的优良传统，也允许史家对所述史实进行合乎其义的评价。然而宋明以来，文人对史事的褒贬误入歧途。究其原因，一是史家刻意追求所谓微言大义的《春秋》书法，史书文词枯简奥隐，历史事实反而晦暗不明；二是朝廷以论史作为科举考试科目，刺激文人为追求功名而标新立异，对前人古事轻事褒贬。这些做法背离了史学宗旨，形成极为恶劣的学风。明清之际学者始纠其弊，返归征实。到乾嘉时期，邵晋涵与当时著名史家钱大昕、王鸣盛等人高举"实事求是"的旗帜，在历史编纂学上反对随意褒贬，倡导直书见意的学风，给史学增加了理性主义因素。

第一，主张史书应当据事直书，善恶自见，史家不必轻下结论，后人根据史事反省，便能起到惩恶扬善的劝勉作用。

范晔《后汉书》继承前人成就，因义起例，创置《独行》、《党锢》、《逸民》诸传，按类区别人物，寓有褒贬之意。邵晋涵不赞成这种以类传名目寓含褒贬的修史方法。他说："夫史以纪实，综其人之颠末，是非得失，灼然自见，多立名目奚为乎？名目既分，则士有经纬万端，不名一节者，断难以二字之品题，举其全体；而其人之有隐慝与丛恶者，二字之贬，转不足以蔽其辜。宋人论史者，不量其事之虚实，而轻言褒贬，又不顾其传文之美刺，而争此一二字之名目为升降，辗转相遁，出入无凭，执简互争，腐毫莫断，胥范氏阶之厉也。"[①]在今天看来，究竟应该怎样评价范晔的历史编纂学思想，不

① 邵晋涵：《南江文钞》卷12《后汉书提要》。

妨仁智互见。然而邵晋涵提出的问题，已经超出就事论事的局限，具有普遍理论意义，其价值应当认真总结。

对于萧子显撰《南齐书》，邵晋涵虽然对作者滥述道藏，阐扬佛理颇多微辞，但却表彰“其纪建元创业诸事，载沈攸之书于《张敬儿传》，述颜灵宝语于《王敬则传》，直书无隐，尚不失是非之公。《高十二王传》引陈思之表，曹冏之论，感怀宗国，有史家言外之意焉”[①]。唐初李延寿撰《南史》，后人褒贬不一。邵晋涵一方面肯定其“本纪删其连缀诸臣事迹，列传则多删词赋，意存简要，殊胜本书”，另一方面又指出“宋、齐、梁、陈四朝九锡之文，符命之说，告天之词，皆沿袭虚词，无关实证，而备书简牍，仍仍相因，是芟削未尽也”。他最后得出结论说：“盖延寿当日专致力于《北史》，而于《南史》不过因旧史之文，连属排纂，其减字节句，多失本意，官爵郡邑，转易迷误。间有所增，则又不量其事之虚实，缘饰成文。如《宋陆太后传》较宋史为详，然沈约修宋史，其诋毁前朝可谓至矣，而不载陆太后饮酒置毒之事。当亦揆以前后恩慈，不应存此异说也。延寿采杂史为实录，又岂可尽信哉！”[②]可见不论是据事直书，还是婉辞见意，只要不失是非之公，邵晋涵都予以肯定，承认其史学价值。

欧阳修撰《新唐书》与《新五代史》，历代学者或誉其事增于前、文省于旧，或讥其文省事增为失误。邵晋涵指出，这些批评都没有抓住要点，不能作为史书编撰优劣的标准。后人修史，假如不知剪裁省文，篇幅将冗滥庞大；假如不比前史增加史实，就没必要重修。他认为两书缺点在于过分强调褒贬，导致事实隐晦不明。《新唐

① 邵晋涵：《南江文钞》卷12《南齐书提要》。

② 邵晋涵：《南江文钞》卷12《南史提要》。

书》对唐代某些典章制度、重要事实遗漏失载。《新五代史》只有《司天》、《职方》二考，致使上承隋唐、下启两宋的五代典制湮没无闻。邵晋涵批评说："《新书》之失，在增所不当增，省所不当省尔。……使修、祁修史时，能溯累代史官相传之法，讨论其是非，决择其轻重，载事务实，而不轻褒贬，立言扶质，而不尚挦扯，何至为后世讥议，谓史法之败坏自《新书》始哉！"[①]这些批评正切中要害。在今天看来，欧阳修以文人修史，不具备史家专长，而叙述典章制度，考稽历史事实，非良史不能胜任。因此，他只有以词采为文，褒贬为识，而不可能写出一部名山之作。

第二，主张据事直书，善恶自见，但并不排斥对历史做客观公正的评论，二者可以并行不悖，更好地起到垂鉴后世的作用。

邵晋涵并非对史家褒贬史事不加区别地一概加以反对，对那些修史时议论公正的史家，仍然取称道态度，关键看其评论是否符合实际情况。元人所修三史中，邵晋涵认为《金史》最好，特别是"传赞亦多平允，张中孚之事仇，崔立之反复，明著其辞为炯戒。岂非明向背之义，识兴废之原者欤"[②]！即使对他抨击最为激烈的《宋史》，仍然肯定其"惟诸论尚无甚偏驳"[③]。在邵晋涵的理论中，直书见意与公正评论并不是相互对立，而是辩证统一的两个方面。其实，他本人论史就是"语见渊源，深识玄解"[④]。他为《四库全书》作史部书籍提要，议论风发，史意突出，表现出继承浙东史学传统，又能够融合汉宋学术的风格。正因为与乾嘉汉学家论史宗旨不

① 邵晋涵：《南江文钞》卷12《新唐书提要》。
② 邵晋涵：《南江文钞》卷12《金史提要》。
③ 邵晋涵：《南江文钞》卷12《宋史提要》。
④ 谭献：《复堂类集·日记》。

合，所作诸史提要在收入《四库全书总目提要》时，议论之语多被删除，只保存了辨误、版本、篇目介绍等内容，学术宗旨被阉割了。把邵晋涵《南江文钞》与《四库全书总目》中的史籍提要加以比照，确如黄云眉先生所说："大抵《文钞》所载多议论语，而彼则多辨证语。"[1]邵晋涵所反对的是那些完全不顾史实甚至歪曲史实，没有事实根据的轻易褒贬，这种撰史和论史学风只会损害史学的严肃性与客观性，遗患无穷。

邵晋涵这种理论性认识，集中表现在对魏收修撰《魏书》的评论中。魏收修史，因触犯当权的汉族和鲜卑贵族利益，引起他们的不满，纷纷诬蔑魏收修史不实，意在曲笔。此后罪名逐渐升级，至刘知幾《史通》，把《魏书》定谳为"秽史"。后人剿袭其说，谬种流传。乾嘉学人本着实事求是态度，重新予以客观评价。王鸣盛首先提出质疑："魏收手笔虽不高，亦未见必出诸史之下。"[2]邵晋涵则进一步深入分析，辨正时人对魏收的种种指责大多名不副实，予以澄清。最后他得出结论说："李延寿以唐臣修《北史》，多见馆中坠简，参校异同，多以收书为据。其为《收传》，论云：勒成魏籍，婉而有章，繁而不芜，志存实录。于是秽史之谤，可以一雪矣。收叙事详赡，而条例未密，多为魏澹所驳正。《北史》不取魏澹之书，而于《澹传》存其叙例，亦史家言外之意也。澹等之书俱亡，而收书终列于正史，然则著作之业，固不系乎一时之好恶哉！"[3]在邵晋涵看来，只有尊重史实，秉笔直书，其著述才有价值。尽管一时可能被人误解，但终究会得到公正评价。而那些没有事实依据，全凭主观

① 黄云眉：《邵二云先生年谱》。
② 王鸣盛：《十七史商榷》卷65《魏收魏书》。
③ 邵晋涵：《南江文钞》卷12《魏书提要》。

好恶强加于史事的议论褒贬，不过是过眼烟云，转瞬即逝。这正是他反对随意褒贬，主张直书见意理论的内核。

(三)关注史书编撰书法义例问题。史家修史，必须能够反映客观历史事实，这就要求史家必须讲究书法义例，提高编纂质量。中国古代史家都极为重视史书的发凡起例，为史学发展作出了巨大贡献。刘知幾继承前人成果，进一步做了理论总结。他说："夫史之有例，犹国之有法，国无法则上下靡定，史无例则是非莫准。"[①]这是中国古代史家对史例所达到的前所未有的认识高度。邵晋涵发扬这一优良传统，自觉地从书法义例方面考察史家史识，并以此为标准评论史书的优劣，形成了较为系统的历史编纂学理论。

第一，评价史家或史书的编撰成就，必须考察其书法义例高下优劣，若不绳之以史法，就得不出正确结论。

邵晋涵评价李延寿《南史》改造"南朝四史"的得失时，就是从书法义例角度予以批评。他说："合累朝之史为通史，自成一书，起例发凡，宜归画一。今延寿于《循吏》、《儒林》、《隐逸传》既递载四朝人物，而《文学传》则因宋史无《文学传》，遂始于齐之邱灵鞠。将谓宋无文学乎？抑必仍宋史门类之旧而不敢增益乎？《孝义传》搜缀湮落，以备缺文，而萧矫妻羊、卫敬瑜妻王，先后互载，男女无别。将谓史不当有《列女传》乎？抑因四史无《列女传》而仍其旧乎？且《南史》体制之乖裂，不必绳以迁、固之义法也，即据《北史》以参证，而知其疏舛矣。"[②]他用这一理论标准作参照，指出了《南史》的种

---

① 刘知幾：《史通·序例》。

② 邵晋涵：《南江文钞》卷12《南史提要》。

种不足，得出了比前人更加全面的认识。

沈约修撰《宋书》，于晋宋鼎革之际史事的处理颇具史识。邵晋涵评价说："《徐爰传》述当时修史之议，为桓玄等立传。约则谓桓玄、卢循等身为晋贼，非关后代；吴隐、谢混等义止前朝，不宜滥入；刘毅、何无忌等志在兴复，情非造宋。并为刊除，归之晋籍。其严于断代为史，申明义例如此。至其诸志之追述前代，亦犹班固《汉书》增载《地理》，上叙九州；创设《五行》，演明《鸿范》，用以补《史记》之缺，史家之义应尔也。"①他认为人物宜以朝代为断限，典制以通叙为优，肯定了《汉书》、《宋书》的修史义例，表现出卓越的史识。

姚思廉撰《陈书》，为其父姚察立传。邵晋涵认为不合史家法度："察以陈亡入隋，为秘书丞、北绛郡开国公，与同时江总、袁宪诸人，并由陈入隋，跻显秩，而仍列于《陈书》，揆以史例，未免失于限断矣。"②当然，邵晋涵也并不是没有考虑到姚思廉的用意是要叙述家学渊源，然而史家叙述家学，大都在史书末尾作序传，《史记》、《汉书》既有成例，历代史家也相沿不废。所以，《陈书》不合义例，难辞断限不明之咎。

第二，评价史书编撰的义例得失，应当辩证灵活地看问题，既要考虑到史书体裁，更要看它如何更好地反映客观历史。众所周知，史家如果过分强调史法，难免陷入以史徇例的误区，有时脱离客观历史，机械孤立看问题。邵晋涵立足史实批评史法，结论比较客观。

① 邵晋涵：《南江文钞》卷12《宋书提要》。
② 邵晋涵：《南江文钞》卷12《陈书提要》。

唐初所修《晋书》，存在不少缺点，王应麟主要讥其人物立传不合史法，失于断限等等。邵晋涵则从更深层次上批评其义例不善：如晋武帝信任冯紞，疏远张华，关乎晋朝治乱得失，二传不载原委，失借鉴之义；马敦立功孤城，不为立传，又不附于与此事相关的周处等人传下，失劝惩之义；郭琦不附赵王伦叛乱，高风亮节，不为记载，失教化之义。这些内容在干宝《晋纪》，臧荣绪、王隐《晋书》中分别有详细记载，唐修《晋书》削而不录，是因为"修《晋书》者多浮华之士，好引杂事以资谈柄，而不明于史家义例"[①]，所以不能全面反映历史。元人所修《辽史》，纪、志、表、传具全，体例完备，似乎在这方面无可挑剔。邵晋涵看问题极为深刻，指出元人修史失于考索，史料贫乏，为敷衍体例，凑足篇卷，不顾纪事重复，内容单薄，而国号、年号变更诸大事却失载。他认为造成这种局面的原因在于"当日史臣闻见既隘，又迫限时日，无暇旁搜，而局于三史并行之义，敷衍成文，取盈卷帙。观诸志叙例，惟取其门类相配，而不顾其事迹之有无，其张皇补苴之心亦良苦矣"[②]。这是典型的注重史书形式而不重视内容的不良修史方法。邵晋涵这样考察史书义例，远远超出汉学家那种一人一事地孤立考证与评论，而是从历史编纂学方法论的高度认识问题，形成了丰富的史学思想和理论。

邵晋涵对历代编撰家谱非常重视，形成了谱史并重的思想。他考察历史上谱学与史学的关系说："《周官》小史奠系世，辨昭穆，谱牒之掌，古有专官。自官失其传，《大戴记》首述系姓。后如杜预之《春秋世族谱》，则以谱学附之于经。至应劭之述系姓，王符之论

---

① 邵晋涵：《南江文钞》卷12《晋书提要》。

② 邵晋涵：《南江文钞》卷12《辽史提要》。

氏姓，又辅经而行者也。自太史公征引《世本》，考得姓受氏之原；至《唐书·宰相世系表》，则以谱学附之于史。其勒为专书，编分类次者，若挚虞《昭穆记》，王俭《百家谱》，贾希鉴《氏族要状》，胥能补史传所未备。五代以后，谱学散佚。于是士大夫之述家谱者，或推始迁之祖，或述五世之宗，守近而不能溯远，仅以叙同居之昭穆，而于受姓别族之源流，多未暇及。谱学之失传，所从来远矣。"可见历代谱系之学，和史学有着密切联系。研究谱学的内涵，有助于对史学的深入探索。他由此得出结论说："夫自奠系牒之官废，而后有专门之学。专门之学衰，而后有私家之谱。自古迄今，凡三变焉。古书之传者，今唯林宝《元和姓纂》、邓名世《古今姓氏书辨证》，犹存《永乐大典》中可考。唐宋盛时之谱学，至郑夹漈之为《通志》也，首叙氏族；又采诸家之谱乘见于著录。则家之有谱，固与国有史、州有志而并重也。"[①]邵晋涵特别强调家谱编纂的质量和体例，讲求编纂方法，因为上乘家谱"其编眘俱有条理。观其体例，蔼然见纯孝之思焉。昔郑夹漈撰《图谱略》，兼及诸家之谱。是则家修谱牒，能使体例精核，未始不列于著作之林。而世家之谱，更有裨于掌故"[②]。历代世家大族往往与各个时代的重大时事攸关，所以编纂家谱、族谱和宗谱，有益于保存掌故，考证史实，有裨于史学。

除此之外，邵晋涵纂修方志的实践经验积累，也成为其历史编纂学理论的重要内容。江苏甘泉县令曾经延聘他纂修县志，他认为甘泉自雍正年间始析为县，当作县志开端，此前人文地理宜入江都县，非常注重修志的体裁义例问题。当时有不赞同其主张者，邵

---

① 邵晋涵：《南江文钞》卷6《余姚史氏宗谱序》。

② 邵晋涵：《南江文钞》卷6《涞水方氏家谱序》。

晋涵遂不就聘。乾隆四十三年(1778年),浙江余姚知县唐若瀛聘邵晋涵协助纂修《余姚县志》。邵晋涵记载说:“今年邑人请修志书,余不敏,承乏志事,因为钩稽学田”,撰写成《学校官田考》[①]。在此前一年,杭州知府邵齐然聘汪沆、王增和邵晋涵纂修《杭州府志》。邵“晋涵始就傅,即闻杭州西湖吟社之盛。厉征君樊榭、杭编修堇浦实为职志。比来杭州,则樊榭征君已殁,堇浦编修教授四方,旋亦逝世。诸老零落殆尽,独于征君槐塘先生过从最久。……岁丁酉,杭州有修志之役。晋涵得随先生后,同事编纂,寒暑无间者,一年有余”[②]。汪沆也很推重邵晋涵与王增:“古杭称首郡,图经旷失修。文献日就湮,邦人抱私忧。召父今太守,续纂急为谋。辟局集群彦,琳宫敞且幽。裁成两史材,椽笔班马俦。八十七年事,洪纤勤讨求。补遗订讹舛,腕脱不厌休。惭予蹇劣质,驽马附骅骝。”[③]稿本略具,会邵齐然被王燧取代,将志书冒为己修付刻,而不著纂修诸人姓名。乾隆四十九年(1784年),知府郑沄续修《杭州府志》,仍聘汪沆和邵晋涵校订。邵晋涵说:“甲辰续修《杭州志》,晋涵复司其事。先生行年八十余矣,病目不能作书。时复见招燕坐,商榷今古,至日晡犹不听去。”[④]邵晋涵依据原本详加考核,增补缺略,篇帙既富,体例尤精,世称善本。然而其中往往剡入王燧刻版,以致邵晋涵表示遗憾,“又有私辑府志之订”[⑤],可惜没能实现,赍志而殁。

---

① 邵晋涵:《南江文钞》卷8,又见[光绪]《余姚县志》卷10。

② 邵晋涵:《南江文钞》卷6《槐塘遗集序》。

③ 汪沆:《槐塘诗稿》卷15《送邵二云编修入都》。

④ 邵晋涵:《南江文钞》卷6《槐塘遗集序》。

⑤ 章学诚:《章氏遗书》卷13《与胡雒君论校胡稚威集二简》。

第五章　章学诚与邵晋涵研究《宋史》的贡献

在中国古代的二十四史中，元代史家修撰的《宋史》向来有繁冗猥滥之讥。明清两代史家鉴于《宋史》存在的问题，纷纷改撰或重修，产生出一批宋史著作。在这些史家中，清代乾嘉时期的学者章学诚和邵晋涵对《宋史》研究作出过重要贡献。章学诚对《宋史》存在的问题做了深刻剖析，指出存在的种种弊端，准备利用新的历史编纂体裁重新撰修《宋史》。邵晋涵整理宋人著作，辑佚和考证了大量宋代史料，为重撰《宋史》打下了资料基础，并且撰写出部分草稿。他们的理论认识和实践探索，不仅丰富了中国古代史学史的内容，而且对今天的宋史研究依然有借鉴意义。

一　章学诚改撰《宋史》的构想与实践

中国传统史书体裁中，由汉代司马迁《史记》和班固《汉书》开创的纪传体占有重要地位。《史记》因其始创，体例难免存在缺陷，《汉书》断代为史，体例更趋完备。纪传体皇朝史因受到封建社会历代统治者的重视，被尊崇为正史，对中国史学产生了深远影响。纪传体史书创立之初，具有明显的优点，纪、表、志、传各种体例既有分工，又相互联系。这种体裁可以容纳较多的历史事实，便于完整记载某个朝代社会生活的各个方面。尤其是纪传体中的列传，按类标题，记载史事能够触类旁通，运用灵活，也可以记载大量人物，表现社会各阶层风貌，突出人的作用。因此，纪传体史书担负起时代所赋予的历史使命，促进了中国史学的发展与繁荣。但是，纪传体成为中国史书体裁主流以后，在两千多年的发展中渐渐产生了弊端，至《宋》、《元》二史登峰造极。章学诚考察了历代纪传体史书的流变，指出改革纪传体史书势在必行，选择《宋史》作为鹄的，提出改撰设想，并且部分地付诸实践，给后世留下了宝贵的经验和借鉴。

（一）章学诚从青年时代起，便致力于探讨纪传体史书的利弊得失。他把纪传体史书发展区分为三个阶段，划分出三个层次，并且详细论述了每个阶段纪传体史书成就的臧否。

第一个阶段是西汉至南北朝时期，史家修史具有家法，成就最高。章学诚说："古人著书，贵有家法。闻见猥陋，不足成家；而好骋繁富，不知所裁，亦失古人著书宗旨。大约颊上添毫，与蛇下画足，相去止在几希之间。要于著之有故，则稗稊亦珍，否则新奇亦尘垢耳。"[①]这种家学法度不仅表现在学术的外在风貌，更主要的是表现为治学宗旨的心传身受，并非外人所能窥见。因为"经师授受，章句训诂；史学渊源，笔削义例，皆为道体所该。古人书不尽言，言不尽意，竹帛之外，别有心传，口耳转受，必明所自，不啻宗支谱系，不可乱也。此则必从其人而后受，苟非其人，即已无所受也"[②]。先秦、秦汉时期的经史之学，都具有家学渊源，表现出鲜明

① 章学诚：《章氏遗书》卷9《为毕制军与钱辛楣宫詹论续鉴书》。

② 章学诚撰、叶瑛校注：《文史通义校注》卷3《师说》。

的学术宗旨。章学诚说："纪传之最古者，如马、班、陈氏，各有心裁家学，分篇命意，不可以常例拘牵。"[①]司马迁的《史记》、班固的《汉书》、陈寿的《三国志》、范晔的《后汉书》等，继承了先秦史家孔子以来的史学家法，成为纪传体史书中最优秀的史书。章学诚指出："昔夫子之作《春秋》也，笔削既具，复以微言大义口授其徒，三传之作，因得各据闻见，推阐经蕴，于是《春秋》以明。诸子百家既著其说，亦有其徒相与守之，然后其说显于天下。至于史事，则古人以业世其家，学者就其家以传业。"[②]沿至两汉，此风犹存。例如"史迁著百三十篇，乃云藏之名山，传之其人，其后外孙杨恽始布其书。班固《汉书》自固卒后，一时学者未能通晓，马融乃伏阁下，从其女弟受业，然后其学始显。夫马、班之书，今人见之悉矣，而当日传之必以其人，受读必有所自者，古人专门之学，必有法外传心，笔削之功所不及，则口授其徒，而相与传习其业，以垂永久也。迁书自裴骃为注，固书自应劭作解，其后为之注者犹若干家，则皆阐其家学者也"[③]。这些史家都有家学渊源，以一人之力撰修史书，运用别识心裁剪裁隐括前人的著述，体例不拘一格，能够充分表达自己的撰述宗旨。章学诚指出："古人重家学，盖意之所在，有非语言文字所能尽者。《汉书》未就，而班固卒，诏其女弟就东观成之。当宪宗时，朝多文士，岂其才学尽出班姬下哉？家学所存，他人莫能与也。大儒如马融，岂犹不解《汉书》文义？必从班姬受读，此可知家学之重矣。"[④]成书之后，又有后代学者为之注疏，所以形成专门家学。

---

① 章学诚：《章氏遗书》卷 7《史篇别录例议》。

② 章学诚撰、叶瑛校注：《文史通义校注》卷 3《史注》。

③ 同上。

④ 章学诚：《章氏遗书》卷 9《家书二》。

章学诚说："书之未成，必有所取裁，如迁史之资于《世本》、《国策》，固书之资于冯商、刘歆是也。书之既成，必有其传述，如杨恽之布迁书，马融之受汉史是也。书既成家，必有其攻习，如徐广、裴骃之注马，伏虔、应劭之释班是也。"[①]这个阶段由于史家具备家学素养，能够运用一家之学勒裁成书，显示出别识心裁的撰述宗旨，使纪传体史书超越编年体史书而成为传统史学的主流，极大地促进了中国古代史学的发展。

第二个阶段是南北朝至唐宋时期，私人著述蜂起，虽然不能体现专家之学，尚能发挥史家素养之长。章学诚说："子长、孟坚氏不作，而专门之史学衰。陈、范而下，或得或失，粗足名家。至唐人开局设监，整齐晋隋故事，亦名其书为一史。而学者误承流别，不复辨正其体。于是古人著书之旨，晦而不明。"[②]这个时期政局动荡，然而学术活跃，私人撰史之风甚盛，"尸素之俦，盱衡延阁之上；立言之士，挥翰蓬茨之下"，形成"一代之记，至数十家"[③]的兴盛局面。这些著作由于作者史学素养有高下之分，质量自然会参差不齐。章学诚指出："昔东汉诸家，今存惟范；典午群史，唐修仅传。盖班、马家学失传之初，一史而屏起争趋，一代而攻者数家，各尽所长，以自表见，传不传则听于其际与数。此虽不如世业专家，犹胜后人之拘守绳尺，不复成家学也。"[④]章学诚认为，家学失传的具体表现，就是文史著作多文人之笔，缺乏立言宗旨。他说："自东都而后，文集日繁，其为之者，大抵应求取给，鲜有古人立言之旨。故文

---

① 章学诚：《章氏遗书》外编卷12《永清县志前志列传序例》。

② 章学诚撰、叶瑛校注：《文史通义校注》卷5《申郑》。

③ 魏征：《隋书》卷33《经籍志二》。

④ 章学诚：《章氏遗书》卷9《与邵二云论修宋史书》。

人撰述，但有赋、颂、碑、箴、铭、诔诸体，而子史专门著述之书，不稍概见。而其文亦华胜于质，不能定为谁氏之言，何家之学也。其故由于无立言之质，致文靡而文不足贵，非文集之体必劣于子史诸书也。而文人拘体貌而昧于立言本指者，辄自厌所业，而浮慕古人子史专家，思效法之，其亦可谓不达于理而已矣。”①与此同时，封建国家也设立史馆集众修史，导致家法渐失。章学诚指出：“夫古人家法，沈约以前，存者什五；子显以下，存者什三。唐史官分曹监领，一变马、班以来专门之业，人才不敌陈、范，固其势也。”②然而《晋书》、《隋书》、两《唐书》等史书，虽不是出于一人勒裁，但修史者都有一技之长，分工也比较合理，尚能发挥自己的特长。章学诚认为：“纪传之次焉者，如《晋》、《隋》、《新唐》之书，虽不出于一手，人并效其所长，全书不免抵牾，分篇各有其篇。所谓离之则双美，合之则两伤者，固其道矣。”③尽管全书成于众人之手，难免互相抵牾，但具体到各部分内容，仍不乏精湛之笔，基本上尚能保证史书的质量。

第三个阶段是宋代以后，朝廷选择文人集体修史，史家不具史学专长，家学传统尽失。章学诚认为，集众修书如果能够贯彻一家宗旨，仍不失为学术著作。他指出：“《吕氏春秋》，先儒与《淮南鸿烈》之解同称，盖谓集众宾客而为之，不能自命专家，斯固然矣。然《吕氏》、《淮南》未尝以集众为讳，如后世之掩人所长，以为己有也。二家固以裁定之权，自命家言，故其宗旨未尝不约于一律，斯又出于宾客之所不与也。”④倘若不能贯彻总纂者的思想，修史必然产

① 章学诚：《章氏遗书》外编卷3《丙辰札记》。

② 章学诚：《章氏遗书》卷22《候国子司业朱春浦先生书》。

③ 章学诚：《章氏遗书》卷7《史篇别录例议》。

④ 章学诚撰、叶瑛校注：《文史通义校注》卷2《言公上》。

生矛盾，因为“书有数人共成者，历先后之传而益精，获同时之助而愈疏也。先后无争心，而同时有盛气也；先后可授受，而同时难互喻也；先后有补救，而同时鲜整暇也”[①]。集众修史导致史书缺乏明确宗旨，无法体现一家之言，质量参差不齐。章学诚指出：“六代以还，名家复歇，而集众修书之法行。如唐人之修《晋书》，元人之修《宋》、《辽》、《金》三史是也。监修大臣，著名简端；而编纂、校勘之官，则隐显不一。即或偶著其人与修史事，而某纪、某表编之谁氏，某志、某传辑自何人，孰为草创条规，孰为润色文采，不为整齐缀合，各溯所由，未免一书之中，优劣互见，而功过难知。”[②]元人所修《宋史》与明初所修《元史》，在历代纪传体史书中质量最差。这类史书的监修不得力，史官非其人，或史事抵牾，前后矛盾；或一事数见，人各专功；或一人两传，失于检核；冗滥不堪，漏洞百出。章学诚说：“纪传之最敝者，如《宋》、《元》之史，人杂体猥，不可究诘。或一事而数见，或一人而两传，人至千名，卷盈数百。”[③]唐宋以后史馆修史，多以宰相挂名监修，实际上不负责任；而修撰官多为文学词臣，缺乏良好的史学素养，敷衍塞责，错误百出，以致家法尽失，导致史学衰微。

章学诚指出，纪传体史书在两千年的发展中所产生的弊端，既有客观原因，也有主观原因。所谓客观原因，是纪传体裁本身存在的问题。在这种体裁中，纪、表、志、传体例分割，一事分在数篇，很不完整。诚如刘知幾所说：“分以纪、传，散以书、表，每论家国一政，而胡越相悬；叙君臣一时，而参商是隔。此其为体之失者也。”[④]纪传

---

① 章学诚撰、叶瑛校注：《文史通义校注》卷4《说林》。

② 章学诚：《章氏遗书》外编卷12《永清县志前志列传序例》。

③ 章学诚：《章氏遗书》卷7《史篇别录例议》。

④ 刘知幾：《史通・六家》。

体史书纪事难免重复，叠床架屋。越到后来，愈演愈烈，更加冗滥芜杂。《汉书》只有120卷，《旧唐书》200卷，《新唐书》225卷，《宋史》496卷。虽然史学发展的规律是社会愈发展，可资记载的史事愈多，有其必然性；但也不能忽视纪传体史书体例划分过细，从而造成内容庞杂的危害。章学诚说："纪传行之千有余年，学者相承，殆如夏葛冬裘，渴饮饥食，无更易矣。然无别识心裁，可以传世行远之具，而斤斤如守科举之程式，不敢稍变；如治胥吏之簿书，繁不可删。以云方智，则冗复疏舛，难为典据；以云圆神，则芜滥浩瀚，不可诵识。盖族史但知求全于纪、表、志、传之成规，而书为体例所拘，但欲方圆求备，不知纪传原本《春秋》，《春秋》原合《尚书》之初意也。"[①]这是史学自身发展中所产生的流弊。所谓史家的主观原因，是历代史家修史时，只知按照固定体例铨配事实，而不重视史家的修史宗旨，结果纪传体史书缺乏思想，简直成了没有思想的体裁空壳。司马"迁书所创纪传之法，本自圆神。后世袭用纪传成法，不知变通，而史才、史识、史学转为史例拘牵，愈袭愈舛，以致圆不可神，方不可智"[②]。章学诚批评后代史家只继承了司马迁、班固等人修史的体例，而抛弃了他们的著述宗旨。唐宋以后史家所撰的"后史失班史之意，而以纪、表、志、传，同于科举之程式，官府之簿书，则于记注、撰述，两无所似。而古人著书之宗旨，不可复言矣。史不成家，而事、文皆晦，而犹拘守成法，以谓其书固祖马而宗班也，而史学之失传也久矣"[③]。由于这些史家过于拘守成例，反而忽视了著述的宗旨，以致章学诚认为史学从此衰亡。他说："夫

① 章学诚撰、叶瑛校注：《文史通义校注》卷1《书教下》。
② 章学诚：《章氏遗书》卷9《与邵二云论修宋史书》。
③ 章学诚撰、叶瑛校注：《文史通义校注》卷1《书教下》。

记注无成法，则取材也难；撰述有定名，则成书也易。成书易则文胜质矣，取材难则伪乱真矣。伪乱真而文胜质，史学不亡而亡矣。”①这是因为三代尚无固定的撰述体裁，所以不同的史官可以根据自己的需要隐括记注材料，容易达到实用效果。三代以后则形成固定的史书体裁，史家固守成例，不重思想，史书千篇一律，史学成一家之言的传统消失。当然，对章学诚的说法不能绝对地理解，完全按照三代为坐标划分。章学诚认为，这个变化乃是一个过程，而其完成时间则是在唐代。他说：“汉、魏、六朝史学，必取专门。文人之集，不过铭、箴、颂、诔、诗、赋、书、表、文、檄诸作而已。唐人文集，间有纪事，盖史学至唐而尽失也。及宋元以来，文人之集，传记渐多，史学文才，混而为一。于是古人专门之业，不可问矣。”②可见唐代乃是中国古代史学的转折时期。章学诚认识到，只有改变纪传体史书中史意被史法束缚的被动局面，史学才能继续向前发展。他呼吁说：“纪传实为三代以后之良法，而演习既久，先王之大经大法，转为末世拘守之纪传所蒙，曷可不思所以变通之道欤！”③要改变这种状况，关键在于提高史家的史识素养和修史质量，恢复中国古代史家注重家学的优良传统。

（二）章学诚在明确认识纪传体史书发展演变的基础上，开始着手进行纪传体史书的利弊剖析，尤其对《宋史》和《元史》加以针砭，指陈得失。他十五六岁时，在湖北应城官署随父亲读书，趁馆师不备，“假手在官胥吏，日夜抄录《春秋》内外传，及衰周战国子史，辄复以意区分，编为纪、表、志、传，凡百余卷。三年未得成就，

---

① 章学诚撰、叶瑛校注：《文史通义校注》卷1《书教上》。

② 章学诚：《章氏遗书》卷13《论修史籍考要略》。

③ 章学诚撰、叶瑛校注：《文史通义校注》卷1《书教下》。

后为馆师所觉，呵责中废”[①]。他的这种素养，得益于其父亲的教诲。章学诚给子女的家书说：“十五六岁时，尝取《左传》删节事实。祖父见之，乃谓编年之书，仍用编年删节，无所取裁，曷用纪传之体，分其所合！吾于是力究纪传之史，而辨析体例，遂若天授神诣，竟成绝业。”[②]他对二十四史优劣逐一评论说：“获麟绝笔直至今，历史得失可窥寻。史迁义本风诗出，比兴偏长弦外音。班书典肃原经礼，官仪《左》、《国》融其体。蔚宗习染近文人，别裁间出犹鲜新。陈氏三书有微意，阳魏阴刘褒贬异。造奇蹈秽心术殊，尚存家法非全诬。子显《齐书》真破碎，史作雕虫大道晦。《梁》、《齐》、《陈》、《周》有完缺，自郐无讥一埽秽。《南》、《北》二史夸剪裁，断纻败絮如纷埃。唐初《晋》、《隋》出众手，《晋》杂《隋》纯非例推。刘昫《旧唐》号芜滓，欧宋《新书》矜后起。虽云文省事能增，未免适屦还削趾。欧阳《五代》世称奇，学究《春秋》文选史。元修三史明修《元》，大车冥冥尘未已。圣人制作是为经，笔削前朝万世型。”[③]除对清代官修《明史》不敢指摘外，其余皆有褒贬。在二十四史中，章学诚认识到：“如《宋》、《元》二史之溃败决裂，不可救挽，实为史学之河淮洪泽，逆河入海之会，于此而不为回狂障隳之功，则滔滔者何所底止！”[④]因此，他对元代史家撰修的《宋史》批评最多，非常具体地指出了《宋史》各种义例的缺陷。

第一，关于《宋史》的总体评价。历代学者对元修《宋史》的整体印象，就是撰修猥滥烦冗。章学诚对此也有同感，认为“《宋史》四百九十六，而纪至四十七卷，志至百六十二卷，传至二百有余，汗漫极矣”[⑤]。

---

① 章学诚：《章氏遗书》卷 22《与族孙汝楠论学书》。

② 章学诚：《章氏遗书》卷 9《家书三》。

③ 章学诚：《章氏遗书》卷 28《丁巳岁暮书怀投赠宾谷转运因以志别》。

④ 章学诚：《章氏遗书》卷 9《与邵二云论修宋史书》。

⑤ 章学诚：《章氏遗书》外编卷 1《信摭》。

其所以如此，主要原因是史家修史不知体要，缺乏笔削剪裁。他针对宋人韩淲《涧泉日记》对欧阳修《新五代史》的评价，提出自己的认识说："韩又云：范史有去取褒贬，唐纪志欧阳公犹有华处，少笔削意思。按欧公之于史事，本无所解。惟本纪编年书法，直过马、班，盖得于尹洙师鲁之讲益者。韩乃反以为讥，误矣。志不可谓华，乃是过求详备，破坏古人法度耳。《宋》、《金》、《元》史诸志，直抄档案，皆是《唐志》开之。"[①]任何种类的史书都不可能把历史事实包揽无遗，因此各种史书只能根据特定体裁义例，在某一方面体现出自己的优势。正如宋人马端临所言："编简浩如烟埃，著述自有体要。"[②]倘若不顾史书体裁的局限而一味求全责备，必然导致历史记载叠床架屋，史书内容芜滥不堪。元代史家不明此义，把应当由各种专史承担的内涵纳入《宋史》之中，造成史书体例不精、汗漫无极的弊端。同时，章学诚对于元代史家完全站在理学立场撰修《宋史》，心存门户之见而缺乏秉笔之公，提出了尖锐的批评。他说："唐仲友为与朱子不协，元人修《宋史》，乃至不为立传。门户之风，末流为甚，于此见矣。宋文宪作唐氏补传，公论终不泯也。但元修《宋史》，而补周臣韩通，史家韪之。文宪躬修《元史》，而不以唐仲友补宋之缺，岂士大夫之门户，转重于朝廷之忌讳欤！或疑史传补前朝人物，义由特创，不知马无《地理》而班补之，班无《舆服》而彪补之。典制尚补前人所无，人物更多鼎革嫌讳，易代至再，公论自平，其必需于后史之补，殆甚于表、志也。"[③]这虽然是一个具体个案事例，但却击中了元代史家的要害，触及到元修《宋史》的关

---

① 章学诚：《章氏遗书》外编卷1《信摭》。

② 马端临：《文献通考·序》。

③ 章学诚：《章氏遗书》外编卷4《知非日札》。

键性问题。另外，章学诚认为《宋史》的编撰体例还存在名实不符、编次失伦的缺陷。他说："《辽史》列传四十五，实止四十三篇，《外纪》、《国语解》非列传也。《外纪》乃高丽、西夏，何妨如外国列传之例，而概称列传！惟《国语解》自当别自为篇耳。《宋史》列传二百五十五，其实二百四十九，以九国世家分为六卷，次于《叛臣列传》之下，《周三臣列传》之上，不特名实不符，即编次上下篇第，亦不解也。前人往往以自序归入列传，马、班皆用是例。然自叙实亦可谓自传，于义尚可解也。《辽》、《宋》诸史，则名实真不符矣。"①可见元代史家修史不明义例，编撰失误。当然，章学诚并不是人云亦云，完全追随别人的论调指责《宋史》，而是给予客观评价。例如对于《宋史》区分《儒学传》和《道学传》的做法，他就表示了与别人不同的见解。章学诚认为："《道学》、《儒林》分为二传，前人多訾议之，以谓吾道一贯，德行、文学，何非夫子所许，而分门别户以起争端？此说非是。史家法度，自学《春秋》据事直书，枝指不可断，而兀足不可伸，期于适如其事而已矣。儒术至宋而盛，儒学亦至宋而歧，《道学》诸传人物，实与《儒林》诸公迥然分别，自不得不如当日途辙分歧之实迹以载之。夫道学之名，前人本无，则如画马，自然不应有角；宋后忽有道学之名、之事、之宗风派别，则如画麟，安得但为麕而角哉！如云吾道一贯，不当分别门户，则德行、文学之外，岂无言语、政事？然则《滑稽》、《循吏》，亦可合于《儒林传》乎！"②在中国学术思想史上，理学思潮是从宋代产生的新思想，反映宋代历史的《宋史》专门予以突出记载，完全合情合理，无可厚非。因

① 章学诚：《章氏遗书》外编卷1《信摭》。
② 章学诚：《章氏遗书》外编卷3《丙辰札记》。

此，章学诚指出："前人议元人修《宋史》，不应分别《儒林》、《道学》，余既有论辨矣。……道德宜出师氏，儒林宜出保氏，官守截然有分，古人辨之审矣。后世官师分事，治教分途，遂并古人之官守而忘之，转以吾道本一之说，讥史官之标别门户。夫吾道本一，则尧、舜、周、孔无二致也，则圣君、贤相皆可入《儒林传》矣，其说岂可通乎！"[1]章学诚认为《宋史》设立《道学传》完全合理，仅仅是使用"道学"命名，不免存在瑕疵。他指出："《隋志》有《道学传》二十卷，乃释教渊源也。元修《宋史》，乃用以称儒者。或又以'道学'二字，乃奸党所以标榜君子，皆失实也。"[2]这表明章学诚对《宋史》具有辩证和公允的认识，得出的评价结论比较正确。

第二，关于《宋史》诸表的评价。元代史家撰修《宋史》，纪、志、传部分大多依据宋人所修国史为底本，但因宋代历朝国史无表，所以《宋史》的表为元代史家补撰，问题较多。章学诚指出："班固《百官公卿表》，犹存古意，其篇首叙官，则太宰六典之遗也；其后表职官姓氏，则御史数从政之遗也。范、陈而后，斯风渺矣。至于《唐书》、《宋史》，乃有宰相年表，然亦无暇旁及卿尹诸官。非惟史臣思虑有所未周，抑史籍猥繁，其势亦难概举也。"[3]因为《宋史》的年表仅有宰执，无法包容部、院、寺、监各官，所以不得不大量设置列传，造成史书庞大冗滥。章学诚说："夫立例不精，而徒争于记载之难约，此马、班以后所以书繁而事缺也。班史百官之表，卷帙无多，而所载详及九卿；《唐》、《宋》宰辅之表，卷帙倍增，而所载止画于丞弼。非为古书事简而后史例繁也，盖以班分类附之法，不行于年经

① 章学诚：《章氏遗书》外编卷 4《知非日札》。

② 同上。

③ 章学诚：《章氏遗书》外编卷 16《和州志官师表序例》。

事纬之中，宜其进退失据，难于执简而驭繁也。”[1]指出元代史家修史，问题非常突出。他们不明史表尚简的撰修义例，“于旁行斜上之中注其事实，以列传之体而作年表，乃元人撰《辽》、《金》史之弊法，虚占行幅，而又混眉目”[2]，把大量事实充斥在表内，造成史表猥滥。关于这一弊端，清初史家顾炎武已有论及，章学诚继承发展了顾炎武的思想，得出了新的认识。他说：“昔亭林顾先生之论史，则怪陈、范、沈、魏诸书不立年表，以谓表废而列传遂繁，其言良允。然顾氏所指年表，乃宗室、王侯、将相、列国诸表耳，未尝知人表之陷于众谤，宜急为昭雪，而当推为史家之法守也。充顾氏之所议，六朝诸史诚无解矣，《唐》、《宋》、《金》、《元》诸史，俱有年表，何以列传之繁，反比陈、范、沈、魏无表之书增至数倍？则顾氏表废传繁之说，不足以为笃论。”[3]章学诚认为年表固然重要，但不能挽救纪传体史书的芜滥，要解决这个问题，就必须恢复班固《汉书·古今人表》传统。他说：“顾炎武氏尝惜南北六朝诸史无表，以谓表缺而列传不得不繁。不知《宋》、《元》诸史未尝无表，而列传之繁反过六朝数倍。盖但表王公将相，而不以类综人物姓名，史传所由芜而冗也。”[4]章学诚关于设置人表类例的主张，在历史编纂学上具有重要价值，对于改撰《宋史》也具有重要的借鉴意义。

第三，关于《宋史》诸志的评价。《宋史》志一百六十二卷，记载了大量宋代典章制度，对于后人研究宋史价值很大。但因元人修史缺乏剪裁，直接抄撮官府簿书而成，以致缺乏别识心裁，几乎不

---

① 章学诚：《章氏遗书》外编卷7《永清县志职官表序例》。

② 同上。

③ 章学诚：《章氏遗书》补遗《又上朱大司马书》。

④ 章学诚：《章氏遗书》卷24《湖北通志检存稿·人物表叙例》。

成其为史书。章学诚说："迁、固书志，采其纲领，讨论大凡，使诵习者可以推验一朝梗概，得与纪、传互相发明，足矣。至于名物器数，以谓别有专书，不求全备。……自沈、范以降，讨论之旨渐微，器数之加渐广。至欧阳《新唐》之志，以十三名目，成书至五十卷，官府簿书，泉货注记，分门别类，惟恐不详。《宋》、《金》、《元》史繁猥愈甚，盈床叠几，难窥统要。"①尤其是《宋史》，情况更为严重。章学诚指出："子长八书，孟坚十志，综核典章，包函甚广。范史分三十志，《唐书》广五十篇，则已浸广。至元修《宋史》，志分百六十余，议者讥为科吏档册。"②他认为《宋史·河渠志》循名而忘源，因为"河为一渎之名，与江、汉、淮、济等耳。迁书之目《河渠》，盖汉代治河之法，与郑、白诸渠缀合而名，未尝及于江、淮、汶、泗之水，故为独蒙以河号也。《宋》、《元》诸史，概举天下水利，如汴、洛、漳、蔡、江、淮、圩、闸，皆存其制，而其目亦为《河渠》，且取北条诸水而悉命为河，则几于饮水而忘其源矣"③。章学诚在撰修地方志的实践中认识到，如果不明修史义例，事事求备，史书只能越来越庞杂。他说："近撰《亳州志》，更有进境。《新唐书》以至《宋》、《元》诸史，书志之体不免繁芜，而汰之又似不可，则不解掌故别有专书，不当事事求备也。"④典章制度的具体内容应当专门编撰《会要》、《会典》等书记载，而一代史书只能记载典章制度的发展趋势和宏纲要目，否则将数不胜数，记载泛滥无极。章学诚清醒地意识到这个问题，指出："夫唐宋所为《典》、《要》既已如彼，后人修《唐》、《宋》书，即以其法纪纲唐宋制度，使与纪传之史相

① 章学诚：《章氏遗书》卷15《亳州志掌故例议上》。
② 章学诚：《章氏遗书》卷15《答甄秀才论修志第二书》。
③ 章学诚：《章氏遗书》外编卷8《永清县志水道图序例》。
④ 章学诚：《章氏遗书》补遗《又与史余村》。

辅而行，则《春秋》、《周礼》并接源流，奕世遵行，不亦善乎？何欧阳述《唐》，元人纂《宋》，反取前史未收之器数，而猥加罗列，则亦不善度乎时矣。”①在这个问题上，元代史家撰修的《宋史》达到登峰造极的程度，确实难辞其咎。

第四，关于《宋史》列传的评价。章学诚认为，《宋史》列传之所以较前史繁冗，一个原因就是史家不明“传”之本意，仅仅局限在记载人物方面。他说：“传者，纬经之称。绎义、训故、记言、述事、书人，古人无定法也。自书分经史，而左氏以述事为编年之宗，史迁以书人为列传之本，于是传为史氏专篇。荀、袁复以纪称编年之书，则传又专属书人之用。……惟是史家体宗迁法，迁之列传虽为书人发凡，其《货殖》、《龟策》诸篇，未尝不兼述事，品藻人物，以意离合，一篇之中，不尽人为界画，犹左氏之遗也。至班、范以下，则类广而例益拘矣。夫传以人拘，则事散而互注不得不多，人又以类拘，则名繁而分篇不得不广，史文冗晦，所由自也。”②古代史传以事带人，事全而名简；后世史传以人带事，事散而名繁。另一个原因就是史书不立人表，造成无限立传。章学诚指出：“夫史之大忌，文繁事晦。史家列传，自《唐》、《宋》诸史，繁晦至于不可胜矣。使欲文省事明，非复人表不可，而人表实为治经业史之要册。……余尝叹史家绝学，千载失传，而史籍猥繁，殆如昔人之论治河，所谓增修故堤，劳费无已，且不知于何底也。其故虽不止列传一端，而列传实为尤甚。”③当然，章学诚认为《宋史》列传也有可为后世效法的长处。他指出：“《宋史》为元人所撰，疵病甚多，以史家法度而言，等于自郐无讥矣。然有特笔创例，可为万世法者，《周三臣传》是

① 章学诚：《章氏遗书》卷15《亳州志掌故例议中》。

② 章学诚：《章氏遗书》卷25《湖北通志检存稿·序传》。

③ 章学诚：《章氏遗书》卷8《史姓韵编序》。

也。一朝之兴，必修胜国之史，其鼎革之际，曲直是非出彼入此，史臣不必心术偏私，但为君父大义，则于理自不容无所避就。夫子之于《春秋》，不容不为尊亲讳也。然则胜国遗忠，待表章于易世之后，竟当著为成例，然后前人之缺与后人之补，皆可以质鬼神而俟后圣，斯为至当不易之理耳。”[①]这种史法的优点在于能够保持历史记载的连续性，可以从学理上为史家记事的客观公正提供保障。章学诚说：“《周三臣传》，亦似本于《五代史记·唐六臣传》，而褒贬异指。然宋人修《唐书》，已有五代遥隔，褒贬例无所嫌，不比元人之修《宋史》，鼎革相接续者也。且鼎革相际，无论国讳嫌疑，臣子义尊君父，即秉笔诸臣，多与前朝人物交涉，其中岂无恩怨厚薄，子孙岂无权势挟持，与夫干求请托，亦足以掣史官之肘。然则是非之平，前史所遗，断赖后史之补，亦事理之不得不然者也。”[②]从这类史家传记里，不仅可以看到历史事实的全貌，而且可以看到史学的发展演变及其规律，考察某一时期史学的利弊。

（三）章学诚长期研究纪传体史书，探赜索隐，洞悉其中利弊。他认识到只有对纪传体史书的体例加以改造，使之能反映出史家的别识心裁，才能够发挥史学的作用，让史书体裁更好地表达史学思想，史学思想有效地规范史书体裁，二者达到和谐统一的完美程度。为此，章学诚提出了完整的革新方案。他对史书体裁创新的思想，并不仅仅局限在理论范围内，而且还表现在修撰史书的史学活动中，进行了可贵的实践探索。

章学诚一生穷困潦倒，没能进入清代朝廷史馆，参与修撰纪传

---

① 章学诚：《章氏遗书》外编卷3《丙辰札记》。

② 同上。

体正史，但却有明确的史学意识。他说："纪传流弊至于极尽，而天诱仆衷，为从此百千年后史学开蚕丛乎！今仍纪传之体，而参本末之法，增图谱之例，而删书志之名。……但古人云，载之空言，不如见之实事。仆思自以义例撰述一书，以明所著之非虚语。因择诸史之所宜致功者，莫如赵宋一代之书。"①他和当时另一位史学家邵晋涵多次往复通信，讨论用新体例改修《宋史》。起初，章学诚打算和邵晋涵共同撰写，致书邵晋涵说："《宋史》之愿，大车尘冥。仆亦有志，而内顾枵然，将资于足下而为之耳。足下如能自成一史，仆则当如二谢、司马诸家之《后汉》，王隐、虞预诸家之《晋书》，亦备一家之学。如其未能，则愿与足下共功，其中立言宗旨，不侔而合，亦较欧、宋《新唐》，必有差胜者矣。"②然而邵晋涵对章学诚的提议似乎不感兴趣，未作答复，以致章学诚再次致书说："《宋史》之议，不置一辞，岂虑有任氏《字林》之补正邪！则仆且闭口矣。"③实际上，邵晋涵仍然是准备采用传统纪传体改撰《宋史》，而章学诚则主张采用自己设计的新纪传体重新撰写《宋史》，两人不可能共同合作改撰。最后，章学诚只能考虑独自撰写，对邵晋涵说："足下《宋史》之愿，大车尘冥，恐为之未必遽成；就使成书，亦必足下自出一家之指，仆亦无从过而问矣。……仆思自以义例撰述一书，……而体例既于班、马殊科，则于足下之所欲为者，不嫌同工异曲。惟是经纶一代，思虑难周，惟于南北三百余年，挈要提纲，足下于所夙究心者，指示一二，略如袁枢纪事之有题目，虽不必尽似之，亦贵得其概，而有以变通之也。"④可知他是想借助于邵晋涵提供的要目，把两宋大事

① 章学诚：《章氏遗书》卷9《与邵二云论修宋史书》。

② 章学诚：《章氏遗书》卷9《与邵二云论学》。

③ 章学诚：《章氏遗书》卷9《与邵二云》。

④ 章学诚：《章氏遗书》卷9《与邵二云论修宋史书》。

参照袁枢《通鉴纪事本末》的体例，全部编辑为列传，与两宋人物列传并列。章学诚对自己新编《宋史》的预期，按照前面划分的三个层次，不敢希综马、班专家之业，但却远胜《宋》、《元》官修二史，当与郑樵相比肩。他致书邵晋涵说："前人攻《宋史》者，如柯氏之《新编》，邵氏之《宏简录》，陈氏之《通鉴续编》，其效略可睹矣。仆于此役未必遽为柯、邵之流，恐如郑氏之《通志》，例有余而质不足以副耳。然足下进而教之，或竟免于大戾，未可知也。"[①]章学诚所谓与邵晋涵立言宗旨相同，指的是在乾嘉考据之风甚嚣尘上的环境中共同维持宋学。他说："今日之患，又坐宋学太不讲也。往在京师与邵先生言及此事，邵深谓然。廿一史中，《宋史》最为芜烂。邵欲别作《宋史》，吾谓别作《宋史》成一家言，必有命意所在，邵言即以维持宋学为志。吾谓维持宋学，最忌凿空立说，诚以班、马之业，而明程、朱之道，君家念鲁志也，宜善成之。然邵长于学，吾善于裁，如不可以合力为书，则当各成一家，略如东汉之有二谢、司马诸书，亦盛事也，但恐不易易耳。"[②]不料章学诚的担心变成了现实，由于迫于生计，他只好四处奔走谋食，讲学、修志、撰碑铭可以得到衣食之资，不可能有闲暇时间用来从事没有任何报酬的《宋史》改撰，以致生前没能实现这一宏愿。虽然如此，他的设想却给后人提供了经验和借鉴，仍然具有史学价值。

章学诚为湖广总督毕沅修撰《湖北通志》，是其一生中最重要的一次历史编撰工作，同时也对改撰《宋史》作出了贡献。他指出："夫著述之事，创始为难，踵成为易。仆缺然不自足者，传分纪人记

---

① 章学诚：《章氏遗书》卷9《与邵二云论修宋史书》。

② 章学诚：《章氏遗书》卷9《家书五》。

事，可谓辟前史之蹊矣。”[①]于是不顾世俗偏见，在《湖北通志》中特创《宋陈规德安御寇传》、《开禧守襄阳传》、《嘉定蕲难传》，记载宋代湖北境内的历史事实，与湖北人物传并列，充分体现了他设计的新纪传体裁中传以纪事的思想。章学诚认为史贵陶冶前人文字，各自成家。他撰《湖北通志》“嘉定蕲难之传，全本赵氏之《泣蕲录》，惟末段取《宋史·贾涉传》，载其淮北之捷及斩徐挥二事，为《泣蕲录》吐气，以慰忠义之心。其文省赵氏原文至十之六七，而首尾层折，乃较原录更为明显，亦非漫然为删节也。其后总论，即润色《泣蕲录》中申诉之语。……毋论原文拖沓草率，为赵氏之未尽，彼以反复剖白，悲哀控诉之语，乃申状体也。今改为沉郁顿挫，苍凉凭吊之辞，乃论赞体也。字句略换，而文指全殊”[②]。在上述三传中，章学诚均于传末编制《人名别录》或《姓名别录》，与传文相互补充。这是因为“人名事类，合于本末之中，难于稽检，则别编为表以经纬之”[③]，可以最大限度反映历史事实。然而章学诚的创举却遭到时人的讥讽，特别是毕沅去宫之后，继任湖广总督命人校勘，结果被篡改得面目全非。他说：“诸搢绅磨勘月余，签摘如麻，甚至屡加诋诘嘲笑，全失雅道。……而诸绅指摘之外，严加诋诃，如塾师之于孺子，官长之于胥吏，则亦过矣。”[④]章学诚不得已将《湖北通志》删节成《湖北通志检存稿》，保存在自己的文集之中。他在《嘉定蕲难传》后作跋语说：“此篇于近代史家为创例，其实皆有所本，并无一字之杜撰也。纪事名篇，本于《龟策》、《货殖》、《西域》诸传，且亦

---

① 章学诚：《章氏遗书》卷14《与陈观民工部论史学》。

② 同上。

③ 章学诚撰、叶瑛校注：《文史通义校注》卷1《书教下》。

④ 章学诚：《章氏遗书》卷14《复崔荆州书》。

左氏之旧例,史迁虽变而未离其宗者尔。叙例言之已详,木石亦可解矣。秀水陈增进士素闻其说,未尝有所异议。及至檄委校刊之际,密具禀揭,驳叙例云,意仿《左传》,殊不知《左传》之传,乃训诂解经之名,与史传之传,全不相涉。因请将此等传删节大略,入于编年,其中人物,附于忠义门类。……《左传》事备《春秋》本末,乃指以为解诂之书,吾知村学童蒙,必不可以欺也,然竟得售其欺,宜吾道之不行矣。传后人名别录,盖本常氏《华阳国志》与郑文宝《江表志》例,此亦人物表之变例。其不入表而附传者,其人不足以列表,而附传则以备传文之稽检也。此中具有精裁,非所责于此辈,其妄议更不足较矣。"[①]章学诚这一主张尽管在当时不被接受,但其价值显而易见,以纪事本末的形式撰写列传,开辟了传统历史编纂学向近代历史编纂学转变的途径。近代史家以章节体撰写史书,与章学诚设计的新纪传体有明显共同性,一脉相传。中国史学内部这种传承因素,与近代欧美史学对中国史学的影响,共同促进了中国史学的近代转型。

章学诚的治史经验证明,首先在修志的实践中得出理论认识,然后再把理论应用到改修《宋史》的实践中,这个过程符合科学认识规律。理论与实践相结合,既有利于阐发史学思想,也有利于创新史书体裁,从而使章学诚的史学成就达到中国古代史学的最高巅峰。

二 邵晋涵对《宋史》的考证与重修

在清代乾嘉时期的史家中,邵晋涵是一位对《宋史》研究作出

---

① 章学诚:《章氏遗书》卷25《湖北通志检存稿·嘉定蕲难传》。

重要贡献而又鲜为人知的学者。楬橥邵晋涵在《宋史》方面的研究成果，不仅是对前人研究《宋史》成就的发微，而且对当代的《宋史》研究也有裨益。

（一）关于《宋史》史料考证的价值。邵晋涵出生于浙江余姚，幼承家学，受到良好的家庭教育。邵氏“家藏宋元遗书最多，而世有通人口耳相传，多非挟策之士所闻见者”[①]。他继承清初学者黄宗羲、邵廷采学术，成为浙东史学后起之秀，在当时学者中享有很高的声望。邵晋涵在一生的学术生涯中，大部分时间从事经史注疏、辑佚和考辨，养成了深湛的治学功底。他针对“向来论《宋史》者，俱讥其繁芜，而鲜所举正”[②]的情况，着手校勘、考证《宋史》，为将来改撰新书做铺垫。据其弟子章贻选言，新书拟标名《宋志》，以显示出与《宋史》不同的撰述旨趣。邵晋涵离京赴安徽以后，致书友人说：“临行时以续修《宋志》见属，客中书少，未遑属笔。……《宋史》亦时为校勘事迹抵牾。无论元明人著述，即王氏《东都事略》，未敢信为实录也。新得《考异》一卷，宽以岁月，或可成编耳。”[③]可知他绝不是为考证而考证，而是为撰写《宋志》做准备。邵晋涵在给朱筠的信中也说：“近又取《东都事略》与《宋史》对勘，核其详略同异，先成《考异》一书，为将来作《宋志》稿本。事迹抵牾，未从审定，弥深固陋之惭耳。”[④]他对自己的考订成果非常满意，“尝据宋事与史策流传大违异者凡若干条，燕闲屡为学者言之”[⑤]。从现存《南江札记》中的四十

① 章学诚：《章氏遗书》卷13《与胡雒君论校胡稚威集二简》。

② 邵晋涵：《南江文钞》卷12《宋史提要》。

③ 邵晋涵：《南江文钞》卷8《与程鱼门书》。

④ 邵晋涵：《南江文钞》卷8《与朱笥河学士书》。

⑤ 章学诚：《章氏遗书》卷18《邵与桐别传》。

余条考辨材料来看，其考证纠偏剔谬，拾遗补缺，颇见功力。邵晋涵主要是用以下六种方法考证《宋史》，兹举例予以说明。

第一，用《宋史》纪、传参互考证。

《朱倬传》记载："宣和五年，登进士第。"邵按："《本纪》：宣和六年策进士，是年为甲辰科，非五年也。"[①]《传》作宣和五年，误。

《王庶传》记载："金又遣萧通古来，许割地，还梓宫，归太后。"邵按："《本纪》：金遣张通古、萧哲。"《传》作萧通古，误。

《袁韶传》记载："绍定元年，拜参知政事。"邵按："《本纪》及《宰辅表》作同知枢密院事，资政殿学士。"《传》作参知政事，误。

第二，用《宋史》志、传参互考证。

《陈希亮传》记载："再迁殿中丞，徙知鄠县。"邵按："《地理志》：鄠属陕西。范镇为希亮志墓，乃虔州雩都县，非鄠县也。"《传》作鄠县，误。

《奸臣·曾布传》记载："神宗召见，论建合意，授太子中允、崇政殿说书，加集贤校理，判司农寺，检正中书五房。凡三日，五授敕告。"邵按："《职官志》：中书省分房有曰户房，掌行废置、升降郡县、调发边防军须、给贷钱物。又云：检正官，五房各一人。则知《传》中五字当作户字。《琬琰集》五房作户房。"《传》作五房，误。

第三，用《宋史》各传参互考证。

《杜太后传》记载："生邕王光济、太祖、太宗、秦王廷美、夔王光赞、燕国陈国二长公主。"邵按："《秦国大长公主传》：建隆元年封燕国，元符三年改秦国。有姊一人，未笄而夭，追封陈国。姊陈，则妹燕矣，当更正。"前《传》当作陈国、燕国二长公主。

《张守传》记载："叶梦得请上南巡，阻江为守，张浚亦奏敌势方

---

① 邵晋涵：《南江札记》卷4。以下引文均出此书，不再一一注明。

张，宜且南渡。”邵按：“请南渡者为张俊，见《张俊传》，非浚也。《新编》亦误从水旁。”张浚是南宋著名的抗战派领袖，而张俊则主张避敌南逃，前《传》误。

《佞幸·龙大渊传》记载：“一日，右史洪迈过参政陈俊卿曰：‘闻将除右史，迈迁西掖，信乎？’”邵按：“《陈俊卿传》乃是‘人言郑闻将除右史’。今去一郑字，语不可解矣。《新编》亦仍其误。《职官志》无右史之衔，当称中书舍人洪迈。”前《传》不载姓氏，则“闻”字语义不明；而且用宋以前职官加诸宋人，不合史法。

第四，用《宋史》与其他史籍参互考证。

《符皇后传》记载：“后姊，周世宗后也，淳化四年殂。”邵按：“《五代史记》：世宗立符氏为皇后，彦卿女也。崩，谥宣懿。后又立符氏为皇后，即宣懿妹。是彦卿两女为周世宗后也。《传》不言宣懿，《彦卿传》不言后符后及太宗后。”《宋史》记载漏略皇后，误。

《王伦传》记载：“金欲以伦为平滦三路都转运使，……伦拒益力。……遂就死，年六十一。于是河间地震，雨雹三日不止。”邵按：“《金史》：皇统四年正月己未，杀王伦。至十月甲辰，河朔诸郡地震，与伦死无涉。”《宋史》记载牵强附会，误。

《奸臣·郭药师传》记载：“奉涿、易二州来归。”邵按：“《三朝北盟会编》：以涿州来归者药师，以易州来归者高凤。《九朝编年》：高凤以易州来归。”《宋史》记载牵连混合，误。

第五，用《宋史》与宋人碑版参互考证。

《谢绛传》记载：“祖懿文，……父涛。”邵按：“范仲淹《谢涛墓志铭》：懿文生崇礼，崇礼生涛，涛生绛。”谢懿文于谢绛为曾祖，《宋史》漏载一世，误。

《赵开传》记载：“初，钱引两料通行才二百五十万有奇。至是添印至四千一百九十余万。”邵按：“李焘所撰《墓志铭》作一千七百一十万缗。"《宋史》记载数字过大，存疑。

《文苑・晁补之传》记载："太子少傅迥五世孙，宗慤之曾孙也。"邵按："《山谷集・晁君成墓志》：晁氏世载远矣，而中绝。有讳迥者，以太子少保致仕，谥文元。君成曾王父讳迪，赠刑部侍郎。王父讳中简，赠吏部尚书。父讳仲偃，库部员外郎。刑部视文元，母弟也。端友字君成，生补之。据此则《传》云迥五世者，误。"晁补之父为晁端友，四世祖为晁迪。晁迪与晁迥为一母同胞，则晁补之亦为晁迥四世孙。《宋史》多载一世，误。

《文苑・刘恕传》记载："年十三，欲应制科，从人假《汉》、《唐书》，阅月皆归之。谒丞相晏殊，问以事，反复诘难，殊不能对。恕在巨鹿时，招至府，重礼之，使讲《春秋》，殊亲帅官属往听。未冠，举进士。……遂赐第。调巨鹿主簿。"邵按："范祖禹《刘秘书墓碣》云：释褐，邢州巨鹿主簿。陈鄘公帅高阳，召至府，重礼之，使讲《春秋》，丞相亲帅官属往听。……是召至府陈尧咨，非晏殊也。又事在为巨鹿主簿时，今叙于未冠举进士前，误矣。"《宋史》记载张冠李戴，且时间有误。

第六，根据实际情况考证《宋史》之误。

《田锡传》记载："赵普为相，令有司受群臣章奏，必先白锡。锡贻书于普，以为失至公之体，普引咎谢之。"邵按："必先白锡，锡字乃普字之误。"《宋史》纪事混乱，误。

《文苑・陈师道传》记载："早以文谒曾巩，巩一见奇之。……尝铭黄楼，曾子固谓如秦石。"邵按："一传之中，名、字互出。"《宋史》纪事不合史法，误。

《文苑・谢炎传》记载："谢炎，字化南，苏州嘉兴人。"邵按："苏字本秀字。"《宋史》记载行政区划差错，误。

从以上考证可以看出，邵晋涵对《宋史》考证的范围比较广泛，涉及年代、职官、地理、人名、数字、世系、名物、制度、史实各方面内容。他吸收了明人沈世泊《宋史就正编》的成果，除考证史事以外，也揭明《宋史》书法义例舛误。此外，还纠正了柯维骐《宋史新编》之误。更为重要的是，邵晋涵引用《宋史纪事本末》等书补充《宋史》记载未详的王坚合州保卫战始末，已经超出了单纯考证范围，具有重要的研究价值。

（二）关于《宋史》改撰宗旨的理论。中国史学历来有重视撰修前代史书的传统，史家具有明确的撰述宗旨，形成了自觉的史学发展意识。如春秋末年的孔子修《春秋》，就非常重视史义，明确宣称"其义则丘窃取之矣"①。汉代司马迁撰《史记》，目的在于"究天人之际，通古今之变，成一家之言"②，阐明了史学意欲自成一家的学术宗旨。这种史学意识为历代史家继承和发展，成为中国历史编纂学的优良传统。清代章学诚更从理论上做了总结："作史贵知其意，非同于掌故，仅求事文之末也。夫子曰：我欲托之空言，不如见诸行事之深切著明也。此则史氏之宗旨也。"③他反复强调："史家著述之道，岂可不求义意所归乎！"④章学诚把史学著述宗旨问题提高到前所未有的认识水平，标志着中国古代史学理论的成熟。

邵晋涵对史意问题也很重视，非常强调史家在史书中贯彻撰述宗旨。然而他对史意的论述不是用思辨的形式作出理论阐释，而是寓于具体史学评论中。从邵晋涵《南江文钞》的诸史提要中可

---

① 《孟子·离娄下》。

② 班固：《汉书》卷62《司马迁传》。

③ 章学诚撰、叶瑛校注：《文史通义校注》卷2《言公上》。

④ 章学诚撰、叶瑛校注：《文史通义校注》卷5《申郑》。

以看出，他强调修史贵在别识心裁，具有撰述宗旨，批评史馆修史徒具史法，没有史意，导致学术源流与史学宗旨不明。

由于邵晋涵具有明确的理论认识，所以能够看到《宋史》所存在的本质问题，萌生了重新编撰新书的设想。他认为前人评价《宋史》，大多是从卷帙冗滥，内容芜杂，史事重复抵牾等方面批评其编纂得失，这些都是事实，这样评价也是正确的意见。但是，如果进一步考察，就会发现《宋史》不仅仅存在内容前后重复，矛盾之处不一而足的缺陷，更主要的还在于元人修史宗旨不明确。第一，史家修史需要广泛搜集史料，使其著作内容丰满，史事比例协调。然而元人修史只照抄宋代国史，并没有补充南宋奇缺的史料，致使南北宋史实比例严重失调。邵晋涵说："当时修《宋史》，大率以宋人所修国史为稿本，匆遽成编，无暇参考。宋人好述东都之事，故史文较详，建炎以后稍略，理、度两朝，宋人罕所记载，史传亦不具首尾，遂至《文苑传》只详北宋，而南宋仅载周邦彦等寥寥数人，《循吏传》则南宋无一人。岂竟无可考哉？抑亦姑仍东都书之旧而不为续纂也。"[1]第二，史家撰修前代史，应当吸收已有研究成果，纠正前人著述中的谬误。然而元代史家修史时考证不审，并未参考前人成果，仍然沿袭旧史之误。他说："南唐刘仁瞻之死节，欧阳修《五代史记》、司马光《通鉴》俱为证明，而《宋史》仍作以城降。李浣终于辽，未尝入宋，见《辽史》本传，而《宋史》仍附传于《李涛传》后。此其于通行学官之书，同修之史，尚不及引证，其参差之迹，缺遗之事，又岂可枚举乎！"[2]第三，史家修史，应当注重史学的社会功能，起到惩恶劝善的作用。脱脱制定的修《三史凡例》中明确规定："金宋死节之臣，皆合立传，不须避

① 邵晋涵：《南江文钞》卷12《宋史提要》。

② 同上。

忌。”然而《宋史》漏载重要事实，失于褒贬劝诫之道。邵晋涵指出：“汴京之破，失载王履之奉使尽节；南宋之末，失载王坚之守城不降。是其于忠义之士，立功之臣，尚多缺落，尤为疏漏之大者矣。”[①]因此，他认为元修《宋史》几乎不成其为史书，只能在正史中聊备一代之史，没有多大史学价值。

邵晋涵在明确的史学意识指导下，提出了改撰《宋史》的宗旨。他说：“宋人门户之习，语录庸陋之风，诚可鄙也。然其立身制行，出于伦常日用，何可废耶？士大夫博学工文，雄出当世，而于辞受取与，出处进退之间，不能无箪豆万钟之择，本心既失，其他又何议焉！此著《宋史》之宗旨也。”[②]这清楚地表明，邵晋涵重新修撰《宋史》的目的，并非仅仅出于历史编纂学方面的考虑，从编纂技艺上弥补元修《宋史》的缺陷。他是想在修史过程中融入自己的价值观，表达特定的思想，通过褒扬宋代士大夫“先天下之忧而忧，后天下之乐而乐”的关心国家前途与命运的崇高精神境界，惩戒宋代理学空谈道德性命的门户之见以及空疏学风，把注重道德修养与社会实际事务联系起来，发扬“浙东之学，言性命者必究于史”[③]的优良传统，达到经世致用的目的，起到移风易俗的作用。邵晋涵这种理论认识，明显高于其他人对《宋史》的认识，意义深远。

在今天看来，邵晋涵对《宋史》不免贬之过甚，不尽合乎实际情况。目前史学界已有定论，充分肯定了《宋史》的价值[④]。邵晋涵的功绩在于从史书编纂思想上指出了它存在的问题，理论认识非常明确。他所提出的这些问题，今天仍然值得《宋史》研究者借鉴。

---

① 邵晋涵：《南江文钞》卷12《宋史提要》。

② 章学诚：《章氏遗书》卷18《邵与桐别传》。

③ 章学诚撰、叶瑛校注：《文史通义校注》卷5《浙东学术》。

④ 参阅罗炳良编《〈宋史〉研究》，见瞿林东主编《20世纪二十四史研究丛书》，中国大百科全书出版社2009年版。

（三）关于《宋史》改撰工作的成就。清代乾嘉时期，大批学者致力于总结传统文化，对数千年来的经史著述做了一次彻底清理。在史学领域中，对辽、宋、夏、金、元史的研究是一个重要方面，而对宋代历史研究最多的则是邵晋涵。他在"四库"馆任职期间，从《永乐大典》中辑出大量前人未见的五代、宋、元史书，尤其对整理和保存宋代史料颇有贡献。邵晋涵在裒辑整合散佚已久的薛居正《旧五代史》时，参考了许多宋人著述，利用《册府元龟》、《太平御览》、《通鉴考异》、《五代会要》、《契丹国志》、《北梦琐言》、《东都事略》、《宋史》、《辽史》、《续资治通鉴长编》、《五代春秋》、《九国志》以及宋人说部文集补缺考异，成就很大。鉴于邵晋涵在宋代历史研究方面的造诣和声望，当时学者普遍认为重新编撰《宋史》非他莫属。钱大昕说："余姚邵二云晋涵，精于史学，尝有志改修《宋史》。予谓当自南渡始，二云欣然拟作《南宋事略》，以续王偁《东都事略》，篇目悉依王氏之例，请予酌定《儒学》、《文艺》、《隐逸》三传目录寄之。"[①]段玉裁致书邵晋涵说："先生邃于史学，闻实斋先生云有《宋史》之举，但此事非先生莫能为。……闻以《宋史》自任，不知何日可成？令郎于《宋史》之学亦深，想必相得益彰。将来删削繁芜，继踪马、班，能令鄙人尚及见否？"[②]邵晋涵撰修《宋史》不但深孚众望，而且做了大量前期准备工作，从史实考证、著述宗旨到史书体裁都已经成竹在胸。

乾隆三十七年（1772年），邵晋涵着手改撰《宋史》。他在安庆坐馆时，曾经致书钱大昕说："《宋史》亦时为缗阅，就所见之书，考其同

① 钱大昕：《嘉定钱大昕全集·十驾斋养新余录》卷中《南宋事略》。

② 段玉裁：《经韵楼集·经韵楼文集补编》卷上《与邵二云书》。

异，事迹抵牾，无从审定，弥深固陋之惭耳。”[①]在另一封致友人的信中也说：“惟《宋志》功用浩繁，随时编辑，要当期以白首。蠹鱼结习，宛转文字间，不敢信为可传，聊用备遗忘耳。”[②]可见他认识到改撰《宋史》是一项艰巨的工作，做好了毕生从事研究的心理准备。

邵晋涵在研究宋代历史实践中认识到，要想修撰一部超过元修《宋史》的史书，不能只在旧史基础上从事史料修补或重新编排体例的工作，这样不会收到满意效果。只有明确撰述宗旨，掌握宋代事实，运以别识心裁，撰成一家著述，才能流芳百世。事实也正是如此，乾嘉以前改编《宋史》的学者，有王惟俭的《宋史记》、王洙的《宋史质》、柯维骐的《宋史新编》、文德翼的《宋史存》、陈黄中的《宋史稿》等，尽管他们为此付出了很多的心血，皆因只就《宋史》原书删削改编，因而史学价值不大。邵晋涵认为元人所修《宋史》详于北宋，是因为王偁《东都事略》积累了丰富的史料的缘故。他首先参考熊克《中兴小纪》、李焘《续资治通鉴长编》、李心传《建炎以来系年要录》、陈均《皇朝编年纲目备要》、刘时举《续宋编年资治通鉴》以及南宋学者的文集、笔记，撰辑《南都事略》，记载南宋一代史事。此书现已不存，我们从钱大昕的著作中尚能窥见一鳞半爪。《儒学传》两卷，记载杨时、尹焞、胡安国、胡寅、胡宏、胡宁、朱震、范冲、罗从彦、李侗、朱熹、黄榦、李燔、张洽、陈淳、李方子、黄颢、蔡元定、蔡沈、张栻、吕祖谦、真德秀、魏了翁、邵伯温、喻樗、洪兴祖、高闶、林之奇、林光朝、杨万里、陆九龄、陆九韶、陆九渊、陈傅良、薛季宣、叶适、戴溪、杨简、袁燮、袁甫、李舜臣、李道传、李心传、李性传、杨泰之、蔡幼学、程迥、刘清之、廖德明、汤汉、何基、王柏、叶味道、王应麟、黄震。《文艺传》一卷，记载汪藻、陈与义、叶梦得、程俱、曾

---

① 邵晋涵：《南江文钞》卷8《上钱竹汀先生书》。

② 邵晋涵：《南江文钞》卷8《与吴衣园书》。

幾、张嵲、韩驹、朱敦儒、徐俯、葛胜仲、熊克、陆游、范成大、郑樵、尤袤、陈亮、徐梦莘、刘克庄、张即之。《隐逸传》一卷，记载徐庭筠、苏云卿、谯定、王忠民、刘勉之、胡宪、郭雍、刘愚、魏掞之、安世通[①]。对此，当时学者给予很高的评价。钱大昕赞誉此书“词简事增，过正史远甚”[②]。邵晋涵准备等南宋史料积累到与北宋相当时，再编纂成贯通南北的赵宋一代全史。据章贻选说：“先师尝谓《宋史》自南渡以后，尤为荒谬，以东都赖有王氏《事略》故也。故先辑《南都事略》，欲使前后条贯粗具，然后别出心裁，更为赵宋一代全书。其标题不称《宋史》而称《宋志》，亦见先师有微意焉。”[③]尽管邵晋涵最终未能完成撰写《宋志》的事业，但对《宋史》研究作出的贡献应该予以肯定。他的修史认识对后人有所启发，乾嘉以后的学者陆心源撰《宋史翼》，已经不限于对《宋史》删润改编，而是采集宋人文集、杂著、年谱、族谱、方志等史料，增补列传 845 人，以补《宋史》之缺，收到了较好的效果。

邵晋涵在《宋史》改撰方面另一项准备工作就是为毕沅修订《续资治通鉴》，这部书也充分体现了他的撰述宗旨。宋代司马光撰《资治通鉴》以后，历代史家均有改编或续作。明代王宗沐、薛应旂都撰有《宋元资治通鉴》，清初学者徐乾学主编《资治通鉴后编》，叙述宋、元二代史事。但是，这些书和《宋史》存在着同样的缺陷，南宋部分过于简略，与北宋部分比例悬殊。以《资治通鉴后编》为例，宋史部分的内容 152 卷，北宋占 104 卷，南宋仅有 48 卷。于是毕沅嘱幕僚文人重新编撰，然而初稿只是把徐乾学之书略加删润而成，仍然不够理想。毕沅

① 钱大昕：《嘉定钱大昕全集·十驾斋养新余录》卷中《南宋事略》。

② 钱大昕：《嘉定钱大昕全集·潜研堂文集》卷 43《日讲起居注官翰林院侍讲学士邵君墓志铭》。

③ 章学诚：《章氏遗书》卷 18《邵与桐别传》章贻选按语。

便延聘邵晋涵、孙星衍、洪亮吉等学者进一步修订，邵晋涵实负其责。当时已经辑出大量前人未见的宋、元史书，已有资料上的便利条件。章学诚指出："陈、王、薛三家纷纷续宋、元事，乃于《辽》、《金》正史束而不观，仅据宋人纪事之书，略及辽、金继世年月，其为荒陋，不待言矣。徐昆山书最为晚出，一时相与同功，如万甬东、阎太原、胡德清诸君，又皆深于史事，宜若可以为定本矣。顾《永乐大典》藏于中秘，有宋东都则丹棱李氏《长编》足本未出，南渡则井研李氏《系年要录》未出，元代则文集说部散于《大典》中者，亦多逸而未见，于书虽称缺略，亦其时势使然，未可全咎徐氏。……今兹幸值右文盛治，四库搜罗，典章大备，遗文秘册，有数百年博学通儒所未得见，而今可借抄于馆阁者，纵横流览，闻见广于前人，亦藉时会乘便利有以致此。岂可以此轻忽先正苦心，恃其资取稍侈，悯然自喜，以谓道即在是，正恐起涑水于九原，乃有'赐也贤乎，我则不暇'之诮，则谓之何耶！"[①]更主要的还是邵晋涵对宋代历史颇有研究，能够"出绪余为之复审，其书即大改观"[②]。《续资治通鉴》宋代部分的内容 182 卷，其中北宋 97 卷，南宋 85 卷，比例大体相当，成就远在诸家之上。邵晋涵又撰《宋元事鉴考异》一书，说明材料取舍之故，这是他在《宋史》改撰准备工作方面取得的又一个丰硕成果，可惜后来失传。

综上所述，邵晋涵尽管没能完成《宋志》的撰修，但其研究成果却值得重视。目前史学界对邵晋涵史考和史著的学术价值，尚未完全发掘和利用。今天研究宋代历史和元代所修《宋史》，应该充分吸收这份宝贵遗产，更好地为当代史学研究提供借鉴。

---

① 章学诚：《章氏遗书》卷 9《为毕制军与钱辛楣宫詹论续鉴书》。

② 章学诚：《章氏遗书》卷 18《邵与桐别传》。

附 录 一

一 章学诚的史学史观念

20 世纪以来，中国史学史作为我国史学领域一个分支学科，发挥着越来越重要的作用。随着该学科的逐步发展，对中国史学史之史的研究也就显得十分必要，因为“‘史学史’这个概念被明确提出来，是 20 世纪 20 年代的事情，这要归功于梁启超。但中国史家(不限于史家)的史学史意识的产生和发展却由来已久，有漫长的历程和丰富的内涵”[①]。在中国古代史家中，清代史家章学诚的史学史观念具有鲜明的理论色彩，起着承上启下的作用。阐述和探讨章学诚史学史观念的内涵及其理论价值，对于研究中国史学史自身发展的历史，深入考察中国史学史的研究对象和完善学科理论体系，具有重要意义。

(一)章学诚考察中国古代史学的发展过程，把史学的历史和史学的理论相结合，表现出比唐代史家刘知幾和宋代史家郑樵更鲜明的史学史观念。

第一，章学诚从六经中探究中国史学的源头，继承历代“六经皆史”[②]思想，进一步辨正前人对经史关系的模糊认识，突破了前人

---

① 瞿林东：《中国史学史纲》，北京出版社 1999 年版，第 12 页。

② 参阅钱锺书《谈艺录》，中华书局 1984 年版，第 261—266 页。

研究史学固守《史》、《汉》以下藩篱的格局,极大地拓展了中国史学史的外延。他指出:“史之部次后于经,而史之原起实先于经。《周官》外史掌三皇五帝之书,苍颉尝为黄帝之史,则经名未立,而先有史矣。后世著录,惟以《史》、《汉》为首,则《尚书》、《春秋》尊为经训故也。”①章学诚不仅认识到史学的产生早于经学,而且指出六经本身就是史学的源头。他说:“古无经史之别,六艺皆掌之史官,不特《尚书》与《春秋》也。今六艺以圣训而尊,初非以其体用不入史也。而经部之所以浩繁,则因训诂、解义、音训而多,若六艺本书,即是诸史根源。”②章学诚的话包括两层含义:一是从中国史学的起源来看,既然六经是夏、商、周王朝史官记录的政教典章,其性质当然应该是史书。章学诚认为:“盈天地间,凡涉著作之林,皆是史学。六经特圣人取此六种之史以垂训者耳,子集诸家,其源皆出于史。”③阐明上古史官文化乃是整个中华文明的摇篮,尤其突出了六经为后世史学的源头。二是从史学思想流变来看,六经既然是中国古代学术文化的渊源,那么也就是中国史学思想发展的滥觞。正如吴怀祺先生所说:“六经皆史”学说“主要不是从历史编纂学上说,也不是着重从史料学上说,应当从历史意识上、从史学思想上来理解这个问题。中国的史学思想的主要思潮,溯源探流,都可以追寻到《六经》那里。《六经》的每一部经书中不是孤立地、简单地阐述一种见解,反映一种历史意识,情况比较复杂;但每一部经书,相对地说,比较集中地表达一种历史见解,一种史学观点”④。在今天

---

① 章学诚:《章氏遗书》卷13《论修史籍考要略》。

② 同上。

③ 章学诚:《章氏遗书》卷9《报孙渊如书》。

④ 吴怀祺:《中国史学思想史》,安徽人民出版社1996年版,第15页。

看来，章学诚“六经皆史”学说的意义在于大大拓宽了史学研究的范围，史家纵向可以由《史记》、《汉书》而上溯六经，横向可以包揽诸子百家，一切著作都可以作为史学研究对象。史家考察历史与研究史学不再有不可触及的禁区，不但有利于形成人类社会历史的整体观念，而且有利于深化史学意识和史学发展意识。

第二，章学诚区分了三代以前之史和三代以后之史，揭示出史学发展演变的某些内在法则。在清代以前，史学史观念比较明确的史家当推刘知幾和郑樵。刘知幾论史籍源流，概括为六家：“古往今来，质文递变，诸史之作，不恒厥体。榷而为论，其流有六。一曰《尚书》家，二曰《春秋》家，三曰《左传》家，四曰《国语》家，五曰《史记》家，六曰《汉书》家”①；二体：“丘明传《春秋》，子长著《史记》，载笔之体，于斯备矣。后来继作，相与因循，假有改张，变其名目，区域有限，孰能逾此”②；十类：“史氏流别，殊途并骛，榷而为论，其流有十焉。一曰偏记，二曰小录，三曰逸事，四曰琐言，五曰郡书，六曰家史，七曰别传，八曰杂记，九曰地理书，十曰都邑簿”③。他虽然注意到史学发展过程，但主要是区分史书类别而论其臧否。郑樵提出应该区分“史”与“书”的概念：“有史有书，学者不辨史、书。史者，官籍也；书者，儒生之所作也。自司马以来，凡作史者，皆是书，不是史。”④他主要从官府记载和私人修史的角度探讨史籍变化过程，论述非常笼统。章学诚则是从中国古代史学发展的长河中探讨史籍演变趋势及其法则。他指出：“三代以上之

① 刘知幾：《史通·六家》。

② 刘知幾：《史通·二体》。

③ 刘知幾：《史通·杂述》。

④ 郑樵：《夹漈遗稿》卷2《寄方礼部书》。

为史，与三代以下之为史，其同异之故可知也。三代以上，记注有成法，而撰述无定名；三代以下，撰述有定名，而记注无成法。”[①]夏、商、周三代史官职掌记录王命与军国大事，记言、记事都有固定的格式。由于记注制度健全，记录文体固定，只须把各种不同形式的官籍汇录成编即可实用，不必按一定体例勒裁。章学诚认为：“古未尝有著述之事也，官师守其典章，史臣录其职载，文字之道，百官以之治，而万民以之察，而其用已备矣。”[②]例如《尚书》中的典、谟、训、诰、贡、范、官、刑各篇，就是这类原始记录文字，所以《尚书》编排灵活，没有固定的体裁。西周末年，诸侯势力强大，王室衰微。特别是春秋战国之际，礼崩乐坏，社会动荡，史官失其职守，记注制度遭到破坏，各种文体的记注资料凌乱散佚，导致了史官汇编成文之法的破坏。周王室以及各诸侯国史官由于没有格式固定的记注材料可资利用，便不能不采用一定的修史义例比事属辞，褒贬议论，形成所谓的“春秋书法”。史家按照一定书法记载历史事件，讲究比事属辞，严格辨别义例，产生出年经事纬的编年体史书。秦汉以后，又产生出部别班分的纪传体史书。至南宋又产生出因事命篇的纪事本末体史书。章学诚考察中国古代史籍发展演变过程，阐明其发展趋势说：“《尚书》一变而为左氏之《春秋》，《尚书》无成法，而左氏有定例，以纬经也；左氏一变而为史迁之纪传，左氏依年月，而迁书分类例，以搜逸也；迁书一变而为班氏之断代，迁书通变化，而班氏守绳墨，以示包括也。”[③]这是从各个历史时期史书的不同内涵阐明了史学的发展变化，认识非常深刻。

---

① 章学诚撰、叶瑛校注：《文史通义校注》卷1《书教上》。

② 章学诚撰、叶瑛校注：《文史通义校注》卷1《诗教上》。

③ 章学诚撰、叶瑛校注：《文史通义校注》卷1《书教下》。

同时，章学诚还从各种体裁史书相互借鉴与扬弃的角度考察了中国古代史学的演变，揭示出史书发展的分合过程。他说："《尚书》圆而神，其于史也，可谓天之至矣。非其人不行，故折入左氏，而又合流于马、班。盖自刘知幾以还，莫不以谓《书》教中绝，史官不得衍其绪矣。又自《隋·经籍志》著录，以纪传为正史，编年为古史。历代依之，遂分正附，莫不甲纪传而乙编年。则马、班之史，以支子而嗣《春秋》，荀悦、袁宏且以左氏大宗，而降为旁庶矣。司马《通鉴》病纪传之分，而合之以编年。袁枢《纪事本末》又病《通鉴》之合，而分之以事类。按本末之为体也，因事命篇，不为常格，非深知古今大体，天下经纶，不能网罗隐括，无遗无滥。文省于纪传，事豁于编年，决断去取，体圆用神，斯真《尚书》之遗也。"①章学诚在此不免过高地估量了《尚书》的价值，而且只把史籍的发展与创新表述为形式上的回归与循环运动，这是思想认识上的局限性。但是，他初步总结出中国古代不同体裁史书之间发展演变的某些法则，给后人提供了有益的启示。在今天看来，中国史书体裁的每一次发展和创新，都弥补了史书中存在的缺陷，促进了史学的发展。史书体裁的演变是由低级向高级发展，是更高层次上的回归，呈现出否定之否定的辩证发展规律。可以看出，章学诚对于古代史学的认识，具有很高的史学理论价值。

(二)章学诚揭示出"史学"概念的演变及其内涵，明确区分了历史研究和史学研究的不同性质。

第一，古无史学，六经皆史。章学诚指出："六经皆史也。古人不著书，古人未尝离事而言理，六经皆先王之政典也。"②中国古代

---

① 章学诚撰、叶瑛校注：《文史通义校注》卷1《书教下》。

② 章学诚撰、叶瑛校注：《文史通义校注》卷1《易教上》。

史官制度虽然起始甚早，然而上古三代政教合一，当时史官记事，只是记载行政典礼的过程。他说："古无史学，其以史见长者，大抵深于《春秋》者也。"①古代史官按照比事属辞的原则，把政教典章记载下来，足备国家之用，不可能产生研究六经的学问。六经到后代才被视为史书，引起后人的重视。章学诚说："三代学术，知有史而不知有经，切人事也。后人贵经术，以其即三代之史耳。"②春秋战国时期学者想要通过六经认识三代历史，才把这些政教典章视为史书加以研究。章学诚认为，孔子修《春秋》标志着中国史学的产生。这主要表现在两个方面：一是《春秋》已经具备了"史义"，突出了修史原则和史学功能。他指出："史之大原，本乎《春秋》。《春秋》之义，昭乎笔削。笔削之义，不仅事具始末，文成规矩已也，以夫子义则窃取之旨观之，固将纲纪天人，推明大道。"③这样，《春秋》就不仅仅是历史记载的汇编，而成为有特定思想和宗旨的史学著述。二是《春秋》确立了固定的史书编纂形式。在此以前，虽然已经产生了古老的史籍《诗经》、《周官》和《尚书》，它们也具备了历史记载的萌芽，但都没有明确的时间概念，不能反映历史的发展过程，所以还没有形成历史编纂体例。《春秋》以事系日，以日系月，以月系时，以时系年，基本上记载了历史发展过程，具备了史书体裁形式。这就是章学诚所说的"王者迹息而《诗》亡，见《春秋》之用；《周官》法废而《书》亡，见《春秋》之体也"④。历史记载讲究比事属辞，就形成一定的纪事书法，产生出史书体裁。在章学诚看来，《春

---

① 章学诚：《章氏遗书》补遗《史考释例》。

② 章学诚撰、叶瑛校注：《文史通义校注》卷5《浙东学术》。

③ 章学诚撰、叶瑛校注：《文史通义校注》卷5《答客问上》。

④ 章学诚撰、叶瑛校注：《文史通义校注》卷1《书教上》。

秋》已经具备了史学思想和史书体裁两方面特征，表明中国传统史学正式产生。这种认识符合中国史学发展规律，因为只有当人们的历史意识相当深刻之后，才有可能产生史学意识；而只有当史学意识相当明确以后，才会出现史学的兴起。

第二，春秋战国以来，出现以家学传承为特征的史学。章学诚认为："古人史学，口授心传，而无成书；其有成书，即其所著之史是也。"[①]自孔子修《春秋》"严义例之辨"至司马迁著《史记》"成一家之言"，治史形成世代相传的专门家学。这种专门家学的特征是，史官有家学渊源，书不尽言，言不尽意，其微言大义非笔墨所能罄，必须依靠父子师徒面授心传。孔子修《春秋》，弟子后学或口耳相传，或遍征百国记载，著成《公羊》、《谷梁》和《左氏》三传；司马迁著《史记》，欲藏之名山而传之其人，前有父子再世修书，后有裴骃、徐广诸家作解；班固撰《汉书》，必待班昭、马续踵成东观，前有父女三次撰史，后有应劭、服虔诸家为注。这种史学尽管也包含着对前代历史的研究，但更重要的是体现别识心裁的著述宗旨，治史成一家之言。魏晋以后，史学出现了一次转折。章学诚说："自史氏专官失传，而家自为学，后汉六朝一代必有数家之史是也。同一朝代，同一纪传，而家学殊焉。此史学之初变也。"[②]这次转折是两汉以后世代相传的史官制度废绝，私人修史之风盛行的结果。这个时期史学发展的特点，正如章学诚所说："魏晋以来，著作纷纷，前无师承，后无从学；且其为文也，体既滥漫，绝无古人笔削谨严之义；旨复浅近，亦无古人隐微难喻之故，自可随其诣力，孤行于世耳。"[③]专门家

---

① 章学诚:《章氏遗书》补遗《史考释例》。
② 同上。
③ 章学诚撰、叶瑛校注:《文史通义校注》卷3《史注》。

学失传后，史家修史开始转向，以记载前代历史的往迹为己任，以“直书”、“实录”为宗旨。魏晋南北朝时期出现的诸家《后汉书》和《晋书》，就是以史家一人之力修成，尽管缺乏别识心裁，但勒裁有法，尚能发挥史家的专长。隋唐以后，历代封建皇朝设史馆修史，史学再次发生转折。章学诚说：“自唐立史科，……家自为学之风息。而一代之兴，必集众以修前代之史，则史学之再变也。”[①]史馆修史前期尚能发挥史家分任纂修之长，如唐修《晋书》、《隋书》等，不乏精湛之作。后期则弊端丛生，江河日下。章学诚指出：“纪传行之千有余年，学者相承，殆如夏葛冬裘，渴饮饥食，无更易矣。然无别识心裁，可以传世行远之具，而斤斤如守科举之程式，不敢稍变；如治胥吏之簿书，繁不可删。以云方智，则冗复疏舛，难为典据；以云圆神，则芜滥浩瀚，不可诵识。”[②]唐宋以后史家修史，只知摘比文诰案牍，记注日月先后，家学失传，史存具体，导致了史学的衰微。

第三，隋唐以来，产生出以研究前代历史为全部内涵的史学。古代专门名家的修史传统失传以后，史学的内容与形式随之发生变化。章学诚指出：“史学亡于唐，而史法亦莫具于唐。”[③]史家修史缺乏别识心裁，不能成家，只有利用史法剪裁，区别于其他著作。更有甚者，仅仅遵循历代修史成例，不达变通。他说：“唐后史学绝，而著作无专家。后人不知《春秋》之家学，而猥以集众官修之故事，乃与马、班、陈、范诸书并列正史焉。于是史文等于科举之程式，胥吏之文移，而不可稍有变通矣。”[④]在章学诚看来，这样的史

① 章学诚：《章氏遗书》补遗《史考释例》。

② 章学诚撰、叶瑛校注：《文史通义校注》卷1《书教下》。

③ 章学诚：《章氏遗书》卷15《亳州志掌故例议中》。

④ 章学诚撰、叶瑛校注：《文史通义校注》卷5《答客问上》。

书只能称之为史料记注，而不能称之为史学著述。不仅如此，专门家学失传后，史学名称的含义也发生了改变。章学诚说："自史学亡而始有史学之名。盖史之家法失传，而后人攻取前人之史以为学，异乎古人以学著为史也。"[①]这就是说，以唐代为分水岭，此前史家以撰史寓学，此后史家以攻治前代史书为学，史学发生了重大的转折。章学诚的认识有两点值得重视：一是指出"自史学亡而始有史学之名"，揭明了史学名称及其含义的演变，表现出鲜明的史学史观念。从中国古代史学史上看，"史学"一词出现在南朝梁陈之际，可以证明章学诚的看法非常正确。二是指出"后人攻取前人之史以为学"，揭明了历史学的根本特征。如果我们就他的认识再向前发展一步，把各个时代的史学联系起来考察，就是一部中国史学发展史。

第四，章学诚明确区分了记载前代历史的史书和研究前代历史的史书，认识到历史研究和史学研究的不同性质。他为湖广总督毕沅编订《史籍考》，专门设立《史学部》，与《纪传部》、《编年部》等记载历史的著作并列。他的编纂义例是："史学之书，附于本史之后；其合诸史或一二家之史以为学者，别为史学之部焉耳。"[②]把记载历史事实的"本史"与研究"本史"的"史学之书"明确区分，并且为综合性"史学之书"设立专部，这在中国古代目录学史上是前所未有的独创。章学诚提出的分类方法是："史学专部，分为考订、义例、评论、蒙求四门，自应各为次第。若专攻一书之史学，已附入本书后者，不复分类，但照时代后先，编入本门部次足矣。"[③]《史学

① 章学诚：《章氏遗书》补遗《史考释例》。

②③ 同上。

部》收录的史书完全是研究历史记载基础上产生的史学著作，而不同于单纯记载历史的著作。如果把章学诚的《史籍考》和历代正史的《艺文志》、《经籍志》以及高似孙《史略》等目录书相互对照，可以看出章学诚的史籍分类意识更加明确。是否可以认为，章学诚的《史籍考·史学部》已经具备了内容极其简略的中国古代史学史雏形。

（三）章学诚对历代正史殚精竭虑，洞悉利弊，提出了全面改革史书体例的意见，其中主张设立《史官传》，最能够表明他具有史学史观念。

在中国古代史书中，《晋书》卷八十二集中记载了两晋的十二位史家，可以视为最早的史家列传；明代李贽著《藏书》，也专门开辟了《史家传》。这表明史家的史学史观念不断增强，同时也说明社会对史学作用的认识不断提高。但是，《晋书》和《藏书》虽然设立了《史家传》，然而以叙述史家生平事迹为主，仍然属于人物传记的范畴。从这样的传记里，看不到史学发展演变的轨迹和趋势，更难以考察某一时期史学的利弊得失。

章学诚生活在传统史学积累完备的清代乾嘉时期，史学史观念比前人更加明确，认为应当改变过去史书为史家立人物传的做法，主张集中设立《史官传》。他明确指出："列传于《儒林》、《文苑》之外，更当立《史官传》。"[1]章学诚不仅一贯坚持这一主张，而且在为毕沅纂修的《湖北通志》中进一步阐明了设立《史官传》的意义。他说："夫经师有《儒林》之传，辞客有《文苑》之篇，而史氏专家，渊源有自，分门别派，抑亦古今得失之林。而《史传》不立专篇，斯亦

① 章学诚:《章氏遗书》卷9《家书六》。

载笔之缺典也。夫作史而不论前史之是非得失，何由见其折中考定之所从？昔荀卿非十二子，庄周辨关尹、老聃、墨翟、慎到之流，诸子一家之书，犹皆低昂参互，衷其所以立言；况史裁囊括一世，前人成辙，岂可忽而置之！”①章学诚强调设立此传的目的主要有两个：一是通过记载历代史家及其学术流派，使后人能够认识前代史学中的利弊得失，借鉴经验，吸取教训。二是总结某一时代的史学成果，让后人看到前人历史编纂学的全貌，评价其是非功过。他列举范晔撰《后汉书》，隐括刘珍、袁宏、华峤、谢承、司马彪诸家后汉史书而成；唐初修《晋书》，整齐王隐、虞预、何法盛、干宝、臧荣绪等十八家故事成书。但是，《后汉书》和《晋书》都没有条别诸家史书体裁义例，论次群书得失。尤其是唐宋以后史馆集众修史，更应该说明具体分工情况，标明某纪、某志编自何人，某表、某传出自谁手。只有这样，后人才能考察史书质量臧否，评论史家史识高下。其实这并不困难，因为后代史家为前代史家作传时，必然能够看到他们的著述材料，明晰史实原委，足资考证；若把这些内容集为一编，或为一人单独立传，或为诸家集体立传，则能让世人明了一代史学全貌。这些事迹若不及时编录，很快就会散失殆尽。由此看来，前史虽有《史家传》，不免荒略太甚。章学诚提出仿照学者记述经学师承的《学案》义例作《史官传》，以史家著述为经，传承流别为纬。他说：“后代史官之传，苟能熟究古人师法，略仿经师传例，标史为纲，因以作述流别，互为经纬。……依类为编，申明家学，以书为主，不复以一人首尾名篇，则《春秋》经世，虽谓至今存焉可也。”②在一代史家

---

① 章学诚：《章氏遗书》卷27《湖北通志检存稿·前志传》。

② 章学诚：《章氏遗书》外编卷18《和州志前志列传序例》。

中，倘若某个史家事迹较多，地位非常重要，则应在《史官传》内载录姓名，著明此人另有专传。例如作《司马迁传》，首先要叙述他撰《史记》时参考了《尚书》、《世本》、《国语》、《战国策》、《楚汉春秋》等书，然后再叙述《史记》撰写的经过，最后叙述杨恽传布其书，徐广、裴骃等人为之作解。又如作《班固传》，首先要叙述他参考了司马迁、扬雄、刘歆、班彪等人的著作，再叙述撰《汉书》的过程，班昭、马续等人补作，最后叙述服虔、应劭等人为之作注。章学诚总结设立《史官传》的重要性说："马、班作史家法既失，后代史官之事，纵或不能协其义例，何不可就当时纂述大凡，人文上下，论次为传，以集一史之成乎！夫《儒林》治经，而《文苑》谈艺，《史官》之业，介乎其间，亦编摩之不可不知所务者也。"[①]这是强调史家所从事的事业极为神圣，应当独立于经学、文学之外，成为一门体系完整的专门学科，真正实现了自司马迁以来史学自成一家的愿望。章学诚设想的《史官传》，有利于全面反映史学学术思想发展，形成了史学专史的萌芽。

综合以上三方面分析，可以得出以下结论：从《晋书》为史家集体立传，仅叙史家生平事迹；到章学诚《史籍考·史学部》反映史学著作发展史和主张《史官传》叙述史家作史的学术源流；再到近代梁启超认为中国史学"很有独立做史的资格"[②]而倡导建立中国史学史这一史学分支学科的发展进程来看，章学诚的史学史观念及其理论主张无疑具有承前启后的意义。楬橥章学诚的史学史观念，有助于加深对中国史学史之史的认识，进一步深入探讨中国史

① 章学诚：《章氏遗书》外编卷18《和州志前志列传序例》。

② 梁启超：《中国历史研究法补编》分论三《文物的专史·文化专史及其做法》。

学史研究的对象,促进史学史学科建设的发展与完善。

二 章学诚的朴素辩证历史观

在中国古代的史家中,章学诚对中国传统史学做了全面总结,达到了传统史学理论的最高水平。除此之外,他还深入考察了社会历史的发展和历代学术思潮的演变,形成了鲜明的朴素辩证历史观,在历史理论方面也取得了突出的成就。这就给人们一个深刻的启示:史家对历史理解得越深刻,能够上升到历史理论的层次,那么对史学认识得也就越透彻,能够形成丰富的史学理论,反之亦然。两者相辅相成,互为动因,共同促进中国史学之理论水平的提高。过去研究乾嘉史学,探讨章学诚史学理论的文章相当丰富,然而他在历史理论方面的成就,仍有广阔的研究空间,有待于继续深入探讨。

(一)关于社会历史不断进步的辩证历史发展观。中国古代史家和思想家对历史发展变化的认识,起始甚早。战国时期的诸子百家,把这个问题作为学术争鸣的主要问题之一。自西汉司马迁"究天人之际,通古今之变"的思想形成以后,历代史家自觉探究历史演变的形式及其法则,形成绵延不绝的史学传统。在中国古代史家对历史的认识中,尽管出现过历史倒退观念、历史不变观念、历史循环观念等各种错误认识,然而最有理论价值的则是历史进步观念。章学诚批判地继承了前人的理论遗产,在关于社会历史演变的认识上表现出明确的历史进步观念。

第一,章学诚客观地考察了人类历史的进程,认为人类社会的形成和演变有一个自然发展过程,初步揭示出历史发展的形式及其演变法则。

章学诚论述人类社会的形成，明确指出“人生有道，人不自知。……道者非圣人智力之所能为，皆其事势自然，渐形渐著”[①]。这就说明人类社会的产生并不是某些圣人偶然设想出来的结果，而是按照自身的法则发展变化，是人类生活的需要，揭示出人类社会的产生具有历史必然性。章学诚进而探讨人类社会演变的法则，认为社会物质文明的进步乃是历史的自然发展。他说：“后圣法前圣，非法前圣也，法其道之渐形而渐著者也。”[②]这说明人类社会历史不断发展变化，而人类社会的各种制度也在不断积累和进步。章学诚对此具体论证说：“周公集羲、轩、尧、舜以来之大成，周公固学于历圣而集之；无历圣之道法，则固无以成其周公也。”[③]阐明了人类社会制度不断发展和进步，有一个不断积累与完善的过程，是历史发展的必然。章学诚提出的“后圣法前圣，非法前圣也，法其道之渐形而渐著者也”的观点，以前的史家还很少有人能够上升到这样高度的认识。其理论意义在于揭示出这样一条历史法则：社会制度的发展演变是一个不断完善的过程，人类不能违背其自然法则行事；后世社会的人们不能单纯效法前人的成规，而应当效法前代社会“道之渐形而渐著”，即效法前人适应历史发展法则而行事的经验，促进社会文明程度不断进步和完善，推动社会历史向更高层次发展。既然社会政治制度的产生与发展，有其自然变化的过程，而不是圣人的主观创制，那么如何解释周公创制推动社会进步这种偶然现象呢？章学诚认为，“创制显庸之圣，千古所同

---

① 章学诚撰、叶瑛校注：《文史通义校注》卷2《原道上》。

②③ 同上。

也;集大成者,周公所独也”,这是历史发展的偶然性;同时又认识到“周公固天纵生知之圣矣,此非周公智力所能也,时会使然也”,这是历史发展的必然性。两者相互关系在于,偶然性建筑在必然性基础之上,因而“周公以天纵生知之圣,而适当积古流传,道法大备之时,是以经纶制作,集千古之大成”;必然性则寓于偶然性之中,所以“自古圣人皆学于众人之不知其然而然,而周公又遍阅于自古圣人之不得不然,而知其然也”①。章学诚这种认识已经触及历史发展偶然性与必然性相互关系的理论,在中国古代史学思想史上占有非常重要的地位。

第二,章学诚继承和发展了唐代思想家柳宗元和明清之际思想家王夫之等人重“势”的历史观念,更加强调“时势”在历史发展中的作用,进一步深入探讨历史发展的动因。

章学诚把人类历史的发展变化看作是一个自然运动过程,突出强调了“时势”推动社会历史发展的作用,批评那些盲目颂扬周公制礼作乐的学者,论证人类社会发展乃“时势”相激的自然运动。他指出:“周公何能作也?鉴于夏、殷,而折衷于时之所宜,盖有不得不然者也。夏、殷之鉴唐、虞,唐、虞之鉴羲、农、黄帝,亦若是也,亦各有其不得不然者也。故曰:道之大源出于天也。”②人类社会由低级向高级发展,是一个自然的演变过程,并不是后人本质上比前人圣明,而是历史发展趋势造成的结果。即使历史上的杰出人物,也只能顺应历史发展,而不能以主观意志创造历史。章学诚说:“君师分而治教不能合于一,气数之出于天者也。周公集治统之成,而孔

① 章学诚撰、叶瑛校注:《文史通义校注》卷2《原道上》。

② 章学诚:《章氏遗书》卷1《礼教》。

子明立教之极，皆事理之不得不然，而非圣人异于前人，此道法之出于天者也。”[①]他认识到社会政治制度的发展是由“事理”决定，并不是出于圣人的主观意志。古代杰出人物创法立制，促进了社会的文明程度，推动了历史的发展。但这并非他们主观上想刻意超过前人，建功立业；而是历史发展的趋势促使他们必须这样做，是顺应历史的结果。章学诚特别指出，上古圣人并非故意求异于人，“天下有公是，成于众人之不知其然而然也，圣人莫能异也”[②]。古代圣贤从事的发明创造，不论是科技成果，还是社会制度、礼仪风俗，都是顺应社会发展趋势的产物。既然如此，那么杰出人物的行事也只能顺应客观历史形势。任何社会的杰出人物都不能逆历史潮流而动，不能违背历史发展的客观趋势，而必须审时度势，只能在历史提供的舞台上活动。章学诚从这种观念出发，评论孔子的历史作用说：“夫子生不得位，不能创制立法，以前民用。因见《周易》之于道法，美善无可复加，惧其久而失传，故作《彖》、《象》、《文言》诸传，以申其义蕴。所谓述而不作，非力有所不能，理势固有所不可也。”[③]说明孔子的事业既适应时代的要求，又受到时代的制约。这种认识是对英雄史观的有力批判，表现出破除迷信盲从，实事求是的态度。章学诚自觉地从“理”和“势”两方面考察社会历史发展趋势及其演变法则，形成了朴素的历史主义思想，具有重要的理论价值。

（二）关于历史与现实相互联系的辩证历史发展观。在中国古代历史上，宋学流弊是言必三代、空谈性理而不顾客观时势，朴

---

① 章学诚撰、叶瑛校注：《文史通义校注》卷2《原道上》。

② 章学诚撰、叶瑛校注：《文史通义校注》卷4《砭异》。

③ 章学诚撰、叶瑛校注：《文史通义校注》卷1《易教上》。

学流弊是烦琐考证、博学佞古而不关心现实社会，在历史认识方面表现出非历史主义错误。章学诚从理论上清算了这两种错误思潮，全面考察古今历史发展的进程，形成了关于历史与现实相互区别和联系的朴素辩证历史观。

第一，章学诚主张历史是一个自然发展过程，反对主观割裂历史和现实的相互联系，强调只有正确认识古今关系，才能看清历史发展脉络。

首先，强调古今相因之义，不能人为地割断历史的前后联系。章学诚认为后人之所以重视古代历史，正是由于借古鉴今的需要。他明确认识到："后之视今，亦犹今之视昔。"①把历史看作一个连续不断的发展过程，认识到人们学习历史，就是要通过研究过往时代的历程，认清未来社会的趋向。章学诚深刻地阐述了正确认识古今关系的重要性："后世之去唐、虞、三代则更远矣，要其一朝典制，可以垂奕世而致一时之治平者，未有不于古先圣王之道得其仿佛者也。故当代典章，官司掌故，未有不可通于《诗》、《书》六艺之所垂。而学者昧于知时，动矜博古，譬如考西陵之蚕桑，讲神农之树艺，以谓可御饥寒而不须衣食也。"②历史与现实是相互联系的过程，古今典章制度也具有相通之处，后人之所以要重视和研究古代典制，正是要把它们与现实社会联系起来，更好地解决时代所面临的问题。如果惟古是好，不应用到现实社会，即使古代知识再渊博，就如同考证清楚西陵氏嫘祖发明养蚕而不能御寒，神农氏发明稼穑而不能充饥一样，无法解决现实问题。学者不能正

① 章学诚撰、叶瑛校注：《文史通义校注》卷4《知难》。
② 章学诚撰、叶瑛校注：《文史通义校注》卷3《史释》。

确认识这种辩证关系，就达不到对古今社会的性质或历史发展法则的正确理解。章学诚指出，倘若“好古”而不知所务，就会导致“蔑古”。他抨击貌似尊崇古人实则歪曲前人学术的错误说：“宋人推尊孔、孟，多不近情。……孔子述而不作，信而好古，又曰我非生知，好古敏以求之，诚恐人以生知天纵之言，矫诬失实，不惮言之谆谆。宋人视古，视述，视好，视求，皆蔑如也。”①宋代理学家这样做，名为“好古”，实际上把古人学术搞得面目全非，割断了历史的前后赓续。在今天看来，宋儒扬弃汉儒“即器而忘道”的错误方法，强调探究儒学“义理”的重要性，完全正确。宋学末流的错误是“舍器而言道”，在抨击汉儒烦琐注疏的同时，也抛弃了前人学术中注重征实的合理内核，讳言对汉代经学的继承和借鉴，标榜直接继承先秦儒家学术而来，不仅人为地隔断了历史发展的联系，而且也割裂了学术之间的承袭，结果走向事物发展的反面。

其次，既要看到古今历史的相互联系，同时又要注意古今时代的差异，不能把二者等同起来，陷入相对论之中。章学诚指出：“好古之士，于残金泐石，攻鞫款识，不遗余力；而齐物家言，则三代法物，不难等于过眼云烟。二者极相拂也，而其实交相为用。盖器用玩好，皆外物也，物传于古而珍之，古犹今也。以其古人所尝寓意焉，即其物可以想见其人。好古之士，所谓珍而重之是也。徒徇古物可珍，而不知其所以珍，齐物之家所以欲人略迹而论心，亦是也。”②这类仅仅知道珍重古物而不明白古物为什

① 章学诚：《章氏遗书》卷7《淮南子洪保辨》。

② 章学诚：《章氏遗书》卷28《冯孟亭先生奉砚图记》。

么珍重的人,明显缺乏认识古今差异的历史意识。后人在认识历史的时候,必须考虑到古今时代的不同,不能混淆它们的区别。章学诚非常注意考察古今历史的关系,反对用齐物论方法看待历史。他指出:"《关雎》说周衰盛,则美刺旨殊;《子矜》言学兴亡,则贞淫义异。贵耳而未尝贱目,以目淆耳则愚;爱古而未尝薄今,以古律今斯舛。"[①]这就需要摆正古今关系,切忌因"好古"而"贱今",用古代的政治强求现实社会。章学诚在考察历史发展的基础上,得出了深刻的理论认识。他说:"事有不师于古而因乎理势之自然,有其举而莫之废者,君子之所共由,而不必执古以概今也。"[②]当代社会的某些制度是根据现实形势发展形成,不一定要从古代寻找理论根据,必须符合古代的制度。倘若不明白这个道理,混淆古今时代差异,就无法正确认识历史发展的法则。

再次,"好古"应当学习古人的精神,但却不能处处模仿古人;认识古代历史是要从历史上汲取经验教训,而不是为炫耀自己"博古"。章学诚极为反感盲目崇拜古代的做法,主张立足现实,古为今用。譬如三代实行井田制度,所以乡闾相望,聚族同居;后世社会制度发生变化,不能再模仿古人同居。他说:"时势殊异,封建井田必不可行。人事不齐,同居亦有不可终合之势。与其慕虚名而处实患,则莫如师其意而不袭其迹矣。……夫师古而得其意,固胜乎泥古而被其毒也。"[③]这种主张是着眼于历史发展,而不是一味地模仿古代,不知变通。章学诚认为,那些只知"好古"而昧于"知时"的人,实际上是忘记了自己所处的时代。他指出:

---

① 章学诚:《章氏遗书》卷27《湖北通志检存稿四·文征丁集衰录近人诗文论》。

② 章学诚:《章氏遗书》卷23《家谱杂议》。

③ 章学诚:《章氏遗书》卷6《同居》。

“凡学古而得其貌同心异，皆但知有古，而忘己所处境者也。”[①]章学诚的难能可贵之处，在于对古今关系具有朴素的辩证认识，表现出既尊重传统又不拘泥于传统的朴素辩证思想。在今天看来，后代社会是承袭前代社会而来，必然有一个学习和继承前人文明的过程。但是，这种继承不是直接拿来利用，而是要学习和继承前人创造文明的方法与智慧，然后根据所处时代创造出适应社会的物质和精神文明。

第二，章学诚认为后代社会是继承前代社会而来，了解古代社会目的是要重视当代社会。他的“礼时为大”的主张，是关于历史与现实相互联系的又一辩证认识。

章学诚认识到社会历史是不断发展变化的过程，因而在不同的发展阶段呈现出不同特征。史家可以“好古”，但不可“泥古”，应该着重关注当代的典章制度。人们认识历史，就是要认识其不同发展阶段的不同特点，从而找到社会历史演变的法则。他认为“天时人事，今古不可强同，非人智力所能为也”[②]。既然古今历史发展不同，那么，古今社会必然存在很大差异。章学诚强调：“古今时异，周、孔复生，亦必不尽强今以服古也。”[③]后世必然胜过前代，世人盲目崇拜前人和是古非今的做法，显然不合时宜。他主张根据客观形势制定政策，反对把古人的制度和措施搬用到后世社会，哪怕是古代完美的制度和行之有效的措施，由于时代不同，也不能简单地照搬。章学诚对此解释说：“夫三王不袭礼，五帝不沿乐。不知礼时为大，而动言好古，必非真知古制

① 章学诚：《章氏遗书》补遗《与邵二云论文》。

② 章学诚撰、叶瑛校注：《文史通义校注》卷2《博约下》。

③ 章学诚：《章氏遗书》卷7《述学驳文》。

者也。”[1]现实的政治制度毕竟不同于古代政治制度，两者之间既有联系，又有区别。学者考求古代典章制度，必须立足现实的需要。章学诚认为：“制度之经，时王之法，一道同风，不必皆以经名。而礼时为大，既为当代臣民，固当率由而不越。即服膺六艺，亦出遵王制之一端也。”[2]这说明研究古代历史，目的在于更深刻地理解当代典制。章学诚认为，学古的终极归宿是要更好地了解和遵循当代典制，而不是要发思古之幽情。他指出：“学者但诵先圣遗言，而不达时王之制度，是以文为鞶帨絺绣之玩，而学为斗奇射覆之资，不复计其实用也。……不知当代而言好古，不通掌故而言经术，则鞶帨之文，射覆之学，虽极精能，其无当于实用也审矣。”[3]遵时王之制，主要目的就是为现实社会服务。在章学诚的思想中，注重当代典章制度占有举足轻重的地位。他认为，学者治学应当“师古而不戾于今，协时而不徇于俗”[4]。如果不通当代典制，就无法适应时代的需要。章学诚特别指出撰修方志、家谱和墓志遵循当代典制名称的重要性说：“夫官名地名，必遵当代制度，不可滥用古号，以混今称。”[5]他批评某些修志者沿用旧志名称，不通清代官制，强调“生今之时，宜达今之体制”[6]。地方志乃是一方之史，倘若不用当代典制名称，后人就无法考察其时代，方志也就失去存在价值。章学诚批评某些史家不通古今，不揆时势，混淆历史与现实的关系，特别强调史家必须重视和通晓

① 章学诚撰、叶瑛校注：《文史通义校注》卷3《史释》。
② 章学诚撰、叶瑛校注：《文史通义校注》卷1《经解中》。
③ 章学诚撰、叶瑛校注：《文史通义校注》卷3《史释》。
④ 章学诚：《章氏遗书》卷8《墓铭辨例》。
⑤ 章学诚：《章氏遗书》卷8《书郎通议墓志后》。
⑥ 章学诚：《章氏遗书》卷14《地志统部》。

当代各项社会制度，然后才能考察清楚历史的发展脉络。这足以表明，章学诚关于“礼时为大”的认识，贯穿着厚今但不薄古的辩证思想，表现为一种进步的朴素辩证历史观。

（三）关于学术思潮循环衰盛的辩证历史发展观。中国古代学术的发展，大体上经历了先秦诸子学、两汉经学、魏晋玄学、隋唐佛学、宋明理学和清代朴学几个主要阶段，形成不同的学术思潮。章学诚站在儒家立场上反对道家和佛教，自然不重视释老之学。他以六朝、隋、唐的辞章文学代替玄学和佛学，全面考察历代学术的发展及其利弊得失，形成了关于学术思潮循环衰盛的朴素辩证观念。

第一，章学诚认为历代学术思潮的演变是历史发展的必然，从学术思潮的质文递变中，可以看出学术发展的必然趋势和演变法则。他指出：“历观古今学术，循环衰盛，互为其端。以一时风尚言之，有所近者必有所偏，亦其势也。学者祈向囿于时之所趋，莫不殚精竭智，攻索不遗余力，自以所得远过前人，圣人复生，不可易矣。及其风衰习变，后人又以时之所尚追议前人，未尝不如前人之视古昔。汉、唐、宋、明以讫昭代，作者递相祖述，亦递相訾议，终身遁于其中，而不自知其守器而忘道，岂有当哉！”[①]这说明不同时期学术风气的变化，影响着学术思潮的循环。所谓“循环衰盛，互为其端”，揭示出后代学术既是继承和发展前代学术精华而来，也是矫正和弥补前代学术失误而起，在发展演变中存在一种互为因果的关系。章学诚认为，学术风气对思潮演变的影响主要表现在两个方面。

---

① 章学诚：《章氏遗书》卷9《与朱沧湄中翰论学书》。

一方面,学术风气不断改变，导致学术思想的利弊两方面失去制衡，物极必反，互为循环。章学诚考察了中国学术思潮的演变，触及到了这一法则。宋代以后，学者治学逐渐形成一股不顾具体历史事实而空发褒贬议论的不良学风，不恰当地夸大了儒家“义理”的作用。尽管宋儒具有良好愿望，至元明两代,理学渐渐演变为空疏无用的学问，丢弃了汉唐学术注重征实的传统。清代乾嘉时期的学者逐渐扭转空谈“义理”之弊，开创出质朴求实的学风。但是，朴学纠正宋学空疏的同时，却走向另一个极端。章学诚说:“宋儒之学，自是三代以后讲求诚、正、治、平正路，第其流弊，则于学问文章、经济事功之外，别见有所谓道耳。以道名学，而外轻经济事功，内轻学问文章，则守陋自是,枵腹空谈性天，无怪通儒耻言宋学矣。然风气之盛,则村荒学究，皆可抵掌而升讲席;风气之衰，虽朱、程大贤，犹见议于末学矣。君子学以持世，不宜以风气为重轻。宋学流弊，诚如前人所讥;今日之患，又坐宋学太不讲也。”[1]在章学诚看来，扭转宋学空疏的一面是完全必要的做法，但不能矫枉过正。乾嘉学者徇于世风，训诂章句，考订史实，补苴罅漏，有功实学。然而朴学流弊是把“求是”作为治学终极目的，不重“义理”,完全忽视了宋学注重思辨的合理内核，又从正确走向错误。

另一方面,学术风气左右着学者的见识,使他们以特定时代观念看待社会历史的发展,评论前人学术的得失利弊。章学诚说:“三代以还，官师政教不能合而为一，学业不得不随一时盛衰而为风气。当其盛也，盖世豪杰竭才而不能测其有余;及其衰也，

---

① 章学诚:《章氏遗书》卷9《家书五》。

中下之资抵掌而可以议其不足。大约服、郑训诂，韩、欧文辞，周、程义理，出奴入主，不胜纷纷。君子观之，此皆道中之一事耳。未窥道之全量，而各趋一节以相主奴，是大道不可见，而学士所矜为见者，特其风气之著于循环者也。"[①]这是因为，处在特定风气影响下的人们限于时代的局限，只能看到学术某一方面的利弊，无法洞察全局。而每个人都以为自己研究的学问最有价值，并以此为准绳评价前人学术的得失。他们的思想认识必然打上这种学风的烙印，逐渐形成具有某种共同价值取向的学术思潮。章学诚说："学问之途，有流有别。尚考证者薄词章，索义理者略征实，随其性之所近，而各标独得，则服、郑训诂，韩、欧文章，程、朱语录，固已角犄鼎峙，而不能相下。必欲各分门户，交相讥议，则义理入于虚无，考证徒为糟粕，文章只为玩物。汉唐以来，楚失齐得，至今嚣嚣，有未易临决者。"[②]风气所在，毁誉随之。辞章之习既盛，辄诋马、郑为章句；性理之焰方张，则嗤韩、欧为文人。循环无穷，莫知所止，导致学术上的偏颇之见，无法看清前人学术的真实面目。章学诚主张考察清楚历代学术思潮盛衰递变的过程，更好地理清学术思潮的发展脉络，然后才能看到中国古代学术发展的全貌，正确评价其是非和利弊。

第二，章学诚强调区分学术主流和末流的重要性，对古今学术源流的认识表现出朴素的辩证思想。他指出"汉儒治经，唐世崇尚诗赋，则服、郑数君不为习蔽，而余子概无闻焉。唐人业诗，宋人崇尚策论，则李、杜诸家不为习蔽，而余人无所述焉"[③]。后人

---

① 章学诚：《章氏遗书》卷9《答沈枫墀论学》。

② 章学诚：《章氏遗书》卷22《与族孙汝楠论学书》。

③ 章学诚：《章学诚遗书》佚篇《与钱献之书》。

纠正前人学术之偏颇，只有开创新学风的学者懂得补偏救弊的道理，而附庸风气之人看到开风气者对前人的批评，知其然而不知其所以然，于是变本加厉攻击，以为前人学术一无是处，导致了学术发展失衡的弊端。不同学术思潮之间或同一学术思潮中不同流派之间的学术之争，除开学术宗旨和价值观念存在差别以外，往往还掺杂着意气之争。这种门户之见已经超出学术争论本身，变成不顾事实的蓄意报复，结果促使学术发展更加偏离正确轨道。章学诚认为，学者只有分清学术发展的源流，才能对各种学术思潮作出正确评价。他论述宋明以来的学术发展说："夫空谈性理，孤陋寡闻，一无所知，乃是宋学末流之大弊。然通经服古，由博反约，即是朱子之教。一传而为蔡九峰、黄勉斋，再传而为真西山、魏鹤山，三传而为黄东发、王伯厚。其后如许白云、金仁山、王会之，直至明初宋潜溪、王义乌。其后为八股时文中断。至国初而顾亭林、黄梨洲、阎百诗，皆俎豆相承，甚于汉之经师谱系。"①章学诚认识到学者治学应该区分学术发展的主流和末流，继承和发扬前人学术思潮主流中积极正确的一面，抛弃前代学术思潮末流中偏颇失误的一面，保证学术沿着正确方向发展。他注意到学术思潮决定着人们的价值取向，人们受学术思潮的影响，所作所为反过来又作用于社会，健康的学术思潮能够促进社会历史发展，文化繁荣昌盛；不健康的学术思潮会使人们误入歧途，阻碍社会历史发展。章学诚特别强调说："天下不能无风气，风气不能无循环，一阴一阳之道，见于气数者然也。所贵君子之学术，为能持世而救偏，一阴一阳之道，宜于调剂者然也。风气之开也，必有所以

① 章学诚：《章氏遗书》补遗《又与朱少白书》。

取，学问、文辞与义理，所以不无偏重畸轻之故也。风气之成也，必有所以敝，人情趋时而好名，徇末而不知本也。是故开者虽不免于偏，必取其精者为新气之迎；敝者纵名为正，必袭其伪者为末流之托，此亦自然之势也。而世之言学者，不知持风气，而惟知徇风气，且谓非是不足邀誉焉，则亦弗思而已矣。”[①]学者的责任是把握学术发展的脉搏，对社会起到补偏救弊的作用，而不应该徇思潮流俗，加重学术偏颇倾向。只有这样，才能促进学术乃至社会的正常发展。他的这种认识，是通过考察学术思潮循环衰盛而形成的朴素辩证历史发展观，具有重要的理论价值。

综括以上三方面内容，可以得出如下结论：清代乾嘉史家章学诚的史学遗产中，蕴涵着极其鲜明的朴素辩证历史观，为中国古代史学的理论与方法论宝库增添了宝贵的财富。归纳起来，章学诚朴素历史观的内涵及其贡献主要表现在以下两个方面：第一，章学诚把人类社会的历史和历代学术思想的发展看作一个连续不断的发展过程，并且认为这个过程在不断进步和完善。他看待历史进程具有明确的“今昔互视”意识，承认过去、现在和未来是一个相互连接的发展链条，任何人都无法割断这一历史的联系，表现出鲜明的历史进步观念。章学诚看待历史进程的演变，主张生活在后代社会中的人应当尊重前人的历史活动，必须要考虑到自己的认识与成绩是建筑在前人已有的基础之上，不能采取历史虚无主义态度，讳言对前人的继承关系，这样就会导致思想偏激，同样给后人留下批评自己的口实。只要以这种心态对待前人，力戒褊急偏颇，不去互争门户，就能促进学术思想正常发展，从而推动社会历史发

① 章学诚撰、叶瑛校注：《文史通义校注》卷 2《原学下》。

展进步。第二,章学诚的朴素历史观表现在历史评价方法和原则上,就是主张必须历史地评价前人的成就和不足,避免主观臆度、穿凿附会、凭空虚拟和以后证前等各种非历史主义方法。历史评价不能主观割裂历史的发展进程,用后世发展变化了的标准掩盖古人缺陷或者抹杀前贤的功绩,应当正确认识继承和发展的相互关系,确立从实际出发看待前贤功过的思想观念。他提出史家评价历史人物功绩或失误的原则是不仅要看到历史人物所受的时代局限,而且还要注意到他们比前人的进步之处;不仅要认识历史人物的思想,还必须考察他们所处的客观条件,进一步揭示其思想认识产生的根源,恰当地评价他们的功过与得失,阐明了知人论世的评价原则。章学诚在历史评价中所表现出的朴素历史主义思想,是中国古代历史理论与方法论中极其宝贵的内容,为中国近代科学历史主义思想的产生奠定了理论基础。

附　录　二

黄云眉《邵二云先生年谱》补正

补正说明：1929 年，黄云眉先生鉴于前辈学者朱兰所撰《邵二云先生年谱》荡然无存，深惧乡邦文献之失传，克服取材补苴之困难，重新编成《邵二云先生年谱》。1931 年定稿后，交上海商务印书馆出版。次年日本军国主义者侵略上海，发动“一·二八事变”，书馆毁于战火，谱稿亦成灰烬。后经作者搜觅底稿，重新编排，充实内容，增加谱主墓影及书跋手迹，于 1933 年作为金陵大学中国文化研究所丛刊甲种本印行。当时战乱频仍，取材不易，故黄云眉先生编著《年谱》，于邵晋涵《南江文钞》仅见四卷本，未得到十二卷本；《南江诗钞》仅见两卷残本，未得到四卷本，感觉颇为遗憾，慨叹文献不足，以俟他日得两种善本参校。中华人民共和国成立后，黄云眉先生又对前谱作了增补，收入《史学杂稿订存》，于 1960 年由山东人民出版社出版，次年第二次印刷。1980 年，齐鲁书社根据 1961 年第一版第二次印刷重新排印，由黄云眉先生的学生潘群参据 1960 年版校对一过，并在篇末补入柳贻徵先生 1929 年所作跋尾，内容和体例更加精当。尽管如此，修订年谱仍然没有依据十二卷本《南江文钞》和四卷本《南江诗钞》补充资料，显得不够完备。

今两书足本易见，材料多有出于黄云眉先生择取之外者，应当辑补前贤所未备。诚如章学诚在《文史通义·释通》所言："生乎后代，耳目闻见自当有补前人，所谓凭借之资，易为力也。"现据目力所及，为黄云眉先生《年谱》作补正，亦先生《年谱·自序》之所愿："盖区区之意，惟期拾吉光之残羽，汇为一编，俾学术界对此声华销歇之大师，略能仿佛于百余年前而接其謦欬，谱例之谨严，所未遑顾。……国中鸿达，进而教之，为之增所未备，俾他时得据以删定，则又区区之所切望者。"这次补正年谱，有以下几个问题需要说明：

一、黄云眉先生原谱中引用《南江文钞》资料出处，乃四卷本的卷数。补正之体，不便遽改前人成书，故原文一仍其旧；惟续补和正误所引资料，乃标注十二卷本的卷数，读者切勿混淆。

二、补正之谱，以金陵大学甲种本为底本，参考齐鲁书社本。凡齐鲁本多出甲种本之处，用【增】标出；甲种本有而齐鲁本无，用【删】标出；齐鲁本较甲种本文字有异同，用【改】标出；原稿不确而需订正之处，用【正】标出；两本所无而新补之处，用【补】标出。

三、原谱引用史料，多为删节隐括，不录原文。补正之作，略仿其例，凡引用文献，亦删节摘引，以省篇幅。

四、甲种本和齐鲁本皆为繁体竖排，旧式标点，不符合现代读者阅读习惯，故补正《年谱》按照现代汉语规范，重新标点，简体横排。原谱中有大量夹注小字，为统一体例起见，一律改为正文字体，使用括号夹注。

五、甲种本书前有黄云眉先生搜辑的邵二云先生墓影、跋《东南纪闻》和《五代春秋》墨迹、校书印记四幅图片，因不易排版，故删除不录。

众所周知，补正前贤之作，既易贻画蛇添足之讥，又难免狗尾续貂之诮，非博学高识者不敢为；才疏识暗如我，自然不具备足够的功力与学识。只是出于对清代与近代两位史学大师的景仰，才斗胆冒此不韪，亦只能仅就己所知者而言之，其不知者，仍有待于后之知者继续补而正之，逐渐臻于至善。

邵二云先生年谱

【删：

目录

乾隆八年	公历一七四三	先生生
九年	一七四四	二岁
十一年	一七四六	四岁
十二年	一七四七	五岁
十四年	一七四九	七岁
十六年	一七五一	九岁
十八年	一七五三	十一岁
十九年	一七五四	十二岁
二十二年	一七五七	十五岁
二十四年	一七五九	十七岁
三十年	一七六五	二十三岁
三十一年	一七六六	二十四岁
三十二年	一七六七	二十五岁
三十四年	一七六九	二十七岁
三十五年	一七七〇	二十八岁
三十六年	一七七一	二十九岁
三十七年	一七七二	三十岁
三十八年	一七七三	三十一岁
三十九年	一七七四	三十二岁

四十年	一七七五	三十三岁
四十一年	一七七六	三十四岁
四十二年	一七七七	三十五岁
四十三年	一七七八	三十六岁
四十四年	一七七九	三十七岁
四十五年	一七八〇	三十八岁
四十六年	一七八一	三十九岁
四十七年	一七八二	四十岁
四十八年	一七八三	四十一岁
四十九年	一七八四	四十二岁
五十年	一七八五	四十三岁
五十一年	一七八六	四十四岁
五十二年	一七八七	四十五岁
五十三年	一七八八	四十六岁
五十四年	一七八九	四十七岁
五十五年	一七九〇	四十八岁
五十六年	一七九一	四十九岁
五十七年	一七九二	五十岁
五十八年	一七九三	五十一岁
嘉庆元年	一七九六	五十四岁】

自序【改：序】

乡前辈朱久香先生兰曾撰《邵二云先生年谱》四卷，今其稿已无存者。

二云先生经经纬史，习闻阳明、南雷、蕺山三先生之绪论，家藏宋元遗书甚富，数百年浙东文献，萃于一身。章实斋氏知之最深，故当先生之殁，太息语人曰："自斯人不禄，浙东之文献尽矣！"然自先生之殁，去今仅百余年，而其姓名事迹，乃不为学术界所熟闻；其著述亦几与浙东文献同归澌殁。使章氏而在，其太息又何如也。

云眉惜朱谱之不传，惧乡献之莫征，爰采诸家文集、笔记所载与先生有关涉者，分年系缀，辑为是谱；不能分年者，则别其性质，依类附载。虽为例驳杂不纯，而补苴之难，略有可言：

先生著述散佚，除《尔雅正义》外，惟遗诗、文钞及札记等二三种，而文钞又不载书牍赠序之文（仅有赠张羲年、汪辉祖两序），无以见先生学术思想之所寄【改：蕴寄】，友好游从之踪迹，此一难也。

先生回翔清署二十余年，不以升降得失撄其梦寐，虽久居辇毂之下，而声华暗淡，无显显矫激可喜之行，足以耸动耳目，播为逸事，此二难也。

先生居乡时短，乡之士夫，罕接风采，故梓桑口耳之传，但夸仕宦衣锦之焜耀，不诵在官力学之清芬，此三难也。

先生子秉衡、秉华，犹能勉缵家学，并树令誉，后此则旧家乔木，渐就萧疏，手泽俱供覆瓿，遗裔沦为【改：已操】微业，庐舍犹是，咨询无由，此四难也。

取材之途既隘，裁削之功斯寡，故是谱之辑，举凡先生所作所言，及朋侪之书牍赠诗，不择长篇短语，但可资先生学术之阐发，存先生行谊之梗概者，往往连类而录，靳于割爱，此则冗复琐碎之病所由难免也。

盖区区之意，惟期拾吉光之残羽，汇为一编，俾学术界对此声华销歇之大师，略能仿佛于百余年前而接其謦欬，谱例之谨严，所未遑顾。著述浮沉，良不可知，日月逝于上，他时欲于尘封蠹蚀之中，寻此若隐若现之坠业【改：坠绪】，吾知其难又不啻倍蓰矣。国中鸿达，进而教之，为之增所未备，俾他时得据以删定，则又区区之所切望者。

中华民国二十年六月余姚黄云眉。（是谱本由研究所与商务印书馆订约于去年年内出版，不意该馆遭一二八之变，是谱原稿与之同成灰烬。兹经云眉搜觅箧中残纸，重加排比，悉心厘正。复随时增采资料，充实内容。是以濡滞周岁，始克付印。又先生墓影及书跋手迹等，皆为原稿所无，别制版卷首，以申景仰。二十一年七月云眉附识。）【改：一九二九年初稿，一九三一年六月定稿】

先生姓邵氏，名晋涵，字与桐，一字二云。【正：此说出自洪亮吉《卷施阁文甲集》卷九《邵学士家传》：君讳晋涵，字与桐，一字二云。洪氏以“二云”为别字，误。章学诚《章氏遗书》卷十八《邵与桐别传》，其子章贻选注云：先师讳晋涵，字与桐，号二云。钱大昕《潜研堂文集》卷四十三《日讲起居注官翰林院侍讲学士邵君墓志铭》云：君讳晋涵，字与桐，二云其号。王昶《春融堂集》卷六十《翰林院侍讲学士充国史馆提调官邵君墓表》亦云：君名晋涵，字与桐，号二云。章学诚之子章贻选乃邵晋涵及门弟子，见闻亲切，所言必不致差误。钱大昕和王昶所作《墓志铭》和《墓表》，依据邵氏子弟所撰邵晋涵行状，更不可能搞错墓主字号。他们皆以“二云”为号，应当可信。至于洪亮吉所作《邵学士家传》，当是撰文记忆偶误，不足为凭。另据清代邵曰廉、邵友廉所修《余姚邵氏宗谱》卷九和民国邵是同所修《余姚邵氏宗谱》卷十，均记载邵晋涵字与桐，号二云。邵氏族人编纂的宗谱以“二云”为号，是最直接的证据，确凿无疑。】浙江余姚人。以《禹贡》三江，其南江从余姚入海，遂自号南江。【补：

洪亮吉《送邵秘校晋涵入都补官》：君行不得行，一尺大梁雨。廿年三度与君别，被酒历历追前游。逢君乃研经，逢君乃注史。礼堂若写群经定，君署南江我北江。（《卷施阁诗》卷八）】

【增：先生居宅面南江一支水，曰面水层轩，盖取杜诗《怀锦水居止》“层轩皆面水”句名之也。】

【补：先世系出洛阳。宋南渡时，有讳忠者为从官，护跸南下，遂著籍余姚。（洪亮吉《邵学士家传》）九世祖历仕皖、闽、楚，所至有能名，民立祠祭享。先生《与朱笥河学士书》云：六安祖祠，得高轩见过，留诗刻石，不胜承光感德之至。伏念先九世祖历仕闽楚，所至有循声，去后见思，遗祠久而不废。（《南江文钞》卷八）】

高祖琳，明进士，官山西洪洞知县。

曾祖炳，县学生。

曾祖母张氏。

祖向荣，字东葵，号余山。康熙壬辰进士。以书劣覆试被黜。由中书改授定海县教谕。晚补镇海县教谕。

祖母陈氏、蒋氏。

叔祖坡，字兼山，号艮庵。康熙壬午举人。以辛卯解元查某文出于坡，牵连除名。康熙六十一年被召入京【增：师】，旋罢归。

父佳铳，字藕安，号冶南。增广生。自幼为祖母张所钟爱。比就傅，不程以所业。少长，会季父坡自京师归教里中，试之文，振笔立就，家人咸讶其何遽能是。自是从季父学，学日进。继随教谕君于镇海，镇海之士咸推服焉。其文不随俗好，识者以为在明江右五家中，与章、罗酷相似。中年以后，独喜读《易》，博览众说，期于自得。（见卢文弨《封儒林郎翰林院编修邵君墓志铭》及钱大昕《赠邵冶南序》）

母袁氏。慈溪县学生苏升女。归藉安先生时,家故寒素,藉安先生甚嗜书,尝得《春秋》、《国语》古刻本,费无所偿,夫人为脱簪珥售之。尤喜闻洛诵声,当人事稍闲,一釭夜围,藉安先生拥书端坐,诸子弟前后挟策,问难质疑,藉安先生各为指画陈说,夫人亦欣然领会,自谓不能尽解,正如不善饮者得酒意耳。夫人外祖吕章成,明鲁王时官待诏。尝错综梁周兴嗣《千字文》,纪明一代事实训初学。夫人幼受章句于母氏,益以家学闻见,故颇熟于明史。(见章学诚《邵室袁孺人墓志铭》)又藉安先生以随侍教谕君,往返明、越间。事无大小,悉听夫人区画。故教谕君尝曰:"吾居蛟门久,家中岁时蒸尝祭祀,宾客亲故,往还问遗,无忧或失坠者,赖有四娘子耳。"(见张羲年《邵母袁太夫人六十寿序》)

乾隆八年癸亥(一七四三)先生生

是年,戴震二十岁,钱大昕十六岁,朱筠十五岁,汪辉祖十四岁,周永年十四岁,章学诚六岁,同里张羲年七岁。

乾隆九年甲子(一七四四)先生二岁

四月,先生叔祖坡卒。年六十有九。

方苞盛称坡文为金、陈而后,未见其偶。坡以查某事被系,时苞亦在狱,相见则大喜曰:"我识君久,今之见何晚也! 在狱中,又何奇也!"对酒诵坡文。又询近作,奏一篇,辄浮一白。又纵论古今成败得失,为性命交。坡前后主蕺山书院,多所奖进。所著有《稽古录》五十卷,诗文稿若干卷,并焚失。(见张羲年《啖蔗集·邵坡传》)

乾隆十一年丙寅(一七四六)先生四岁

是年,洪亮吉生。【补:洪亮吉自述与先生交游云:亮吉与君交几三十年,于词馆为后进,凡值校雠之役,如国史、石经等,亦无不

从君偕，即集中唱酬之作，亦惟亮吉为多。(《卷施阁文甲集》卷九《邵学士家传》)】

乾隆十二年丁卯（一七四七）先生五岁

先生生有异禀，左目微眚，而独善读书，数行俱下。为祖教谕君所钟爱，亲课读于镇海学署。四五岁即知六义四声。稍长，益涉猎博闻强识，见者惊犹鬼神。（见章学诚《邵与桐别传》，洪亮吉《邵学士家传》，钱大昕《邵君墓志铭》。【增：按教谕君虽钟爱先生，而督学甚严，陈康祺《燕下乡脞录》云："邵二云学士垂髫时，侍寝于乃祖，每丙夜，老人睡醒，辄持学士足，令背诵日间所读书，或举经史疑义、前贤故实相告语，不熟记，则摇之使不得畅眠，以是学士湔润家诰，卒成通儒。"其言或过当，要可知先生成学，固非仅由异禀矣。】)

【补：邵秉华曰：先大夫幼侍曾大父东葵先生于蛟川学舍，即受诗法，矢口成音，叶于天籁。博览古作者，自汉、魏、六朝迄唐、宋、元、明，大家名辈，皆涉其堂奥，而别其指归。与里中诸子唱和，为诗操笔立成，文不加点，名章秀句，领袖一时。(《南江诗钞》跋语)】

【补：先生忆孩提时事云：明怀封翁，晋涵所事为父执者也。自髫龀得随杖履，即荷奖借，盛有所期待。(《南江文钞》卷七《朱明怀封翁八十寿序》)】

乾隆十四年己巳（一七四九）先生七岁

代父藉安先生赋赠人续婚排律五十韵。同里朱文治诗云：

> 只眼观书喜独明，先生智慧自天生。七龄早已工长律，花烛词成老辈惊。(《绕竹山房诗稿》卷十一《邵丈二云学士南江诗钞题词》及注)

乾隆十六年辛未（一七五一）先生九岁

镇海大饥，教谕君率诸生为粥于路，自冬初至春末，全活无算。

(《绍兴府志》)

乾隆十八年癸酉(一七五三)先生十一岁

是年,教谕君以老告归。

教谕君以讲学为事,所至辄屦满户外。尝立学规四条:曰立志,曰诵经,曰考史,曰敦伦。

论立志曰:

人性同而志殊焉,志富贵则归于富贵矣,志孝弟则归于孝弟矣,岂视孝弟不若富贵哉,由于弗辨也。志既辨,在于立,立之在于诚。

论诵经曰:

学者始于诵经,兰陵之训也。古者三十而五经立,今有白首而不通一经者矣。穷经致用,必旁推诸经而能通一经。名物象数,至理存焉,孔、贾、郑、王之学,不可不寻绎也。

论考史曰:

史学熟则名臣出,先正之论也。考之不精,则静修所谓无边受屈者,恐不在载笔而在论世者矣。考证异同,参稽身世,方可持论。三史言制度尤详,更宜精核。

论敦伦曰:

三代之学,皆以明人伦。良知良能,具于赤子,物引而迁,遂亡本体。诵经式训,考史为鉴,皆不外乎尽伦。特恐悠悠忽忽,其志不立耳。

至是年已八十,定海、镇海二邑之士,尚有裹粮来受业者。(按此据《邵氏宗谱》邵大业撰传。然大业《谦受棠集》卷十四《族兄外翰余山公征君艮庵公合传》则云生平以讲学为事,尝立学规四条,曰存诚，曰敦伦，曰立品，曰精业。论存诚曰："诚者圣人之本，先儒所谓主静不越一敬，主敬乃所以明诚。学者果能从为己之心，鞭辟近里，静存动察，息息无妄，庶几此心一太极矣。"论敦伦曰："学以明伦，首重孝弟，如筑室有基，植苗有根。学者根基不立，靦然人面，坐拥书史，岂不内愧。蕺山刘子名讲学之地为证人社，言如此为人，不如此为兽，畏之慎之！"论立品曰："约之以礼，是彻上彻下工夫。循规蹈矩，检束身心，绝不向分外希望，自然惰慢不生。程子见猎心喜，自觉宿习未除，此等痼疾，惟真实用功无间，始能推勘。"论精业曰："先儒读书，分经史古文，按月以课，三年可一周。无因循，无凌杂，虚心涵泳，熟读精思，下笔自然法不掩才，昌黎所谓沉浸浓郁，含英咀华者此也。"标目既异，文字亦殊，岂大业留稿时自为改作欤?)

是年，先生从族兄升陛受经。先生自云：

晋涵与先生比屋以居，年十四五，以多病渐习呰惰，夜过半，闻先生诵授声，琅然彻户牖，亦知力疾强起，执卷就镫。(据《邵氏宗谱》先生撰《俞太安人家传》。按升陛，字景载。丙子举人。瑛父。长于经学。如释《周礼》乐师舞，引《春秋》初献六羽，驳郑注宗庙以人之说。据《学记》三王祭川，先河后海，《公羊传》三望祭泰山河海，驳大宗伯贾疏礼无祭海之说。据《周礼》夏官羊人凡衅积共其羊牲，牛人无其文，证《孟子》衅钟本用羊不用牛之义。贯串而折其中，其大略也。见朱珪《知足斋文集》卷四《封儒林郎邵翁墓志铭》)

【补：先生自云，与升陛为亲同姓昆弟，晋涵年十一，从受经，故称升陛先生。(《南江文钞》卷九《俞太安人家传》)】

先生有兄履涵，甚爱先生。尝冬寒读书，先生体弱，夜中手足

皆僵，履涵引先生就爨苏沸水，煮干糒，餔先生，令先生温，促就寝。（罗有高《尊闻居士集》卷六《余姚邵伯子墓表》）

【补：先生自云，先兄督晋涵甚严，夏共穴帐通光，避蚊蚋读书；寒夜拥絮，共一灯相对坐。晋涵幼羸弱，漏四下，手足僵瘃。兄引就爨苏，取干糒沃以水，析薪沸汤共餔之，令体得温，乃令寝。质明趣起就塾，兄出治事，以为常。（《南江文钞》卷十《先兄云亭甫行状》）】

乾隆十九年甲戌（一七五四）先生十二岁

先生时有神童之目。会县试，知县李化楠呼至案前，命背五经，一字不失。复试以诗，有“小鸟解依人”句，语本《说文》。化楠深器之，谓藉安先生曰：“此君家千里驹也。”（据谢宝书《姚江诗录》引《雨村诗话》）

乾隆二十二年丁丑（一七五七）先生十五岁

是年，教谕君卒。年八十有四。定、镇二邑之士，匍匐来吊者相望；其不得来者，则相聚而哭于社。教谕君临卒，但勉其子敦本力学，不及他事。所著有《冬余经说》十卷，《四书章句偶融》三十卷，《冬余笔记》八卷，《冬余文略》六卷，《诗略》四卷。（据邵大业撰传。按《绍兴府志》：《冬余经说》作十二卷。《冬余文略》作四卷。）

教谕君尝从从兄念鲁先生（廷采）问古文法。及念鲁先生卒，叹曰：

> 绍兴自文成讲学传授，矩矱代有。四明所在多遗献。若张岱、吕章成，撰著卓然。先生实兼承其业。自先生殁，而绍兴之师法与史学绝矣。（《笥河文钞·邵念鲁先生墓表》）

先生实能承念鲁先生之业者。惜是时教谕君犹未能知之耳。

【增：（钱泰吉《曝书杂记》中，“大抵为学必有师承，而家学之濡染为

尤易成就。余前所述惠氏、万氏皆然矣；若邵二云之学，发于族祖念鲁，姚惜抱之学，开于世父南青，亦人所共知者也”。）】

乾隆二十四年已卯（一七五九）先生十七岁

补县学附生。屡试优等食饩。（《邵学士家传》）

【补：先生自云，余少喜剧谈，同人聚处，辄上下其议论。（《南江文钞》卷七《陆星如五十双寿序》）】

【补：乾隆二十七年壬午（一七六二）先生二十岁

先生自云，晋涵自二十岁得失血疾，束书不观者数年。（《南江文钞》卷八《与朱笥河学士书》）

又云，晋涵婴血疾，宛转床褥间，兄为亲理药物。两年，晋涵疾渐愈。（《南江文钞》卷十《先兄云亭甫行状》）】

乾隆三十年乙酉（一七六五）先生二十三岁

乡试中式。时正考官为祭酒曹秀先，副考官为少詹钱大昕。入闱后，秀先忽病痁，卧床一月，校阅之事，皆大昕一人任之。（见钱大昕《竹汀居士年谱》）大昕蕲取奇士不为俗学者。先生名在第四，五策博洽冠场，谓非老宿不办。及先生往谒，年裁逾冠，叩其学，渊乎不竭。大昕拊掌曰：“不负此行矣！”（钱大昕《邵君墓志铭》。黄崇兰《国朝贡举考略》，乙酉科浙江乡试试题：其事上也二句，吾学周礼，大而化之之谓神，八月其获，得登字。解元陆飞。）

是年，章学诚已三至京师，应顺天乡试不中。【删：（胡适《章实斋先生年谱》）】

乾隆三十一年丙戌（一七六六）先生二十四岁

是年，与张羲年同游京师。【补：当是赴京师参加礼部会试。先生自云，晋涵举于乡，其明年北上试礼部。兄送晋涵至江干。乾隆三十一年六月初十日遂卒。时晋涵下第，还舟过济宁。（《南江文钞》卷十《先兄云亭甫行状》)】羲年以三十自序示先生，先生书其后云：

非徒温雅，乃别见孝弟之性。南丰所以高出诸家者，以其经术深也。天佣诸子，不求诸经术而求诸朴遬，失之远矣。作者留心治经，能不为靡丽所惑，后山一瓣香，庶可以有托也。(见《啖蔗集》)

先生又有序赠羲年，中有云：

尝与朋侪纵饮吴山酒楼，既醉皆引去，独拉余共宿道院。时方夜雨将半，篝灯呼余起，命背诵《国风》，句栉而字比之，以求其音义，复相与论其大旨，杂举诸说异同，而出其枨触者以参证，要主于从容寻绎，使自得之而后安。两人拥被对谈，达曙乃止，其异时讲他经亦然。(《南江文钞》卷四)

羲年长先生六岁，自少即以学相淬厉，故序言如此。

是时，先生兄履涵已前卒。年仅二十有八。【正：古人年寿均计虚岁，则履涵当为二十九岁。先生自云，兄于乾隆三十一年六月初十日卒，年二十九。(《南江文钞》卷十《先兄云亭甫行状》)罗有高亦云：君卒，年二十九。(《邵伯子墓表》)】羲年序其遗稿云：

君父母年皆五十余，斑白盈头而哭子。其弟与桐笃于友恭。岁丙戌，与余抵足眠吴山客舍，中夜念君穷愁困踬，辄簌簌泪下不止。及同车北上，虽逆旅倥偬，未尝不然。

君好学，刻苦为文，而数奇，年二十余，困于童子试。

少承祖父训，谨饬自守；一旦忽纵于酒，垆旁客肆，遇一二贩夫牧竖，尤酣嬉淋漓而不厌，人多以是尤之者，君亦不止也。

于诗不多作，皆和平中正，摹写景物，绝无愁苦之言，岂知

其有抑郁不自得于中者而遂至于斯耶！抑命之穷也！(《啖蔗集·邵礼耕诗序》)

谢宝书《姚江诗录》录其《归燕》一首云：

翠羽曾经翦绛纱，秋期已度紫云车。湘波帘外三更月，春雨江南百种花。迢递巴山愁杜宇，飘零邗上杂寒鸦。阿梁都尉无消息，好寄音书水一涯。

又罗有高《邵伯子墓表》云：

君丱角时，尚及侍中书公，授以先贤格言，君退辄疏记之。王母病笃，君为文露祷，愿减己算，益寿王母，时年十四也。年十有七，总家政，区画中理，父母宗党交贤之。生平无诳言，亦未尝疑人之诳言。

【补：先生作《先兄云亭甫行状》云：

兄口微吃，而善论事。好推解衣食缓急人，于交游中坦易不设崖谷。生平无诳言，亦不疑人诳言。三党有争竞，力调护之，则不从，继以长揖，更开示反复至流涕。人曰："此何与君事？"兄曰："族党不先礼让，而以利力竞，是吾过也。"闻之者大笑，以为愚人，以事相干，故谬其旨托于正，兄辄信之，往辄踬。晋涵从容谓曰："如某者，岂以诚至者耶？"兄曰："夫汝又恶知其不以诚至也？夫人故以诚至，而我以诈应之，是自失其心也。人即故不以诚至，而我逆诈之，是相胜以机也。我惟撼世之日趋于机而陷其心，方自患吾诚之不立焉，而又何暇测亿彼之诚不诚？"其自信如是】

则履涵盖一天性笃厚，绳墨自束士也。录之并以存其人。

履涵字礼耕，一字云亭。【正：云亭乃号，而非别字。先生所作

《先兄云亭甫行状》云：先兄讳履涵，字礼耕，别自号云亭先生。邵曰廉、邵友廉所修《余姚邵氏宗谱》卷九和民国邵是同所修《余姚邵氏宗谱》卷十，均载邵履涵字礼耕，号云亭】【删：生卒年月不可考】【补：先生所作《先兄云亭甫行状》云：兄生于乾隆三年九月十九日，卒于三十一年六月初十日】

【补：是年夏，初识毕沅。先生后来追忆云：忆初问字时，岁丙戌夏首。古堂绛缦舒，深巷绿槐茂。数惜北平奇，里访南雷旧。得承奖许殷，自忘佔毕陋。（《南江诗钞》卷四《留别毕弇山中丞沅一百首》）】

冬，先生南归。

乾隆三十二年丁亥（一七六七）先生二十五岁

是年冬十一月二十六日，为先生母袁太夫人周甲之辰。张羲年有序。（见《啖蔗集》）十二月，先生复游京师。（按羲年序云："岁丁亥，冬十月，吾友邵君与桐自苕水返武林，将于腊月束装游京师，寓书作别。"又云："独念客春与桐与余同游齐、鲁、燕、赵，每念二亲，辄屏酒食弗御，中夜辗转不能成寐；今才匝一岁耳，复因人北上，长途雨雪，经历旧游，得毋有怦然心动者乎！"知先生于是年季冬又北上也。谓其去客春北游归后，才匝一岁，故又知先生南归在丙戌之冬也。）

此数岁中，先生自北游外，其踪迹率不离吴山西湖间，与羲年常以诗相唱和。（见《南江诗钞》及《啖蔗集》）

羲年又有书与先生云：

> 省下为人文所聚，足下经义纷纶，虽老师宿儒，定当屈服。但消渴著书，长卿善病，呕心觅句，昌谷损年，足下可无念此哉！

又文士相轻，自古而然，武林士习，大率如此。笔墨不宜轻出示人；如不获已为之，虽搏兔亦须用全力也。（《啖蔗集》）

是年，汪辉祖始交先生。（《病榻梦痕录》卷上）

辉祖自云：

余自友二云，始得知天下士，罗台山、鲁挈非其最也。二云每握手，必以道义相勖。常戒余抗直太过，恐处事易迕。书来亦然。余敬佩不忘。（《梦痕录余》）

乾隆三十四年己丑（一七六九）先生二十七岁

李文藻以谒选客京师，抄校纪昀所藏惠栋《古文尚书考》。先生亦参校其书。卷末并有先生是年重阳后二日之手跋云：

惠氏《古文尚书考》，余最爱其《辩正义》四条，《证孔氏逸书》九条，议论精当，为竹垞、亭林所未逮；至下卷所述，则本前人而推广之者也。

郑晓谓姚方兴二十八字，曰若句袭诸篇首，重华句袭诸《史记》，浚哲掠《诗·长发》，文明掠《乾·文言》，温恭掠《颂·那》，允塞掠《雅·常武》，玄德掠《淮南子鸿烈》，乃试以位掠《史·伯夷传》，其言与惠氏近。

又旌德梅鷟撰《读书谱》四卷，《尚书考翼》一卷，余未之见。据陈第所引，如谓《禹谟》克艰，本诸《论语》，人心道心，本诸《荀子》，《咸有一德》之观政观德，取诸《吕氏春秋》，《说命》建邦设都，取《墨子·尚同篇》，《冏命》交修不逮，取诸《楚语》，此皆辨论之最有关系者，惠氏之书，与之符合，而不言其出于梅氏，只别载梅说九条何欤！

梅氏之外，闻又有姚际恒《古文尚书通论别伪例》十卷，钱煌壁《书辨疑》六卷，与阎氏《古文尚书疏证》后先并出，当备购

其书，互相参考。（见《山东省立图书馆季刊》一集一期王琯《李南涧之藏书及其他》）

文藻又借抄吴缜《新唐书纠谬》二十卷毕，会得缺出都，乃属先生为手校一过。（见同上）

段玉裁成《诗经韵谱》、《群经韵谱》（后改名为《六书音均表》）各一帙，以其书简略，无注释，不可读，是年冬，寓都中法源寺侧之莲华庵，键户烧石炭，从先生借书，为之注释。每一部毕，先生辄取写其福。至次年二月书成。钱大昕以为凿破混沌，为作序。（见段玉裁乙未十月《寄戴东原先生书》）

【补：先生从藏书家借得《斜川集》，定为伪书，并作跋语云：己丑，予客燕中，闻藏书家有《斜川集》刻本，假而观之，则取刘龙洲诗而易以叔党姓氏者。按叔党卒于靖康，晁以道墓志可证。若龙洲往来诸公，辛稼轩、陆放翁、孙烛湖，皆南渡闻人，后先年代不符。举其目即可辨其真伪，而书贾乃敢互易姓名，勇于欺人若此。然则书贾所为，无乃近于滑稽玩世乎！（《南江文钞》卷八《书坊本伪斜川集后》）又跋《龙洲集》云：坊本《龙洲集》，与《曝书亭书目》卷数符合，当是足本。书贾患龙洲之名不足取重于人也，托之于苏叔党，盖龙洲身后犹不为人知如此。己丑秋，假观于益都李进士芝畹，既卒业，书以质焉。（《南江文钞》卷八《书龙洲集后》）】

【补：先生以诗寄罗有高，相互唱和。先生诗云：八年贞疾苦相薄，肌辅癯削衣出形。每当入夏常痱瘖，奇痒搔剔无时停。苕珊居士数相见，为怜旅影抚伶俜。问年廿七未及壮，频年婴疾谁使令？有高和诗云：顷从衣园友邵子，谈麈激泻松巅霆。律己絅畏肃我慢，如刀出冶新当硎。浮游慕道二十载，只今酣睡何曾醒。愿君破口攻吾缺，共适大道怀兰馨。（《南江诗钞》卷三《病中简罗二台山有高》及罗有高和作）】

乾隆三十五年庚寅(一七七〇)先生二十八岁

卢文弨访先生，录得岑安卿《栲栳山人诗集》三卷。(《抱经堂文集》卷十二《题张氏所刻栲栳山人诗集后》云:“乾隆庚寅，见今太史邵二云于京师，访乡前辈遗书，得元岑静能先生诗集三卷，录而藏之。”安卿，余姚人。所居近栲栳峰，故以自号。志行高洁，穷厄以终。文弨本籍余姚，故谓为乡前辈遗书云。)

【补:是年，邵廷采仲孙邵先益卒，先生颇为伤悼，云:晋涵逮事王父，故得闻先生遗事甚详。先生四子相继卒，诸孙贫甚，或取文集刻板付质库。诸孙中有先观者，于晋涵为兄，有志行。丙戌夏，赴馆西乡，道暍死。先观有兄曰先益，先生之仲孙也。庚寅，晋涵在京师得家书，则兄先益以九月病瘵死矣。悲哉!先生经明行修，不克昌其身，并其子孙之自好者，不得永其年，是岂阴阳之咎耶!(《南江文钞》卷十《族祖念鲁先生行状》)】

乾隆三十六年辛卯(一七七一)先生二十九岁

礼部会试第一，榜出，海内有识者咸曰:“数十科来无此才矣!”(钱大昕《赠邵冶南序》。黄崇兰《国朝贡举考略》，辛卯恩科会试:总裁观保、刘统勋、庄存与。试题若臧武仲四句，明乎郊社二句，今曰性善二句，下车泣罪得惭字。中式一百六十一人。【增:按朱筠《笥河文集》卷首李威《从游记》:“辛卯分校礼闱，总裁刘文正公得一卷，五策渊奥，以示先生。先生曰:‘此余姚邵晋涵，故知名士。’力赞公拔居第一。及拆卷，果邵名。公问曰:‘学士何所见不爽如是?’先生曰:‘今士之绩学者，某莫不与之游，读其文，知其学，如觌其面，宁至或失之耶?’”又钱泳《履园丛话》卷十三:“是科首题为若臧武仲之知四句。是日，先生忽文思涩滞，至夜半而首艺尚未成，心甚慌惚。忆前己丑科落卷内，有子在陈曰至狂简后二比，似可移置,不暇修改,而竟直抄之,聊以塞责完篇,并不妄思捷获;而主试者阅至此二比,遂句句叹赏,以为空中议论,通场所无,竟置榜首。先生学问素充,经经纬史,下笔千言,何至有枯索之时,而为帖括题所束缚耶?即文思偶滞,亦何至抄录绝不相关之题文耶?乃竟以此得元,亦奇矣哉!可见时艺一道,原可通融,是在慧心人能自得之耳。"盖传闻之不同如是】)

【补:先生所作《刘文正公祭文》中,有"自某等之受知也,在重光单遏之春"之句。又所作《庄养恬先生祭文》中,有"重光单遏,春闱集试。列侍门墙,获谐夙志"之句。(《南江文钞》卷十)】

王增、鲁仕骥、周永年、孔继涵、钱沣、孔广森等亦同时登第。【补:先生作《闵读山同年祭文》云:重光单遏之春,同举南省者,号曰多才。香海温醇,抝约英俊,若合璧以联枝。(《南江文钞》卷十)又云:乾隆三十六年,余举礼部试。同岁生曾君力行,为宗圣七十六世裔孙,爱其人开敏而悫笃。别去二十余年书来,请为厥考封公志墓。(《南江文钞》卷十一《敕封文林郎平罗县知县曾公墓志铭》)另外,先生《南江文钞》中尚有数篇祭同年文章,此不具录】

故事,南省第一人,当在词馆之选,而先生独罢归。黄景仁有《题先生姚江归棹图·沁园春》词云:

> 有客朝来,兴发沧州,飘然一航。问四明鬃鬃,故山无恙,姚江淼淼,此水何长。古有狂奴,后来狂客,揖让其间总不妨。君休笑,算几人到此,煞费思量。凤池夺我庸伤,有浦上秋风旧草堂(所居地名秋风浦)。况传家《易》在,缗而再注,故侯瓜好,熟矣堪尝。其果行耶,乐宁有是!只惜苍生望一场。披图羡,羡名山岁月,到手差强。(《两当轩集》卷十八)

时藉安先生年六十矣。先生过钱大昕乞文为寿。大昕因有

《赠邵冶南序》。

先生少从童钰游。(江藩《国朝汉学师承记》)时钰寓苏州龙兴寺,先生过之,相与盘桓月余。【正:先生此次与童钰会面乃初识,而非旧游。后来先生追忆云:维君早岁,异才亮特。潜识渊思,处众能默。芳名余慕,乡里夙儒。参商出处,各天一隅。假缘邂逅,山寺姑苏。握手如旧,志合情孚。诗书相勖,醲醑与俱。忘年结契,弥月联娱。(《南江文钞》卷十《童二树二十八兄祭文》)同时又结识童钰之兄童岳荐。先生云:重光单遏之七月,予过苏州,始识童君北砚于旅舍。自少时习闻其行谊,相见如旧识,得与忘年之契。(《南江文钞》卷九《书章孺人事》)在《童北砚四兄祭文》中,亦有"忆重光单遏之仲夏兮,初缔交于姑苏"之句。(《南江文钞》卷十)】寺中有梅六本,忽发五花,人传以为异。(《二树山人写梅歌》注)钰善画梅,有《二树山人写梅歌》,每首皆佳绝。其中一首,乃寄先生者。题为《写梅寄邵二云三十五叠前韵》。其辞云:

> 五叶萼,七茎须,纯阳独萃梅全株。不藉栴檀馥,自有香风濡。吁嗟我友绝相类,干为骨兮花为肤。往者岁辛卯,走也客姑苏。君归千里特相访,读书同借禅房居。檐前老梅忽微笑,晨夕宛对三人居。快析疑义惬清赏,联床中夜闻歌呼。君真博物复勤学,(苏如溱评云,邵君足当此语。)丹铅不数杨新都。一从视草明光殿,人间旧乐难再图。清宵入梦常相忆,犹疑月照梅梢虚。不增不改任寒暖,与君相保荣不枯。每念古人重芳讯,一枝寄赠诚非诬。写成驿使苦难觏,道远何由致区区。(按袁枚《随园诗话》卷六:"二树画梅,题七古一篇,叠须字韵八十余首,神工鬼斧,愈出愈奇。"又文集卷二十八《童二树诗序》,"作七古题画,叠须字韵百余首,藻思坌涌,与古梅槎

枒，同铭风云”云云，即指此。枚自谓钰少许可，独倾倒枚，语不尽实；章学诚尝辨其诬罔，见《章氏遗书》卷一《书坊刻诗话后》。然其评钰此诗则甚确。）

是年冬，先生与章学诚、洪亮吉、黄景仁等同客太平使院。学使朱筠，先生会试房师也。十二月二十六日，与先生及学诚、亮吉、景仁、张凤翔、徐瀚、莫与俦等同游采石，有记。（见《笥河文集》卷七）筠又有《怀衮楼雪》用禁体和先生韵诗，中有“我题采石胜，尚溯青莲烈。清兴子猷发，长律退之设。欧公禁体冷，苏老犯劫热”等句。（《笥河诗集》卷八）

学诚学古文词于筠，苦无藉手，先生辄举前朝遗事，俾筠与学诚各试为传记以质文心。其有涉史事者，若表志、记注、世系、年月、地理、职官之属，凡非文义所关，覆按皆无爽失。由是与学诚论史，契合隐微。（见《邵与桐别传》。按朱筠与章学诚各试为传记事，学诚《丙辰札记》亦记及之云：“余于乾隆辛卯之冬，与故学士邵二云聚于太平之使院。邵出《介三文钞》，有明季遭乱妇女之死节者数通，俾余与朱先生据宋氏文而改为之。盖宋君所叙，事多可采，而文不称也。余虽有改撰，而自嫌未善，旋弃其稿。朱先生集，尚有江都罗仁美继室李氏，歙人洪志达妻叶氏二传，皆本宋介三文而改撰者也。”）

亮吉既交先生及学诚等，识解益进，始从事诸经正义，及《说文》、《玉篇》，每夕至三鼓方寝。（见吕培《洪北江先生年谱》）

乾隆三十七年壬辰（一七七二）先生三十岁

正月十七日，朱筠因先生言，书余姚景烈妇事。（《笥河文集》卷十五《书烈妇景事》，“烈妇景者，故明中书舍人余姚沈之泰妻也。顺治四年七月，王师破浙江之舟山，鲁王走闽海中，之泰被执，不降，斩于杭州。景闻之自经”云云。月日据《笥河文钞》卷一。)

【补：章学诚闻先生言，作《景烈妇传》云：景氏，余姚景家桥士族之女。适同县沈之泰，之泰遇难死，氏以身殉，年二十余，且无后。岁月久远，鲜能道其详。县人邵进士晋涵，为学诚言其崖略。去今百年，犹凛然有生气，可传也。(《章氏遗书》卷二十)】

二月朔日，又为先生从祖念鲁先生作墓表，亦从先生请也。(见《笥河文集》卷十一，月日据《文钞》卷一。)

【补：先生作《族祖念鲁先生行状》，供朱筠作墓表取材，并记始末云：壬辰春，晋涵来太平使院。大兴朱学士旧因章君知先生，语及《思复堂文集》，且曰吾当为之表。晋涵跃然曰：是固望于有道德而能文章者！窃有愿，未敢遽以请也。今幸乃得之，仅摭粗能记忆者为状，以求学士之文，以彰先生之学，庶异日上史馆备采择。(《南江文钞》卷十)】

三月初五日，筠与先生及章学诚、洪亮吉、黄景仁、张凤翔等游青山。留宿保和庵，雨声入耳，寂坐密听。筠与先生等纵谈，念人生若浮，叹息此会之不易，他日当思青山今夕雨也。初六日返。(见《笥河文集》卷七《游青山记》)

四月，筠又与先生、洪亮吉等游黄山、齐云、九华诸胜。自慈光寺抵文殊院，看云海毕，即留宿山顶。夜半，亮吉曳杖独行，先陟天都之半，道梗塞不得上，复回从间道至莲花绝顶，久憩乃下。先生等不能待，已从文殊院下山，亮吉凡一日半夕不食，方追及于云谷寺，履已穿，衣为荆棘所刺尽裂。筠及先生正色规曰：“君游山亡命至此，独不为太夫人地耶！”亮吉悚然，自此不敢冒险独行矣。(洪亮吉《更生斋文乙集·平生游历图第五本末》)

【补：先生为马香谷作《题王雅宜手券并跋》。因跋语叙述历代书券沿革变迁之制，故将全文移录于此：雅宜山人券，旧藏顾元方氏，今归元和马君香谷。壬辰春，马君游太平，出示余，且属为之跋。余按券之制，今古不同。就余所见者，若晋太康二年杨绍买地莂，首系年月，交易无居间，纸尾不作押，中云以莂为证。莂，犹券也。刘成国《释名》云："大书中央，中破别之也。"若今言合券为证矣。此晋券也。唐长庆三年虞宾买地券，亦首系年月，纸尾无押，其证人为孔愔。证人当即中人，古今方国异语也。此唐券也。余姚积庆寺藏宋史氏舍宅券，首述舍地之由，末一行书咸淳二年某月日，谏议大夫史孟贯立券，券字下作押。此宋券也。雅宜山人故与袁与之兄弟善，有无相通，必书券为约，殆古者质剂之流欤！首称立票人王履吉，其作中者为文寿承，与借者得如干数，起责纳息，俱有期准。末书嘉靖七年四月日，立票人王履吉，作中人文寿承，俱作押。明代之券，与今时无大异。书事于前，系年月于后，自宋时已然矣。余又见倪文正与姜仲海书，岁暮告贷。文正于仲海姻也，故不书券，简末作押。盖当时以押为信。又徐天池与友人牍，剧言贫无以偿负，至于矢誓。天池晚节之窭如此！雅宜以儒雅称吴中，偕唐子畏、陆少旸、居士贞及袁氏六俊，文酒过从无虚日，当无雁行责逋之事，视天池所遇为不侔矣。马君嗜雅宜书法，行笈必自随，得四方题咏甚夥，俾前辈韵事流传，并得考见异时券制，良可重也。(《南江诗钞》卷三)】

六月，亮吉归里，与先生于怀宁城下相别，各为诗八百字以赠。亮吉诗云：

伊余少遭疾，廓焉昧趋承。闻言善可师，百里欣担簦。夫子(谓朱筠)导前路，饥翅摩秋鹰。陈编始相习，众义恣轹辕。迷津不逢沮，浩海愁难溯。夫子谓我言，师友善者登。予时学括囊，贤劝恶则惩。所欣君子交，循阶竟堪升。穷冬遇霜雪，百物志已凝。君乎遽唯唯，贱子惨僜僜。专家愧墨守，昧理咨疑丞。沿流筑卑堤，引梯导初层。谈言偶微中，譬若矢射弸。贯珠何累累，古义若引绳。颇感四坐中，百问亦百膺。我怀其何如，易炭更置冰。

自从熹平来，经史毒雾蒸。新芜暨陈莽，谁薙千亩艿。邹愚竟哄鲁，薛耻欲长滕。秦氛更临晋，宋虐竟用鄫。推之兴废源，楚失亦小曾。觚亡不存礼，鼎废空留鬵。寻源昧先河，识小矜于登。堆匈富陈言，得一即自矜。为儒竞绵蕞，守官昧殽蒸。不审涓滴微，遽谓沧溟增。如听十五弦，小绝由大絙。殊轨偶相值，遭此震电冯。嗟嗟百年余，其道若土崩。列宿争天躔，虫飞更薨薨。余姚及四明，月晦置一灯。作论偶抵牾，历今无殊称。志乖理则合，千穗汇一塍。后来群师儒，卮言竟抄誊。私为一家说，遑辨淄与渑。宗规既守株，剿义若裂缯。不逢朱弦弹，瓦鼓还鼟鼟。逮今遇吾子，匪伊异人胜。乾坤师儒席，位置理宜应。

忆余甫成童，授书契颜曾。平生师友谊，诲语常兢兢。因端更推委，所苦常无征。如星列诸说，谁能旭日升。惟兹两夫子，平时亟声称。欲恃意气隆，作论拟辟僧。芦蒲及菰蒋，妒此歜角菱。终嫌毅力薄，十载少所凭。抑闻为山卑，道在如月恒。寒虫哂阳雁，晦羽悲群蝇。啾啾睹百鸟，斥此垂天鹏。君子审所自，不惧世俗憎。岱宗从东来，群山失峻嶒。途长有如年，讵敢跬步夌。我裹一篑土，欲补邱与陵。使彼后世言，淮水支分淩。

逢君记前时，退若无一能。汪汪千顷波，久之不改澄。人言大罗天，羡子健笔凌。君时一回首，引领瞻觚棱。回帆拟著书，抄残剡溪藤。枝条千百年，贯之以巨絙。有时一倾吐，譬若火上腾。童牯竞痴黠，俱欲麾以肱。闻言舌不下，几在讵敢凭。回知诱诚善，连少间可乘。谓宜藏名山，后有作者兴。我欲书绪言，愧乏一束绫。不然别君时，置之在行滕。

蓁芜日以深，见此触石鲮。炎飚日以酷，见此鸣秋蝇。风裁此吾师，敢云谊则朋。相期事黾勉，道统开云仍。

我观古师儒，好修尝受礽。后来咸丑正，规员竞磨棱。含沙既沉骨，切肤讵知疼。引兽俾决篱，贪鱼至亡罾。终道忧迷途，曷不打道升。我欲家置喙，苦怀谁共愎。一线苟有在，誓当廓之宏。君子有赠言，鄙人谨服膺。（洪亮吉《附鲒轩诗》卷三）

先生诗云：

亶安月在塞，辰轮三角承。我初来姑熟，夜解双缡簦。是时月生霸，霜气抟鸷鹰。见君广座中，风櫜奔车辚。词源沛溟涨，泭却海可溯。探怀出歌诗，古乐三阶登。用核栈以间，克壮鼓得惩。异才独挺出，轩鹤从朝升。因缘比舍居，朽蓍占合凝。予方病呰窳，旅魂愁儚儚。纵有铿鋐音，不得喧聋烝。君持五色笔，解赠三花层。引纶贯史事，往若矢决硼。缪徽准经义，古训相纠绳。闻言自迹屑，瞪目不敢膺。徐观谦谦怀，舒卷一幅冰。矫然秀楚质，不遗薪与蒸。

吁嗟瓜园后，大道埋榛艿。火燎势中裂，川沸气上滕。淹中述游夏，棘下保杞鄫。枕膝受荄滋，秘义得未曾。栗阶不莅事，谁辨葅醢脀。张图昧东西，木豆杂瓦登。秦延广师说，烦言亦可矜。敷陈若稽古，志岂邀祠蒸。高密汇群言，屹若堂墙增。中声定律吕，候气得互揯。谁传《圣证论》，异义相削冯。清言继飚起，防涘俄骞崩。冥心从臆决，蜂语终瞢瞢。蟓老自缠茧，蛾昧欲扑灯。班生讥禄利，扬子嗤名称。变本弥加厉，一决颓沟塍。陈言强皮傅，百手争抄誊。汲古资深源，曷不溯淮渑。饥必戎菽稷，寒赖裘葛缯。六经出土苴，丝竹绵清鼟。百心挽之东，独力健者胜。束身弦诵间，挞折理亦应。浚躔正昧朔，圭槷传高曾。旦亡利牿脱，夕惕怀冰竞。不逢澹雅才，微言谁与征。

阊阖春风来，朝日丹霞升。江南山水窟，烟萝被盘倗。青山破风雨，瞑色延枯僧。西峰属东阜，分簇尖尖蔆。跣足踏流泉，蟠木取作冯。犊穷蹊转仄，石仆径绝恒。长松落鸟嗉，草洁无栖蝇。援樛跨长脊，巨翅拔海鹏。归携素石一，独爱人所赠。去作黄山游，气欲超崚嶒。黑云压素练，深涧一木夌。山花大如拱，俯引松拔陵。县溜穿青崖，别窦通阴凌。躩空只手易，缒险一跃能。夕阳开天都，灏气浮苍澄。诸峰梳合沓，爬剔瘦骨凌。别寻莲华邃，华应峭出棱。散枝下勾曲，绊足疑藟藤。急雨侵回峦，瀑卷版断絚。沿沟下云谷，迅甚快马腾。悔不老岩岫，枕石拳其肱。逝将游十岳，志在力可凭。

知君兼人勇，果决超先乘。愿以嗜学心，望古逌然兴。与君结绸缪，投纻报以绫。今君赋归省，残暑收丝滕。吟篇溢箧衍，光彩辉文鲮。江芦绕红芰，岸柳嘶凉蝱。秋风已可怀，矧此别友朋。川衢慎起居，执袪语频仍。恭闻悊人言，好学为祉礽。山川岂云远，吴越一叶棱。伊余疏检律，结体多疚疼。遗文思网罗，椮漏张缺罾。期子事箴规，引我从善升。在远谊日竺，内鉴同祇懐。泰岑积土埤，基巩业自宏。物恒垂典训，君

其缕厥膺。(见同上。【补:以上两诗,亦见《南江诗钞》卷三《次洪稚存亮吉见赠原韵》及洪亮吉原作】)

两诗皆以辟俗学之汩真,为自勖勖人之鹄,非寻常赠别语,故全录之。前辈成学,多资师友夹持,于此等诗可见。至亮吉黄山之游,本属快举,经先生险韵刻画,尤觉奇情跃如,又其余事矣。

黄景仁与先生游黄山,寻益然和尚塔不得,有诗。(见《两当轩集》卷五。按益然和尚,歙之西石冈人,故孝廉汪沐日也。明亡后,祝发于闽之吴山,梨洲先生有《吴山益然大师塔铭》。)

先生旋亦归里,景仁以诗送之云:

去年红药翻阶时,诵君曲江新赋诗。文人海内手加额,我曹读书亦勉之。景星祥凤一灿烂,几日闻君已投散。生平绝少御李缘,亦向空山伫长叹。江南山水天下闻,君昨来看山中云。山因君至出生面,我亦因山得识君。六经泥蟠久丁厄,奇书二酉不可觅。蠹鱼跃出秦灰来,一发千钧著书责。游山读书岁月宽,天意待君殊未悭。玉堂回首付余子,我为扼腕君开颜。蓬累经风未能住,日夕同驰陌头路。篮舆前后苦哦声,道上儿童笑相觑。为言昔别春明门,道旁送者无一人。朗吟袯襫上车去,衣上薄污长安城【正:长安尘】。归来浣向姚江浦,江水一清犹似许。四明浓翠扑人来,从此摊书作山主。未能无别送将行,此去名山信有灵。下风倾耳听消息,倘为苍生一动情。(见同上)

按景仁于乙未夏主寿州正阳书院讲席,北上时有《留别正阳书院诸生并怀邵二云编修》诗四首,其第一首云:

往岁青门客,曾为此地师。斯人真世表,而我亦心仪。暂释上丁菜,仍然太乙藜。诸君应怅惜,未得久追随。(《两当轩

集》卷十一）

似先生是年亦曾主讲正阳书院也。（按正阳书院，《寿州志》卷九《学校志》作寿阳书院。）【正：先生是年在安庆坐馆，主讲正阳书院在下年。是年冬，朱筠巡视凤阳和颍州两府，先生在省城安庆，以坐馆授徒为业。先生有《与朱笥河学士书》：重九日附简问安，谅登记室。入冬来，道体清和，伏惟万福。晋涵就馆后，眠食无恙，从者一人，日事举业，精庐昼掩，可终日读书。唯闻见日以狭隘，偶有疑难，又无从质问，北望轺车，辄有不能奋飞之感。后又有《与朱笥河学士书》：十五日接读教言，知按视凤、颍，所至得人，遥为忭舞。自去冬远道相依，追随朝夕，屡承明训，复理绪言，转有遗其颠末者。岂非晋涵不知好学，将终于暴弃无成乎！馆中自时下诗文选本外，惟有《后汉书》一部。近劝主人往苏州买书，尚未到也。晋涵定于十二月初六日起程归里，书院之局未定，闻诸道路，知郑诚斋先生来主安庆书院，甚属相宜。按先生言书院之局未定，可能指谋求安庆城内书院讲席未成，也可能指明年能否主讲寿州正阳书院之局未定。无论属于哪种情况，都证明先生是年没有主讲正阳书院。因书院之局未定，是以先生《与吴衣园书》云：仆明岁仍在安庆坐馆。（以上三书，均见《南江文钞》卷八）】

乾隆三十八年癸巳（一七七三）先生三十一岁

春正月，章学诚至余姚访先生，留数日。

先是学诚在太平使院时，盛推念鲁先生所著《思复堂文集》，正色谓先生曰：

班、马、韩、欧，程、朱、陆、王，其学其文，如五金贡自九牧，各有产地，不相合也。洪垆鼓铸，自成一家，更无金品州界之分，谈何容易！文以集名，而按其旨趣义理，乃在子史之间，五百年来，谁能辨此！

先生未深然也。至是谓学诚曰：

近忆子言，熟复先念鲁文，信哉如子所言。乃知前人之书，竟不易读，子乃早辨及此，至今未经第二人道过，即道及，亦无人信也。先念鲁得此身后桓谭，无恨于九原矣。

【补：先生作《族祖念鲁先生行状》云：

会稽章君学诚，笃好先生之文。遇晋涵于京师，辄问先生后嗣，形诸叹息。时抱先生之文，号于众曰：百余年无此作矣。世有治古文而成学者乎，不能舍先生而他有所求矣。嗟乎！先生去今六十年，乡里几不知其姓氏。晋涵愧不能绍其家学，而得章君为之推重，不遗余力，潜德幽光，将赖以显著。詹事嘉定钱先生称章君为先生后世桓谭，信矣。（《南江文钞》卷十）】

以原刻未能尽善，属学诚校订其书，将重刻以行世。然学诚以有所慎重，未果校，先生卒后，学诚索其书不能得，旋目废不能校矣。（以上俱见《邵与桐别传》章贻选按语）

【补：是春，先生主讲正阳书院。先生云：乾隆三十八年春，余游江南之凤阳，司正阳书院讲席。（《南江文钞》卷十一《诰授中宪大夫升授江南守巡道淮安府知府郑君墓志铭》）入夏，先生在寿州有《与朱笥河学士书》：三月中从寿州寄札候安，不知达否？入夏来，伏惟清善，遥切企绪。晋涵到正阳书院，僻居乡曲，终日为诸生调朱墨，课咿唔，宛然村教书面目。时有老头巾及乡里豪右，缪为恭敬，终日哓哓于前，大非弱干所堪。去岁晨夕追随，得执业请益，自秋杪拜别，瞻瞩靡从，翘首行旌，魂神飞去。计日而俟，或秋末可到凤阳谒见耳。（《南江文钞》卷八）】

是年，四库馆开，纪昀为总裁，先生以大学士刘统勋荐，特旨改庶吉士，充纂修官，【补：先生云：乾隆三十八年夏，开四库全书馆。(《南江文钞》卷八《刘忠介公像赞》)又云：余旋奉召入都，编校四库书。(《南江文钞》卷十一《诰授中宪大夫升授江南守巡道淮安府知府郑君墓志铭》)】与戴震、周永年、余集、杨昌霖等同入馆编校，士林荣之，称五征君。【增：(按除杨昌霖外，亦称四布衣。礼亲王昭梿《啸亭杂录》卷十云："乾隆中，上特开四库全书馆，延置群儒。刘文正公荐邵学士晋涵，于文襄公荐余学士集、周编修永年、戴检讨东原于朝，上特授邵等三人编修，戴为庶吉士，皆监修四库书。时人谓之四布衣云。")】高文照有诗寄先生等曰：

> 屈指浮生几甲寅，孤身天地一微尘。魏收木榻经穿久，刘勰雕龙自鬻频。正派百川归学海，空山四壁有逋臣。大官厨味宁多羡，珍重青藜照读人。(戴璐《藤阴杂记》)

盖伤其不与斯选也。

先生所职为史部。凡史部诸书，多由先生订其略，其提要亦多出先生之手。(阮元《南江邵氏遗书序》)盖浙东儒哲，讲性命者多攻史学，历有师承，其间文献之征，所见所闻所传闻，容有中原耆宿不克与闻者，先生自其家传乡习，闻见迥异于人；既入馆，肆窥中秘，遂如海涵川汇，不可津涯。(见《邵与桐别传》)环境之有助于学人类如此。

惟考先生文钞中，所载《史记》、《史记集解》、《史记正义》、《汉书》、《后汉书》、《晋书》、《宋书》、《南齐书》、《梁书》、《陈书》、《魏书》、《北齐书》、《周书》、《隋书》、《南史》、《北史》、《旧唐书》、《新唐书》、《五代史记》、《宋史》、《辽史》、《金史》、《元史》、《明史》及《两朝纲目备要》、《通鉴前编》、《通鉴纲目前编》等各提要，与《四库全书总目提要》所载，字句颇多异同。若《史记提要》、《后汉书提要》、

《新唐书提要》,则面目迥殊。大抵文钞所载多议论语,而彼则多辨证语。《五代史记提要》一篇,亦小同而大异。谭献《复堂日记》云:

阅邵二云先生集诸史提要,语见渊源,深识玄解,因检官本互勘,多所删改矣。

言下似甚惋惜。兹录此四篇以资参稽。《史记提要》云:

《史记》一百三十卷,汉司马迁撰。

迁自序凡百三十篇,五十二万六千五百字,为《太史公书》。《汉书·艺文志》作《太史公》百三十篇,附于《春秋》家;《东平思王传》亦作《太史公书》。自汉以后,乃称《史记》焉。迁自言继《春秋》而论次其文,后之学者,疑辨相属。以今考之:

其叙事多本《左氏春秋》,所谓古文也。秦汉以来故事,次第增叙焉。

其义则取诸《公羊春秋》,辨文家质家之同异,论定人物,多寓文与而实不与之意,皆公羊氏之法也。迁尝问《春秋》于董仲舒,仲舒故善公羊之学者,迁能伸明其义例,虽未必尽得圣经之传,要可见汉人经学,各有师承矣。

其文章体例,则参诸《吕氏春秋》而稍为通变。《吕氏春秋》为十二纪、八览、六论,此书为十二本纪、十表、八书、三十世家、七十列传。篇帙之离合先后,不必尽同,要其立纲分目,节次相成,首尾通贯,指归则一而已。

世尝讥史迁义法背经训,而称其文章为创古独制,岂得为通论哉!

《史记》注传于后者三家,裴骃《集解》,司马贞《索隐》,张守节《正义》。其初各为一书,后人并附分注,以便检览,明监本《史记》，亦三家并列也。

迁引六经之文，间易以训诂，皆本西汉诸儒之旧说。裴骃引徐广音义，多识古文奇字，复取经传训释以为《集解》，扶微学而阐隐义，赖以不坠。是迁能述经典之遗文，而骃能存先儒之轶说，考诸经古义者必归焉。不仅史法为后人所遵守也。

贞、守节复推广《集解》所未备，而申以辨论，如谓《夏本纪》失载有穷后羿之事，《卫世家》宜考武公受命之年，陈佗五父，一人而分为二，阚止、宰我，二事而合为一，互引众说，以折衷其是非，视颜师古之注《汉书》，专宗班氏者为一变焉。

三家注间有脱落，明震泽王氏刻本较为完善，监本取以校订字句，并存三家之注，惟《索隐》有单行本云。

《后汉书提要》云：

《后汉书》一百二十卷，宋范蔚宗撰，唐章怀太子贤注。其志三十卷，则取诸司马彪《续汉书》而梁刘昭为之注者也。

郦道元《水经注》尝引司马彪《州郡志》，疑彪之诸志，在六朝已有单行之本，故昭独为之注。杜佑《通典》述科举之制，以《后汉书》、《续汉志》连类而举，则知以司马志附见范书，实始于唐人。陈振孙《书录解题》谓宋乾兴初判国子监孙奭始建议校勘，合为一书者，考之不审也。

东汉尚气节，此书创为《独行》、《党锢》、《逸民》三传，表彰幽隐，搜罗殆尽。然史家多分门类，实滥觞于此。

夫史以纪实，综其人之颠末，是非得失，灼然自见，多立名目奚为乎！名目既分，则士有经纬万端，不名一节者，断难以二字之品题，举其全体，而其人之有隐慝与丛恶者，二字之贬，转不足以蔽其辜。宋人论史者不量其事之虚实，而轻言褒贬，又不顾其传文之美刺，而争此一二字之名目为升降，辗转相遁，出入无凭，执简互争，腐毫莫断，胥范氏阶之厉也。

然范氏所增《文苑》、《列女》诸传，诸史相沿，莫能刊削，盖时风众势，日趋于文，而闺门为风教所系，当备书于简策，故有创而不废也。

《儒林》考传经源流，能补前书所未备，范氏承其祖宁之绪论，深有慨于汉学之兴衰，关于教化，推言终始，三致意焉。岂独贾逵、郑康成诸传为能阐其微意哉！李贤注参用裴骃、裴松之之体，于音义则省其异同，于事实则去其骈拇，征引之广博，训释之简当，为史注之善者。刘攽《刊误》，讥其末数卷援引多误，当以分曹授简，各有疏密，又急于成书，无暇覆检耳。

范书为纪十、列传八十，共九十卷。《旧唐书·经籍志》又有范氏《后汉书论赞》五卷，殆以范氏文体，高于六朝诸人，而爱其文辞者，遂摘取其论赞，别为一书欤？

司马彪志详述制度，较《史》、《汉》诸志为稍变其体，后来《晋》、《隋》诸志，实仿其例。

刘昭注尤谙悉于累朝掌故，荟萃群说，为之折衷，盖能承六朝诸儒群经义疏之学，而通之于史，以求其实用，亦可见其学之条贯矣。

《新唐书提要》云：

《新唐书》二百二十五卷，宋欧阳修、宋祁撰。

曾公亮表进其书，谓其事则增于前，其文则省于旧，语似夸诩；陈振孙又谓事增文省，正新书之失：以今考之，皆不明史法者也。

夫后人重修前史，使不省其文，则累幅难尽，使不增其事，又何取乎重修，故事增文省，自班固至李延寿莫不皆然，不得以此为夸诩，亦不得转以此为诋諆，新书之失，在增所不当增，省所不当省尔。

夫《唐大诰》、《唐六典》，为一代典章所系，今纪传既尽去制诰之辞，而诸志又不能囊括六典之制度，徒刺取卮言小说以为新奇，于史例奚当乎！芟除字句，或至失去本事，不独文义之蹇踬也。

然自吴缜为《新书纠谬》，学者师其余论，吹毛索瘢，莫不以《新书》为诟厉；甚至引幽怪之书，无稽之说，证《新书》为失实，是岂足以服修、祁之心哉！

平情论之：

《新书》删定旧史，废传六十一篇，如薛伾、李佑等之事宜附见，韦元甫、李若祁等之行事不著，元奘【改：玄奘】、神秀之事多属荒渺，此删并之善也。

新添传三百一十篇，《后妃传》增载郭贤妃、王贤妃，《创业功臣传》增载史大奈，韩门弟子增载皇甫湜、贾岛，《忠义传》增载雷万春、南霁云，《循吏传》增载韦丹、何易于，《儒学传》增载张齐贤、啖助，《文艺传》增载吕向、张旭，《方技传》增载邢和璞、罗思远，《列女传》增载高愍女、杨烈妇，此搜罗遗佚而有裨于旧史者也。

且旧史于咸通以后，纪传疏略，《新书》则于韩偓之纳忠，高仁厚之平贼，与夫雷满、赵匡凝、杨行密、李罕之之僭割，俱书于传，一代兴废之迹备焉。岂得谓其无补于旧史欤！

即其删存旧文诸传，如姚崇则略载其初见十事，韩愈则[补]载其出使王庭凑，皆合史裁，非漫然损益也。

《宰相世系表》虽多附会华胄，难尽征信，要足备唐人之谱学。

《艺文志》略存撰人出处，较旧史《经籍志》为稍优。

综其大略，删烦补缺，亦所谓后起者亦为功耳。

使修、祁修史时，能溯累代史官相传之法，讨论其是非，决择其轻重，载事务实而不轻褒贬，立言扶质而不尚挦扯，何至为后世讥议，谓史法之败坏自《新书》始哉！

今《新、旧唐书》并列学官，集长去短，各有取裁，学者亦无庸过分轩轾矣。

《五代史记提要》云：

《五代史记》七十五卷，宋欧阳修撰。

修以文章名，为此书，自谓得《春秋》遗意，当时推重其书，比诸刘向、班固。

然朱子已讥其张居翰为失实，陈师道讥其李思恭、思敬为失考；又如王彦章则过事推崇，元行钦、乌震则过为诋毁，褒贬之不平，复为李心传诸人所讥议；至年月之参差，纪传之复舛，吴缜《纂误》已详言之矣。

以今考之，则前人所指摘，尚有未尽者。

夫史家以网罗放失为事，故曰"其轶时时见于他说"，又曰"整齐旧闻"，李延寿《南北史》于旧史外时有增益，斯其为可贵也。修则不然，取旧史任意芟除，不顾其发言次第，而于旧史之外所取资者，王禹偁之《缺文》，陶岳之《史补》，陆振之《九国志》三书而已。所恨于修者，取材之不富也。

修与尹洙同学古文，法《春秋》之严谨。洙撰《五代春秋》，虽行文过隘，而大事不遗。修所撰帝纪，较《五代春秋》已为详悉矣；然于外蕃之朝贡必书，而于十国之事，俱不书于帝纪，岂十国之或奉朝贡、或通使命者，而反不得同域外之观乎！所恨于修者，书法之不审也。

法度之损益，累代相承，五代虽干戈相继，而制度典章，上沿唐而下开宋者，要不可没。修极讥五代文章之陋，只述《司天》、《职方》二考，而于礼乐、职官、食货之沿革，削而不书，考古者茫然于五代之成迹；即《职方考》于十国之建置，亦多疏漏。所恨于修者，掌故之不备也。

旧史但据实录，排纂事迹，无波澜意度之可观，而修则笔墨排骋，推论兴亡之迹，故读之感慨有余情，此其所由掩旧史而出其上欤！

徐无党注发明义例，疑亲得于修所口授者；然但有解诂而不详故实与音义，是亦史注之别体也。

按《四库总目提要》于《史记》但辨其文字有散佚窜易处；于《后汉书》但辨其论赞之离并，及确定八志为司马彪之作；于《新唐书》但辨宋祁之刊除诏令为非得已；于《五代史记》则但责其仅述《司天》、《职方》二考为其书最大之失：故兹所录，其足资发明之处颇多，不特语气之轻重抑扬异也。

考提要所言，重在厘定，于史例本无所发明，然如《后汉书提要》谓史以纪实，综其人之颠末，是非得失，灼然自见，而以范蔚宗之多立名目为非；《新唐书提要》谓累代史官相传之法，在讨论其是非，决择其轻重，载事务实而不轻褒贬，立言扶质而不尚挦扯，而以修、祁之增省为未当，（皆据《文钞》）则先生对于修史之态度，亦可于此略见其端。惟载事立言二语，固为史家必须遵循之极轨，而以此律累代之史编，虽马、班不能无议，况在修、祁！盖数千年史学界之榛芜，不能扫而清之者，即此轻褒贬而尚挦扯之习障之也。

先生就书论书，不苟附和，于提要中能持公允之论。如《魏书》世号秽史，先生则力为开脱。《魏书提要》云：

收以修史为世所诟厉，号为秽史，今以收传考之，则当时投诉，或不尽属公论，千载而下，可以情测也。

议者云："收受尔朱荣[子]金，故减其恶。"夫荣之凶悖，恶著而不可掩，收未尝不书于册；至论云："若修德义之风，则韩、彭、伊、霍，夫何足数！"反言见意，史家微辞，乃转以是为美誉，其亦不达于文义矣。

又云："杨愔、高德正势倾朝野，收遂为其家作传；其预修国史，得阳休之助，因为休之父固作佳传。"夫愔之先世为杨椿、杨津，德正之先世为高允、高祐，椿、津之孝友亮节，允之名德，祐之好学，实为魏之闻人，如议者之言，将因其子孙之显贵，不为椿、津、允、祐立传而后快于心乎！《北史·阳固传》，固以讥切聚敛，为王显所嫉，因奏固剩请米麦免固官。从征峡石，李平奇固勇敢，军中大事，悉与谋之，是固未尝以贪虐先为李平所弹也。固他事可传者甚夥，不因有子休之而始得传。况崔暹尝荐收修史矣，而收列崔暹于酷吏，其不徇私惠如此，而谓得休之之助，遂曲笔以报德乎！

议者又云："卢同位至仪同，功业显著，不为立传，崔绰位止功曹，本无事迹，乃为首传。"夫卢同希元义之旨，多所诛戮，后以义党罢官，不得云功业显著。绰以卑秩见重于高允，称其道德，固当为传独行者所不遗。观卢斐诉辞，徒以父位仪同，绰仅功曹，较量官秩之崇卑，争专传附传之荣辱，（自注：《魏书》初定本，卢同附见《卢元传》，崔绰自有传。后奉敕更审，同立专传，绰改入附传。）是乌足与之论史法哉！

自崔浩以修史被谤获祸，后遂酿为风气，故李庶诉于杨愔，谓魏收合诛，其一时欢讼之状，犹可概见，收之得免幸也。

然李延寿以唐臣修《北史》，多见馆中坠简，参校异同，多以收书为据。其为收传论云："勒成魏籍，婉而有章，繁而不芜，志存实录。"于是秽史之谤，可以一雪矣。

收叙事详赡而条例未密，多为魏澹所驳正。《北史》不取魏澹之书，而于澹传存其叙例，亦史家言外之意也。澹等之书俱亡，而收书终列于正史，然则著作之业，固不系乎一时之好恶哉！（据《文钞》）

魏收恃才轻薄，有惊蛱蝶之称，矫诬处或不能尽免。当时谤史既成风气，收以德望不足服人，益予人以抨击之资，一呼百应，投诉纷纭，群众无谓【改：淆乱真实】，往往如此。而李百药撰《北齐书》，竟据以诋諆魏氏，岂得谓平。先生逐事驳正，为收雪千载之谤，固非有意翻案。王鸣盛亦云魏收手笔虽不高，亦未见必出诸史之下，（《十七史商榷》）与先生有同情焉。李延寿修《北史》，不本魏澹书而本收书，要非漫无所见。而赵翼深以为疑，不能自解，则云"魏收修史在北齐时，凡魏朝记载，如邓渊、崔浩、高允所作编年书，李彪、崔光所作纪、传、表、志，邢峦、崔鸿、王遵业所作《高祖起居注》，温子升所作《庄帝纪》，元晖业所作《辨宗室录》，卷帙具在，足资采辑，故其书较为详备。及书成则尽焚崔、李等旧书，而收书独存，是知澹书已悉本收书，延寿又在澹后，自不得不以收书为本"。（见《廿【改：二十】二史札记》卷十三）以审订诸史曲直，不掩其失，而亦乐道其长之赵翼，（语见《廿【改：二十】二史札记》钱大昕序）其强辞加罪犹如此，则益知先生此论为不容已矣。

先生于元人三史，深致不满，而以《宋史》为尤甚。其《宋史提要》云：

向来论《宋史》者，俱讥其繁芜，而鲜所举正。

柯维骐仅引《容斋五笔》辨正向敏中、李宗谔数事，未能旁及。

其后沈世泊撰《宋史就正编》，综核前后，多所匡纠，约举数端：

如《高宗纪》绍兴十二年八月戊戌，洪皓至自燕，而《洪皓传》作七月见于内殿；《朱倬传》宣和五年登进士第，据《徽宗纪》则宣和六年第进士，是为甲辰科，并非五年：此纪传之互异也。

《宋准传》云，李昉知贡举，擢准甲科，会贡士徐士廉击登闻鼓，诉昉取舍非当，太宗怒，召准复试，后遂行殿试，据《选举志》，开宝六年，御殿给纸笔，别赐殿试，遂为常制，是太祖时事误作太宗；《苏舜钦传》云，康定中，河东地震，舜钦诣匦通疏，据《五行志》，地震在宝元元年，康定止一年，无地震事：此志传之互异也。

《杜太后传》云，母范氏，生五子三女，太后居长，而《杜审琦传》则云审琦昭宪皇太后之兄，太后昆仲五人，审琦居长；又《太后传》云，生太祖、太宗、秦王廷美，据《廷美传》则其母为陈国夫人耿氏；《张浚传》云，浚擢殿中侍御史，驾幸东南，后军统制韩世忠所部逼逐谏臣坠水死，浚奏夺世忠观察使，据《韩世忠传》，世忠乃左军统制而非后军统制，又《滕康传》，韩世忠以不能戢所部，坐赎金，康复论世忠无赫赫功，诏降世忠一官，是奏夺世忠观察使者，乃滕康而非张浚：此传文前后之互异也。

讥《宋史》者，谓诸传载祖父之名而无事实，似志铭之体，详官阶之迁除而无所删节，似申状之文；然好之者或以为世系官资，转可藉以有考。及证以他书，则《宋史》诸传，多不足凭：

如《晁补之传》云，太子少傅迥五世孙，宗慤之曾孙也。父端友。据黄庭坚为补之父端友撰志铭云，晁氏世载远矣，有讳迥者，以太子少保致仕，谥文元，君之曾王父讳迪，赠刑部侍郎，王父讳宗简，赠吏部尚书，父讳仲偃，库部员外郎。刑部视文元母弟也。是补之实非迥五世孙。又《晁迥传》云，迥子宗慤，据曾巩《南丰集》，宗慤父名觐，是补之实非宗慤曾孙。《谢绛传》云，祖懿文，父涛。据范仲淹撰谢涛志铭，懿文生崇礼，崇礼生涛，涛生绛，是谢绛实为懿文曾孙。然则《宋史》所叙世系，岂足尽信哉！

《洪迈传》云，乾道二年知吉州，六年知赣州，辛卯岁饥，十一年知婺州，十三年拜翰林学士，淳熙改元，进焕章阁学士。据本纪，淳熙十四年，有翰林学士洪迈言，则淳熙改元，当作绍熙改元。乾道无十三年，传云辛卯岁饥，为乾道七年，则十一年上宜加淳熙二字。又迈以淳熙十年，知太平州，有惠政，今《瑞麻赞姑熟帖》尚在太平，而传文缺载。然则《宋史》所叙官资，又岂可尽信哉！

至于宋师伐辽，高凤以易州来归，见《北盟会编》，而《宋史》误作郭药师；绍兴中，赵鼎以奉国军节度使出知绍兴府，见《宰辅编年录》，而《宋史》误作忠武军；汴京之破，失载王履之奉使尽节，南宋之末，失载王坚之守城不降：是其于忠义之士，立功之臣，尚多缺落，尤为疏漏之大者矣。

世泊所匡纠者，皆切中《宋史》之弊；然其前后之复沓抵牾，不一而足，世泊亦不能悉举也。

当时修《宋史》，大率以宋人所修国史为稿本，匆遽成编，无暇参考。宋人好述东都之事，故史文较详；建炎以后稍略，理、度两朝，宋人罕所纪载，史传亦不具首尾。遂至《文苑传》止详北宋，而南宋仅载周邦彦等寥寥数人；《循吏传》则南宋无一人。岂竟无可考哉！抑亦姑仍东都书之旧而不为续纂也。

然如南唐刘仁瞻之死节，欧阳修《五代史记》、司马光《通鉴》俱为证明，而《宋史》仍作以城降；李浣终于辽，未尝入宋，见《辽史》本传，而《宋史》仍附传于《李涛传》后：此其于通行学官之书，同修之史，尚不及引证，其参差之迹，缺遗之事，又岂可枚举乎！

惟诸论尚无甚偏驳，创立《周三臣传》，亦可为后来修史之法，姑取以备一代之史而已。

据此，则先生之不满《宋史》何如哉！而先生《南江札记》中所驳正者又数十事，盖几于敲剥无完肤矣【改：《宋史》之芜陋如是，宜明以来思改纂者甚多，而先生与章学诚亦欲相约以撰新史也】。

以上述先生提要大概。徐友兰评之云：

先生为念鲁先生族孙，而友章实斋先生。念鲁、实斋皆长于史，著书成一家言。章先生尤为谭史大宗。以故先生之论，推阐义法，针药膏肓，多积古所未道。而间与章先生相出入：如《史记》本名《太史公书》，《宋书》诸志，追述前代，史法应尔，其明较者也。谓《南史》以宛陵女子等入《孝义传》，为男女无别，则太史公《货殖传》有巴蜀寡妇清，《汉书·艺文志》有《李夫人幸贵人歌诗》，以及《古今人表》，《华阳国志》[有]《士女总赞》、《士女目录》，斯比颇多，非我作古，虽例违《北史》，未为巨谬。至谓太史公守公羊家法，论定人物，多文与而实不与，与章先生言体圆用神为《尚书》之嗣，皆证向绝学，而体裁史法，说相左右者焉。(《绍兴先正遗书〈四库提要分纂稿〉跋》)

其说亦当。

乾隆三十九年甲午(一七七四)先生三十二岁

【删：授翰林院编修。】仍纂校《四库全书》。兼辑《续三通》。(见《文钞》卷四《广西乡试录序》)按孙星衍《寰宇访碑录序》云：

> 昔邵学士晋涵纂书三通馆，檄取海内石刻，进之内廷，编书以续郑樵《金石略》，录其副本，举以相赠。

则《续通志·金石略》，当为先生所编无疑。郑樵《金石略》所录，原本欧阳修、赵明诚诸家著录，粗具撰人姓氏，而多未详碑碣所在。《续略》则依《郑志》图谱之例，以今有、今无分载。取唐以前《郑志》所未录者为一卷，五代以下为二卷。分缀撰人姓氏，及建立之年，与现存之地，并详加考核。其散佚难稽者，另为一卷。大抵补唐以前者十之三，记有者十之五，记无者十之二，而前人著录之误，兼为辨证焉。(《续通志·凡例》)

是年，鲁仕骥有答先生书云：

> 比承手书，知自卫河别后，三年中所得山水读书之益，至富极宏。
>
> 《尔雅》一书，为六经阶梯，通于此者，其于诸经纵横左右，无不贯串。往为高邮任君领从序其《尔雅笺补》，曾谬论及此。足下今奋然撰《正义》，旁罗广搜，义期谛当，此书一出，其有功于学者匪浅，愿条理早成，仆得早读为快也。
>
> 《宋史》浩烦，谬误颇多，足下考异，其中亦稍有驳正否？
>
> 温公《通鉴》之成，当时能读者已不多觏，其书选择精详，

法戒备具，锡名资治，良不虚也。明方山薛氏，采宋元两朝事迹为《续通鉴》，颇不惬于鄙衷，顾粗疏未敢轻置议论耳。足下因读《宋史》而欲续其书，殆亦有见于薛书之未当与？愿勉之慎之焉。(《山木居士文集·答邵二云书》)

如此书言，可知先生后日为毕沅复审《续通鉴》，固先生之素志；而先生撰《尔雅正义》，自序谓始稿于乙未岁者，实始稿于是年也。【正：先生撰《尔雅正义》，可追溯到乾隆三十七年(1772年)。其书刻于乾隆五十年(1785年)，自序谓"岁在旃蒙协洽，始具简编。舟车南北，恒用自随，意有省会，仍多点窜，十载于兹"，当是指乾隆四十年(太岁纪年为旃蒙协洽，干支纪年为乙未，1775年)完成初稿，而非始作之年。乾隆三十七年冬，先生有《上钱竹汀先生书》：秋间，从笥河学士得读手书。晋涵得承训诲，勉以读书。近思撰《尔雅正义》，自春初即事编辑，中间登涉山水，校阅试卷，不免时有作辍。又行笈不能多携书籍，学殖浅薄，见闻狭陋，粗举大略，尚未得其条理也。晋涵明岁在安庆坐馆，勉力为之，三年可定稿本。又有《与程鱼门书》：从笥河学士处得悉懋祉清佳，藉慰远念。近日撰《尔雅正义》，略得梗概。三年可得成书，当缮稿就正。又有《与吴衣园书》：仆明岁仍在安庆坐馆，客游无善状，亦无窘步，时理故业。新辑《尔雅正义》已具草稿，三年可缮清本。(以上俱见《南江文钞》卷八)自乾隆三十七年至乾隆四十年，恰符三年之数】

乾隆四十年乙未(一七七五)先生三十三岁

是年【增：四月，授翰林院编修。

《清实录》：乾隆三十八年七月己未，谕内阁，"前据办理《四库全书》总裁奏，请将进士邵晋涵、周永年、余集，举人戴震、杨昌霖调取来京，同司校勘，业经降旨允行；但念伊等尚无职任，自当予以登进之途，以示鼓励。着该总裁等留心试看年余，如果行走勤勉，实于办书有益，其进士出身者，准其与壬辰科庶吉士一体散馆，举人则准其与下科新进士一体殿试，候朕酌量降旨录用”。又四十年四月乙巳，内阁翰林院带领壬辰科散馆修撰、编修、庶吉士引见，得旨，“此次散馆之编修余大猷，业经授职。其清书庶吉士黄寿龄、平恕、李尧栋、茅元铭、许兆椿、周厚辕，俱着授为编修，王坦修着授为检讨。汉书庶吉士余集、沈孙琏、朱绂、潘曾起、苏青鳌、裴谦、百龄、李镕、庄通敏、邹炳泰、邵晋涵、方炜、莫赡菉、朱攸、闵惇大、周永年，俱着授为编修，彭元琉、萧九成、图敏、王汝嘉、黎溢海、张家驹、王福清，俱着授为检讨。王兆泰、张国玺、陈科钥，俱着以部属用。此次因办理《四库全书》，需员纂校，是以散馆人员较上次少，而留馆者转多，后不为例”。（按先生授编修，余原据《文钞》列在三十九年，承王重民先生抄示高宗上谕二通，谓在四十年四月，检《清实录》果然，因改列本年，并志此以致谢。）】

编校《旧五代史》成。

自欧阳修《五代史记》出，而薛居正《旧五代史》废，元明以来，罕有援引其书者。传本亦渐就湮没，惟明内府有之，见《文渊阁书目》，故《永乐大典》多载其文。（按《南雷文定》附录吴任臣与梨洲先生书，有“拙著《十国春秋》，专俟薛居正《旧五代史》略为校雠，遂尔卒业，前已承允借，今因仇沧兄之便，希慨寄敝斋”等语，是梨洲先生亦曾有其书。惟先生身后一火，所收书失去大半，郑性理而出之，虽尚得三万卷，而是书已渺不可得矣。见《鲒埼亭集外编·二老阁藏书记》。）

然割裂淆乱，已非其旧。先生乃会粹编次，得十之八九；复采《册府元龟》、《太平御览》、《通鉴考异》、《五代会要》、《契丹国志》、

《北梦琐言》诸书以补其缺。并参考《新、旧唐书》、《东都事略》、《宋史》、《辽史》、《续通鉴长编》、《五代春秋》、《九国志》、《十国春秋》及宋人说部文集，与五代碑碣尚存者，以资辨证。卷帙悉符原书。书成，馆臣请仿刘昫《旧唐书》之例，列于廿【改：二十】三史，刊布学官，诏从之，并制七言八韵诗题其首。然先生辑此书时，原注有《大典》卷数，及采补书名卷数，俾读者于《薛史》面目仍可据以寻究，而武英殿刊本乃尽删之，岂先生之意哉！（按彭元瑞《知圣道斋读书跋》卷一《钞本旧五代史》谓"《永乐大典》散篇辑成之书，以此为最，以其注明《大典》卷数及采补书名卷数，具知存缺章句，不没其实也。《四库全书》本如此，后武英殿镌本遂尽删之。曾屡争之总裁，不见听。于是薛氏真面目，不可寻究，后人引用多致误矣"云云，则知当时已有反对删注者矣。又按《神州日报》载近人汪德渊谓彼所得金承安四年南京路转运司刊本薛氏《五代史》一百五十卷，较今《旧五代史》，不特篇第异同甚多，即文字亦十增三四，至《梁太祖纪》一篇，今《旧五代史》与《薛史》全然不同云云，则薛氏原书，固尚在人间也。又按德渊《货书记》，是书于民国四年三月货于粤估，不知此粤估又货于何人耳。）

【增：又先生《旧五代史考异》文，武英殿刊本未全录，今库本已有刊本，可按也。会稽徐氏铸学斋藏《旧五代史考异》述史楼蓝格抄本六卷，今不知尚在否？（马用锡跋："丁卯秋中，用锡自江右归，仲恩大令以是书属校，盖二云先生在四库馆日辑《薛史》而作。其中证向事故，谡正违合，有裴注《三国》之风，与校雠家言不同。大令方谋绣梓，惜迫于首涂，未遑条检，书此而归之。"）

余曾于乡前辈处见《考异》稿本，签补甚多，细按之，乃先录殿本，而后以库本足之，其所签补，正皆库本所有者，知非先生手稿也】

先生母袁太夫人卒。年六十有八。(章学诚《邵室袁孺人墓志铭》)同乡公祭于邸舍。沈叔埏撰祭文。(《颐彩堂文集》卷十六《同乡公祭邵母袁太孺人文》中有云,"念吾党之得益友兮,古称行秘书者,庶几属之斯人",先生真不愧此语也。)

先生南归。【补:章学诚至先生京师寓所,为先生送行。其作《庚辛之间亡友列传·张羲年》云:余乙未入都,始识君于邵编修晋涵家。时邵方以内艰,治装且归,君为筹画行事,知其能为人谋,称尽心也。(《章氏遗书》卷十九)及先生归里,则母已先逝,先生抱恨终身。其作《陶室孙孺人家传》云:乙未冬,廷珍闻太孺人疾,仓猝归。晋涵以丁吾母忧,南奔。廷珍犹及侍母疾数日,而晋涵抱恨终天,靦颜人世,视廷珍有余愧矣。(《南江文钞》卷九)】

留所辑路振《九国志》稿于孔继涵处。此书散见于《永乐大典》中,虽卷帙残缺,而所存诸传,俱首尾完善,可补五代正史之遗。故先生编校《旧五代史》时,尝采用之。次年,继涵属周梦棠重为编次,得列传一百三十六篇,厘为十二卷。(见《守山阁丛书·九国志》周梦棠序)

访洪亮吉于里第,不值。(见洪亮吉《送邵秘校晋涵入都补官诗注》)

【补:是年,先生为汪辉祖父母撰《淇县典史汪公暨配方孺人旌表双节继配王孺人侧室徐孺人合葬墓志铭》:公讳楷,字南有。公卒广东,为乾隆五年十二月辛亥。徐孺人以乾隆二十七年三月庚戌卒。后两年,浙江大吏以事上闻,得旨与王孺人并旌节孝。后四年,太岁在著雍困敦,建双节坊大义村。后七年,辉祖成进士。是年三月癸酉,王孺人卒,距生康熙五十二年十二月癸巳,年六十有三。辉祖自京师奔丧归,以是年十一月乙酉,合葬于山阴县清和里

秀山之阡。辉祖交于晋涵也久，属为铭。(《南江文钞》卷十一)】

乾隆四十一年丙申(一七七六)先生三十四岁

三月望日，为张廷枚撰《姚江诗存序》，中有云：

余考南宋诗人，若汐社、月泉、吟社，见于人间，仅数篇尔。余从《永乐大典》裒其散见者，而后高耻堂、连百正诸君子方成专集。乃知古人文章，忠孝精神，固有历久不可湮灭者。要由其名氏纪乎记载，而后后之人始知措意而访求其书。非然者，既乡鄙且不复晓其姓氏，无论著述矣。

【补：是年，先生为翰林院编修王增撰其父《敕封儒林郎翰林院编修王云岩先生墓志铭》：山阴王云岩先生以疾卒于京师寓庐，其子编修增，既得奉柩归葬，乃具行述，属铭于其友邵晋涵。先生讳武彬，字元震，别字云岩。乾隆三十九年病卒，年六十二。四十一年八月，葬于黄莺溇。又为王增之母撰《敕封安人王母朱太安人墓志铭》：乾隆四十一年，同年友编修王君葬其考云岩府君于黄莺溇，晋涵为之铭。逾月，而其妣朱太安人即世，将合葬焉，复具述寓书，属铭于晋涵。(俱见《南江文钞》卷十一)】

乾隆四十二年丁酉(一七七七)先生三十五岁

是年，先生修《杭州府志》。按《杭州府志·前志原委》卷一百七十八，谓《府志》创修于四十三年杭州府知府邵齐然，总修者为钱唐汪沆、会稽王增及先生；而先生序汪沆《槐塘遗集》云，“岁丁酉，杭州有修志之役，晋涵得随先生后，同事编纂，寒暑无间者，一年有余”，(《文钞》卷四)则《府志》乃始事于四十二年也。

又先生家居时，甘泉令曾延修志书，先生以甘泉自雍正间始分，志书宜从此起，而未分县以前，皆入江都县，时有不合其议者，遂未果。(见李斗《扬州画舫录》卷十)

【补：先生记在杭州逸事云：岁丁酉，余在杭州，见许氏所藏朱提酒器十余事，形制古雅，有若容五升之觵者，有若容三升之觵者，有若爵，有若洗，有若时氏所镕素瓷者，有若西江蓝色瓷者，各凿姓名于侧，曰汤斌孔伯，曰徐乾学原一，曰杜臻肇余，曰张英敦复，曰朱阜即山，曰李振裕维饶，曰耿介逸庵，余多知名士。观其器，知其人，测其酒户之大小，以汤文正为最尊。诸公诗酒流连，虽琐事亦可传也。(《南江文钞》卷八《书桂未谷家藏寿幛后》)】

是年，戴震卒于官，年五十有五。

章学诚应顺天乡试中式。

乾隆四十三年戊戌(一七七八)先生三十六岁

正月三十日，钱大昕为绍兴守招游绍兴，道出杭州，访先生等，因留宿宗阳宫。次日同游吴山及七宝山三茅观。(《藕香零拾》本《竹汀日记》云，正月三十日，早入城，泊段河头，往拜彭学使芸楣，邵太守闇谷，邵编修二云，与王编修方川，俱以修志寓宗阳宫，要余留宿，因移行李至宗阳宫，谈至夜分方寝。并晤汪进士辉祖。二月初一日，金拱辰来，与二云、方川同登吴山。陆孝廉筱饮闻余至，来候踪迹，遂同行至七宝山三茅观。)

先生与同游诸人俱有诗纪游。下山后，大昕即渡江东去。三月十二日，大昕自绍兴返，再至宗阳宫访先生，先生适不在寓。大昕又接人札，延主钟山书院讲席，遂离杭【增：州】。四月十九日，寄讯先生。二十二日，至苏州，得先生杭州书。(见同书)

余姚知县唐若瀛修《余姚县志》，聘先生为协纂。先生回里修县志。其《学校官田考》，即先生所作也。(光绪本《余姚县志》卷十，载先生是年八月望日所撰之《学校官田考》云："今年邑人请修志书，余不敏，承乏志事，因为钩稽学田，按之前明陈冢宰碑记，及今现存档册，实有学田、学租名色，凿凿可据者，悉登载志书，以杜欺隐，而昭核实。”)【补：《南江文钞》卷八《学校官田考》载其全文，末附“秉华私记曰：先大夫此作，其说已散见志乘，未录其全也。今于友人诸学博六泉处抄得之，阅今垂垂已三十年，墨迹犹新，音容已邈，搦管不觉潸然。嘉庆戊辰秋九月”】

是年秋，先生入都补官。

过杭州别汪沆，沆送以诗云：

结交不厌晚，所贵在知心。君不弃穷老，渡江劳相寻。坐无寒暄语，纵论彻古今。依依不肯去，树阴移堂襟。宛如平生欢，异苔本同岑。

古杭称首郡，图经旷失修。文献日就湮，邦人抱私忧。召父今太守，续纂急为谋。辟局集群彦，琳宫敞且幽(谓宗阳宫)。裁成两史材(其一即指王增)，椽笔班马俦。八十七年事，洪纤勤讨求。补遗订误舛，腕脱不厌休。惭予蹇劣质，驽马附骅骝。君今还朝去，高步白玉堂。恭闻崇儒代，天府罗文昌。宏开四库馆，万轴富琳琅。群集兼秘册，大吏进四方。存汰慎所择，庶副延阁藏。

故人有陆二(飞)，遗荣狎钓艑。幽栖翟教授(灏)，家食忘其贫。二子我石交，语默见天真。今获托末契，南村得三人。忽来告我别，孤怀郁不伸。近别常相忆，远别伤我神。男儿结主知，乘时合致身。望云牵乡思，禄养足慰亲。勋名期早树，来结渔樵邻。(《槐塘诗稿》卷十五《送邵二云编修入都》)

至苏州，遇罗有高，有高出周永年贻汪辉祖书，轴长尺有奇，厚几三寸，授先生转寄。(见汪辉祖《书金楼子后》)

时王昶总纂重修《一统志》，先生及孔广森等常以谈艺过从焉。

（见吴岩荣《述庵先生年谱》）

是年，章学诚成进士。

张羲年报罢，用特奏名，得一体殿试。俄羲年疾作，不获与试而卒。（见章学诚《赠征仕郎国子监助教张公墓志铭》）年四十有二。著有诗文集十六卷，及《周官随笔》、《丧礼详考》等书。其稿皆存先生家。先生拟为刊刻，未果；至光绪十九年，始由其曾孙锡恩勉力付印，然《丧礼》、《周官》原稿，已残缺不全矣。（据《啖蔗集跋》。羲年于四库馆行走八年，校勘书籍，不下数百种，大约史集两门序录签档，多出其手。见《啖蔗集》章学诚附志。）

【补：先生为同年金黻撰其从祖《诰封中大夫候选道金公墓志铭》：公讳肇铎，字自白，晚号与斋。卒于乾隆四十一年十月十五日。葬以四十三年九月二十九日。属余为之铭。（《南江文钞》卷十一）】

乾隆四十四年己亥（一七七九）先生三十七岁

【补：正月，先生为吴裕德之祖撰《诰赠奉直大夫内阁侍读吴先生墓志铭》：先生讳鸿基，字孟遴，岸舫其号也。乾隆九年三月十八日，卒于京邸。晋涵与裕德为同年生，得以假馆。四十四年正月二十日，卜葬于安定门外某坊，属晋涵为之铭。（《南江文钞》卷十一）】

【补：五月，先生代人作《兴州石鼓诗》并序：周室石鼓，相传为文王、成王、宣王时作，未有定论，要为有周盛时法器，后遂存太学门。皇上盛德神功，特命于兴州建学。四十四年五月，文庙成，行释奠礼，典至肃焉，泽至优焉。臣敬辑唐人庙堂缺碑，去其重文，集颂一十二章，幸奉圣谟，式观盛典，不敢怠礼。（《南江文钞》卷三）】

是年仲冬，朱文藻客京师，从先生得见四库馆裒集《永乐大典》

中所载张镃诗词，编定为《南湖集》十卷，因传抄副本携归。（见朱文藻《书南湖集后》）

【补：是年冬，童钰自河南寄书，与先生约会京师，未果。先生《童二树二十八兄祭文》云：往岁己亥，余方北行。君书来约，自豫溯京。西山雪磴，树断溪横。踏冰拭雾，并吸云英。前期息壤，鉴曲耦耕。良觌何时，迟君三载。君滞天中，余留人海。闻君南还，洛舟维解。失喜故山，清阴不改。暂系邗江，遄归有待。（《南江文钞》卷十）】

乾隆四十五年庚子（一七八〇）先生三十八岁

【补：五月，先生为桂未谷作《书桂未谷家藏寿幛后》：曲阜桂君未谷携其曾祖述庵先生寿幛出示同志，皆康熙初名人赠言也。中如李文贞、杜肇余、田山薑诸作，皆情辞相称，虽献酬之作，要非率尔操觚，可想见盛时士大夫之风雅矣。岁丁酉，余在杭州，见许氏所藏朱提酒器十余事，形制古雅。诸公诗酒流连，虽琐事亦可传也。庚子五月，未谷招饮于翁覃溪学士斋中，偶征此事。学士曰："有寿幛不可无侑觞之具，子盍记之！"因牵连书于后。（《南江文钞》卷八）】

是年，先生充恩科广西乡试正考官。检讨钱沣为之副。中式者四十五人。先生言：

> 凡夫恢张以袭声华者，朴塞而无实得者，摈勿录。舍短取长，求其留心经训，与不悖先民矩矱者，慎而录之。虽所造深浅不同，因文征行，望其为读书敦本之士，于设科取士之意，庶几无负。（《广西乡试录序》。黄崇兰《国朝贡举考略》，庚子科广西乡试：试题，敢问其次至乡党称弟焉，文武之政二句，孙叔敖举二句，南中荣橘柚得时字；解元梁世喆。）

后钱沣有诗寄怀先生云：

地经三宿（时宿遂平）岂忘情，伏枕窗鸡正乱鸣。候杂秋冬霜未苦，境交申许路仍平。酬恩万一知何日，失学空疏已半生。可得频呼将伯助，风流如在桂林城。（《钱南园遗集》卷二）

【补：是年秋，先生过浯溪，作《题浯溪磨崖碑》：唐中兴颂磨崖碑，碑字照耀浯溪湄。前朝事往苔藓古，史家定论知何时。暮秋持节过溪曲，鲁公大笔瞻淋漓。试翻新论诘涪叟，道州或许心相知。（《南江诗钞》卷四）卷末附邵秉华跋语云：庚子年使粤，往返得诗一卷，今惟存《蒲圻道中杂咏》六首，《浯溪磨崖碑》一首，余俱无存。据此知此诗作于是年】

【增：是年，鲍廷博刻吴仁杰《两汉刊误补遗》成，复校刻先生所藏宋本《离骚草木疏》】

乾隆四十六年辛丑（一七八一）先生三十九岁

是年六月戊戌，朱筠卒于都城【改：京师】。年五十有三。（章学诚《朱先生墓志》）

【补：是年秋，先生代人作《吴学山先生七十寿序》两篇，其二曰：乾隆辛丑秋九月下浣，为吴学山先生七十寿辰。某等夙奉先生之教，有不能已于言者。（两文均见《南江文钞》卷七）】

乾隆四十七年壬寅（一七八二）先生四十岁

是年，编纂《四库全书》告成。

【补：先生作《恭和御制经筵毕文渊阁赐宴以〈四库全书〉第一部告成庋阁内用幸翰林院例得近体四律首章即叠去岁诗韵原韵》：诏自讲筵临秘阁，春旗晓共彩云移。承光许及然藜向，摛藻真惭受锦迟。万轴琅函瞻富有，十年兰馆被恩私。文渊即睹源津接，首蔀成编勉副期。排签讵数汉唐哉，碧海瑶林荟萃来。三万六千编叙整，丙丁甲乙部分该。分列儒臣叨锡宴，仙韶调律静莲筹。忆从前史承恩者，曾与频年异数不？又作《恭和御制仲春经筵有述原韵》：迎和律转摄提春，讲幄紬书重阐循。仁且智兼符孔性，哲而惠协庆尧民。还将延泰持恒意，仍勉时几日赞身。寿宇即今昭雅化，欣闻睿论语诠真。（两诗俱见《南江诗钞》卷四）】

【补：二月，为洪素人之父洪筱洲作《洪筱洲先生六十双寿序》：晋涵与素人为齐年生，因得尽交其仲季。又从姚姬川郎中见其题筱洲先生课经图，知先生之训迪三子者甚严，其期待者甚远。岁壬寅二月，先生行年六十，年家子之在京师者，谋举近世所为生日献寿之仪，属晋涵为序。（《南江文钞》卷七）】

【补：秋，先生撰《刘忠介公像赞（有引）》。云：乾隆三十八年夏，开四库全书馆。蕺山刘子所撰经说及文集，悉著录文渊阁。四十年冬，诏表彰明末殉节诸臣，特赐谥曰忠介。晋涵备员纂修官，得先读温谕，具书于册。晋涵少慕公为人，长而颓废，不克承公之学。今年秋，见公遗像，悲感欷歔，谨识赞语，以伸平时景仰之私，且以警余怠焉。其词曰：古社证人，德言善牖。人谱聿传，绍闻兴起。后公百年，忝公乡里。年逾四十，曾未闻道。对公之容，服膺自悼。（《南江文钞》卷八）】

乾隆四十八年癸卯（一七八三）先生四十一岁

春，章学诚卧病京旅【改：京师】，先生载学诚至其家，延医治之。病中常与先生论学，每至夜分。因与先生论《宋史》之芜烂，先生慨然以重修自任。学诚谓俟先生书成后，当别作一书，略如后汉、晋史之各自为家，听抉择于后人。先生询学诚方略：学诚谓当取名数事实，先作比类长编，卷帙盈千可也。至撰集为书，不过五十万言，视始之百倍其书者，大义当更显也。先生曰："如君所约，则吾不能；然亦不过参倍于君，不至骛博而失专家之体也。"学诚因请先生立言宗旨，先生曰：

> 宋人门户之习，语录庸陋之风，诚可鄙也。然其立身制行，出于伦常日用，何可废耶！士大夫博学工文，雄出当世，而于辞受取予出处进退之间，不能无箪豆万钟之择，本心既失，其他又何议焉！此著《宋史》之宗旨也。（见《邵与桐别传》）

先生以《宋史》自南渡以后，尤为荒谬，东都有王偁《事略》故也。（说见《宋史提要》）因取熊克、李焘、李心传、陈均、刘时举所撰之书，及宋人笔记，先辑《南都事略》，欲使前后条贯粗具，然后出其心裁，更撰赵宋一代全书。其标题则称《宋志》而不称《宋史》，亦见先生有微意焉。（《邵与桐别传》章贻选按语）

此二书，章贻选皆谓未卒业。按李详《窳记》称"《南都事略》，王益吾言马端敏督两江日，有人持此稿以献，将付局刊行，会端敏遽卒，未果，稿亦不知为何人所得，今闻藏洪琴西后人所"。李慈铭《越缦堂日记》称"邵二云《南都事略》（《日记》都作渡，又作宋）戊辰（同治七年）以前，已在江宁书局，曾文正将刻之，以移督直隶而止"。是先生《南都事略》虽未刊行，稿固尚存。又据谭献《复堂日记》云：

> 海宁唐端甫，钱警石先生之弟子也。熟精目录，刻志校雠，为余言邵二云《南都事略》，曾见活字印本，有缺卷耳。似人间必有传本，志之以俟。

则其稿又似刊行矣。

又此书，钱大昕谓篇目悉依王氏之例，词简事增，过正史远甚。

（见钱大昕《邵君墓志铭》及《十驾斋养新余录》）意大昕必见其书。其《儒学》、《文艺》、《隐逸》三传目录，即大昕所拟定。先生卒后，大昕索其稿不能得，因载三传目录于《养新余录》，致其痛惜。兹转录于此，以见先生此书之一斑。

《儒学》一

杨时	尹惇	胡安国（寅、宏、宁）	朱震
范冲	罗从彦	李侗	朱熹
黄榦	李燔	张洽	陈淳
李方子	黄颢	蔡元定（沈）	张栻
吕祖谦	真德秀	魏了翁	

《儒学》二

邵伯温	喻樗	洪兴祖	高闶
林之奇	林光朝	杨万里	陆九龄（九韶、九渊）
陈傅良	薛季宣	叶适	戴溪
杨简	袁燮（甫）	李舜臣（道传、心传、性传）	
蔡幼学	杨泰之	程迥	刘清之
廖德明	汤汉	何基	王柏
叶味道	王应麟	黄震	

《文艺》

汪藻	陈与义	叶梦得	程俱
曾幾	张嵲	韩驹	朱敦儒
徐俯	葛胜仲	熊克	陆游
范成大	郑樵	尤袤	陈亮
徐梦莘	刘克庄	张即之	

《隐逸》

徐庭筠	苏云卿	谯定	王忠民
刘勉之	胡宪	郭雍	刘愚
魏掞之	安世通		

【补：秋，先生代人撰《生民未有赋（谨序）》：癸卯秋八月，恭遇圣寿七十三岁令节，嘉祥备致，九有胪欢。臣敬撰《生民未有赋》一篇，用彰一揆同符，以发扬万古稀之盛于奕祀。（《南江文钞》卷一）】

九月，先生父藉安先生卒。年七十有二。（卢文弨《邵君墓志铭》）

先生南归。（按洪亮吉送先生入都补官诗注云："丙申夏，君奉讳南归，访余于里门不值。是年冬，余亦遭太孺人忧。及甲辰春，入都访君，又于三日前奉太公讳南下，不及见矣。"较章、卢二氏所载，各迟一年。）

【补：是年，先生为四库馆检讨何思钧之兄作《敕授承德郎户部福建司主事何君墓志铭》：同馆何检讨思钧过余，述厥兄承德君遗事。因出行状，请余为埏道之文。君讳思温，字圣容，号石峰。生于雍正五年二月丙寅，卒于乾隆四十二年八月甲寅，年五十有一。四十八年九月丙午，葬于郭壁原。余既据检讨之状叙君世系，而复以所夙知者为之铭。又为倪时庆作其父《诰授光禄大夫太常寺卿倪公墓志铭》：钱唐倪公，由翰林侍皇子讲读二十余年。尝洊历容台，总稽粮储，回翔卿寺，然始终以文学结主知。其诚悫详慎之忱，又足以孚其学。倚畀方殷，乃遽以乾隆四十八年二月庚寅卒于位。孤子时庆将扶柩归葬，谒余请铭。（俱见《南江文钞》卷十一）】

乾隆四十九年甲辰（一七八四）先生四十二岁

洪亮吉著《汉魏音》四卷成。其书钩贯群集，剌取汉魏古音，如读若音近者，多至数千百条，以《说文》旧部，类聚区分。其止于魏者，以反语之作，始于孙炎，而古音之亡，亦由于是，故以此为断焉。先生序之云：

> 声音宣而文字著焉。字日滋而声亦渐转，得其声始，则屡转而不离其宗。由是审音以定义，昭于制字之原，则互训反训，辗转相训，亦屡变而不失其旨。去古日远，袭舛承讹，私智凿空，诂训茫昧，班孟坚云，古文应读《尔雅》，曾谓鄙别之音，读三代古文，而能通其义，识其指归哉！
>
> 古音至汉而一变：郑康成注《诗》、《礼》，多述古文古音，言古者正以见当时之异读。推之于孟喜、京房《易》章句，齐、鲁、韩三家《诗》传，《春秋》三传，后先著竹帛，文字异同，皆音之递转。不仅如刘熹、韦昭所释，辨车声之如居近舍，为从汉以来之声转也。
>
> 汉人治经有师法，长言短句【正：言】，开唇合唇，音相转而不为一定，要不离乎声始，故义相贯通。至孙叔然制反语，则音有所拘，驯至义有所窒。薛综注张平子赋，已有反语，则知叔然之说，在当时已属盛行，不复推求古训。沿至六朝，遂分四声之韵，迭相祖述。韵书日益日歧而古音微矣。
>
> 阳湖洪君稚存，服习故训，精核六书之学，裒集遗经旧注，厘以《说文》部分，撰《汉魏音》四卷。其言曰："求汉魏人之训诂，而不先求其声音，是谓舍本事末。此书之作，欲为守汉魏诸儒训诂之学者设也。"余尝病夫后儒说经昧于古音，而使古人之训诂不明，读洪君撰集之书，略为申绎其义焉：
>
> 佳部引《文选注》云，雉夷声相近，服虔之说也。考《左传

正义》引服虔、樊光曰，雉，夷也，是声相近者即其义。证以康成《仪礼注》，夷之言尸也，《礼记》，尸，陈也，明乎雉、夷、尸之声相转，则可晓然于《尔雅》“雉，陈也”之训矣。

又《尔雅》，翦，勤也，郭注未详。陆农师新义以“剂翦之勤”为说，近人又引《诗》“实始翦商”以释之，皆强事皮傅，非其正义。足部引康成《书序注》云，践读为翦，证以《礼记·玉藻》弗身践也，郑注亦云践当为翦，是翦践古字相通。《左传》践修旧好，正指勤修其礼而言。非古音末由通《雅》训矣。

《说文》谐声之字，徐楚金偷近从俗，疑为非声，徐鼎臣校定《说文》，辄删声字。即如卷端元字，从一兀声，今本作从一从兀，盖疑元之不可以就兀得声也。此书引高诱《淮南注》曰，元读常山人谓伯为穴之穴，则《说文》作兀声，确有依据，俗儒之大惑不解者，亦当憬然而悟。其他互相证明，未易更仆而数也。

韩子曰：“沉潜乎训诂，反复乎句读。”训诂者，文字之本，音声者，训诂之原。学者由汉魏之音，求声始以穷其转，斯能知三百篇之比音协句，本于自然。后世袭舛承讹，亦有所由致。匡后世之舛讹，通古人之训诂，则六艺九家之传，皆文从字顺，而无诎屈之言。成学治古文，其亦有取乎此也。

读此序，可略见先生对于古音学之研究。自顾炎武著《音学五论》后，诸经师多知重视此学，往往以考证古音之故，而得卓绝之创获。先生虽无音学专书，然其著《尔雅正义》，谓古音渐失，则古义渐湮，因取声近之字，旁推交通，申明其说，以存古音。其云声近之字，义存乎声，正与此序声相近者即其义之意同。《尔雅》缘音训义者本少，先生能应用此法以治《尔雅》，则固非深有得于此学者不能矣。

是年，续修《杭州志》，先生复司其事。《杭州志》自乾隆四十二年，(据《槐塘遗集序》)由知府邵齐然聘先生等编纂，稿本略具。时巡抚王亶望以贪黩著，知府王燧觊觎杭守，夤缘亶望，乃黜齐然而任王燧。聘钱献之、王文治校订。四十四年十二月付梓。冒为己辑，并不述邵之始事，及助纂诸人姓名。又不尽从王、钱二氏校定之本。至是知府郑沄乃复以邵稿续请先生修正。先生依据原本，详加考核，增所未备。十一月付梓。篇帙既富，体例尤精，世称善本。而王刻板片，往往羼入其中。然郑志出而王志废，印本亦仅有存者矣。(《杭州府志·前志原委》)

是时汪沆年逾八十，病目不能作书，常招先生燕坐，商榷今古，至日晡犹不听去。(《槐塘遗集序》)

以张廷枚所刻《栲栳山人诗集》贻卢文弨。(《抱经堂文集》卷十二《题抄本〈栲栳山人诗集〉后》云："此本予抄之邵二云氏。乾隆甲辰，二云复贻余以罗山张氏所刻本，因取以校此本，补正十余字。")

都中重修浙绍乡祠。先生作记云：

> 绍兴居浙江上游，重岩巨泽所郁积，气厚而质重。秀出之民，挟材艺以走四方者，所在多有。自其少时习见孝弟礼让之风，而父老之教训其子弟，亦必以惇睦为首务。濡染既久，习与性成。即或久羁异地，或数世不克归，及其闻乡语，见乡人，辄睪然兴水源木本之思，握手款洽，蔼然其相亲。故当世称乡党之谊，惟绍兴为最笃。凡夫省会之地，水陆交汇之区，多有所谓绍兴会馆者，而都城之乡祠，其首及也。

此确为绍兴人之特性，且可见绍兴会馆之设，在先生时已极盛矣。绍兴人以善律称，州县礼聘幕宾，必首及绍兴师爷，先生所谓挟材艺以走四方者，殆即指此等人也。

乾隆五十年乙巳(一七八五)先生四十三岁

著《尔雅正义》二十卷成。

先生于经深《三传》及《尔雅》。朱筠谓先生曰：

> 经训之义荒久矣。《雅》疏尤芜陋不治。以君之奥博，宜与郭景纯氏先后发明，庶几嘉惠后学。(《邵与桐别传》)

先生由是殚思十年，著为此书。一字未定，必反复讲求，不归于至当不止。(《邵学士家传》)舟车南北，恒用自随，意有省会，便加点窜。(《正义》自序)稿凡三四易始定。先生自谓此书苦心，不难博证，而难于别择之中，能割所爱。(《邵与桐别传》章贻选按语)因于序中详述其体例及要点云：

> 晋涵少蒙义方，获受《雅》训。长涉诸经，益知《尔雅》为五经之錧鎋。而世所传本，文字异同，不免讹舛。郭注亦多脱落。俗说流行，古义寖晦。爰据唐石经及宋椠本，及诸书所征引者，审定经文，增校郭注，仿唐人正义，绎其义蕴，彰其隐颐【正：赜】。
>
> 窃以释经之体，事必择善而从，义非一端可尽。汉人治《尔雅》，若舍人、刘歆、樊光、李巡、孙炎之注，遗文佚句，散见群集。梁有沈旋集注，陈有顾野王音义，唐有裴瑜注，征引所及，仅存数语。或与郭注符合，或与郭义乖违。同者宜得其会通，异者可博其旨趣。今以郭氏为主，无妨兼采诸家，分疏于下，用俟辩章。譬川流而汇其支渎，非木落而离其本根也。
>
> 郭注体崇矜慎，义有幽隐，或云未详。今考齐、鲁、韩《诗》，马融、郑康成之《易》注、《书》注，以及诸经旧说，会粹群书，尚存梗概，取证《雅》训，辞意了然。其迹涉疑似，仍缺而不

论，确有据者，补所未备。附尺牍于崇邱，勉千虑之一得，所以存古义也。

郭氏多引《诗》文为证，陋儒不察，遂谓《尔雅》专用释《诗》。今据《易》、《书》、《周官》、《仪礼》、《春秋三传》、《大小戴记》，与夫周秦诸子，汉人撰著之书，遐稽约取，用与郭注相证明，俾知训词近正，原于制字之初，成于明备之世，久而不坠，远有端绪，六义之文，曾无隔阂，所以广古训也。

声音递转，文字日孳，声近之字，义存乎声。自隶体变更，韵书割裂，古音渐失，因致古义渐湮。今取声近之字，旁推交通，申明其说，因是以阐扬古训，辨识古文，远可依类以推，近可举隅而反，所以存古音也。

草木、虫鱼、鸟兽之名，古今异称，后人辑为专书，语多皮傅。今就灼知副实者，详其形状之殊，辨其沿袭之误。其未得实验者，择从旧说，以近古为征，不敢为亿必之说，犹郭氏志也。

试举例以证之：

如《释地》第九九府，南方之美者，有梁山之犀象焉。

郭注：

犀牛皮角象牙骨。

先生《正义》云：

《职方》荆州，其山镇曰衡山，其利丹银齿革。

《尔雅》作梁山者，《淮南·主术训》，桥直植立而不动，高诱注，桥，桔槔上衡也。《太平御览》引《符子》云，合【正：令】衡官桥而量之，折十桥。衡谓之桥，桥亦谓之梁，是衡与梁义相通也。

衡与横通，强梁语转作强横，是衡与梁声相近也。

郑康成《周礼》注云，衡山在湘南，高诱《淮南》注云，梁山在会稽长沙湘南，会稽二字承上文而衍，云在长沙湘南，是梁山即衡山之明证矣。（下疏郭注不录）

又如《释山》第十一，霍山为南岳。

郭注：

在衡阳湘南县南。今在庐江灊县西。即天柱山灊水所出也。汉武帝以衡山辽旷，因谶纬皆以霍山为南岳，故移其神于此。今其土俗人皆呼之为南岳。本自以两山得名，非从近也。而学者多以霍山不得为南岳。又言从汉武帝始乃名之。如此言，为汉武在《尔雅》前乎！斯不然矣。

先生《正义》云：

郭云在衡阳湘南县者，

《汉书·地理志》，长沙国湘南县。《禹贡》，衡山在东南荆州山。《晋书·地理志》，衡阳郡湘南县。县名仍汉旧，衡阳郡为长沙郡所分置也。衡山在县南，古今所谓南岳也。今衡山在衡州府衡山县西。

郭云今在庐江灊县西者，

《汉书·地理志》，庐江郡灊县，天柱山在南有祠。晋仍汉制。今灊山在安庆府灊山县西北。

郭云即天柱山灊水所出者，

《广雅》云，霍山谓之天柱，今谓之皖公山，皖水出焉，别流曰灊水，合流入于江。

郭云汉武帝移其神于此者，

《史记·封禅书》云，上巡南郡至江陵，而东登礼灊之天柱山，号曰南岳。太史公意以天柱山本非南岳，武帝强号曰南岳尔。《太平御览》引徐灵期《南岳记》云，衡山者，五岳之南岳也。其来尚矣。至于轩辕，乃以灊、霍之山为副焉。故《尔雅》曰霍山为南岳，盖因其副焉。至汉武南巡，又以衡山辽远，道隔江汉，于是乃徙南岳之祭于庐江灊山，亦承轩辕副义也。按轩辕以灊、霍为副，于古籍无征。此海上怪迂之士，妄引黄帝，不足为信。汉武所据谶纬，大率类此矣。

郭云南岳本自以两山为名，非从近者，

郭意以衡、霍为一山也。

《尚书大传》有中祀霍山及奠南方霍山之文，《大传》为后人裒集，不尽可据。应劭谓衡一名霍，傅会汉制，实则衡之与霍，自为两山。《通典》引《三礼义宗》云，唐虞以衡山为南岳，周氏以霍山为南岳，此见《尔雅》前后异文，求其故而不得，强为之词。然未尝不以衡山、霍山为二山也。《水经》释《禹贡》山水泽地云，霍山为南岳，在庐江灊县西南，衡山在长沙湘南县南，是亦以霍山、衡山为二山也。

以《尔雅》前后核之，《释地》所云梁山，即为衡山，此由于声之转也。《释山》上云，江南衡，下云霍山为南岳，即使衡山别名霍山，不得一篇之中，互举其名。

况夫霍之为义，由于大山宫小山也。今天柱山中峰小，而四围有大山以宫绕之。衡州之衡山，则中峰独高，而前后左右诸山，皆在其下。揆诸《雅》训，则天柱可名之曰霍，衡山不得名之曰霍。此可以目验而知也。

然则《尔雅》此文，何以云霍山为南岳？盖汉武以后诸儒所窜易也。

汉初儒者，增益五岳之名于《释山》篇末，与《封禅书》同。武帝以后，复改衡为霍，以附合时制。郭氏不悟其为窜别，遂迁就而为之词曰，学者以霍山为岳始于汉武，将汉武在《尔雅》前乎！夫《尔雅》固在汉武以前，但郭氏所据之本，果即汉武以前相传之《尔雅》乎！斯不得过信今本，转疑古训也。

合经传而总核之：冀州之霍山与泰、衡、华、恒，唐虞之五岳也。华、岳、泰、恒、衡，周之五岳也。泰、衡、华、恒、嵩高，汉初相传之五岳也。泰、华、霍、恒、嵩高，武帝所定之五岳也。知汉以前五岳无定名，则不惑于群说之胶膈矣。

或谓世所传本，定为汉儒增易，得毋勇于疑经乎？斯又不然：《礼记》或素或青，杂以秦语；《左传》其处者为刘氏，明为汉儒窜入：则知汉儒增益经文，正不必为之掩护。信古善述者，断不以一端之失而疑及全经尔。

读此二条，一定梁山为即今衡山，一定霍山为南岳，为汉儒所窜易，援引博而断制明，知先生治经，在实事求是，不胶执，不盲从，故能会通古义古音，撷取诸说菁华，而自抒新解。

洪亮吉极叹先生梁山即衡山之说为绝识。惟于《尔雅·释地》“汉南曰荆州”条下，先生《正义》谓殷时荆州以汉水为界，自大别以东，江南之地属于扬州，大别以西，汉东之地属于豫州；亮吉则据郑康成、班固、京相璠诸说，确定大别山在庐江安丰县西南。痛斥李吉甫《元和郡县志》之附会，谓吉甫之附会，成于杜预之致疑，因取左氏定公四年，吴师伐郢，楚子常济汉而陈，自小别至于大别一段传文中之地名，一一考核，成《释大别山》一篇寄先生，凡十四证，长数千言。又以先生汉水以南皆属荆州之说，亦似误以西汉水为汉水，别陈《汉水释》一篇。其与先生辩《尔雅》斥山一书，援引亦博。

(皆见《卷施阁[文]甲集》卷七)惜不见先生复书,无从对核。【补:章学诚《又答朱少白书》论其事云:以洪君之聪明知识,欲弹驳弟之文史,正如邵先生所云'此等拳头,只消谈笑而受,不必回拳,而彼已跌倒'者也(自注:彼驳邵之《尔雅》,方长篇大章刻入文集,以为得意,而邵之议论已如此)。邵先生行事细碎,宜即动手记之。即如受洪书而不报,此虽不便明记,亦可暗指其事,而形其雅量也。(《章氏遗书》补遗)】

然亮吉实甚推服先生此书,故有赠先生诗云:

君疏《尔雅》篇,订正五大儒。使我心上疑,一日顿扫除。君师钱少詹,精识世所无。吴门及钱塘,复有王(鸣盛)与卢(文弨)。皆言此书传,远胜唐义疏。(《卷施阁诗》卷八)

孙星衍亦谓此书:

经经自相勘,所失无毫厘。征信汉魏儒,缺疑不自欺。(《中州送邵晋涵入都诗》)

经经自相勘一语,最能道出先生治此书要诀。

【增:又焦循《尔雅正义赞》云:

《尔雅》邢疏,实多缺略。邵君铿铿,毅然而作。考其讹舛,补其脱落。审定伊平,取材兹博。刘李孙樊,遗文悉获。桑扈窃脂,确指其错。列以七证,矻然如石。(《雕菰集》卷六)

此循《读书三十二赞》之一,皆清代著述中为循所心向往之者,则非虚誉可知。】

是时汪中亦以《诗》、《书》、《左氏正义》、《说文》、《释文》、《广韵》、《史记》、《后汉书》、《宋书》、《隋书》、《山海经》、《齐民要术》、李善《文选注》,考校郭注异同,多于先生者四十六事。欲刊行而先生书已出,因藏其稿于家。又王念孙从戴震受声音文字训诂,通《尔雅》、《说文》，皆有撰述矣；嗣见先生为《尔雅》疏，段玉裁为《说文》注，遂不复为。惟郝懿行继先生后，著《尔雅义疏》二十卷，近人多谓出先生所著上。盖郝氏尝曰：

> 《尔雅》邵氏《正义》，蒐辑较广，然声音训诂之原，尚多壅阂，故鲜发明。今余作《义疏》，于字借声转处，词繁不杀，殆欲明其所以。

又曰：

> 余田居多载，遇草木虫鱼有弗知者，必询其名，详察其形，考之古书以征其然否。今兹书中，其异于旧说者，皆经目验，非凭胸臆。此余书所以别乎邵氏也。（见胡培翚《研六室文钞》卷十《郝兰皋先生墓表》）

然如其言，则郝书于体例既无新发明，而其蒐辑时注意之要点，与先生序中所述，亦无不同。稍有异说，何妨附见，别撰一书，斯为赘矣。李慈铭曰：

> 《尔雅·释山》，首曰河南华，河西岳，河东岱，河北恒，江南衡，末又云泰山为东岳，华山为西岳，霍山为南岳，恒山为北岳，嵩高为中岳。郑君注《周礼》，于大司乐用前说，于大宗伯用后说，固疑未能定而两存之。
>
> 邵氏《正义》主前说，以后说为汉世之儒所附益，谓以霍当衡，多言始于汉武，而嵩高之为中岳，亦始于汉初。郝氏《义疏》驳之，以为《尔雅》前标五山，后列五岳，其河南华云云，未尝系以岳称。
>
> 案《尧典》言四岳，《周礼·职方》言九镇，而《大司乐》则曰四镇五岳，明九州九山，其五相承称岳，其四无岳名则称镇，与《职方》山镇九之称，互文见义，何得又别称五山！古今经典未

有此说，此郝氏之臆决，不如邵说为长。（见《桃花圣解盦日记己集》。【删：又】按陈立疏《白虎通》五岳，亦以先生所言为得其实，见《白虎通疏证》六。）

然则郝书盖尝欲强翻先生之案，而实不能胜之者也。案林昌彝有《尔雅邵郝说折衷》一书，未见。又案先生同时有周春者，尝著《十三经音略》一书，书后附录与人书五通，其一通即与先生者，设十不解以指摘先生此书。春于音学自负甚高，其与卢文弨书，历诋顾炎武、阎若璩、戴震诸人，不遗余力，可谓太不自量。卢书中并讥及先生云："近又见注《尔雅》者，略及双声，罣一漏万，兼多差谬。"盖即与先生书中之大意。今不录。【增：又按江藩著《尔雅小笺》三卷，对先生此书亦略致不满云：《尔雅》自郭注行而旧注尽废，景纯乃文章家，于小学涉猎而已。邢疏肤浅，固不足论；而邵疏又袭唐人义疏之弊，曲护注文，至于形声，则略而不言，亦未为尽善也。（《尔雅小笺序目》）】

乾隆五十一年丙午（一七八六）先生四十四岁

二月，洪亮吉自里中偕钱维乔等买舟至浙江省从舅。间日游龙井、天竺、灵隐、净慈诸名胜，与先生及杨梦符、蒋承曾、崔景偁等吟咏常至彻夜。（《洪北江年谱》）

【补：是年春，先生游苏州，为知府胡世铨之父题其遗集。先生云：岁丙午，晋涵过苏州，同年胡君世铨知府事。政成将报最，留余府廨，出示厥考晓山先生遗文。（《南江文钞》卷十一《诰赠中宪大夫福建分巡兴泉永海防兵备道岁贡生候选训导胡公墓志铭》）又曰：夏邑胡晓山先生，履素含章，敷赞经训，河洛间奉为祭酒。今苏州知府鉴泉使君，承庭训，紬遗书，昌煜世学。余与鉴泉为同年生，丙午春，访之于苏州官署，获读先生遗文。（《南江文钞》卷八《书胡

封公遗卷后》)】

是年夏，先生入都补官，亮吉时在开封，以诗送之云：

君行不得行，一尺大梁雨。流潦冲夷门，街泥积如许。大梁雨足欣有秋，君虽不行我夷犹。廿年三度与君别，被酒历历追前游。逢君乃研经，逢君乃注史。当时苦说两少年，只惜黄郎前已死(谓黄景仁)。骑龙弄凤戏里间，斩蛟射虎节不拘。性情至此忽一束，细校科斗笺虫鱼。读书识字居然异，长句犹能矫奇气。大龙山下别君时，千六百言君倘记。壬辰三月上巳筵，江水一楼诗一篇。我歌白袷方咏月，君著宫锦行朝天。长安米贵居偏易，蓬观为君著书地。宣南坊外三斗尘，一客入门惊故人。故人久别仪容野，日倚陈编与倾泻。已看贵纸写《南都》，尚少筑台名《尔雅》。十年哀乐事亦同，往往相左红尘中。梁园握手亦意外，浊浪饱吸餐炎风。河流拍枕朝难醒，官烛烧残夜忘永。蠹鱼窥客客不知，双鬓都垂二毛影。盘盘万卷纵堆窗，只觉逢君气早降。礼堂若写群经定，君署南江我北江。(《卷施阁诗》卷八)

亮吉以三月赴开封节署，(《洪北江年谱》)据此诗，似先生是年亦曾客开封。【补：乾隆五十年二月，毕沅由陕西巡抚调任河南巡抚。今年春，先生应毕沅之邀，由苏州赴开封。先生云：大梁运逡蹥，联珠映奎宿。璧河萃光晶，才彦并辐辏。恩知被独先，招邀趋敢后。淮涡驾轻舟，一叶卷层溜。驱车古河壖，土坼火轮蹂。瞻拜铃阁前，尘汗旅衣透。先时河豫间，郁烔感频复。炎官扬赤旂，抟沙刷狂飕。雾狖曙更冥，风禽晨失昼。强槛连阡畴，呰窳废犁轴。掘桥氏亦焦，髡树根从仆。况复河漫流，金堤防蚁漏。改道筑新渠，昨冬功始就。辰念勤天中，旌麾移陕右。毕沅到任后，百废俱兴，政绩显著。先生赞誉云：今兹莅河洛，焦原成福宙。只在转移间，即睹盈宁候。阊阖凉风来，闲阶碾茸莪。行馆辟嵩阳，缥缃列文囿。版探宛委藏，册辨龙威守。两揄究经遗，三豕匡传谬。图饮夏鼎镌，录集秦碑镂。九流逮墨鲋，六艺溯苍籀。圜图勉周轮，方志定横繇。鉴澄涑水书，绪接龙门胄。世系待续编，音响若相训。（《南江诗钞》卷四《留别毕弇山中丞沅一百韵》）毕沅在河南从事文化活动，最重要的是收集中州金石碑刻与编校《续资治通鉴》。是年夏秋之交，先生曾赴陈留寻访北宋石经。后先生将拓片送给彭元瑞，元瑞记云：北宋石经，向来记石刻者不之及，即《河南志·古迹》，有《翟母碑》而无宋石经，亦可慨也。近始出土中，邵学士晋涵拓以贻予。（见《知圣道斋读书跋》卷二《北宋石经》）先生作《北宋石经歌次彭芸楣司空元瑞韵》亦云：汉构经廊失阛宁，突兀唐碑镇关辅。蜀壁全销玉垒云，天水浮珉亦非故。续书不数临安都，天圣下诏崇泗洙。当时结撰不草草，征材远逮金陵胡。两体双排分篆隶，古文虞鲁通形意。戈法仍沿秘监书，露痕间仿中郎字。石鼓旋移天会年，谁知断碣犹留传。河翻汴邸沉三版，珉勒周京证六官。闻得羲爻仍失考，十二幅字余探讨。即今审定邀宗工，鸿笔摛词等球宝。题笺颁来火未流，敷宣经训应蒙求。忆向陈留访碑去，岁华丙午月临秋。（《南江诗钞》卷四）先生又与洪亮吉、孙星衍等为毕沅校订《续资治通鉴》，出力最多。先生入都，孙星衍赠诗云：招君载书来，著作于官司。编年仿司马，当废薛应旂。（孙星衍《澄清堂诗稿》卷上《中州送邵太史晋涵入都》）章学诚《为毕制军与钱辛楣宫詹论续鉴书》云：邵与桐校订颇勤，然商定书名，则请姑标《宋元事鉴》，言《说文》史训记事，又《孟子》赵注，亦以天子之事，为天子之史，见古人即事即史之意。（《章氏遗书》卷九）其作《邵与桐别传》

亦云：已故总督湖广尚书镇洋毕公沅，尝以二十年功属宾客续《宋元通鉴》，大率就徐氏本稍为损益，无大殊异。公未惬心，属君更正。君出绪余，为之复审，其书即大改观。（《章氏遗书》卷十八）此外，先生撰《劳氏家谱序》，亦提及在开封时事，云：余姚劳氏，始于宋南渡。近时余山先生，更以儒学显。余少读余山先生遗书，窃拟诸宋儒张子《正蒙》。近过大梁书院，其堂额为须友堂，余山先生故居之堂名也。遗书十卷，院中人多能道之。余将北行，匆匆就道，不及与之上下其议论也。（《南江文钞》卷六）】

【补：是年秋，先生撰《诰授中宪大夫升授江南守巡道淮安府知府郑君墓志铭》：乾隆三十八年春，余游江南之凤阳，司正阳书院讲席。时寿州知州郑君方奉台檄，将摄六安州篆，闻余至，为具宾主礼。君赴六安，时时念余不置。余旋奉召入都，编校四库书。君亦累擢直隶州知府，岁时音问，一如在六安时。未几，闻君卒于位。君殁后五年，公子应元与余为同官，屡得闻君遗事。今年秋，应元乞假归葬其亲，请余志墓。于是追溯余相从游处之时，已十有四年，君之卒亦粤十年。君少孤力学，为诸生，以诗文著声。数踬乡闱，由例贡就铨，授凤台知县，调定远知县。卓异，擢寿州知州，权知六安州。迁泗州知州，升淮安府知府。四十一年四月，诏以巡道补用。君先得疾，闻恩命感激呜咽。越八日而卒，距生康熙六十年二月甲子，年五十有六。（《南江文钞》卷十一）】

八月，汪辉祖签掣湖南永州府宁远县知县。先生赠序云：

> 法家以辅礼制律者法也。审察于礼与法之相贯通，而后能明律，而后能养人。余读《唐律疏义》，其傅义予比，实依于仁慈，而参合必以《唐六典》为依据，何其明于礼意也。明律改用重典，峻文苛法，欲以齐民，恶睹所谓礼以养人者乎！

后之治律者，能铨度于世轻世重以剂于平，仁者之用心也。刻者为之，则伤恩而薄厚，昧者则坐视人之生死疾痛而不自省。州县之长，盛服坐堂皇，吏抱文书伍伯左右立，哆口叱呵，问以律，则懵然莫能知，惘然以为不足知。其援律以定谳者，则为幕宾，引成案以上下其手者，则为吏胥，居其间颐指而气使者，则为奴仆。甚至奴仆、吏胥与幕宾连合为一心，舐文破律，戕虐民生，流弊靡究。呜呼，是曷能望其知律意以养人乎哉！

吾友汪君焕曾娴习经训，以家贫谋养，治法家言，议论依于仁慈。佐州县治，引三《礼》以断疑狱，远近称平允。性廉介，严取予，异乎俗所云幕宾者。今以进士谒铨得湖南之宁远县。夫以焕曾之明律而通于礼，本之以仁，持之以廉，吾见焕曾之道之行，而豫为宁远之人贺也。

虽然，焕曾佐治有年矣，于律文，信能通其意而剂于平矣，自恃其能，以事上官必傲，以待同列必骄，其御下也必愎，傲也，骄也，愎也，吾未见其道之得行也。《书》曰，钦哉，钦哉！惟刑之谧哉！钦以言乎敬也，谧以言乎静也。能敬以静，则不敢自恃，而可免于傲与骄与愎，养民之道，庶有几乎！

余与焕曾交，屡以文字相切磋，兹行也，同学之士，多为歌诗以送之，余隐括为序以赠其行。何以处我，焕曾独无意哉！（《文钞》卷四）

此序写州县情弊如画，先生曾云：

今之吏治，三种人为之，官拥虚名而已，三种人者，幕宾、书吏、长随也。（汪辉祖《学治臆说》【正：《学治续说》】）

此序即阐发此意。

先生送辉祖彰义门外，辉祖曰："此行幸邀封典，即作归计，未必再入此门。脱不幸，铭幽之文，责在吾子。"泫然分手。(《梦痕录余》)

辉祖既至县，鄙塞之俗，翕然丕变，政声大播。(见阮元《揅经室二集·循吏汪辉祖传》)未及四年，以告病获譽。辉祖友人为辉祖惋惜，先生曰："诸君弗尔，龙庄当泰然也。"因诵辉祖留别诗，"最好官箴双节录，无多宦味五年心"，叹为素志不欺。(见《梦痕录余》)其后辉祖有答儿子继坊书云：

古来端人杰士，无不从困顿中磨炼出来。无暇远引，即吾契好如邵二云学士，孙迟舟太史，沈青斋观察，皆备历艰难而后成学问。得有遇合，立身树品，处处站得稳处。(见同书)

可证其相知之深。

十一月，阮元入都。谒先生，时有请问。(见阮元《南江邵氏遗书序》及张鉴《雪【正：雷】塘庵主弟子记》卷一)

是年为周广业《意林注》撰序云：

近时嗜古者表彰子书，悉心校勘，其意诚善。然或过有偏主，务申其说，几几乎欲引诸子与六经相诘难，斯非好奇之过欤！

夫子书有蔽短，正更不必为之掩讳，舍短取长，掇其精要，乃可羽翼乎六经。然则马氏之为是书，庶几其善读诸子者，而周君之扶微阐隐，又岂特为马氏之功臣而已哉！(《文钞》卷四)

是序所言，即班固"合其要归，亦六经之支与流裔"之意。南宋以还，子学不绝如线，至是始有董理之者。然【改：顾】亦仅视为经学附庸，以余力从事校勘，未暇为学说上之研究。其表彰子书，如先生所谓几几乎欲引诸子与六经相诘难者，正未易多觏。然诸子头角，由是稍露矣。

乾隆五十二年丁未(一七八七)先生四十五岁

教习庶吉士。(《别传》章贻选注)【补：先生丁忧服除，入都补官。后追忆云：念师门之瞻瞩兮，曾悲恸于灵萱。阅十余年之荏苒兮，惊遄返乎星孀。忆岁在强圉协洽兮，值服阕而补官。(《南江文钞》卷十《曹母管宜人祭文》)】

是年冬，招辛卯同年为销寒之会。先生言：

> 同年销寒之会，始于程鱼门，是为癸巳之冬。戊戌入都，则集于王方川所。丙午秋复入都，则王瑶峰仍举前会。(《文钞》卷四《销寒叠韵诗序》)

至是则由先生举之，盖已第四次矣。

是年，钱大昕撰次古今文人生卒年寿可考者，始郑玄讫戴震，凡四卷。取左氏有与疑年使之年语，名之曰《疑年录》。后又续录蒋士铨至先生六人。大抵取古今文人之有功经史者始录之，所以志景行也。(见《竹汀居士年谱》及其曾孙庆曾按语)

先生中表翁元圻，始从事注《困学纪闻》。(自序，丁未之冬，拣发云南，从此移黔移楚，未尝不携此书自随，偶有所得，即细书于简端。)

辑阎若璩、何焯、全祖望诸家之说，而益以己所心得者，为文凡八十五万言。

> 凡厚斋所引之书与其人，靡不触类引申，核其本文，详其贯履。于书之已佚，姓氏之就湮者，则博采坠简零篇，力索冥搜，期于必获，于诸说之不全不备，舛驳抵牾者，则下己意补之正之。(胡敬《翁注困学纪闻序》)

其用力至勤且久，乃最有功于王书者。钱泰吉谓得此一书，则诸家之精蕴皆备，(《曝书杂记》卷中)非虚言也。然元圻自谓注此书之动机，实由先生发之。其自序云：

元圻幼嗜此书，通籍后，备官礼曹，尝质疑于中表邵二云先生。先生教之曰："阎、何、全之评注，略举大意，引而不发，子盍详注之，使览者不必细阅四库书，而了然于胸中乎?"余对曰："此非尽读厚斋所读之书者不能也。以元圻之浅陋，曷足以任此!"先生曰："子姑详其所可详；其未详者，安知不有好学者更详之乎!"

惜其书迟至道光五年始脱稿付刻，先生已不及见，故自序又云：

惜二云先生墓木已拱，不及删其繁而补其缺，以至于无遗憾也。

同里黄稚圭先生(璋)刻《大俞山房诗稿》十卷成。稚圭先生笃志经学，曾补辑《宋元学案》，于先生为尊辈。诗稿中附有先生便札三通，因节录其涉及彼此著述者：

奉到大集，雒诵再四，掉臂清新，而不涉江西宗派，要非洗伐功深者，无从道其只字也。(第一札)

晋涵近刻《尔雅正义》，略仿唐人体裁，而学术不逮古人远甚，刻成覆核，自愧疏漏。今寄呈一部，伏祈大加诲削，俾不至终身不闻大道，幸甚幸甚！《孟子正义》粗具稿本，尚须删改，道远末由就正，时用怅然耳。(第二札)

《宋元学案》，贯彻古今学术源流，不仅备两朝掌故，双韭续纂未竟，今乃得观厥成，异时流布通都，洵四方学人之幸也。(第三札)

章学诚【补：是岁保定莲池书院失馆，一度暂居京师。其作《书宋孝女》云：五十二年冬，余在京师，寓同年友刑部金君光悌家。(《章氏遗书》卷十八)此间，曾与先生小聚。其作《改订史苍言所撰会稽陈君墓碣并铭》云：乾隆五十二年，复聚于邵编修家。(《章氏遗书》卷十六)不久离开京城，其作《与周次列举人论刻先集》云：丁未残腊出都。(《章氏遗书》卷二十二)】岁暮至河南见毕沅，(《丁巳岁暮书怀诗》注)既任编辑《史籍考》事。其书包经而兼采子集，尝与先生商订体例，且令先生弟子章宗源别辑《佚【改：逸】史》一书，以辅《史考》，如《经解钩沉》与《经义考》之同功异用也。(《章氏遗书》卷四《与邵二云书》云："自到河南，三度致书，想俱邀鉴矣。所商《史籍考》事，亦有所以教正之耶?"又书云："逢之寄来逸史，甚得所用，至云摭逸之多，有百余纸不止者，难以附入《史考》，但须载其考证，此说亦有理。然弟意以为蒐罗逸史，为功亦自不小，书既成，当与余仲林《经解钩沉》可以对峙，理宜别为一书，另刻以附《史考》之后。《史考》以敌朱氏《经考》，《逸史》以敌余氏《钩沉》，亦一时天生瑜、亮，洵称艺林之盛事也。"又《报孙渊如书》云："承询《史籍考》事，取多用宏，包经而兼采子集，不特如所问地理之类已也。前有条例与邵二云，求其相助。如足下从事校雠，其于古今载籍，耳目所及，幸有以指示之也。至义例所定有应采者，邵君处已有大凡，可就询之。")

宗源字逢之，会稽人。以宛平籍中式乾隆丙午科举人。为清代有数之辑佚家。所辑甚夥。今所传有《隋书经籍志考证》十三卷，凡隋以前乙部诸佚书，采摭略尽，盖即与学诚《史籍考》最有关系之书。(余书不传，传者亦经孙星衍、严可均、洪颐煊等之补订，非复章辑之旧。)先生于辑佚既多致力，宗源则承先生之教，而毕生从事于此等工作者。阮元《茆辑十种古逸书序》称"昔元二十岁外，入京谒邵二云先生。先生门徒甚多，各授以业。有会稽章孝廉逢源（源当作之）者，元见先生教以辑古书，开目令辑，至今犹记其目中有《三辅决录》、《万毕术》等书。章孝廉力其业，不数年成书盈尺。惜孝廉病卒，书不知零落何处”云云，可知其渊源所自矣。

【补：是年，先生为钱沣之父撰《钱拙叟先生八十寿序》：明岁著雍涒滩二月，为封公拙叟先生八十寿辰。群欲以夙昔服习于君者，进而称祝于先生。爰效近时所为屏幛者，而属晋涵为之序。（《南江文钞》卷七）】

乾隆五十三年戊申（一七八八）先生四十六岁

【补：是年二月，代人作《圣驾巡幸津淀赋（谨序）》：岁在戊申二月，恭迓銮舆巡津淀，省民观俗。（《南江文钞》卷一）】

【补：是年春，先生为同年进士吴震起之曾祖父编校列传，并为其母撰《诰封恭人吴室董恭人墓志铭》：乾隆五十三年春，国史馆撰进故都御史吴公涵列传。晋涵得与编校之列，因得考见公之清操亮节，为吾浙所引重。又旧与公曾孙震起同举礼部试，知公名德裕后，世为清门。会震起自浙贻书，请为妣恭人志墓，备闻内政，益以信世家之遗泽远矣。（《南江文钞》卷十一）】

是年三月，先生为钱大昭撰《补续汉书艺文志序》云：

班孟坚《汉书》，因刘子骏《七略》作《艺文志》，西京书籍，略见其梗概矣。后代史家，递相祖述，《隋书》、《旧唐书》、《文献通考》作经籍，宋孝王《关东风俗传》作坟籍，其名不同，其书一也。

范氏《后汉书》本未及撰志，司马彪《续汉书》有《律历》、《礼仪》、《祭祀》、《天文》、《五行》、《郡国》、《百官》、《舆服》八志，而不及艺文，东京诸儒撰述，泯焉无闻，良可深惜！

嘉定钱可庐先生精通经史，其说经之书，实事求是，得未曾有。其于两汉、三国，有《辨疑》一书，王光禄称赏不止，以为突过三刘。今复有《补续汉书艺文志》二卷。余受而读之：盖取蔚宗本史所载，及书之见存于今代，引证于古书，著录于别史，暨藏书家所录者，辑为此编，以补司马氏之缺漏。部分条析，悉依前书。于一代著述，固已搜采无遗，洋洋美备矣。

不登上古之书者，依刘知幾之说，断代为史，例不当载古人；且东汉时古书之存亡，亦非几千百年以下所能审知也。

乾隆五十四年己酉（一七八九）先生四十七岁

章学诚在太平，著《文史通义》内外二十三篇。其十二篇，附存旧稿一篇，合十三篇，皆推原道术，以为文史缘起者，统题为《姑孰夏课甲编》。自序云：

余仅能议文史耳，非知道者。然议文史而自拒文史于道外，则文史亦不成其为文史矣。

先生因论其《原道篇》云：

是篇初出，传稿京师，同人素爱章氏文者，皆不满意，谓蹈宋人语录习气，不免陈腐取憎，与其平日为文不类，至有移书相规戒者。余谛审之，谓朱少白曰："此乃明其《通义》所著，一切创言别论，皆出自然，无矫强耳。语虽浑成，意多精湛，未可议也。"（《文史通义·原道篇》按语）

朱文治入都谒先生，时毕沅以瓦当图寄先生，先生即属文治题之。故文治诗有"图悬四壁皆秦汉，促我篝灯咏瓦当"之句。（《南江诗钞题词》及注）

文治又有《感恩知己诗》云：

我作诸生时，一寒常彻骨。每念三世交，劝学示津筏。已酉上公车，邸寓初晋谒。公为解行李，延留逾两月。长安不易居，志之敢忘忽！（见《绕竹山房诗稿》卷九。文治字诗南，久香先生兰之父也。《绕竹山房诗余》又有《即席奉酬邵丈二云招饮双藤簃·苏幕遮》词云："紫烟笼，红玉镂。簃隔藤开，藤绕簃边走。仙客裁霞当被覆。诗梦惊回，忽讶双龙斗。坐花阴，还酌酒。瑛珞抵垂，未许春风逗。细嚼饧馆香满口。人啖花时，记得看花否？"）

【补：是年秋，先生作《题俞敬堂遗照（有序）》云：君以己丑冬过余京师寓斋，话别南归。闻君家居课子，志节弥励，不数年旋卒。今年己酉秋，展君遗容，则昔时游处之迹，谳洽之欢，历历若在目云。俯仰曩游，渺不可得，聊裁短什，以抒余怀。（《南江诗钞》卷四）】

乾隆五十五年庚戌（一七九〇）先生四十八岁

高宗八旬诞辰，先生撰《征符》一篇上之。（见《文钞》卷二）【补：先生代人作《皇上八旬万寿恭纪（雅十二章谨序）》一篇：皇帝御宇之五十五年，恭届八旬万寿昌辰。（见《南江文钞》卷二）又代人作《皇上八旬万寿恭纪（乐府九章谨序）》一篇。（见《南江文钞》卷三）】钱大昕入都祝寿，寓先生邸舍。行礼后即出都。（见《竹汀居士年谱》）

是年三月，章学诚有与先生书云：

足下《尔雅正义》，功该而力勤，识清而裁密，仆谓是亦足不朽矣。抑性命休戚之故，亦有可喻者乎？尔雅字义，犹云近正，近正之义，犹世俗云官常说话，使人易解。足下既疏《尔雅》，则于古今言语能通达矣；以足下之学，岂特解释人言，竟无自得于言者乎！

君家念鲁先生有言，文章有关世道，不可不作，文采未极，亦不妨作。仆非能文者也，服膺先生遗言，不敢无所撰著，足下亦许以为且可矣。足下于文漫不留意，立言宗旨，未见有所发明，此非足下有疏于学，恐于闻道之日又有待也。

足下博综十倍于仆，用力之勤，亦十倍于仆，而闻见之择执，博综之要领，尚未见其一言蔽而万绪该，足下于斯，岂得无意乎！

《宋史》之愿，大车尘冥，仆亦有志，而内顾枵然，将资于足下而为之耳。足下如能自成一史，仆则当如二谢、司马诸家之《后汉》，王隐、虞预诸家之《晋书》，亦备一家之学。如其未能，则愿与足下共功，其中立言宗旨，不侔【改：谋】而合，亦较欧、宋《新书》，必有差胜者矣。

此书盖学诚始抵武昌时所发。同时段玉裁亦客武昌，有书致先生云：

段玉裁顿首上二云先生座右：客冬得晤，数年契阔，得以稍畅。饫闻妙论，深叨雅谊，大快事也。惠赐《尔雅正义》，元元本本，既赡且确，什百邢氏，何待言矣。裁自客冬归，匆扰多端，未能详读一过，深以为歉。近者索居无俚，乃溯江至秋帆先生所一行，月内当即归，不能久滞也。拙著《尚书考读》将成，详于古文、今文之别，及卫包之妄，行且梓政。先生邃于史学，闻实斋先生云，有《宋史》之举，但此事非先生莫能为，则日中必昃，尚勿迟缓。实斋神交已久，今始得见，其史学可谓得其本源。抑实斋先生云，甲辰乙巳间，先生款门舍下无应者，闻甚骇异，去冬何未谈及？甲辰一年，舍间多故，裁必出门开罪也。裁自回坛，种种不得意，近者觅馆地坐之。倘其不得，当入都请业耳。兰泉先生向所仰望，去年承谕，本欲叩见，而未暇，今辄具禀，伏冀转达。《说文》茜字下曰，五行之数二十分之一辰，此语未详，求示之。每以独学无友为苦，故有入都请业之志也。秋帆先生云，相属纂《宋元明通鉴》，此事亦天地间不可少之事，何日成之？敬请近安！不戬。（四月十六日武昌幕中）

兰泉先生处禀竟未缮，惟祈晤时道及玉裁卅年仰慕之忱是感！（又启）

其后玉裁又有与先生书云：

愚弟段玉裁顿首上二云大兄先生阁下：上年舍亲史名瑾者入都，曾奉书并《戴东原集》，曾否收到？迩来想新祉便蕃，起居万安。著述之闳富，玉裁愧不能亲炙细读也。闻以《宋史》自任，不知何日可成？令郎于《宋史》之学亦深，想必相得益彰。将来删削繁芜，继踪马、班，能令鄙人尚及见否？玉裁前年八月，跌坏右足，至今成废疾，加之以疮，学问荒落，去冬始悉力于《说文解字》，删繁就简，正其讹字，通其例，搜转注假借之微言，备故训之大义，三年必可有成，亦左氏失明，孙子膑足之意也。小婿龚丽正者，屺怀之子，考据之学，生而精通，大兄年家子也。更得大兄教诲之，庶可成良玉。苏州有博而且精之顾广圻，字千里，欲得尊著《尔雅疏》一部，望乞之为祷，即交小婿邮寄可也。《东原集》三部付上。丁小山兄去冬于杭城乃得相识。抱经先生已归道山，可叹可叹！梁伯子著《人表考》、《史记质【正：志】疑》二书，该洽之至，想已看过矣。肃候近安！诸惟丙鉴不一。玉裁顿首。

周书昌先生无恙否？朱少伯兄乞叱致。章实斋亦不得其

消息。（正月九日）

此二书俱自李慈铭《荀学斋日记》已集中录出。日记尚有王念孙、李尧栋二书，并录于后。

王书：

《知不足斋丛书》一套缴上。

曩注《广雅》，葆，本也，而不解其义。又读《诗传》，苞，本也，亦不解其义。窃疑浸彼苞稂，如竹苞矣，实方实苞，苞有三蘖，皆不当训为本。昨阅《玉篇》艸部尊字注云，本尊草丛生，（字或作苯，《西京赋》苯尊蓬茸。）始知《传》训苞为本者，乃丛生之义，非根本之义也。《斯干笺》云，言时民殷众，如竹之本生。本生犹言丛生，故【改：因】以比民之殷众，故孙炎云，物丛生曰苞，非根本之义明矣。《生民笺》云，丰苞亦茂也，《长发笺》云，苞丰也，皆足增成《传》义，而《正义》以为《易传》，失其旨矣。《广雅》云，葆科本也，又云，科丛也，薮葆也，（《说文》葆草盛貌，薮细草丛生也。）则葆苞古盖通用。未知有当与否？唯先生裁之。

又李氏《周易集解》系于苞桑下所列古训，必有与《尔雅》、《毛诗》相发明者，并祈录示。

余不一。年侍王念孙顿首。

李书：

别来一载，曾于去冬附入宽夫信中寄奉怀之作。比到都，而宽夫已旋里，竟持此信而归，以致不得呈左右，至今耿耿，刻于役淮阴，又未携此稿来，暇时当补录呈教也。

冬间一接手书，以尊纪相委属，已为转荐属邑，较弟冷泊衙中或略生色。

此月内，又接刘孝廉携来【增：手】书，隔年始到。然馆事极难。此时书院，焉有空缺？刘本敝门人，况重以台命，宁不为留意耶！

春殿宣毫，词曹文战，后来居上，自古积薪，岂必飞腾属诸前辈，不谓拔帜亦有康节，夺经神之席，亦登词客之坛，除目传来，喜生望外，坊阶迅转，行到头厅，不特士论翕然，亦且一破省例，使伏处江湖，远观壁上者，若老马闻鼙鼓之声，自忘驽钝也。

弟自知荒落，甘作粗材，但到江南，又存旧习。自甘淡泊，空处脂膏，毗陵七月，艰巨难肩。乃新参忘其迂拙，不以为不才，反量移白下。四月到此，已及数旬。幸民俗稍淳，案牍稍简，而上游孤介，酬应都捐，或堪藏拙。第麋鹿之性，不能奔走马牛，阁下视仆，岂治繁理剧才耶！终朝牵率，事与性违，空负江山，无情游揽，其意绪可知矣。

范士恒（名衷，上虞人，辛卯探花，与先生同年）三兄，贫态可念。顷以舟次无物携来，未能多寄，下遇便再当寄意，烦为致声。昨见邸抄，南昌事内，其令郎名字相同者，岂亦牵涉耶？

数行寄意，恭贺新除。并问近安。不一。愚弟李尧栋顿首。

二云先生阁下。（六月十三日淮阴舟次）

案慈铭曾见乾隆诸老致先生尺牍一册，上四书即录自此尺牍者。今未得见。幸慈铭曾摘记其大概于日记云：

凡段茂堂书三通，

周书仓书三通，

卢抱经、王石渠、李南涧、邵楚帆（自昌）、曹地山、王（尔烈）书各二通，

姚姬传、刘端临、纪文达、朱文正、金海住（名下钤一印云，住金刚坚固海）、鲁山木、平余山、家松云先生、邵海图（洪）书各一通。

又一书失去尾页，似是翁覃溪。

一书仅署花间堂手札，似是成哲亲王。

一书只署太平使院字，似是朱笥河。其书云："初九日晚五百里文，从道台处奉闻足下与戴东垣【改：原】、周舒苍同调取入四库全书馆，须此间给咨即行，连日伫望，何以未至？沿途见此字，驱舆放帆，毋太迟留也。切切！"下署十六日。此乾隆三十八年笥河任安徽学政时事。

又罗台山一纸，只末叶。

又一纸，无称谓姓名，只钤一小印曰西霞手书，吾乡王方川先生也。书云："稚存札中，皆泛文畏冲【改：泛文□□】，只淡淡一语，其实紧要，恐将来得罪人，若前任交代语亦不露，恐稚存为我心急也，至祷至切！"盖是书之别纸所云，乃西霞由翰林出为河南知县时事。洪稚存是西霞辛丑会试分房所荐士也。

茂堂两书，(见上)端临书，山木书，松云书，皆长牍。

楚帆总宪两书，一言邵氏修谱事，一言博西斋所著《偶得》四卷，属二云校定及作序事，皆呼二云为侄。

海图侍郎呼为五哥而不字，又于二云尊人称伯父大人万福，是于二云为近支。【补：先生《与吴衣园书》云：知己天涯，经年不得手札，怅何如也！阅家弟海图南信，知荷垂念。(《南江文钞》卷八)】其书言"金坛相国致属王抚军，以五哥为言，相国为朝廷培植善士之义，可谓深笃，王抚军两浙福星，非不知好士者，其所以相待之处，宜于相国安帖中委悉言之，五哥违都门久，而竟若憺怕不存于心。本房李老师关注殷切，而五哥嗣后无安帖来，似觉太阔，此不可也"云云。王抚军者王亶望，而两王字，后皆磨去其中直，改作三字，盖王获罪后，邵氏讳之，遂移之文敬公三宝，以王于丁酉岁代三公抚浙也。

书仓两书，言文安陈氏时文稿事，极推重之。

抱经一札，言《玉藻》行容惕惕，《释文》音伤，今小版秦刻误作惕，以二云所著《尔雅正义》为其所误。案今《正义释训》怟怟惕惕下，并不引《玉藻》文，则二云后已改正矣。又一札言："捧读改本《尔雅正义》，精而益精，中间删节处，亦更简当。"

南涧一札，言伪《斜川集》，望而知其非真；然不知即龙洲诗也。

石渠一札是借《丌元占经》，一札言《广雅》葆本也云云。（见上）

端临书言《尔雅·释山》，山左右有岸厜，《广韵》作㕒，《玉篇》有金字，古文法，《说文》，㱏，古文正，是金从㱏，㕒从金得声，金㕒二字，虽不见于《说文》，而由古文正字孳生，即不可谓非六书之正体。案今邵氏《正义》仍不用其说，刘氏所著《经传小记》中亦无之。（按先生尝称刘台拱云："予游京师，交友中渊通静远，造次必儒者，端临一人而已。"见阮元《刘端临先生墓表》。**【补：先生云：徒维遏茂之冬，晋涵来京师，获交刘君端临。见《南江文钞》卷七《刘余斋先生六十寿序》。按徒维遏茂为干支纪年己戌年，六十周甲中无此纪年，当是先生误记，待考。】**）

朱文正札，是问《明史》洪武初，遣文原吉、詹同、魏观、吴辅道、赵寿等访求遗文，詹、魏自有传，文原吉官侍御史，不知其字与里，吴、赵二君官职、字、里，俱无考。

纪文达札，是借沈冠云《左传小疏》。

金海住札，言舍侄质孚（文淳）《易解》一种，曾恳带赴书局，公酌去取，如不足采，即求掷付小婿汪云倬（日章）寄还。

覃溪书，是托代访童君二树所藏古泉古碑，恳借其数事，为之考索题识。时二云已由翰林丁父忧归矣。

茂堂一书，言章实斋所撰《史集考》，不知已成若干？又言《尔雅正义》，高于邢氏万万，此有目所共见，汪容夫最佩服此书，近得其信否？案实斋未闻著《史集考》，盖即《文史通义》之初名也。（按章学诚著《史籍考》事，详上五十二年。其时慈铭未见《章氏遗书》，故误以为即《文史通义》之初名耳。）

寻绎诸书，想见一时儒林份缄往还，商榷古义，行间字里，古色照人。其称谓款式，谨而不侈，约而不率，虽或亦潦草不经意，而言无俗尘，皆足见先辈典刑，存为掌故。

吾家松云中丞及平宽夫侍郎两书，皆贺二云初入翰林，（李书见上）中丞时以中允出守常州，调江宁，侍郎时以少詹事忧归，札中言李太守延修郡志事。两公手迹，向藏余家颇多。

慈铭又有一跋，《日记》不录，亦未得见。

【增：按嘉庆刻本《南江文钞》，不载先生致友好书牍，是谱问世后，王重民先生为之绍介于《中华图书馆学会会报》（第八卷第六期）中云："傅沅叔先生所藏道光刻本，《南江文钞》卷八，有致程鱼门、吴百药、吴春岩、吴衣园、章实斋、钱竹汀书札各一通，致朱笥河书札三通，除程、钱二札系论《尔雅》，余已不忆其作何语，论何事矣。而傅先生藏本，未获再翻阅，此余与黄先生所同引为恨事者也。"匆匆二十余年，王先生语，忆之如昨，而道光本竟不可得，补志于此，有余恫焉。】

【补：是年秋，先生作《跋日本五畿内志》云：庚戌秋，从晓岚尚书借观此书，因识数语于卷末。（《南江文钞》卷八）】

乾隆五十六年辛亥（一七九一）先生四十九岁

二月，御试翰詹，先生名列二等，迁左春坊左中允。

七月，周永年卒。年六十有二。【补：先生致书章学诚，告知周永年遗嘱。学诚云：今年邵晋涵与桐氏书来，言书昌病归狼狈，殊可念。俄又书来，言书昌死矣。乾隆五十六年辛亥秋七月也。与桐书言，书昌且东归，自知不起，属与桐寄语，俾余为传】章学诚为作传。其末段云：

余与书昌交，终始于与桐。居京师，尝困踬少欢，遇二君，辄忘患苦，能作竟日谈宴。忆书昌方欲皦田置生，有老农为述田家乐事，娓娓入人，余闻之意移，亦欲共书昌效彻田遗意。独与桐谓未可信。余询其故。与桐曰："农田之必有利，犹读书之必有益也。农子闻大儒言读书之功，而舍其耒耜，以求占毕可乎？"余曰："我辈归老故山，得有田圃林泉之胜，三数知契，衡宇相望，弦诵之余，因而课耕问莳，朝夕过从，人在士农之间，不亦可乎！"与桐、书昌皆色然有慕。斯言犹在耳也，不知感慨系之矣。（《章氏遗书》卷九《周书昌别传》）

【补：章学诚云：得邵二云书，历城周书昌永年编修逝矣。二云传其遗书，属余为传，哀哉！检笈中，得渠十五年前与友人手字，友人因其字寄余。时闻永清周明府震荣方欲鸠刻书之会也。君与友人字云："永清之举，必发自实斋。昨实斋过我而不在家，可恨也。可刻之书，弟所见者，有温公《易说》，鱼门抄本，须校金仁山《尚书注》，非徐刻本，亦在鱼门处。俞时澗《读书举要》未校本，弟有。程泰之《易原》，鱼门有；《考古编》未校本，弟有。而莫要于《元和》、《太平》二志。郑、贾、服三书祖本，当在馆中。又《学林》亦须急刻。《金楼子》有一底本，鲍以文来索者屡矣，拟即寄去，鱼门处尚有一本也。惠书尽矣，思再多印而无其力，价亦多收不齐。惠书能趣令增流通千部亦妙。"其所云惠书者，元和惠氏栋校订本也。其汲汲于表章先儒，嘉惠后学，精诚通于寤寐，而忘其家中无宿舂粮，真可敬也。二云来书云，君后得痰疾，时迷时醒，言语多不甚可辨。一日过二云，谓几死者数矣，觉有事未了，而终不能言。今及忆所怀，乃欲使实斋为我撰传耳。此言既达，后遂不复能言，无憾也。已而归家，一年乃卒。哀哉！(《章氏遗书》外编卷二《乙卯札记》)】

永年自与先生被征后，海内学人集辇下，皆欲纳交，投刺踵门；然深相知者，先生及程晋芳、丁杰数人而已。于经史百氏之言，览括略尽，观其大义，不雠章句。自谓文拙，不存稿，故殁后无传焉。(据桂馥《晚学集》卷七《周先生传》)

十一月，诏刊十三经于太学，依开成石经，据诸本订其得失。先生职《春秋三传》，所正字体，较他经独多。(《邵学士家传》)

明年，高宗巡幸五台，先生集十三经语十三章，为《五台集福颂》，其序辞盛称此次校刻石经之美善，中有云：

> 臣谨案石经之刻，自汉鸿都勒石以后，魏、晋、后魏、孟蜀诸刻，久无传本，学者所睹，惟有唐宋石经。
>
> 臣前承恩命，填抚陕西，见唐石经尚存西安府学。开成校刻，只十二经，当时已讥其字乖师法；旋以乾符修改，后梁补缺，北宋人旁注，益滋混淆。
>
> 及奉命移抚河南，访北宋二体石经，仅得《周礼》残碑，存陈留县学。(彭元瑞《知圣道斋读书跋》卷二，北宋石经，向来记石刻者不之及，即《河南志·古迹》，有《翟母碑》而无宋石经，亦可慨也。近始出土中，邵学士晋涵拓以贻余。)
>
> 至于南宋石经，缮写既非全篇，刻石复多零散，虽在杭州府学，好古之儒，莫之宗尚。
>
> 是则石经之刻，综前代所留贻，袭舛承误，徒滋讥议，别黑

白以定圭臬，至今日而始臻其美善。

况夫《周易》正王弼之参连，《礼记》厘开元之篇第，《洪范》订其颇陂，《笙诗》存其义旨，《仪礼》存授绥之词命，《尔雅》删桑扈之重文，盛世惇经，以考文彰同文之上治，斯固非前代之刻石经可得而比拟也。(《文钞》卷一)

此文先生自云代作，而不注所代之人，玩其辞意，似为代毕沅作者。【补：先生记载乾隆五十一年夏秋之交，代毕沅赴陈留寻访北宋石经，云："忆向陈留访碑去，岁华丙午月临秋。"(《南江诗钞》卷四《北宋石经歌次彭芸楣司空元瑞韵》)可知此文确系代毕沅而作】

是年，章学诚有与先生论文书云：

君家念鲁先生尝言，文贵谨严雄健。夫谨严存乎法度，雄健存乎气势。气势必由书卷充积，不可貌袭而强为也。法度资乎讲习。疏于文者则谓不过方圆规矩，人人皆可与知。不知法度犹律令耳。文境变化，非显然之法度所能该，亦犹狱情变化，非一定之律令所能尽。故深于文法者，必有无形与声，而又复至当不易之法，所谓文心是也。精于治狱者，必有非典非故而自协天理人情之勘，所谓律意是也。文心律意，非作家老吏不能神明，非方圆规矩所能尽也。然用功纯熟，可以旦暮遇之。

学诚好与先生论文，故其后又与先生书云：

古文之与制艺，犹试律之与古诗也。近体之与古风，犹骈丽之与散行也。学者各有擅长，不能易地，则诚然矣。苟于所得既深，而谓其中甘苦，不能相喻，则无是理也。

夫艺业虽有高卑，而万物之情，各有其至，苟能心知其意，则体制虽殊，其中曲折，无不可共喻也。每见工时文者则曰不解古文，擅古文者则曰不解时文，如曰不能为此，无足怪耳；若其所为之理而不能解，则其所谓工与擅者，亦未必其得之深也。

仆于时文甚浅近，因改古文而转有窥于时文之奥，乃知天下理固通也。（俱【改：并】见《章氏遗书》卷四）

学诚论文有精识独到处，其论时文古文一书，语亦透辟。先生虽厌薄时文，（周永年《时艺类编序》云："同年邵二云，世所推鸿骏君子之一也，其厌薄时文也尤甚。"）而亦不主张古文有一定之方式。故云：

胸有奇偶双单之见者，岂可与论古文。（见章学诚《论文辨伪》）

学诚推为知言。先生亦颇爱学诚之文，谓其根深实茂，重自爱惜，从无徇人牵率之作。（见《梦痕录余》）

先生论文之语，既不多见；论诗者亦甚少。惟《霍尊彝遗诗序》云：

余尝谓诗之原出于天籁，天怀有独挚，其诗皆有可传。惟性情糅杂以尘垢者，纵终身学之无益。（《文钞》卷四）

又《宝严堂诗钞序》云：

郇卿子曰，诗者中声所止也。情动于中而宣之为声，声之所感不同，胥能类其小大，比其始终，俾宫商相应，若画采成文，绳其德以协于中。后世之言诗者，竞为新声，以投一时之嗜好。或袭于外以为恢张，或陷其中以为幽渺，或柔曼以取姿，或奔放以作势，或奇谲以见巧。是无异乎侈声之迫筰也，弇声之郁勃也，薄声之甀掉也，陂声之离散也，险声之抑敛也，

恶知所谓中声乎哉！(《文钞》卷四)

先生谓诗之原出于天籁而止于中声，故主张诗贵摅写纯洁之性情，其发声当在不抗不坠之间，读先生所为诗，委婉近人而含蕴无穷，可知其非苟言也。

时人多谓先生不长于诗，殊不足信。法式善云：

邵二云学士经术湛深，诗其余事。近见题张水屋《游西山图》云："西风振客衣，西山落襟袖。窄径穿盘陀，石与车轮斗。滑笏铺层溪，始自何年溜。萦旋百褶云，破衲纷刻镂。前林转忽开，数亩辟广袤。绀叶蒸斜阳，杖影露鸿脰。古屋撑悬崖，暮蔼不能覆。镰月割半棱，藉草稍停留。直上蹑空梯，虚坎松根凑。仆本山中人，新到境如旧。"余甚爱之。(《梧门诗话》)

郭麟亦云：

邵二云学士经学湛深，古诗多深思古意。然其和童二树梅花诗，其中一绝云："折枝赠别晓江寒，好句长留画壁看。三载魂销梅岭雨，黄椰根苦荔枝酸。"注谓怀罗二岭南。言情婉婉，深得风人之旨。《秋草》云："长驿露寒人独立，横塘水落雁初过。"《落叶》云："从遣深山征月冷，是谁中夜读《离骚》。"皆有远韵。(见《樗园消夏录》卷下)

叶德辉《郎园读书志》因谓先生于诗功力至深，《诗钞》所存多此类，而人不甚称颂者，为他著述所掩尔。其言诚确。而先生子秉华跋先生《诗钞》云：

先大夫幼侍曾大父东葵先生于蛟川学舍，即受诗法，矢口成音，协于天籁。博览古作者，自汉、魏、六朝迄唐、宋、元、明大家名辈，皆涉其堂奥，而别其指归。与里中诸子唱和，操笔立成，名章秀句，领袖一时。洎领乡荐，舟车南北，见闻日扩，问学益充，发为歌诗，与山川名胜相辉映。比成进士，研精经史，不欲以诗人见长，登览余闲，抒写性情，不事摹拟，而自合于古作者。尝谓荀子诗者中声所止，得作诗指。于唐取少陵、昌黎、义山、牧之诸家。性不喜观黄涪翁诗，故所作多出入于韩、杜间，而无江西派生硬及四灵派琐碎之弊。尝手批杜集、韩集一过，可以见先大夫性情之所近矣。（据《姚江诗录》引）

家学渊源，言之尤为亲切。兹更录先生《万柳堂》二律以概其余。

横云池馆已荒凉，衰柳今依选佛场。细路独来寻曲涧，孤亭无主对斜阳。芦摇霜气飞千点，雁过风棱并一行。惟有西山留过客，湿岚欲坠石桥旁。

似闻春露濯灵姿，上客先拈白凤词。花气扑筵香是雾，歌声吹梦雨如丝。我生已晚悲前度，树岂能言感昔时。日暮陂塘回瘦马，碧云黄叶去何之。（《诗钞》卷二）

又朱文治题先生《诗钞》云："白俗元轻都扫除，摛词卓荦又纡余。"亦当。（《南江诗钞题词》）

【增：是年，卢文弨校刻《经典释文》成，王怀祖及先生皆不满其书：王谓"卢郎老矣，而刻书甚易，能无误乎"？先生谓"卢公喜与时贤作难，是其一蔽"。（见王端履《重论文斋笔录》卷一）】

乾隆五十七年壬子（一七九二）先生五十岁

是年，毕沅《续通鉴》修成。沅尝以二十年功属某氏续宋元《通鉴》，大率就徐氏本稍为损益，无大殊异。沅未惬心，属先生为之复审，其书即大改观。时沅方用兵，书寄军营，读之大悦服。手书报谢，谓迥出诸家续鉴上也。其义例详章学诚为毕沅与钱大昕论《续通鉴》书中。大抵【改：略谓】宋事据丹棱、井研二李氏书而推广之，又据旁籍以补其遗。元事多引文集，而说部则慎择其可征信者。仍用司马氏例，折衷诸说异同，明其去取之故，以为考异。惟不别为书，注于本文之下，以便省览。涑水之书，中有评论，是书则付缺如，以为史文评论，苟无卓见特识，发前人所未发，而漫为颂尧非桀，殆无异释氏说法，语尽而继之以偈，文士撰碑，事具而韵之以铭，斯为赘矣。（见章学诚《邵与桐别传》及《为毕制军与钱辛楣论续鉴书》）

按学诚于嘉庆五年为先生作别传，谓毕公卒于军，其家所刻《续鉴》，杀青未竟，家旋籍没，君之所寄，不可访矣。其言似未可信：毕沅卒于嘉庆二年，其家籍没于嘉庆四年，是时《续鉴》刻至百三卷而止，后一年，冯集梧购得毕氏原稿及不全板片，为补刻百十七卷，次年三月刻成，共二百二十卷，（据嘉庆六年三月冯集梧《续通鉴序》）冯氏谓系毕氏定本，而学诚则谓先生所寄，已不可访，此一可疑。学诚为毕沅致钱氏书中，有"全书并录副本呈上，幸为检点舛误"之语，则先生校订之本，已成于是年，不应其家于嘉庆四年刻书时，犹用某氏初定之本，岂毕沅卒时，先生之稿随亡耶？此二可疑。钱氏于嘉庆二年为毕沅覆勘是书，增补考异，未蒇事而沅卒，以其本归沅子，（据钱庆曾《竹汀居士谱续》）先生之所寄或不可访，钱氏之所归，亦并亡之耶？此三可疑。又是书，学诚致钱氏书中但云二百卷，而钱氏为毕沅作墓志铭，称二百二十卷，与冯刻本同。钱氏既为参校是书者，其言当非无据。然则是年以后，又增补二十卷耶？抑二百二十卷，固为先生改定本耶？【删：（此事胡适于章氏年谱中言之颇详，可参阅）】

是年，章学诚有与先生论修《宋史》书云：

足下今生五十年矣。中间得过日多，约略前后自记生平所欲为者，度其精神血气尚可为者有几。盖前此少壮，或身可有为，未可遽思空言以垂后世；后此精力衰颓，又恐人事有不可知，是以约计吾徒著述之事，多在五十、六十之年，且阅涉至是不为不多，中见亦宜有所卓也。足下《宋史》之愿，大车尘冥，恐为之未必遽成；就使成书，亦必足下自出一家之指，仆亦无从过而问矣。

近撰《书教》之篇，所见较前似有进境，与方志三书之议，同出新著，前已附致其文于足下矣。其以圆神方智，定史学之两大宗门，而撰述之书，不可律以记注一成之法。又迁书所创纪传之法，本自圆神，后世袭用纪传成法，不知变通，而史才、史识、史学，转为史例拘牵，愈袭愈舛，以致圆不可神，方不可智。如《宋》、《元》二史之溃败决裂，不可救挽，实为史学之河淮洪泽，逆河入海之会，于此而不为回狂障堕之功，则滔滔者何所底止！夫《通鉴》为史节之最粗，而纪事本末又为《通鉴》之纲纪奴仆，仆尝以为此不足为史学，而止可为史纂、史抄者也。然神奇可化臭腐，臭腐亦复化为神奇，纪事本末本无深意，而因事命题，不为成法，则引而申之，扩而充之，遂觉体圆用神，《尚书》神圣制作，数千年来可仰望而不可接者，至此可以仰追。岂非穷变通久，自有其会，纪传流弊，至于极尽，而天诱仆衷，为从此百千年后史学开蚕丛乎！今仍纪传之体，而参本末之法，增图谱之例，而删书志之名。发凡起例，别具《圆通》之篇。推论甚精，造次难尽，须俟脱稿，便当续上奉郢质也。

但古人云，载之空言，不如见诸实事，仆思自以义例撰述一书，以明所著之非虚语。因择诸史之所宜致功者，莫如赵宋一代之书，而体既与班、马殊科，则于足下之所欲为者，不嫌同工异曲。惟是经纶一代，思虑难周，惟于南北三百余年，挈要提纲，足下于夙所究心者，指示一二，略如袁枢纪事之有题目，虽不必尽似之，亦贵得其概而有以变通之也。

《书教》篇为章氏晚年精到之作，此书所论，足相证发。先生曾评之云：

纪传史裁，参仿袁枢，是貌同心异。以之上接《尚书》家言，是貌异心同。是篇所推，于六艺为支子，于史学为大宗，于前史为中流砥柱，于后学为蚕丛开山。

其《圆通》篇似未撰成。章氏与先生相约撰《宋史》，其学其识，又皆足以副其志，而皆不克成书。先生虽辑《南都》，其稿又浮沉不可知，此实史学界一大恨事也。

是年十月，大学士和珅兼翰林院掌院学士，莅任，属官见者皆降礼。先生弟子戴联奎时在翰林，独长揖。珅【改：和】访时望为额鲋师，或荐先生及联奎，先生辞不就，和以为愧，欲延联奎，联奎亦坚辞。（见姚莹《东溟外集》卷三《光禄大夫兵部尚书戴公墓志铭》。按其文又云："邵先生语公曰：'吾老矣，行移病去，子宜为后计！'公曰：'吾师行，弟子从之矣。'邵果乞休。和曰：'吾非必相强，邵君何为此悻悻！'"此虽足见先生风力之高，然先生实卒于官，未乞休也。）

联奎字紫垣，如皋人。卒于道光二年二月。

【增：是年钱泳入京师，谒见先生于横街寓第。（《履园丛话》卷六：乾隆五十七年，余初入京师，谒见先生于横街寓第。时官翰林侍讲，为人朴野，德行恂恂，今之召伯春也。而经学之修明，文章之通达，实鲜其匹。是时萧山王南陔中丞尚为秀才，常在先生坐中，

遇之，剧谈古今，每至竟日。)】

【补：是年，先生撰《重修正乙祠碑记》云：都城自正阳门迤而西，为西河沿，市廛环列，中有屋十余楹，曰正乙祠，为越人客京师者集会之所，缔造于康熙五十一年三月。乾隆五十六年九月复缮葺之，次年三月落成，视旧制闳整有加焉。老成董事者来谂余，愿有言记厥事。(《南江文钞》卷五)】

【补：是年秋，先生撰《翰林院编修张君行状》云：君讳锦芳，字粲夫，一字药房。余之知君也，由益都李君文藻。李君官潮阳知县，贻余书，亟称君之才。今年秋，冯君过谂余，则君已殁矣。君生于乾隆十二年九月某甲子，卒于乾隆五十七年闰四月某甲子，年四十六。(《南江文钞》卷十)】

【补：是年，先生为同年举人徐立纲之父撰《诰封奉直大夫翰林院编修徐公墓志铭》云：徐编修立纲卜宅宣武门之西，颜其堂曰循陔，侍父母克备孝养。编修视学安徽，迎养使署。使事将竣，公先期归里，今年闰四月寿终。编修以埏道之文相诿诿，晋涵以累世姻戚，又与编修同乡举，习知家世事，不敢辞。公讳肇南，号宝山。卒于乾隆五十七年闰四月辛丑，距生于康熙五十二年八月丁丑，年八十。(《南江文钞》卷十一)】

乾隆五十八年癸丑(一七九三)先生五十一岁

是年五月，病初起，校阅旧抄本《东南纪闻》一过。(先生跋云："此书从《永乐大典》中录出，不著撰人姓氏，盖宋遗民所纂述也。中间有与《程史》相同者，其为抄撮而成欤？抑各纪所闻欤？其纪史弥远、嵩之凶险，有出于诸家纪载之外者，当时东南遗老，痛心于弥远叔侄者深矣。辛丑夏，馆吏录副本求售，因留之。癸丑五月病初起，校阅一过，讹字不可尽乙，俟求别本正之。"见《江苏省立国学图书馆第三年刊馆藏善本书题跋辑录》。）

【补：是年，先生代人作《纪晓岚先生七十寿序》云：今年六月，值先生七十介寿之辰，遂书之以代乐筵之致语焉。（《南江文钞》卷七）按纪昀生于世宗雍正二年（1724 年），至高宗乾隆五十八年（1793 年）七十岁，故系于此年】

【补：乾隆五十九年甲寅（一七九四）先生五十二岁

是年，先生代人作《圣驾八巡津淀恭纪（乐府十章谨序）》云：摄提昭纪，上元启辰。戬祓迭臻，昌嘉合集。圣天子御宇五十有九年，延太和于仁寿，融久照于升恒，懋举上仪，式谐令典。今逢五载享期，恭迓八巡御辇。（《南江文钞》卷四）】

【补：乾隆六十年乙卯（一七九五）先生五十三岁

是年春，先生作《恭进乾隆五十九年起居注折》云：臣等叨居两史，愧乏三长，谨排事以叙时，兹成编于隔岁。垂五三六经而并重，钦有秩之宸谟；总二十四册以恭呈，颂无疆之圣祚。（《南江文钞》卷一）】

嘉庆元年丙辰（一七九六）先生五十四岁

高宗纪元周甲授受礼成，先生撰《迎日推策记》一篇上之。（见《文钞》卷二）

【补：是年，先生代人作《太上皇帝纪元周甲授受礼成恭纪（颂十二章谨序）》一篇。（《南江文钞》卷三）又代人作《太上皇帝纪元周甲授受礼成恭纪（典诠一篇谨序）》。（《南江文钞》卷四）】

先生迁中允后，旋擢侍讲、侍读、左庶子，至是自左庶子擢翰林院侍讲学士，日讲起居注官，兼文渊阁直阁事。历充咸安宫总裁，万寿盛典、八旗通志、国史馆、三通馆纂修官。又为国史馆提调，兼掌进拟文字。

先生在史馆十余年，人以为魏憺、韦述之比。数十年来名卿列传，皆出其手。据实直书，未尝依阿瞻徇。每有进御，高宗为之嘉奖。故大臣相倚如左右手。（见王昶《春融堂集·翰林院侍讲充国史馆提调官邵君墓表》及《蒲褐山房诗话》）馆中收贮先朝史册，以数千计，总裁问以某事，答在某册第几页中，百不失一。（江藩《国朝汉学师承记》）

法式善在馆中校勘诸功臣传稿，见传中有载入从逆之臣，而反失载殉难大员者，有殉难于前朝，而载入本朝忠臣者，有年月舛误者，有姓名舛误者，因条列其事，而与先生书云：

> 比在馆中勘校诸功臣传稿，并付到诸册籍，其中舛误遗缺，尚复不少。良由外省之咨报非一时，中秘之前后纂修非一手，加以岁月之久，疑误相仍，莫能指正。伏惟阁下以网罗一代之才，识卓而文茂，职掌所存，自宜及时厘定，以为惇史。谨就管窥所及，条列其事，愿先生亮察而审正之。（《存素堂集》卷三《与邵二云前辈论史事书》）

先生体素羸弱，又兼诸馆，晨入暮出。复以其暇授徒自给，执经者尝林立以待，先生随问曲谕，人人皆得其意。前后著录弟子至数百人。由是体益不支。是年三月感寒疾，医者误投药，遂剧。以六月十五日，（此据钱大昕《墓志铭》，洪《传》【增：作六月二十五日】误）卒于邸第。【增：先生病中尝寄洪亮吉诗，亮吉酬之云：

> 与君卜邻意非好，欲拉酒徒时醉倒。墙西望汝一树花，君病未瘳春遽老。笺云日啖半瓯粥，颇厌墙东酒徒扰。墙东酒徒非得已，匝月行完七千里。轰天炮火冲身出，吊影惊魂可知矣。昨来偶自窥青镜，不觉二毛填鬓底。期君醉我君辞疾，反作新诗恼行客。酒逋我纵盈门索，药券知君亦山积。君如戒

药我戒酒，一日颠毛恐俱白。（《卷施阁诗》卷十七）

盖亮吉以为先生所感乃寒疾不足患，故有“期君醉我君辞疾，反作新诗恼行客”之戏语，而孰知先生竟由此不起矣】卒之日【改：先生卒前】，语笑【增：犹】如平时。人有乞为志传未及成者，检箧中稿付次子秉华，遂整容就席而瞑。是时长子秉衡不在京，以先生于去岁遣归，为营其兄履涵冢穴也。（见《邵学士家传》、《邵君墓志铭》）

章学诚闻先生卒，哀悼甚切。《与胡雒君书》有云：

昨闻邵二云学士逝世，哀悼累日，非尽为友谊也。浙东史学，自宋元数百年来，历有渊源，自斯人不禄，而浙东文献尽矣。鄙宿劝其授高第学子，彼云未得其人，劝其著书，又云未暇，而今长已矣，哀哉！

前在楚中，与鄙有[同]修《宋史》之约，又有私辑府志之订，今皆成虚愿矣。（《章氏遗书》卷五）

府志之订，未见他记，姑不具论。若《宋史》之不成，实学诚所视为无穷之恨者。《别传》云：

识者知君笔削成书，必有随刊疏凿之功，蔚为艺林巨观。讵知竟坐才高嗜博，官程私课，分功固多；晚年日月益促，又体羸善病，人事蹉跎其间，遂至美志不就，淹忽下世。以数百年闻丛见集，若将有待以大其成者，一旦失散不得复聚，不特君之不幸，亦斯文之厄也。

又云：

昊天生百才士，不能得一史才，生十史才，不能得一史识，有才有识如此，而又不佑其成，若有物忌者然，岂不重可惜哉！

学诚自谓知先生之深，与人异者有三：先生以博洽见称，而不知其难在能守约；以经训行世，不知其长乃在史裁；以汉诂推尊，不知宗主乃在宋学。（见《别传》章廷枫按语）而己所蕴蓄，亦惟先生知之最深。故【增：先生评学诚《与陈观民工部论〈湖北通志〉》云：

文史字见《东方朔》及《司马迁传》，唐宋以还，乃以论文诸家目为文史。章君自谓引义征例，出于《春秋》，而又兼礼家之辨名正物，斯为《文史通义》之宗旨尔。盖古人虽有其文，未尝推究至于此也。此篇论通志义例，实包今古史裁，其意盖谓韩、欧之文，不可与论马、班之史，判若天渊，论似新奇，然由其所辨，反复推求，义意未尝不平实也。昔人论刘勰知文不知史，刘知幾知史不知文，必如此书，而文史可以各识职矣。（《文史通义补编》）

学诚亦】云：

余著《文史通义》，不无别识独裁，不知者或相讥议。君每见余书，辄谓如探其胸中之所欲言。间有乍闻错愕，俄转为惊喜者，亦不一而足。以余所知解，视君之学，不啻如稊米之在太仓，而君乃深契如是，古人所称昌歜之嗜，殆有天性不可解耶！（《别传》）

学诚自负所学有别识独裁，不为人知，独先生能契合隐微。前后二十余年，南北离合，爱若弟兄，得志未尝不相慰悦，风尘潦倒，又强半以先生为依附。（《别传》）知己之感，不能自已，故其言往复悱恻，读之凄咽。

讣至吴下，钱大昕为位哭之恸，谓“君生长浙东，习闻蕺山、南雷诸先生绪论，于明季朋党奄寺乱政，及唐鲁二王起兵本末，口讲手画，往往出正史之外，自君谢世，而南江文献无可征矣”。又云：“予比岁衰病，尝预戒儿辈必求二云铭我，孰意天实祝予，转以才尽

之笔，纳君穿中也。”(《邵君墓志铭》)

后五年辛巳【正：辛酉】，章学诚卒，年六十有四。

又三年甲子，钱大昕卒，年七十有七。

又三年丁卯，汪辉祖卒，年七十有八。

又二年己巳，洪亮吉卒，年六十有四。

先生两子秉衡、秉华，皆能世先生学。阮元云：

浙东西兄弟皆才者，二洪之外，则有丁小雅杰之二子，邵二云学士之二子秉衡、秉华，并传家法，兼通经史。(《定香亭笔谈》卷二)

则先生为有后矣。

先生著述，强半散佚。洪亮吉称先生有《孟子述义》、《谷梁古注》、《韩诗内传考》，并足正赵岐、范宁及王应麟之失。(《家传》)钱大昕则称先生有《谷梁正义》。(《邵君墓志铭》)章贻选亦仅称《谷梁正义》而不言《谷梁古注》。按阮元《南江邵氏遗书序》云：

先生曾语元云，《孟子疏》伪而陋，今再为之。《宋史》列传多讹，欲删传若干。顾皆未见其书。今先生久卒于官，惟《尔雅正义》先已刊行。今令子秉华等复刊《南江札记》四卷，《南江文钞》若干卷，次第皆成。尚有《南江诗钞》十卷，《韩诗内传考》一卷，《旧五代史考异》、《宋元事鉴考异》、《大臣谥迹录》、《方舆金石编目》若干卷，未刊，(据《别传》章贻选注，尚有《辅轩日录》。)将次第刊之以贻学者。

此序作于嘉庆九年，距先生之卒仅八年，而《孟子述义》(先生与家稚圭先生书，作《孟子正义》。【正：黄璋《大俞山房诗稿》所附先生与稚圭先生书云：《孟子正义》粗具稿本，尚须删改，道远末由就正，时用怅然耳。先生所谓《孟子正义》，当是出于手误。因宋人孙奭已有《孟子正义》，故先生之书不可能再用此名。先生《南江文钞》卷八《与吴衣园书》云：仆明岁仍在安庆坐馆，客游无善状，亦无窘步，时理故业，将以搜讨佚文，考撰同异。新辑《尔雅正义》已具草稿，三年可缮清本。《孟子述义》、《仪礼笺》，当次第成之。已明言书名为《孟子述义》】)已称未见，《谷梁古注》、《谷梁正义》皆未称及，殆皆为先生未成之稿欤？

又此序未将《文钞》卷数确定，且刊在《南江札记》之首，大抵《南江札记》最先刊，次《文钞》，次《诗钞》，余则未刊。

今按嘉庆刻本《文钞》四卷，凡百有一篇：

卷一卷二，赋八篇。高宗巡幸、万寿、纪元、周甲等应制经进文二十篇。

卷三，《四库提要》三十七篇。

卷四，祠庙碑记七篇。序二十九篇：《广西乡试录序》，《尔雅正义序》，《汉魏音序》，《校正神农本草序》，周耕厓《意林注序》，《周易辨画序》，《余姚史氏宗谱序》，《劳氏家谱序》，《涞水方氏家谱序》，《双节堂赠言集序》，《越女表微录序》，《张氏垂范集序》，《节门诗录序》，《国朝姚江诗存序》，《槐塘遗集序》，《霍尊彝遗诗序》，《朴庭先生文稿序》，《宝严堂诗钞序》，《全浙诗话序》，《沈匏尊诗序》，《徐薜堂时艺叙》，《姜星六时文序》，《销寒叠韵诗序》，《傅素余时文序》，曹寅谷《四书摭说题词》，《李氏蒙求补注序》，《宸垣识略序》，《赠张淳初序》，《送汪焕曾之官宁远序》。

叶德辉《郋园读书志》，《文钞》作十二卷，《诗钞》十卷作四卷，则为道光壬辰刻本。德辉并注为门人胡敬所刻。余未见其书。然道光壬辰刻本，乃先生门人孙尔准寄赀属胡敬校刊者。敬与尔准为同年，而与先生则绝无关系，不知德辉何据而以敬为先生门人乎？按光绪本《余姚县志》所录《文钞》、《诗钞》卷数，与叶志同。并载有胡敬序云：

> 辛卯夏，余友文靖孙公，寄其师邵二云先生集并赀，属为校刊。多病逡巡，逾岁雠刊始毕。首应制文，次杂著，次诗，分卷十有六。以《札记》四卷附焉。梓成而文靖归道山已十阅月矣。
>
> 昔文靖与余值词馆，编纂《全唐文》，共晨夕者凡六年。每值夜深谈艺，称述其师之学之才，谓作文则操笔立成，诲人则更仆忘倦，未尝不叹先生之得天独优，文靖之所得于师承者有自也。
>
> 文靖得师经史之学，敷为章奏，得师文艺，作为诗歌，得师立品之超，见事之明，以莅官行军，卓然媲古大臣风烈。是先生之业，文靖为尽得其传，先生可以无憾。独惜斯集编排之成，文靖不及一见，相与札商去取之得失也。
>
> 至其集之奥衍综博，足资考镜，与阐明姚江学术之宗派者，有章传陈叙已备言云。

则叶且未读胡序欤？然据叶志胡序，《文钞》由四卷增至十二卷，《诗钞》由十卷减至四卷，是道光本视嘉庆本固大有增减。其增减之故则不可知。【补：两书增减之故，虽暂无史料以资考证，但可推测大概。关于《南江文钞》，从两种刻本中先生署名，可以窥见其版本演变脉络。嘉庆九年面水层轩所刻四卷本，各卷皆署名“余姚邵晋涵与桐”；道光刻本把嘉庆刻本卷一、卷二、卷四的文、赋、记、序分散于卷一至卷六，把嘉庆刻本卷三《四库提要》改为卷十二，仍署名“余姚邵晋涵与桐”；而道光刻本卷七至卷十一为新增尺牍、序跋、传状、墓铭，署名“余姚邵晋涵二云”。由此可见，道光十二卷本乃拆补嘉庆四卷本成书。关于《南江诗钞》，阮元于嘉庆九年作《南江邵氏遗书序》明言“尚有《南江诗钞》十卷，《韩诗内传考》一卷，《旧五代史考异》、《宋元事鉴考异》、《大臣谥迹录》、《方舆金石编目》若干卷，未刊，将次第刊之”，可知嘉庆年间先生《南江诗钞》并未刊刻。阮元所见《南江诗钞》稿本，乃先生之子秉华于嘉庆元年编定之本。秉华跋语云：今荟萃箧中所存草稿，谨分年排次，厘为十一卷。末附词一卷，公车客京师，时与友朋酬酢，约有百首，削稿后多毁弃不留；兹于故纸中检得草稿八首，谨录而存之。丙辰腊月初七日缮录初毕，男秉华谨书。则秉华编定之本，乃是诗十卷，词一卷，与阮元所言相符。此本最大缺陷是卷多篇少，秉华云先生“庚子年使粤，往返得诗一卷，今惟存《蒲圻道中杂咏》六首，《浯溪磨厓碑》一首，余俱无存。又如辛卯以后归舟得诗一卷，壬辰客游太平，教授凤阳时，中多酬唱，亦散佚无存”。由于各卷存留诗篇太少，至道光十二年胡敬刊刻时，不得不合并成四卷。今四卷本《南江诗钞》内，《蒲圻道中杂咏》六首与《题浯溪磨厓碑》由稿本中独立一卷，改为与其他诗合刻在第四卷，而稿本中独立为一卷的八首词，则作为《诗余》附在卷四之末，约略可见《南江诗钞》十卷本改为四卷本之轨迹】余所见《诗钞》乃残本，仅有首二卷，亦不能断其为四卷本与十卷本也。

《札记》四卷：《春秋左氏传》一卷，《仪礼正误》、《礼记》、《三礼》合一卷，《孟子》一卷，《史记》、《汉书》、《后汉书》、《三国志》（按论《三国志》四十九条，皆直录何焯《义门读书记》，盖先生过录于所阅书上，编者不检而误入之耳）、《五代史》、《宋史》合一卷。

短者或仅校正字句，长者考核至六七百言。王昶《湖海文存》卷九，有先生《燔柴泰坛解》一篇，即由此录出者。李慈铭甚称其

《孟子札记》,谓中如：

芒芒然归,引《方言》云,茫,遽也。吴、杨曰茫。

地丑德齐,引《说文》云,丑,同也。东齐曰丑。

于予心独无恔乎！引《方言》云,恔,快也。东齐、海岱之间曰恔。

夏畦,引《说文》云,田五十亩曰畦。《文选注》称刘熙注云,今俗以二十五亩为小畦。又云,今俗以五十亩为大畦。

沛泽,引《公羊》僖四年传,大陷于沛泽之中,何休注,草棘曰沛,渐洳曰泽。《后汉书注》述刘熙注云,沛,水草相半。

其丽不亿,引《说文》云,嶷,数也。

源泉混混,引《说文》云,混,丰流也。

西子蒙不洁,引《淮南·修务训》云,毛嫱、西施,天下之美人,若使之衔腐鼠,蒙蝟皮,衣豹裘,带死蛇,则布衣韦带之人,过者莫不左右睥睨而掩鼻。

为不若是恝,引《说文》作忿。云,忿,忽也。呼介切。

夔夔齐栗,谓夔夔犹匔匔也。引《史记·鲁世家》匔匔如畏状,徐广曰,匔匔,谨敬貌,一文作夔夔。

丹朱之不肖,引《史记索隐》述郑玄曰,肖,似也。不似,言不如人也。

富岁子弟多赖,引《说文》云,赖,赢也。《吕氏春秋注》云,赖,利也。一曰善也。

版筑,引《文选注》称郭璞《三苍解诂》云,版,墙上下版;筑,杵头铁沓也。

其志嘐嘐然,引《说文》云,嘐,夸语也。

皆古义湛然。(《孟学斋日记》甲集上)

此亦可略见札记内容矣。

上述《文钞》、《诗钞》、《札记》三种，虽皆刊行，存者盖寡。《诗钞》尤为仅见。略存篇目卷数于此，俟他日得道光本更参校焉。

【增：一九二九年柳翼谋先生跋

采晳群书，编次一先生之年谱不难，难在得若人之学术思想独到之处，辨章扬榷，有以推见至隐，史公所谓好学深思，心知其意，亦浙东史学家所独擅。秪沫是编，南江精神为不死矣！】

主要参考文献

司马迁:《史记》,中华书局 1959 年点校本。

班　固:《汉书》,中华书局 1962 年点校本。

范　晔:《后汉书》,中华书局 1965 年点校本。

陈　寿:《三国志》,中华书局 1959 年点校本。

房玄龄:《晋书》,中华书局 1974 年点校本。

沈　约:《宋书》,中华书局 1974 年点校本。

萧子显:《南齐书》,中华书局 1972 年点校本。

姚思廉:《梁书》,中华书局 1973 年点校本。

姚思廉:《陈书》,中华书局 1972 年点校本。

魏　收:《魏书》,中华书局 1974 年点校本。

李百药:《北齐书》,中华书局 1972 年点校本。

令狐德棻:《周书》,中华书局 1971 年点校本。

魏　征:《隋书》,中华书局 1973 年点校本。

李延寿:《南史》,中华书局 1975 年点校本。

李延寿:《北史》,中华书局 1973 年点校本。

欧阳修:《新唐书》,中华书局 1975 年点校本。

刘　昫:《旧唐书》,中华书局 1975 年点校本。

欧阳修:《新五代史》,中华书局 1974 年点校本。

薛居正:《旧五代史》,中华书局 1976 年点校本。

脱　脱:《辽史》,中华书局 1974 年点校本。

脱　脱:《金史》,中华书局 1975 年点校本。

脱　脱:《宋史》,中华书局 1977 年点校本。

宋　濂:《元史》,中华书局 1976 年点校本。

张廷玉:《明史》,中华书局 1974 年点校本。

赵尔巽:《清史稿》,中华书局1977年点校本。
荀悦、袁宏:《两汉纪》,中华书局2002年点校本。
司马光:《资治通鉴》,中华书局1956年点校本。
袁　枢:《通鉴纪事本末》,中华书局1964年点校本。
刘知幾:《史通》,辽宁教育出版社1997年点校本。
杜　佑:《通典》,中华书局1988年点校本。
郑　樵:《通志》,中华书局1987年影印本。
郑　樵:《夹漈遗稿》,丛书集成初编本。
欧阳修:《欧阳修全集》,中国书店1986年影印本。
马端临:《文献通考》,中华书局1986年影印本。
永　瑢:《四库全书总目》,中华书局1965年影印本。
阮　元:《十三经注疏》,中华书局1980年影印本。
顾炎武撰、黄汝成集释:《日知录集释》,岳麓书社1994年点校本。
朱筠:《笥河文集》,万有文库本。
全祖望撰、朱铸禹汇校集注:《全祖望集汇校集注》,上海古籍出版社2000年点校本。
赵翼撰、王树民校证:《廿二史札记校证》,中华书局1984年点校本。
钱大昕:《嘉定钱大昕全集》,江苏古籍出版社1997年点校本。
王鸣盛:《十七史商榷》,商务印书馆1959年影印本。
章学诚:《章氏遗书》,吴兴刘氏嘉业堂刊本。
章学诚:《章学诚遗书》,文物出版社1985年影印本。
章学诚撰、叶瑛校注:《文史通义校注》,中华书局1985年点校本。
章学诚撰、仓修良编注:《文史通义新编新注》,浙江古籍出版社2005年点校本。
邵晋涵:《南江邵氏遗书》,嘉庆八年面水层轩刻本。
邵晋涵:《南江文钞》,续修《四库全书》本。
邵晋涵:《南江诗钞》,续修《四库全书》本。
邵晋涵:《南江札记》,续修《四库全书》本。
邵晋涵:《史记辑评》,上海会文堂书局印本。
邵晋涵:《尔雅正义》,续修《四库全书》本。
洪亮吉:《洪亮吉集》,中华书局2001年点校本。
黄　璋:《大俞山房诗稿》,清乾隆刻本。

汪　沆:《槐塘诗稿》,清乾隆五十一年刻本。
黄景仁:《两当轩集》,上海古籍出版社 1983 年点校本。
段玉裁:《经韵楼集》,上海古籍出版社 2008 年点校本。
庄存与:《味经斋遗书》,清道光七年刻本。
谭　献:《复堂类集》,清光绪十一年刻本。
阮　元:《揅经室集》,中华书局 1993 年点校本。
孙星衍:《孙渊如先生全集》,国学基本丛书本。
王　昶:《春融堂集》,嘉庆十二年塾南书舍刻本。
彭元瑞:《知圣道斋读书跋》,清嘉庆刻本。
茆泮林:《十种古逸书》,清道光二十二年刻本。
梁启超:《清代学术概论》,东方出版社 1996 年版。
梁启超:《中国近三百年学术史》,中国书店 1985 年版。
梁启超:《论中国学术思想变迁之大势》,上海古籍出版社 2001 年版。
梁启超:《中国历史研究法》,上海古籍出版社 1987 年版。
钱　穆:《中国近三百年学术史》,商务印书馆 1937 年版。
胡适撰、姚名达订补:《章实斋先生年谱》,商务印书馆 1933 年版。
黄云眉:《邵二云先生年谱》,金陵大学中国文化研究所丛刊甲种本。
黄云眉:《史学杂稿订存》、《续存》,齐鲁书社 1980 年版。
支伟成:《清代朴学大师列传》,岳麓书社 1986 年影印本。
钱锺书:《谈艺录》,中华书局 1984 年版。
吕思勉:《史学四种》,上海人民出版社 1981 年版。
张舜徽:《清人文集别录》,中华书局 1963 年版。
张舜徽:《史学三书平议》,中华书局 1983 年版。
瞿林东:《中国史学史纲》,北京出版社 1999 年版。
吴怀祺:《中国史学思想史》,安徽人民出版社 1996 年版。
仓修良:《章学诚与〈文史通义〉》,中华书局 1984 年版。
仓修良、叶建华:《章学诚评传》,南京大学出版社 1996 年版。
仓修良、仓晓梅:《章学诚评传——独树一帜的史学评论家》,广西教育出版社 1996 年版。
乔治忠:《清代官方史学研究》,台湾文津出版社 1994 年版。
廖晓晴:《史林巨匠——章学诚与史著》,辽海出版社 1997 年版。
中国历史文献研究会:《章学诚国际学术讨论会论文集》,北京图书馆出版社

2004 年版。

罗炳良:《传统史学理论的终结与嬗变——章学诚史学的理论价值》,泰山出版社 2005 年版。

鲍永军:《史学大师——章学诚传》,浙江人民出版社 2007 年版。

吴天任:《章实斋的史学》,香港东南书局 1958 年版。

张凤兰:《章学诚的史学理论与方法》,台湾里仁书局 1982 年版。

朱敬武:《章学诚的历史文化哲学》,台湾文津出版社 1996 年版。

林时民:《史学三书新诠》,台湾学生书局 1997 年版。

林时民:《中国传统史学的批评主义——刘知幾与章学诚》,台湾学生书局 2003 年版。

杜维运:《清代史学与史家》,台北东大图书公司 1981 年版。

杜维运:《清乾嘉时代之史学与史家》,台湾学生书局 1989 年版。

林良如:《邵晋涵之文献学探究》,台湾花木兰文化出版社 2008 年版。

余英时:《论戴震与章学诚:清代中期学术思想史研究》,读书·生活·新知三联书店 2000 年版。

〔日〕山口久和:《章学诚的知识论——以考证学批判为中心》,上海古籍出版社 2006 年版。

倪德卫:《章学诚的生平及其思想》,江苏人民出版社 2008 年版。

后　　记

炎炎夏日，伴随着书稿杀青，终于过去了。蓦然回首，此时距离我开始从事中国史学史的学习和研究，已经整整十五个年头了。遥想十五年前，北京师范大学史学研究所瞿林东先生每周组织一次史学史读书会，由硕士生、博士生、访问学者参加，共同研读和讨论古今中外史学名著。在研读武汉大学陈勇先生的《西方史学思想导论》时，瞿先生感叹学界还没有学者就中国史学写出一部通论性质的专著，鼓励大家应该朝这方面努力。当时我自然不具备这样的学力，但把先生的话作为学习的指南，从此超越过去就事论事研究方法的局限，开始关注中国史学比较宏观和理论性较强的问题。所以，近年来史学研究所组织史学理论及史学史研究丛书预报选题时，我就打算围绕中国传统史学的治史观念和史学思想演变，写出一部通论性质的著作。怎奈天不作美，就在我拟订好提纲准备撰写时，一年前的今天却因病住进了医院。接下来的时间里，前半年在医院与疾病奋斗，后半年因手术在家休养恢复，书稿撰写工作只好放下了。承蒙历史学院、史学所领导不弃，不但关心我的身体，而且关心我的学业，特别是易宁和张越两位副所长，多次鼓励我树立信心，既要养好身体，又不能落下学业，令我非常感动。鉴于我暂时不能发力撰写难度较大的通论性质著作，他们照顾并允许我在自己比较熟悉并有一定成果积累的学术领域选题，于是就有了这部书稿的问世。

需要说明的是，书中有些内容十几年间曾经在国内刊物发表，这次又补充新材料，重新调整内容。虽然文字与以前发表的文章不尽相同，但观点则一仍其旧，以便保持学术研究的连续性。其中的某些观点，千虑一得，略有价值，受到学界同行的关注和重视。这本来是件好事，然而也出现与此不和谐的“重视”音符。狡黠者阴用其言，阳更其貌；不肖者直接攘夺，据为己有。最明显的例子，是我在《史学月刊》2003 年第 2 期发表《从宋代义理化史学到清代实证性史学的转变》文章不久，《宁夏社会科学》2004 年第 6 期就发表某“作者”《空疏不实到无征不信：传统史学两大思潮之比较》的文章。初看题目，和拙作观点非常相似，窃喜尚有同好，吾道不孤；及看到文章内容，才明白究竟。该文不但题目隐括我文章中的观点，而且正文把我文章四个部分的小标题“一”、“二”、“三”、“四”分别换成四个文字标目，然后把我的各部分内容删削剪裁进他的“作品”，甚至连我的习惯用语都未作改动。古往今来，学者遭宵小剽窃，司空见惯，即如本书主人公章学诚和邵晋涵也不例外。章学诚《文史通义》成书之前，先以单篇文章在学者之间传阅，其名言警句就已经被人据为谈资，用以策括。邵晋涵《尔雅正义》成书之前，部分名物制度训诂新义已经宣诸燕谈，闻者随即刊入己作，标榜新解。大贤尚且难免，我辈名不见经传，又何必大惊小怪，喋喋不休？其实不然。章学诚在《辨似》一文中早已揭明其危害，剽窃者“或闻人言其所得，未笔于书，而遽窃其意以为己有，他日其人自著为书，乃反出其后焉”。由于真正作者的专著瞠乎剽窃者之后，倘若不说明原委，反而容易被误解为抄袭之嫌，岂不铸成“吕尚盗田常之齐，李逵冒李鬼之名”的冤案！邵晋涵《尔雅正义》中，凡被他人窃取之处，都重新改换新义，以免此类尴尬。本书观点难以遽改，是以不得不特此说明，以示真伪，绝非好辩，有失厚道！

书稿的撰写，除了得到单位领导和同事们支持以外，还得到其他朋友的帮助。安庆师范学院科研处处长查昌国教授接到我关于邵晋涵《南江文钞》中安庆书院问题的电话请教后，立即放下手边工作，冒着酷暑查阅《安庆府志》，帮助解决了问题。中国矿业大学年轻教师汤成博士帮助复印《南江文钞》和《南江诗钞》，使我得到研究邵晋涵所需要的比较完整的材料。北京师范大学硕士研究生张宇同学去北京大学图书馆、国家图书馆、中国社科院历史所图书馆，替我查阅《余姚邵氏宗谱》等资料，保证了撰写工作顺利进行。诸多事例，难以全部胪列，一并在此致谢！

罗炳良

2010 年 8 月 31 日于北京